Die soziale Gesundheitsversorgung in der Republik Korea

AF733499

Europäische Hochschulschriften

European University Studies

Publications Universitaires Européennes

Reihe II	**Rechtswissenschaft**
Series II	Law
Série II	Droit

Band/Volume **5825**

Jinah Yoon

Die soziale Gesundheitsversorgung in der Republik Korea

Entwicklung, gegenwärtiger Stand und aktuelle Probleme

PL ACADEMIC RESEARCH

Bibliografische Information der Deutschen Nationalbibliothek
Die Deutsche Nationalbibliothek verzeichnet diese Publikation in der Deutschen Nationalbibliografie; detaillierte bibliografische Daten sind im Internet über http://dnb.d-nb.de abrufbar.

Zugl.: Frankfurt (Main), Univ., Diss., 2015

D 30
ISSN 0531-7312
ISBN 978-3-631-66898-6 (Print)
E-ISBN 978-3-653-06353-0 (E-Book)
DOI 10.3726/978-3-653-06353-0

© Peter Lang GmbH
Internationaler Verlag der Wissenschaften
Frankfurt am Main 2016
Alle Rechte vorbehalten.
PL Academic Research ist ein Imprint der Peter Lang GmbH.
Peter Lang – Frankfurt am Main · Bern · Bruxelles · New York · Oxford · Warszawa · Wien

Das Werk einschließlich aller seiner Teile ist urheberrechtlich geschützt.
Jede Verwertung außerhalb der engen Grenzen des Urheberrechtsgesetzes ist ohne Zustimmung des Verlages unzulässig und strafbar.
Das gilt insbesondere für Vervielfältigungen, Übersetzungen, Mikroverfilmungen und die Einspeicherung und Verarbeitung in elektronischen Systemen.

Diese Publikation wurde begutachtet.

www.peterlang.com

Vorwort

Die vorliegende Arbeit wurde im Sommersemester 2015 vom Fachbereich der Johann Wolfgang Goethe-Universität Frankfurt am Main als Dissertation angenommen.

Mein besonderer Dank gilt meinem Doktorvater, Herrn Prof. Dr. Ingwer Ebsen, für die Betreuung der Arbeit, durch dessen Ermutigung und Hilfe mir umfangreiche Förderung zuteil wurde. Danken möchte ich auch Frau Prof. Dr. Astrid Wallrabenstein für die zügige Erstellung des Zweitgutachtens.

Während meiner Promotion in Deutschland haben mir mein Freund und viele Freunde warmherzige Hilfe geleistet, und auch diesen möchte ich meinen besonderen Dank ausdrücken. Herr Tiedtke Holger hat mit großer Sorgfalt die sprachliche Korrektur des Manuskriptes übernommen.

Abschließend möchte ich mich noch bei meiner Familie, insbesondere meinen Eltern (Younghee Yoon und Okyoung Mun) für die Unterstützung bedanken, ohne die diese Arbeit nicht möglich gewesen wäre. Meine Dissertation widme ich meinen Eltern, die mich in all den Jahren stets mit ihrem Gebet seelisch begleitet haben und für meine Tätigkeiten Verständnis zeigten.

Frankfurt am Main, im Dezember 2015 Jinah Yoon

Inhaltsübersicht

Inhaltsverzeichnis

Abkürzungsverzeichnis

ABG	Gesetz über Arbeitsbedingungen
Abs.	Absatz
AMG	Arzneimittelgesetz
Art.	Artikel
Aufl.	Auflage
Bd.	Band
bzw.	beziehungsweise
ca.	circa
Diss.	Dissertation
DRG	Diagnosebezogene Fallgruppen
ESG	Gesetz zur Sicherung des Existenzminimums
etc.	et cetera
f.	folgende
ff.	folgenden
IRB	Prüfungsgremium der Institution
Hrsg.	Herausgeber
KHG	Krankenhilfegesetz
KV	Koreanische Verfassung
KVerfGE	Entscheidung des Koreanischen Verfassungsgerichts
MG	Medizingesetz
Mio.	Million
MKG	Gesetz für die Gesundheit von Mutter und Kind
Nr.	Nummer
ORNW	Oberster Rat für den Nationalen Wiederaufbau
PKV	Private Krankenversicherung
PTC	Ausschuss für Pharmazie und Therapeutik
PVG	Langzeitpflegeversicherungsgesetz für ältere Menschen
S.	Seite
SGB	Sozialgesetzbuch
SSG	Basisgesetz für Soziale Sicherheit
vgl.	vergleich
VKG	Volkskrankenversicherungsgesetz
VKK	Volkskrankenversicherungskörperschaft des öffentlichen Rechts
Vol.	Volumen
VÜBK	Komitee zur Überprüfung und Bewertung der Volkskrankenversicherung
ZÜAK	Zulassungslimit überschreitenden Arzneimittel als unversicherte Leistungen
z.B.	zum Beispiel

1. Kapitel: Entwicklung und Grundstrukturen des Sozialschutzes gegen Krankheit in der Republik Korea

A. Geschichte des Sozialschutzes gegen Krankheit

I. Die Entwicklung des Sozialschutzes bis zum Ende der Militärdiktaturen

Um die Entwicklung des Sozialversicherungsschutzes zu bewerten, bedarf es einer historischen Betrachtung. Dies ergibt sich aus der engen Beziehung zwischen dem politischen System und dem jeweiligen Stand des Sozialschutzes.[1] Die Beurteilung der sozialen Probleme und deren Lösungen wurden in der Geschichte von den jeweiligen politischen Machthabern sehr unterschiedlich gesehen. Dies gilt insbesondere auch für die Republik Korea[2]. Die Strukturen und der jeweilige Entwicklungsstand der Sozialschutzsysteme waren immer abhängig von den politischen Machtverhältnissen.

1. Die Zeit bis zum ausgehenden 19. Jahrhundert

Am Ende des 19. Jahrhunderts hatte Korea gezwungenermaßen imperialistischen-Westmächten und Japan seine Tore geöffnet. Korea wurde durch das Einsickern westlicher Kultur in tiefe Konfusion gestürzt.[3] Durch den gewaltsamen Druck des japanischen Imperialismus wurde die koreanische Regierung im Jahr 1894 gezwungen, eine tiefgreifende Reform auf allen Gebieten einzusetzen. Dementsprechend wurden viele wichtige Reformgesetze in einer europäischen Rechtsform erlassen. Während dieser Reformen hat König Gojong am 7. Januar 1895 das „Große Gesetz der 14 Artikel" verkündet. Dieses Gesetz kann als der Versuch bezeichnet werden, der konstitutionellen Monarchie eine Verfassung zu geben. Jedoch enthielt diese Verfassung keines der zwei entscheidenden Merkmale einer modernen Verfassung, Grundrechtsgewährleistung einerseits und Gewaltenteilung andererseits.[4] Vier Jahre später, am 17. August 1899, wurde die „Staatsverfassung des großen koreanischen Kaiserreichs", die aus 9 Artikeln bestand, von König Gojong verkündet. Diese Verfassung, deren Zweck ausschließlich darin lag, die Unabhängigkeit gegenüber China

---

1 *Cheon, Kwangseok*, Korean Social Security Law, Bobmunsa, 2010, S. 175.

2 Im Folgenden als Korea bezeichnet.

3 *Ahn, Sanghoon/Cho, Sungeun/Kil, Hyeonjong*, Social Welfare in Modern Korea, Seoul National University Press, 2005, S. 35 ff.

4 *Kim, Seontaek*, Die Interpretation der Grundrechte nach dem Grundgesetz der Bundesrepublik Deutschland und nach der Verfassung der Republik Korea, Diss. jur. Köln 1992, S. 17 f.

zu demonstrieren,[5] führte lediglich die kaiserlichen Machtbereiche auf und enthielt ebenfalls keinen Artikel über Grundrechte oder Gewaltenteilung.[6]

Der Sozialschutz beruhte in dieser Zeit noch auf den traditionellen Grundlagen von Konfuzianismus, Buddhismus und Taoismus. In einer synkretistischen Sicht hatten vor allem Gedanken des Konfuzianismus und des Buddhismus eine große Rolle gespielt, nämlich einerseits das Konzept des Konfuzianismus, das die Verantwortung des Königs für die Armen und den Zusammenhalt in der Familie betonte, und andererseits das Konzept der Gnade des Buddhismus.[7] Zusammen mit dem sehr starken Zusammenhalt in der koreanischen traditionellen ländlichen Gemeinde deren Mitglieder aus Familiengemeinschaften bestanden, bildete dies ein tragfähiges soziales Netz. [8]

2. *Die Japanische Kolonialzeit als Beginn einer Modernisierung Koreas*

Bis Ende des 19. Jahrhunderts war Korea ein autonomer, tributpflichtiger Vasallen-Staat und Protektorat des Chinas der Qing-Dynastie. Korea war zu dieser Zeit relativ schwach und dazu von der Außenwelt abgeschottet. Im Russisch-Japanischem Krieg 1904 wurde Korea von Japan besetzt. Nach der Annektierung 1910 durch Japan war Korea von 1910 bis 1945 eine japanische Kolonie. Die 36-jährige Kolonialherrschaft endete 1945 nach Japans Niederlage im zweiten Weltkrieg.

Zum einen wurde Korea zwar durch die Japaner von Grund auf wirtschaftlich und gesellschaftlich modernisiert, zum anderen wurden aber auch notwendige Entwicklungen verhindert. Die Japaner hatten kein Interesse, die soziale Entwicklung Koreas zu fördern. Das Interesse lag ausschließlich in der Nutzung der koreanischen Ressouren für die nationale japanische Entwicklung.[9] Bestehende soziale Strukturen wurden abgeschafft und neue für Korea aber nicht realisierbare Systeme eingeführt. Dazu zählen unter anderem auch die Anfänge einer Sozialversicherung. Während dieser Epoche bildete sich aus dem Widerstand gegen die japanische Kolonialherrschaft in der Bevölkerung der Wille zum Nationalstaat. Die verschiedenen Unabhängigkeitsbewegungen und deren Aktionen akkumulierten zur Massenbewegung vom 1. März 1919, welche den Aufbau der provisorischen Exilregierung Koreas am

---

5 *Kim, Hyojeon*, Hundert Jahre Verfassungsgerichtsbarkeit in Korea und Deutschland. Ein Beitrag zur Rezeptionsgeschichte deutschen Rechts in Korea, JöR N. F. Bd. 35, 1986, S. 578.

6 *Kim, Seontaek*, Die Interpretation der Grundrechte nach dem Grundgesetz der Bundesrepublik Deutschland und nach der Verfassung der Republik Korea, Diss. jur. Köln 1992, S. 18.

7 Dazu Vgl. *Gu, Jaheon, Geschichte der koreanischen Sozialfürsorge*, Hongikjae, 1984, S. 59–67.

8 *Ahn, Sanghoon/Cho, Sungeun/Kil, Hyeonjong*, Social Welfare in Modern Korea, Seoul National University Press, 2005, S. 26 ff.

9 Vgl. *Ryu, Jinseok, Politk für Armenhilfe in der japanischen Kolonialzeit*, in: *Ha, Sangrak, Geschichte der koreanischen Sozialfürsorge*, Pakyoungsa, 1997, S. 327–369.

11. April 1919 in Schanghai zur Folge hatte. In dieser Zeit gab es jedoch noch kein geordnetes staatliches Rechtssystem.[10]

Um dem im Laufe der Zeit gewachsenen Zulauf zu den Unabhängigkeitsbewegungen (Bewegung der Stimme des koreanischen Volkes) den Boden zu entziehen, wurde im Jahr 1944 durch Japan ein System der sozialen Hilfe unter dem Namen „Verordnung zur Hilfe Chosens“[11] eingeführt.[12] Ein vergleichbares System hatte man auch in Japan etabliert.[13] Der Kerninhalt der am 1. März 1944 erlassenen Verordnung zur Hilfe Chosens war die Sozialhilfe für Personen über 65 Jahre, Personen mit Kindern unter 13 Jahren, Frauen in Schwangerschaft, Behinderte oder schwer Erkrankte.[14] Die Arten der Sozialhilfe waren Hilfe zum Lebensunterhalt, Krankenhilfe, Hilfe bei Schwangerschaft und Berufshilfe. Dies wurde zwar formell in Korea 1944 eingeführt, aber es kann kaum als Beginn einer staatlichen Sozialpolitik bezeichnet werden, da diese Verordnung überwiegend nur auf dem Papier stand. Dennoch wird diese Verordnung aus dem Jahr 1944 teilweise als Beginn und die Grundlage der heutigen koreanischen Sozialhilfe gewertet.[15]

3. Die Zeit bis zur staatlichen Selbständigkeit der Republik Koreas

Nachdem durch die Kapitulation Japans der zweite Weltkrieg in Asien 1945 beendet war, wurde Korea am 15. 8. 1945 durch alliierte Truppen besetzt. Das Land wurde in zwei Besatzungszonen aufgeteilt. Der nördliche Teil wurde von russischem Militär verwaltet, der südliche Teil von US-amerikanischen Truppen. Im Süden wurde sodann ein parlamentarisches Regierungssystem gebildet. Dies führte dazu, dass zum ersten Mal in der südkoreanischen Gesellschaft ein Parlaments- und Wahlsystem existierte. Ebenfalls wurde die Gewaltenteilung mit Exekutive, Legislative

---

10 *Ryu, Jinseok, Politk für Armenhilfe in der japanischen Kolonialzeit,* in: *Ha, Sangrak, Geschichte der koreanischen Sozialfürsorge,* Pakyoungsa, 1997, S. 327.

11 In dieser Verordnung gab es kein persönliches Anspruchsrecht und die soziale Sicherheit war nicht rechtlich geregelt. Der Inhalt und die Grenze der Sozialhilfe wurden in administrativem Ermessen geregelt. *Cheon, Kwangseok,* Korean Social Security Law, Bobmunsa, 2010, S. 179.

12 *Yoon, Chanyoung,* Introduction to Social Welfare Law, Nanam, 2010, S. 428; *Ryu, Jinseok, Politk für Armenhilfe in der japanischen Kolonialzeit,* in: *Ha, Sangrak, Geschichte der koreanischen Sozialfürsorge,* Pakyoungsa, 1997, S. 346 ff.

13 In Japan wurde dies bereits in 1929 wegen der Weltwirtschaftskrise erlassen. *Yoon, Chanyoung,* Introduction to Social Welfare Law, Nanam, 2010, S. 428.

14 *Joung, Wonoh/Lee, Hyewon/Lee, Younghwan, Eine vergleichende Studie der Wohlfahrtspolitik in Korea und Japan während der amerikanischen Militärbesatzung,* in: Korean Journal of Social Welfare, Korean Academy of Social Welfare Vol. 36, 1998, S. 316; *Yoon, Chanyoung,* Introduction to Social Welfare Law, Nanam, 2010, S. 429.

15 *Ahn, Sanghoon/Cho, Sungeun/Kil, Hyeonjong,* Social Welfare in Modern Korea, Seoul National University Press, 2005, S. 141 ff.

und Judikative eingeführt.[16] Während dieser drei Jahre dehnte sich die Größe des Staatshaushalts massiv aus. Ein großer Teil des Haushalts waren die Kosten, um die Besatzung der US-Amerikaner zu finanzieren und um eine zentralisierte Bürokratie auszuweiten.[17]

Die US-Amerikaner hatten keine systematischen Konzepte für den Sozialschutz. Die gesetzliche Basis des Sozialschutzes lag in den Gesetzen, die in der Japanischen Kolonialzeit eingeführt wurden. Die Verordnung für Hilfe Chosens wurde als eine Grundlage für allgemeine Hilfe verwendet.[18] Der in dieser Zeit entstandene Sozialschutz hatte im Hinblick auf Gewährleistung eines Existenzminimums oder hinsichtlich der Verantwortung des Staates für eine moderne Sozialhilfe nur wenig Fortschritte gebracht. Es war nur Hilfe für Arme als Wohltätigkeit. Im Vergleich zur Verordnung für Hilfe Chosens ergaben sich keine grundsätzlichen Unterschiede.[19] Es wurde nur notdürftig und ad hoc nach Bedarf den kranken Menschen geholfen.[20]

4. *Die Zeit bis zu den Militärdiktaturen*

Im August 1948 wurde Rhee, Syngman zum ersten Staatpräsidenten Koreas gewählt.[21] Hiermit begann Koreas „Erste Republik“[22], und sie könnte auf der Grundlage des Verfassungstextes als liberale Demokratie charakterisiert werden.[23] Aber die

---

16 *Lee, Shinyoung*, Südkoreanische Sozialpolitik im Politischen Systemwechsel vom bürokratischen Autoritarismus zur delegativen Demokratie, Diss. Bremen 2006, S. 51.

17 *Joung, Wonoh/Lee, Hyewon/Lee, Young-Hwan, Eine vergleichende Studie der Wohlfahrtspolitik in Korea und Japan während der amerikanischen Militärbesatzung*, in: Korea Social Welfare, Korean Academy of Social Welfare Vol. 36, 1998, S. 316.

18 *Ahn, Sanghoon/Cho, Sungeun/Kil, Hyeonjong*, Social Welfare in Modern Korea, Seoul National University Press, 2005, S. 164.

19 *Ahn, Sanghoon/Cho, Sungeun/Kil, Hyeonjong*, Social Welfare in Modern Korea, Seoul National University Press, 2005, S. 166.

20 *Jung, Mugeun, Forschung des ersten koreanischen sozialen Fürsorgesystem*, 1996, S. 318.

21 Am 10. Mai 1948 fand zum ersten Mal in der koreanischen Geschichte eine allgemeine Wahl zur Bildung einer Nationalversammlung statt, die auch die Verfassungsgebung zur Aufgabe hatte. Dieses Verfahren wurde am 17. Juli 1948 mit der Verkündung der ersten Verfassung der Republik Korea abgeschlossen. Am 15. August des gleichen Jahres wurde die erste Republik ausgerufen. Dazu Vgl. *Cheon, Kwangseok*, Korean Social Security Law, Bobmunsa, 2010, S. 216.

22 Die Erste Republik (1948–1960).

23 Die Verfassung war lediglich eine Dekoration für die Politiker. Dieser dekorative Charakter der Verfassung dauerte auch noch in der nachfolgenden Zeit an. Die Verfassung war nicht der Maßstab für Politik, Regierungsstruktur, Machtverhältnisse und politisches Leben. Dazu ausführlich, *Hong, Seongbang*, Soziale Rechte auf der Verfassungsebene und auf der gesetzlichen Ebene, – unter besonderer Berücksichtigung der sozialen Rechte im Grundgesetz der Bundesrepublik Deutschland, in der Verfassung der Republik Korea und im deutschen Sozialgesetzbuch, Diss. Köln 1986, S. 146.

politischen Grundeinstellungen einer liberalen Demokratie hielten nicht lange an. Die Regierungszeit von Rhee war durch Repressionen und Zwangsmaßnahmen gekennzeichnet. Um seine Macht zu erhalten, revidierte er mehrmals die Koreanische Verfassung und das Wahlsystem. Somit konnte er noch einmal Staatspräsident werden. Rhee setzte sich zu Beginn seiner Regierung für eine gewaltsame Vereinigung der Landesteile ein, wofür ihm jedoch die politische und militärische Unterstützung fehlte. 1950 Jahr brach der Koreakrieg aus. Von 1950 bis 1953 konnten Rhees Regierung und das Militär nur durch das Eingreifen von UN-Truppen unter amerikanischer Führung vor einer schnellen Niederlage bewahrt werden. Der Koreakrieg und Rhees Politik legten den Grundstein für die bis heute engen politischen Beziehungen Südkoreas zu den USA. Die wirtschaftlichen Grundlagen Koreas wurden aber während des 3 Jahre andauernden Krieges fast völlig ruiniert. Fast 70 Prozent aller industriellen Einrichtungen waren zerstört.

Nach Ende des Koreakriegs (Waffenstillstand von Ende Juli 1953) versprach die Regierung Rhee zwar einen schnellen ökonomischen Wiedereaufbau, tatsächlich blieb dieses Versprechen jedoch ohne Ergebnis. Die Wiederaufbaustrategie, die nahezu komplett abhängig von US-amerikanischer Entwicklungshilfe war, hatte kaum Konsequenz. Sie unterband vielmehr auch jede Alternativmöglichkeit einer selbstständigen Entwicklung der nationalen Wirtschaft. Erschwerend kam hinzu, dass die Wirtschaftshilfe der USA ab 1957 dramatisch verkleinert wurde. Im ersten Jahrzehnt der Nachkriegszeit gehörte Korea daher zur Gruppe der ärmsten Agrarländer der Welt. Während dieser Zeit gab es auch keinerlei Initiativen zur sozialen Sicherheit. Am 19. April 1960 erfolgte die „19. April-Revolution". Es war ein von Arbeiter- und Schülergruppen geführter Volksaufstand. Er führte zum friedlichen Rücktritt von Rhee und dem Übergang zur Zweiten Republik.

Jedoch waren die gesellschaftlichen Vorstellungen in dieser „Zweiten Republik"[24] sehr kontrovers und wurden auch teilweise vor dem Hintergrund des Konflikts mit Demokratiebewegung und zwischen den Parteien als „radikal" angesehen.[25] Dies gab dem Militär Anlass zum Putsch. Die neue Republik wurde nach nur zehn Monaten durch Militärputsch vom 16.5.1961 beendet.[26]

---

24 Die Zweite Republik (1960–1961).

25 Die Verfassung von 1960 hatte das Präsidialregierungssystem und die Verfassungskommission aufgegeben und an ihre Stelle das parlamentarische Regierungssystem umd das Verfassungsgericht eingeführt, das nach dem Vorbild des deutschen Bundesverfassungsgerichts mit umfangreichen Kompetenzen ausgestattet wurde. *Kwon, Youngsung, Lehrbuch Verfassungsrecht,* Beobmunsa, 2006, S. 95–96. *Heo, Wanjung*, Umfang und Grenzen der gesetzgeberischen Bindung durch verfassungsgerichtliche Entscheidung, Diss. München 2008, S. 10.

26 Nach dem Militärputsch vom 16. 5. 1961 regierte die Militärjunta bis zum 16. 12. 1963 ohne förmliche Legitimierung. *Geun, Munil, Sozialversicherung im 1960er* in: *Ha, Sangrak, Geschichte der koreanischen Sozialfürsorge,* Pakyoungsa, 1997, S. 478.

Seit der Befreiung aus der japanischen Kolonialherrschaft hatte sich in Südkorea auch ein sozialer Wandel vollzogen.[27] Die Republik Korea hat 1948 begonnen, die Grundlagen eines Sozialsystems zu entwickeln. Am 17. Juli 1948 wurde die erste Koreanische Verfassung[28] Südkoreas beschlossen, die in ihrem System noch dem Muster der japanischen Verfassung aus dem Jahre 1889[29] folgte. Aus verschiedenen Gründen[30] wurde hierbei die Weimarer Reichsverfassung Deutschlands von 1919 zum Vorbild genommen.[31] In dieser ersten koreanischen Verfassung waren die Grundrechte gewährleistet.[32] Das betraf auch die Übernahme sozialer Rechte. Gemäß Art. 19 der damaligen Koreanischen Verfassung hatte der Staat die Aufgabe der öffentlichen Fürsorge und Armenhilfe.[33] Die Umsetzung dieser sozialpolitischen

27 *Geun, Munil, Sozialversicherung im 1960er*, in: *Ha, Sangrak, Geschichte der koreanischen Sozialfürsorge*, Pakyoungsa, 1997, S. 478.

28 *Kwon, Youngsung, Lehrbuch Verfassungsrecht*, Beobmunsa, 2006, S. 92–93. Die Dreiteilung der Staatsgewalt wurde in der Verfassung vorgesehen, aber sie existierte nur auf dem Papier und hatte keine materiale mormative Kraft. *Kim, Seontaek*, Die Interpretation der Grundrechte nach dem Grundgesetz für die Bundesrepublik Deutschland und nach der Verfassung der Republik Korea, Diss. jur. Köln 1992, S. 14.

29 Diese Verfassung wurde durch nachfolgende Punkte charakterisiert: 1. Sie beruhte nicht auf den Naturrechtsgedanken, 2. Die Grundrechtsgarantien waren in der Regel durch Gesetzesvorbehalte abgeschwächt (z.B. Art. 22, 23, 25, 26, 27 I und 29), 3. Die Grundrechte waren durch Bestimmungen über den Kriegszustand (Art. 14) und das Prärogativ für den japanischen Kaiser als absoluter Herrscher (Art. 31) allgemein eingeschränkt, 4. Die Grundrechteerklärung hatte die Qualität von Scheingrundrechten. Vgl. *Kim, Tcholsu, Verfassungslehre,* Pakyoungsa, dargestellt am Beispiel der Rechtsprechung, S. 114. *Hong, Seongbang*, Soziale Rechte auf der Verfassungsebene und auf der gesetzlichen Ebene, – unter besonderer Berücksichtigung der sozialen Rechte im Grundgesetz der Bundesrepublik Deutschland, in der Verfassung der Republik Korea und im deutschen Sozialgesetzbuch, Diss. jur. Köln 1986, S. 108, Fn 25.

30 Da gab es drei Gründe: 1. wollten die Verantwortlichen weiterhin an die Tradition des europäischen Rechtskreises und damit auch an die eigene kurze moderne Rechtsgeschichte anknüpfen; 2. waren wichtige Teilnehmer der Verfassungsberatungen in ihrer Ausbildung vom verfassungsrechtlichem Denken deutscher Prägung geformt worden und 3. legten besonders wirtschaftliche Gegebenheiten den Rückgriff auf die Weimarer Verfassung nahe. Dazu ausführlich *Kim, Hyo-jeon*, Hundert Jahre Verfassungsgerichtsbarkeit in Korea und Deutschland. Ein Beitrag zur Rezeptionsgeschichte deutschen Rechts in Korea, JöR N.F. Bd. 35, 1986, S. 588 ff.

31 *Han, Taeyeon, Verfassungsrechtslehre,* Beobmunsa, 1983, S. 835; *Kwon, Youngsung, Lehrbuch Verfassungsrecht,* S. 220; *Hong, Seongbang*, Soziale Rechte auf der Verfassungsebene und auf der gesetzlichen Ebene, – unter besonderer Berücksichtigung der sozialen Rechte im Grundgesetz der Bundesrepublik Deutschland, in der Verfassung der Republik Korea und im deutschen Sozialgesetzbuch, Diss. Köln 1986, S. 108, Fn. 26.

32 *Kwon, Youngsung, Lehrbuch Verfassungsrecht*, S. 93–94.

33 Art. 19 der Koreanischen Verfassung vom 1948: „Die Bürger, die alt oder krank sind oder die keine Arbeitsfähigkeit haben, werden vom Staat gemäß Gesetz versorgt."

Ideen traf jedoch auf große Hindernisse. Obwohl die Verfassung die sozialen Grundrechte konstituierte, gab es keine konkreten Regelungen hinsichtlich Gestaltung und Ausformung zur sozialen Sicherheit.[34] Folglich bot diese Verfassung für die sozialen Grundrechte keinen effektiven Schutz. Und dies sollte auch bis in die frühen 60er Jahre so bleiben.[35] Erst Anfang der 60er Jahre wurde mit Wirkung für die Zukunft ein konkretes Sozialversicherungssystem eingeführt, dessen Strukturen noch die Grundlage des heutigen Krankenversicherungssystems bilden.[36] Das Ministerium für Gesundheit und Sozialwesen hatte im Oktober 1959 eine Gruppe von Forschern mit der Aufgabe beauftragt, für Korea ein Konzept für den Sozialschutz gegen Krankheit zu entwickeln. Die Forschungsgruppe schlug ein zweiteiliges System vor. Einerseits sollte ein beitragsfinanziertes Sozialversicherungssystem eine wesentliche Grundlage der sozialen Sicherheit sein. Andererseits sollte die Sozialhilfe, also die Grundsicherung und Unterstützung der hilfsbedürftigen Personen, aus allgemeinen Steuermitteln finanziert gleichwertig daneben stehen. Träger sollte ein Ministerium (z.B. das Ministerium für Gesundheit und Sozialwesen) werden.[37]

5. Die Zeit der Militärdiktaturen

Nachdem eine parlamentarisch gewählte Regierung die sozialen und wirtschaftlichen Probleme des Landes nicht in den Griff bekam, putschte sich am 16. Mai 1961 das Militär unter der Führung von General Park Chunghee an die Macht.[38] Die Ursachen für den Militärputsch waren vielseitig und lagen sowohl innerhalb des Militärs als auch im politischen System. Die Verabschiedung einer neuen Verfassung und die Direktwahl von General Park zum Präsidenten markierten 1963 den Übergang zur „Dritten Republik“.[39] Seit dem Militärputsch traten die Politiker mit Militärvergangenheit auf der politischen Ebene als die wichtigsten Akteure auf. Das führte zur gewissermaßen „militärischen“ Art und Weise bei den Entscheidungen in

---

34 Ende Januar 1949 hielt ein Minister für Sozialwesen – zum ersten Mal in der Koreanischen Geschichte – offiziell eine Rede über die gesetzliche soziale Krankenversicherung. Das ist der eigentliche Beginn des Aufbaus einer eigenen koreanischen Sozialversicherung.

35 Trotz vielfältiger und mühevollen Bestrebungen der koreanischen Bevölkerung zur der Verwirklichung eines Verfassungs- bzw. Grundrechtsstaates, blieb der Kampf um die Verfassungsentwicklung fast vierzig Jahre erfolglos. *Kim, Seontaek*, Die Interpretation der Grundrechte nach dem Grundgesetz für die Bundesrepublik Deutschland und nach der Verfassung der Republik Korea, Diss. jur. Köln 1992, S. 14.

36 *Cheon, Kwangseok*, Korean Social Security Law, Bobmunsa, 2010, S. 180.

37 *Choi, Cheonsong, Forschung der koreanischen sozialen Sicherheit, Institut für koreanische soziale Sicherheitsprobleme,* 1991, S. 17 ff.

38 Die Epoche der Militärdiktaturen umfasste die Zeit des Park, Chunghee Regime (1963–1979) und des Chun, Doohwan Regime (1981–1987).

39 Die dritte Republik (1963–1972).

der Politik. Die Zentralisierung der Macht, der Gehorsam, die hierarchische Effizienz waren hierfür maßgebliche Zeichen.[40]

Im November 1972 wurde die sogenannte „Yushin Verfassung" (Revitalisierungsverfassung) der „Vierten Republik"[41] verabschiedet. Die Herrschaft von General Park und die Militarisierung der Gesellschaft wurden durch die Erklärung der Yushin Verfassung fortgesetzt und mehr gestärkt als je zuvor. Vor der Yushin Verfassung wurde der Staatspräsident direkt von den Bürgern gewählt, aber gemäß der Yushin Verfassung wurde er dann durch Wahlmänner indirekt gewählt.[42]

General Park wurde am 26. Oktober 1979 vom eigenen Geheimdienstchef Kim, Chaekyu erschossen. Das war vorerst das Ende des Militärregimes. Der Premierminister Choi, Kyuha wurde zunächst Interimspräsident und ging aus der Wahl durch ein Wahlgremium am 6. Dezember 1979 als Sieger hervor. Doch schon am 12. Dezember 1979 putschte das Militär unter Führung von General Chun, Doohwan erneut gegen die Regierung. Er übernahm offiziell im September 1980 die Führung. Es war die „Fünfte Republik".[43] Die Gegenstimmen gegen das autoritäre Regime wurden immer lauter. Menschen aus allen Gesellschaftsschichten forderten echte Demokratie. Als Folge bemühte sich die Regierung nunmehr vermehrt um die Akzeptanz der Bürger.[44]

Seit Mitte der 80er Jahre wurden die Demokratiebewegungen, die von Studenten, Arbeitern, progressiven Intellektuellen und Politikern initiiert und getragen wurden, in der koreanischen Gesellschaft täglich stärker. Ein wichtiger Wendepunkt war der große Erfolg der Oppositionspartei in den Parlamentswahlen 1985. Aber aufgrund des für die Regierungspartei günstigen Wahlverfahrens konnte die Opposition nicht die parlamentarische Mehrheit erringen. Die politische Lage konnte nicht mehr so kontrolliert werden, wie es das Regime Chun Doohwan wollte. Die repressive Regierungspolitik des Regime Chun löste die Ereignisse der großen Demonstrationen im Juni 1987 aus. Die so genannte „29. Juni-Deklaration" von Roh, Taewoo war von Bedeutung, weil sie durch die Bürgerbewegungen erreicht

40 *Geun, Munil, Sozialversicherung im 1960er,* in: *Ha, Sangrak, Geschichte der koreanischen Sozialfürsorge,* Pakyoungsa, 1997, S. 490.

41 Die vierte Republik (1972–1979).

42 Zwar konnte jeder Bürger als Mitglied dieses Wahlmännerkreises indirekt gewählt werden, jedoch handelte es sich in der Regel um Vertraute des Staatspräsidenten. *Lee, Shinyoung,* Südkoreanische Sozialpolitik im Politischen Systemwechsel vom bürokratischen Autoritarismus zur delegativen Demokratie, Diss. soziologie. Bremen 2007, S. 74 ff.

43 Die fünfte Republik (1980–1988).

44 Die Regierung hatte neue Sozialversicherungsrechte, insbesondere das in der „Dritten Republik" entstandene Sozialversicherungsrecht, geschaffen, weil eine unausgewogene Entwicklung der Regionen Armut und Furcht vor Industrialisierung in der Bevölkerung auslösten. Die neuen Sozialversicherungsrechte waren z.B. das am 1. Januar 1961 erlassene Beamtenversorgungsgesetz, das Sozialhilfegesetz, das Kinderhilfegesetz.

wurde und damit die koreanische Bevölkerung den ersten eigenen Schritt in die Demokratie tat. Aber der resultierende Positionswechsel des Regimes war nur eine politische Strategie, um die aufgebrachte Bevölkerung zu beruhigen und um weiter regieren zu können.

Seit Anfang der 60er Jahre boomte die Wirtschaft. Eine politisch gesteuerte Wirtschaft machte es möglich, Großindustrien aus dem Boden zu stampfen. Die Menschen verließen in großer Anzahl ihre ländlichen Wohnbezirke, um in Seoul und anderen Großstädten Arbeit zu finden. Diese massenhafte Abwanderung vom Lande in die städtischen Industriezentren führte dazu, dass die traditionellen sozialen Gemeinschaften wie z.B. die Großfamilie ihre Funktionen sozialer Sicherung nicht mehr erfüllen konnten. Zugleich drückte das Überangebot an Arbeitskräften in den Städten das Lohnniveau. Dadurch wuchs auch die Armut in der Gesellschaft. Trotz des rasanten gesellschaftlichen Wandels gab es keine Lösungsansätze für die soziale Lage der Arbeiterschaft. General Park trieb die Modernisierungspolitik voran. Durch die wachsende Industrialisierung und die damit zusammen hängenden sozialen Veränderungen entstand für die Regierung die Notwendigkeit, sich um soziale Sicherung und die sozio-kulturelle Anpassung in der Bevölkerung zu bemühen.

Ein Jahr nach dem Putsch diskutierte man überraschenderweise das sozialpolitische Thema im obersten Rat für den Nationalen Wiederaufbau (ORNW).[45] Auch wurde Sozialpolitik seitdem als eine Leitlinie des ORNW genannt. Diese Leitlinie führte dann zu den ersten Ansätzen der staatlichen Sozialpolitik in Korea. Anfang der 60er Jahre wurden zahlreiche Gesetze zur sozialen Sicherheit[46] erlassen, die bis heute Anwendung finden. Diese Gesetze zur sozialen Sicherheit wurden zwar in Kraft gesetzt, allerdings wurde die Bevölkerung nicht im erforderlichen Umfang darüber informiert und unterrichtet. Der eigentliche Regierungswille zielte auch nicht auf die sozialpolitischen Verbesserungen, sondern es waren eher politische Überlegungen zur Legitimation der diktatorischen Militärregierung.[47] Zu dieser Zeit schien das kommunistische Regime im Norden einen höheren Lebensstandard für die Bevölkerung zu ermöglichen, als dies in Südkorea der Fall war. Der politische

---

45 Die Mitglieder des ORNW bestanden aus maximal 32 Personen, die alle Offiziere oder Reserveoffiziere sein mussten. Der Vorsitzende war Park, Chunghee. Er war am Anfang Vizevorsitzender der ORNW, aber durch den Machtkampf wurde er nach dem Putsch innerhalb kurzer Zeit Vorsitzender. Dem ORNW wurden die wichtigen Organisationen, die ihn unterstützten, untergeordnet. Dazu, *Lee, Shinyoung*, Südkoreanische Sozialpolitik im Politischen Systemwechsel vom bürokratischen Autoritarismus zur delegativen Demokratie, Diss. Bremen 2007, S. 54 ff.

46 Sozialhilfegesetz (Erlass am 30. Dezember, 1963, Gesetz Nr. 913), Rentenversicherungsversicherungsgesetz der Soldaten (Erlass am 28. Januar, 1963, Gesetz Nr. 1260), Unfallversicherungsgesetz (Erlass am 5. November, 1963, Gesetz Nr. 1438), Krankenversicherungsgesetz (Erlass am 16. Dezember, 1963, Gesetz Nr. 2942), Gesetz für Kinderfürsorge (am 30, Dezember, 1961, Gesetz Nr. 912) usw.

47 *Geun, Munil, Sozialversicherung in den 1960er Jahren*, in: *Ha, Sangrak, Geschichte der koreanischen Sozialfürsorge,* Pakyoungsa, 1997, S. 472.

Systemwettbewerb zwang nunmehr die koreanische Regierung, auf die sozialen Probleme zu reagieren. Daher hatte die neue Regierung von Anfang an erklärt, dass Sie nicht nur die wirtschaftliche Entwicklung sondern auch die soziale Sicherheit der Bürger als Politikziel berücksichtigen wolle.

In der 3. Republik wurde die Aufgabe der sozialen Sicherheit gemäß Art. 30 Abs. 1 der in dieser Zeit erlassenen Koreanischen Verfassung[48] geregelt.[49] In der Verfassung wurde der Begriff der sozialen Sicherheit neu verankert.[50] In dieser Zeit wurden die Strukturen des koreanischen Gesundheitswesens entwickelt. Im Jahr 1961 wurde in Korea zum ersten Mal ein Sozialhilfegesetz[51] verabschiedet. Im Jahr 1963 trat ein Krankenversicherungsgesetz in Kraft.[52] Krankenversicherungen tragen normalerweise die Kosten für medizinische Behandlung bei Erkrankung und Unfall, aber das im Jahr 1963 erlassene Krankenversicherungsgesetz[53] hatte diese Kostentragung nicht vorgesehen. Dem äußeren Schein nach wurde also ein Sozialversicherungssystem in Korea aufgebaut, aber in der Praxis des täglichen Lebens war es für die Betroffenen kaum existent.[54] Aufgrund der eingeführten Programme oder erlassenen Gesetze war der Staat immerhin in die Sozialpolitik aktiver eingebunden als in der Vergangenheit. Zudem ergaben sich in den folgenden Jahren Anlässe, die Sozialpolitik in Korea weiter zu entwicklen. Dies war aber nicht ausreichend, die soziale Sicherung der Bürger wirklich zu gewährleisten.[55]

Durch die gravierend ungleichmäßige Einkommens- und Vermögensverteilung kam es dazu, dass die Armen immer ärmer wurden. Staatspräsident Park forderte daher eine verstärkte soziale Absicherung besonders für einkommensschwache Familien. Das Ministerium für Gesundheit und Sozialwesen kündigte deshalb am

---

48 Die Verfassung der Republik Korea 26. Dezember. 1962. Verfassung Nr. 6.

49 Jeder Bürger hat das Recht, ein menschenwürdiges Leben zu führen (Art. 30 Abs. 1). Der Staat muss sich bemühen, die soziale Sicherheit zu fördern (Art. 30 Abs. 2). Die Bürger, die ihren Lebensunterhalt nicht bestreiten können, genießen nach Maßgabe der Gesetze den Schutz des Staates (Art. 30 Abs. 3).

50 *Cheon, Kwangseok*, Korean Social Security Law, Bobmunsa, 2010, S. 181.

51 *Cheon, Kwangseok*, Korean Social Security Law, Bobmunsa, 2010, S. 183.

52 Nachdem das im Jahre 1963 erlassene Krankenversicherungsgesetz am 22. Dezember 1976 völlig geändert und im Jahre 1977 reformiert wurde, konnte dann eine effektive Krankenversicherung umgesetzt werden.

53 Das damalige Krankenversicherungsgesetz sah eine freiwillige Mitgliedschaft der Arbeitnehmer in betrieblichen Versicherungskassen vor. Aufgrund von Fehlkalkulationen bei Einnahmen/Ausgaben wurden viele Versicherungskassen insolvent. Die ministerielle Genehmigungslizenz wurde dann im November 1965 aufgehoben. Über einen Zeitraum von 14 Jahren konnten Erstattungsansprüche nicht durchgesetzt werden (*Cha, Heungbong, Die theoretische Betrachtung der Bildung und Änderung der koreanischen Krankenversicherungspolitik*, in: Comparative Social Welfare, Hallym University Research Institute of Social Welfare, 1991, S. 61).

54 *Hong, Wansik*, Current Status and Problems of the National Health Insurance Act, in: Legal Studies, Korea Legislation Research Institute Vol. 27, 2004, S. 55.

55 *Yoon, Chanyoung*, Introduction to Social Welfare Law, Nanam, 2010, S. 430.

13. September 1976 offiziell an, dass das Krankenversicherungsgesetz verbessert und eine effiziente Gesundheitsgewährleistung für die Bevölkerung geschaffen werden sollte. Das Krankenversicherungsgesetz sollte völlig überarbeitet werden. Am 22. Dezember 1976 wurde dann die völlig neu überarbeitete Fassung des Krankenversicherungsgesetzes mit Wirkung vom 1. Januar 1977 verabschiedet. Am 31. Dezember 1977 wurde das Krankenhilfegesetz erlassen. Ab Anfang der 1980er Jahre wurden die Gesetze zur sozialen Sicherheit systematisiert und Gesetze zur Sozialen Fürsorge, Altenhilfe, und Behindertenhilfe erlassen, um die sozialen Dienste effektiver zu gestalten. Die „Fünfte Republik" hatte ebenfalls eine gesetzliche Rentenversicherung eingeführt. Viele soziale Einrichtungen wurden unter besonderer Beachtung Not leidender Menschen errichtet und weiter ausgebaut. Das im Laufe der Zeit entstandene System der koreanischen Sozialfürsorge[56] wurde ausgebaut und dezentralisiert. Statt der überregionalen Einrichtungen für soziale Fürsorge sollten die örtlichen Einrichtungen für soziale Fürsorge die Hilfen leisten und sollte besonders die häusliche Pflege vorrangig unterstützt und ausgebaut werden.

II. Demokratisierung der koreanischen Gesellschaft in der „Sechsten Republik" und der Ausbau des modernen Sozialschutzsystems im letzten Jahrzehnt des 20. Jahrhunderts

Zahlreiche Demonstrationen erfassten 1980 das ganze Land. Das Militär fürchtete einen Aufstand und griff deshalb besonders hart durch. In einer der Protesthochburgen, in Gwangju, wurde im Mai 1980 der Aufstand brutal niedergeschlagen, um ein Exempel zusetzen. General Chun gelang es hierdurch, die Lage zu beruhigen. Die wirtschaftliche Entwicklung stabilisierte sich und damit auch die Lebensqualität der Koreaner. Trotzdem wurden die Forderungen nach echter Demokratie immer lauter. Oft kam es zu Demonstrationen und Streiks. Chun trat am Ende seiner Amtszeit 1988 zurück und ermöglichte den ersten friedlichen Machtwechsel seit der Gründung Koreas. Auf Veranlassung seines sich schon abzeichnenden Nachfolgers, Ex-General Roh, Taewoo, wurde im Sommer 1987 die Verfassung zugunsten echter demokratischer Reformen geändert. Im November 1987 durfte zum ersten Mal seit 1961 wieder der Präsident direkt durch die Bevölkerung gewählt werden. Damit begann die „Sechste Republik".

Obgleich die Verfassungsänderung von 1987 einen tiefen Einschnitt in der politischen Entwicklung bedeutete, stand die koreanische Demokratie weiterhin auf einer brüchigen Basis. 1988 hat es dann erstmals wirkliche demokratische Wahlen gegeben.[57] Die institutionellen Kräfteverhältnisse hatten sich zwar zugunsten des

56 Die Familien hatten den Kranken Beistand geleistet und freiwillige Hilfestellung geboten.

57 Seit 1972 konnten die Bürger den Staatspräsidenten niemals in direkter Wahl wählen. *Heo, Wan-Jung*, Umfang und Grenzen der gesetzgeberischen Bindung durch

prodemokratischen Lagers ändert; mit dem Wahlsieg des aus der Militärführung kommenden Roh, Taewoo war allerdings deutlich geworden, dass die endgültige Abkehr von der autoritären Vergangenheit noch lange nicht vollzogen war. Infolge dessen stand die demokratische Konsolidierung auf der Reformagenda der Zivilgesellschaft ganz oben. Die Verfassungsänderung hatte nicht nur die Einführung der demokratischen Wahl, sondern auch die Einführung der Verfassungsgerichtsbarkeit zur Folge. Im September 1989 wurde das Verfassungsgericht eingesetzt.[58] All dieses zusammen führte dazu, dass die Militärs die politische Lage nicht mehr direkt kontrollieren konnten. Mit Beginn der „Sechsten Republik" im Jahre 1988 nahmen die zunächst autoritären Regierungsstrukturen zunehmend demokratische Gestalt an. Die neue Regierung wollte durch diese Maßnahmen eine ausgewogene Entwicklung von Wirtschaft und Gesellschaft erreichen. Hierzu sollte die Kluft zwischen Arm und Reich gemildert werden und die wirtschaftliche Konzentration auf nur wenige Regionen sollten vermieden werden. Auch zeigte die Regierung mit Durchführung der Paralympics 1988 den Bürgern verstärktes Interesse für behinderte Menschen.

Ab Juli 1988 wurde die Schwelle der Krankenversicherungspflicht in Unternehmen von bisher 16 auf 5 beschäftigte Arbeitnehmer verringert. Am 01. Januar 1988 erfolgte die Erweiterung für Bauern auf dem Land und am 01. Juli 1988 für Selbständige in der Stadt. Damit und mit der 1989 ebenfalls eingeführten Gruppe der Ortsversicherten umfasste die Krankenversicherungspflicht nunmehr alle Bürger Koreas. 1992 wurde der erste zivile Präsident in der ersten völlig freien und fairen Wahl seit 32 Jahren gewählt. Erst gegen Ende der „Sechsten Republik" im Jahre 1991 und mit dem Entstehen einer neuen Ära der Zivilherrschaft entwickelte sich nicht nur in der südkoreanischen Gesellschaft, sondern auch in der Regierung ein Bewusstsein für notwendiges sozialpolitisches Handeln. Nun gestand man neben dem Primat der Wirtschaftsentwicklung auch der sozialen Komponente eine

---

verfassungsgerichtliche Entscheidung: Versuch einer Lösung südkoreanischer verfassungsgerichtlicher Probleme, Diss. jur. München 2008, S. 15.

58 Obwohl die Verfassung von 1960 die Verfassungskommission abgeschafft und an ihrer Stelle das Verfassungsgericht eingeführt hatte, das nach dem Vorbild des deutschen Bundesverfassungsgerichts mit umfangreichen Kompetenzen ausgestattet war, wurde das Verfassungsgericht wegen des Militärputsches vom 16. 5. 1961 nicht gegründet. Doch die früher definierten Kompetenzen wurden realisiert, als das Verfassungsgericht 1987 wieder eingeführt wurde. Die Verfassung von 1987 bestimmte das Verfassungsgericht als das für die Verfassungsgerichtsbarkeit zuständige Organ nach österreichisch-deutschem Vorbild. Nach dem das Verfassungsgerichtesgesetz am 1. September 1988 erlassen wurde, wurde das Verfassungsgericht am 19. September 1988 in Seoul gegründet. Das Verfassungsgericht wurde als Einheitsgericht ausgestaltet, das aus 9 Verfassungsrichtern bestand, die vom Staatpräsidenten ernannt wurden (Art. 111 Abs. 2 KV von 1987). Dazu ausführlich *Heo, Wan-Jung*, Umfang und Grenzen der gesetzgeberischen Bindung durch verfassungsgerichtliche Entscheidung: Versuch einer Lösung südkoreanischer verfassungsgerichtlicher Probleme, Diss. jur. München 2008, S. 11 ff.

Existenzberechtigung zu. Diese Entwicklung setzte sich fort und 1998 erreichte der Anteil der öffentlichen Sozialausgaben 5,9 Prozent des BIP (Bruttoinlandprodukt).[59]

1991 wurde das Krankenhilfegesetz völlig überarbeitet, und es wurde am 4. August 1995 nochmals hinsichtlich einer Verlängerung der medizinischen Versorgung geändert.[60] Auch danach wurde das Gesetz mehrfach reformiert und trat 2001 in seiner jetzigen Fassung in Kraft. Die bisherige zeitliche Beschränkung der medizinischen Versorgung für dieselbe Krankheit wurde abgeschafft und die Leistungen zur Vorbeugung von Krankheiten und zur Rehabilitation wurden festgeschrieben.[61]

Die Asienkrise begann im März 1997 in Thailand und griff auf mehrere asiatische Staaten über, insbesondere auch auf Südkorea. Konzerne wie z.B. Hanbo Stahl, Kia-Gruppe mussten Insolvenz anmelden. Nach mehreren Jahren des starken Wirtschaftswachstums wurde die koreanische Regierung mit dem plötzlichen Fall in eine tiefe Rezession konfrontiert. Am 04. Dezember 1997 gewährte der Internationale Währungsfonds (IWF) massive Finanzhilfen an Korea. Die Wirtschaft unternahm erhebliche Anstrengungen, um die Wirtschafts- und Finanzkrise zu überwinden. Durch die Krise ergaben sich jedoch viele soziale Probleme wie z.B. Arbeitslosigkeit und daraus folgende finanzielle Probleme für die Bevölkerung, die gelöst werden mussten. Am 31.12.1997 wurde das neue Volkskrankenversicherungsgesetz erlassen.[62] Obwohl das neue Gesetz ein menschenwürdiges Leben auch bei Krankheit sichern sollte, hatte es während der großen Arbeitslosigkeit als Folge der Finanzkrise[63] nicht effektiv geholfen. Aus diesem Grund wurde eine Reform für ein besseres Auffangnetz der sozialen Sicherheit gefordert. Am. 1. Oktober 2000 trat das neue Gesetz zur Sicherung des Existenzminimums[64] in Kraft. Diese Gewährleistung des Existenzminimums ist somit nicht länger als „Gnade der Regierung" zu werten,

59 Vgl. OECD 2003. Die Sozialausgaben der anderen OECD-Länder im selben Jahr waren viel höher, beispielsweise machten sie in Deutschland 27,3 Prozent, in Österreich 26,8 Prozent und in Großbritannien 24,7 Prozent des BIP aus. *Nam, Hyunjoo*, Die Zukunft der Pflegesicherung in Südkorea – Möglichkeiten und Grenzen des Transfers europäischer Wohlfahrtssysteme-, 2005, S. 116.

60 *Hwang, Inok/Nam, Iljae/Yang, Jungha, Rechtstheorie der modernen Sozialfürsorge,* Press of Sharing House, 2002, S. 368.

61 *Yoon, Chanyoung*, Introduction to Social Welfare Law, Nanam, 2010, S. 432 ff.

62 Das Gesetz definierte nunmehr folgende 3 Personengruppen als Pflicht-Versichertenkreis:
- Personen (Arbeitnehmer), bereits durch das Krankenversicherungsgesetz geschützt
- Beamte
- Personen, die in privaten Bildungsinstitutionen beschäftigt sind.

63 Am 3. Dezember 1997 beschloss der IWF sein bis dahin größtes Rettungspaket von 57 Mrd. US-Dollar für Südkorea. Im Gegenzug musste Südkorea sich zu einem dreijährigen IWF Programm (von Ende 1997 bis Ende 2000) verpflichten.

64 Das Sozialhilfegesetz aus dem Jahr 1961, wurde im Jahr 1999 aufgehoben.

sondern wurde nun als Rechtsanspruch gegen den Staat etabliert.[65] Bis heute ist das Gesetz mehrfach reformiert worden.

Es gibt zwei wesentliche Gesetze, die das staatliche Krankenversicherungssystem in Korea regeln. Das eine ist das Volkskrankenversicherungsgesetz, das am 8. Februar 1999 verkündet wurde. Das andere Gesetz war ein spezielles Gesetz zur finanziellen Stabilisierung der Volkskrankenversicherung. Dieses Gesetz wurde am 19. Januar 2002 befristet bis Ende 2006 erlassen. Wichtigstes Ziel des Volkskrankenversicherungsgesetzes war es, verschiedene Versicherungsadministrationen in einem einzigen System zu integrieren, um die administrative Effizienz und die Lastenverteilung der Finanzierung zu verbessern, eine umfassende Gesundheitsversorgung zu gewährleisten und die Prävention bei Krankheiten zu fördern.[66] Am 1. Juli 2000 wurde die öffentliche Körperschaft für Volkskrankenversicherung mit der Körperschaft des öffentlichen Rechts für Arbeitnehmer zusammengelegt.[67] Im August 2001 hatte der koreanische Präsident die Einführung der Pflegeversicherung für ältere Menschen angekündigt. Im Juli 2002 wurde die bis dahin separate Krankenversicherung für Arbeitnehmer und Selbstständige in die allgemeine Volkskrankenversicherung integriert. Die wesentlichen Entwicklungen waren chronologisch gegliedert wie folgt. Im März 2003 wurde dafür die Planungs- und Promotionsgruppe für die öffentliche Pflegeversicherung gegründet. Im Jahr 2003 wurde die Finanzierung der Ortskrankenversicherung und der Betriebskrankenversicherung für Arbeitnehmer in der Volkskrankenversicherung integriert.[68] Im März 2004 war

---

65 *Shin, Youngseok*, National Basic Livelihood Security System and Medical Aid, in: Health and welfare policy forum Vol. 108, 2005, S. 43.

66 *Kim, Yousung, Koreanisches Sozialrecht*, Beobmunsa, 2002, S. 237 ff.

67 In der Praxis wurde der erste Teil der Finanzierung nicht sofort integriert, sondern am Ende des Jahres 2001.

68 *(1) Konzeption und Aufbau des Systems (1961–1976)*
16.12.1963 Krankenversicherungsgesetz
07.08.1970 Änderungsantrag zum Krankenversicherungsgesetzes (Gesetz Nr. 2228)
(2) Einführung der Krankenversicherung für Unternehmen (1977–1981)
01.07.1977 Krankenversicherung für Unternehmen mit mehr als 500 Beschäftigten
01.01.1979 Operativer Ausbau der Krankenversicherung
01.07.1979 Krankenversicherung für Unternehmen mit mehr als 300 Beschäftigten
01.01. 1981 Krankenversicherung für Unternehmen mit mehr als 100 Beschäftigten
(3) Krankenversicherung für Selbstständige (1981–1986)
01.07.1981 Erstes Pilotprojekt der Krankenversicherung für Selbstständige
01.12.1981 Gründung der Krankenversicherung für Selbständige (z.B. Künstler, Friseure)
01.07. 1982 Zweites Pilotprojekt der Krankenversicherung für Selbstständige

dann die Planungs- und Umsetzungsgruppe für die öffentliche Pflegeversicherung sowie der Ausschuss für die Implementierung gegründet worden. Im April 2007 wurde schließlich das Pflegeversicherungsgesetz für ältere Menschen verabschiedet und ist im Juli 2008 in Kraft getreten.

B. Verfassungsgrundlagen und Grundstrukturen der koreanischen Gesundheitsversorgung

I. Der Sozial- und Gesundheitsschutz in der koreanischen Verfassung

1. *Soziale Grundrechte in der Koreanischen Verfassung*

In der Koreanischen Verfassung[69] werden die sozialen Grundrechte gewährleistet. Es sind die Rechte, um ein menschenwürdiges Leben im Wohlfahrtsstaat (Sozialstaat)[70]

---

(4) *Krankenversicherung für alle Bürger (1987–1997)*
01.01.1988 Krankenversicherung im ganzen Land für Bürger in Landwirtschaftsgebieten
01.07.1989 Krankenversicherung im ganzen Land für Bürger, die in Städten wohnhaft sind
(5) *Integration der Krankenversicherung (1997-heute)*
01.07.2000 Integration aller Gesellschaften der Krankenversicherung (Einbringung der Volkskrankenversicherung in neu etablierte öffentliche Körperschaften für Krankenversicherung und Fusion mit der 139 Gesellschaften der Betriebsversicherten)
01.01.2001 Finanzielle Integration der Krankenversicherung für Arbeitnehmer und der für Beamte und der für Beschäftigte in Bildungsinstitutionen.
01.07.2001 Krankenversicherung für Unternehmen mit weniger als 5 Arbeitnehmern
19.01.2002 Spezielles Gesetz für die finanzielle Stabilität der Krankenversicherung
01.07.2003 Finanzielle Integration der Ortskrankenversicherung und der Betriebskrankenversicherung für Arbeitnehmer (*Jeong, Hongki/Cho, Jeongchan, Volkskrankenversicherungsgesetz*, Korea Legislation Research Institute, 2005, S. 92 ff.).

69 Die aktuelle Koreanische Verfassung (1987) umfasst eine Präambel, 130 Artikel, in 10 Kapiteln gegliedert, sowie ein Addendum. Die Menschenrechte und die sozialen Grundrechte der Bürger sind im Kapitel II in den Artikeln 10 bis 40 verankert.

70 In Korea ist der Begriff „Sozialstaat“ oft mit „Wohlfahrtstaat“ unterschiedslos verwendet worden und es gibt meistens keine definierten Unterschiede zwischen Sozialstaat und Wohlfahrtsstaat. Der Begriff des Wohlfahrtsstaates kommt aus den USA. Es ist eine wörtliche Übersetzung des englischen Worts „Welfare State“. Der Begriff des Sozialstaates kommt aus Europa wie z.B. Deutschland. Die beiden Begriffe entstammen unterschiedlichen Kultur- und Rechtssystemen, zielen aber in die gleiche Rictung. Aus diesem Grund werden sie in Korea synonym verwendet (*Kwon*,

zur Verwirklichung der sozialen Gerechtigkeit zu gewährleisten. Sie ergeben ein prinzipielles Recht auf staatliche Leistungen und Fürsorge. Eine umfangreiche Sammlung sozialer Grundrechte enthält die deutsche Weimarer Reichsverfassung vom 11. August 1919.[71] Diese sozialen Grundrechte der Weimarer Verfassung kehren weitgehend auch in der Koreanischen Verfassung wieder.[72] Häufig sind die Gewährleistungen sogar durch explizite Konkretisierung verstärkt und um zusätzliche soziale Grundrechte erweitert.

Die Präambel der Koreanischen Verfassung [nachfolgend „KV"] bestimmt, dass jeder Bürger in allen Lebensbereichen (wie z.B. in der Politik, Wirtschaft, Gesellschaft, Kultur usw.) die gleichen Chancen hat und seine individuellen und besten Fähigkeiten entwickeln können soll. Alle Bürger haben die gleiche Menschenwürde und das Recht, nach individueller Zufriedenheit zu streben. Es ist die Pflicht des Staates, die grundlegenden und unverletzlichen Menschenrechte des Einzelnen zu schützen und zu garantieren (Art. 10 KV).

Im Grundrechtskatalog der KV sind die sozialen Grundrechte überwiegend in den Art. 31 bis Art. 36 KV enthalten.[73] Diese Rechte dienen der Verwirklichung des Ziel eines menschenwürdigen Lebens (Art. 34 Abs. 1 KV). Gemäß Art. 31 Abs. 1 KV haben alle Bürger ein Recht auf Bildung, entsprechend ihrer Fähigkeiten. Jeder Bürger hat gegenüber den Kindern, die seiner Sorge anvertraut sind, die Pflicht, ihnen mindestens die Grundschulausbildund und die durch Gesetz geregelte Ausbildung zuteil werden zu lassen (Art. 31 Abs. 2 KV). Die Erfüllung der Schulpflicht ist kostenfrei (Art. 31 Abs. 3 KV). Der Staat ist verpflichtet, die Ausbildung und lebenslange Weiterbildung zu fördern (Art. 31 Abs. 5 KV). Weiterhin haben alle Bürger das Recht auf Arbeit. Der Staat soll mit sozialen und wirtschaftlichen Mitteln Beschäftigung für Arbeitnehmer fördern und gewährleisten. Der Staat soll für angemessene Löhne Sorge tragen und den per jeweiligem Gesetz bestimmten Mindestlohn durchsetzen (Art. 32 Abs. 1 KV). Alle Bürger haben dagegen auch die

---

Youngsung, Lehrbuch Verfassungsrecht, Beobmunsa, 2006, S. 142. Fn. 1). Dagegen wird eingewendet, dass es wissenschaftlich nicht richtig sei, wenn der Wohlfahrtstaat gleichbedeutend mit dem Sozialstaat verwendet werde. Während der Sozialstaat den Rahmen der Sozialstruktur gestalte, in dem die Bürger Freiheit und Gleichheit nach ihren eigenen Lebensplanung materiell verwirklichen könnten, bedeute der sog. Wohlfahrtstaat, dass das Alltagsleben der Bürger völlig durch die Institutionen des Sozialwesens des Staates reguliert werde (*Huh, Young, Koreanische Verfassungslehre*, 2011, S. 163). Sozialstaatsprinzip und Wohlfahrtsstaatsprinzip sind der verfassungsrechtlichen Präambel sowie Art. 119 Abs. 2 KV zu entnehmen. Dazu ausführlich, *Cheon, Kwangseok*, The principle of the welfare state in the decisions of the constitutional court), in: Public Law (Korean Public Law Association) Vol. 34–4 (1), Juni 2006, S. 221–249.

71 *Frotscher/Pieroth*, Verfassungsgeschichte, 10. Aufl., München 2011, S. 161 ff.

72 *Kwon, Youngsung, Lehrbuch Verfassungsrecht*, Beobmunsa, 2006, S. 629–630.

73 *Kwon, Youngsung, Lehrbuch Verfassungsrecht*, Beobmunsa, 2006, S. 630; *Kim, Tcholsu, Verfassungslehre*, Pakyoungsa, 1996, S. 556–557.

Pflicht zu arbeiten. Der Staat bestimmt den Inhalt und die Bedingungen der Arbeitspflichten im Sinne des Demokratieprinzips durch Gesetz (Art. 32 Abs. 2 KV). Die Arbeitsbedingungen werden durch Gesetz normiert, um die Menschenwürde zu schützen (Art. 32 Abs. 3 KV). Arbeitende Frauen und Jugendliche werden besonders vom Staat geschützt. Frauen dürfen in Bezug auf Beschäftigung, Arbeitslohn und Arbeitsbedingungen nicht diskriminiert werden (Art. 32 Abs. 4 und Abs. 5 KV). Das Recht auf menschenwürdiges Leben (Art. 34 Abs. 1 KV), die Pflicht des Staates zur sozialen Sicherheit und sozialen Fürsorge (Art. 34 Abs. 2 und Abs. 6 KV), das Recht, in gesunder und angemessener Umgebung zu leben (Art. 35 KV) und das Recht auf Gesundheit (Art. 36 Abs. 3 KV) beziehen sich direkt auf die Gesundheitsversorgung.

2. *Soziale Sicherheit und Gesundheitsschutz in den sozialen Grundrechten*

Wie oben ausgeführt, haben gemäß Art. 34 Abs. 1 KV alle Bürger das Recht auf menschenwürdiges Leben. Nach Art. 34 Abs. 1 KV beinhaltet dies die Gewährleistung eines Existenzminimums als Mindestmaß.[74] Dementsprechend übernimmt der Staat den Schutz der Menschen, die nicht in der Lage sind, für sich selbst zu sorgen. Dies geschieht in Korea im Rahmen des Sozialhilfe-[75] und Krankenhilfegesetzes.[76] Der Staat hat die Pflicht, soziale Sicherheit und soziale Wohlfahrt zu fördern (Art. 34 Abs. 2 KV). Der Staat soll sich darum bemühen, die soziale Fürsorge und die Rechte der Frauen zu verbessern (Art. 34 Abs. 3 KV). Der Staat hat die Pflicht, Maßnahmen zur Verbesserung der soziale Fürsorge für Alte und Jugendlichen umzusetzen (Art. 34 Abs. 4 KV). Bürger, die aufgrund körperlicher Behinderung, Krankheit, Alter oder aus anderen Gründen ihren Unterhalt nicht selbst bestreiten können, werden vom Staat durch das jeweilige Gesetz geschützt (Art. 34 Abs. 5 KV). Der Staat muss Katastrophenschutz betreiben und Bürger vor derartigen Schäden schützen (Art. 34

---

74 Dazu gehört die Frage, ob der Staat zur Gewährleistung eines menschenwürdigen Lebens nur das materielle Existenzminimum oder auch die kulturelle Teilhabe zu sichern hat. Zur Gewährleistung eines menschenwürdigen Leben muss jedoch der materielle Bedarf zuerst gedeckt sein (*Cheon, Kwangseok*, *Verfassung und Kultur*, in: Public Law, Korean Public Law Association Vol. 18, 1990, S. 176 f. Vgl. *Hong, Seongbang*, Soziale Rechte auf der Verfassungsebene und auf der gesetzlichen Ebene, – unter besonderer Berücksichtigung der sozialen Rechte im Grundgesetz der Bundesrepublik Deutschland, in der Verfassung der Republik Korea und im deutschen Sozialgesetzbuch, Diss. Köln 1986, S. 123 ff.).

75 Verkündet am 30. 12. 1961, Gesetz Nr. 913.

76 Verkündet am 31. 12. 1977, Gesetz Nr. 3076. *Cheon, Kwangseok*, Das Recht der sozialen Sicherheit und seine verfassungsrechtlichen Rahmenbedingungen in der Bundesrepublik Deutschland und in der Republik Korea, Studien aus dem Max-Planck-Institut für Ausländisches und Internationales Sozialrecht, 1990, S. 273.

Abs. 6 KV).[77] Unter dem besonderen Schutz des Staates steht die Gesundheit aller Bürger (Art. 36 Abs. 3 KV).

Art. 34 KV gewährleistet dem Bürger das Recht auf soziale Sicherheit und verpflichtet den Staat zur Förderung der sozialen Sicherheit.[78] Das Recht auf soziale Sicherheit bzw. der Anspruch auf Sozialleistungen haben zum Inhalt, daß jeder Bürger vor den im Leben vorkommenden sozialen Risiken[79], wie Krankheit, Alter, Invalität usw. und den daraus entstehenden Folgewirkungen durch staatliche Maßnahmen geschützt wird.[80] Die staatliche Verpflichtung zur Sicherung des Existenzminimums wird nochmals verdeutlicht, indem Bürger, die ihren Unterhalt nicht selbst bestreiten können, gemäß Art. 34 Abs. 5 KV unter dem Schutz des Staates stehen.[81] Die soziale Sicherheit und soziale Wohlrfahrt sind die allgemeine Bezeichung dessen, was der Staat zum Lebensschutz der Bürger leistet.[82]

Art. 34 KV ist nicht wirkliche Anspruchsgrundlage sondern das Gesetz selbst muss die Anspruchsgrundlage formulieren. Das Recht auf soziale Sicherheit gemäß Art. 34 KV bedeutet, dass der Gesetzgeber nicht nur objektiv einen bestimmten Schutz geben muss, sondern verpflicht ist, dass das Gesetz so ausgestltet, dass die Leute einen individuellen Anspruch haben.[83] Gemäß Art. 34 KV wird daher gewährleistet, dass aus den Pflichten des Staates für soziale Sicherheit auch subjekte Ansprüche entstehen.[84]

---

77 Entscheidung des Koreanischen Verfassungsgerichts [nachfolgend „KVerfGE"], 1997. 5. 29, 94Hun-Ma33, 9–1, S. 553; 2004. 10. 28, 2002Hun-Ma328, 16–2, S. 195.

78 *Min, Kyoungsik, Schutz des Rechtes der sozialen Sicherheit im modernen Staat,* in: Public Law, Korean Public Law Association Vol. 20, 1992, S. 47 ff.; *Kwon, Youngsung, Lehrbuch Verfassungsrecht,* Beobmunsa, 2006, S. 645 ff.

79 „Soziale Risiken" meint Risiken, die nur im Rahmen einer Solidargemeinschaft abgesichert werden können (*Min, Kyoungsik, Schutz des Rechtes der soziale Sicherheit im modernen Staat,* in: Public Law, Korean Public Law Association Vol. 20, 1992, S. 48).

80 Es bleibt im Einzelnen die Frage, welche Lebensrisiken als soziale Risiken geschützt werden sollen. Hierzu hat der Staat über die Leistungsarten oder die Höhe des Leistungensniveaus zu entscheiden. Dazu ausführlich *Cheon, Kwangseok,* Korean Social Security Law, Bobmunsa, 2010, S. 164 ff.

81 *Cheon, Kwangseok,* Das Recht der sozialen Sicherheit und seine verfassungsrechtlichen Rahmenbedingungen in der Bundesrepublik Deutschland und in der Republik Korea, Studien aus dem Max-Planck-Institut für Ausländisches und Internationales Sozialrecht, 1990, S. 271.

82 Dazu ausführlich *Kwon, Youngsung, Lehrbuch Verfassungsrecht,* Beobmunsa, 2006, S. 646.

83 Auch im Rahmen der Sozialhilfe besteht nunmehr ein Rechtsanspruch. Die Hilfeleistung ist nicht mehr eine Willkürleistung des Staates. *Cheon, Kwaungseok,* Korean Social Security Law, Bobmunsa, 2010, S. 167.

84 *Lee, Dukyeon, Wesen und rechtlicher Charakter des Rechts auf menschenwürdiges Leben),* in: Public Law, Korean Public Law Association Vol. 27 No. 2, 1999, S. 236 ff.

Diese sozialen Grundrechte werden durch die Sozialgesetzgebung Koreas realisiert (z.B. im Sozialversicherungssystem[85] durch das Krankenversicherungsversicherungsgesetz[86], das Rentenversicherungsversicherungsgesetz der Soldaten[87], das Unfallversicherungs-[88] und das Pflegeversicherungsgesetz[89], und im öffentlichen Fürsorgesystem mit dem Gesetz zur Sicherung des Existenzminimums[90] und dem Krankenhilfegesetz[91]).

Gemäß Art. 35 Abs. 1 KV haben alle Bürger das Recht auf Gesundheit und das Recht, in einer intakten Umwelt zu leben. Der Staat und alle Bürger müssen sich um den Umweltschutz bemühen. Gemäß Art. 35 Abs. 3 KV muss der Staat sich daher auch in der Wohnungsbaupolitik engagieren und darum bemüht sein, dass alle Bürger in einem gesunden sozialen Umfeld leben können. Art. 36 Abs. 1 KV gewährleistet verstärkten Grundrechtsschutz für die Ehe und die Familie. Gemäß Art. 36 Abs. 2 KV muss der Staat für den Mutterschutz sorgen und gemäß Art. 36 Abs. 3 KV wird die Gesundheit für aller Bürger geschützt.[92]

Nach dieser Vorschrift ist der Staat verpflichtet, die Voraussetzungen, die für die Gesundheitspflege der Bürger sowie für ein gesundes Leben erforderlich sind, zu schaffen und eine entsprechende Gesundheitspolitik zu betreiben. Aus dieser Verpflichtung des Staates folgt das Recht des einzelnen auf Gesundheitsförderung.[93]

---

85 Wenn soziale Risiken durch Sozialversicherungsleistungen nicht überwunden werden können, muss die Unterstützungsleistung durch öffentliche Fürsorge ergänzt werden, um das soziale Recht nach Art. 34 KV zu erfüllen. *Cheon, Kwaungseok*, *Soziale Grundrechte in der Verfassungsordnung*, in: World Constitutional Law Review, Korean Branch of International Association of Constitutional Law Vol. 12–1, Juni 2006, S. 271 ff.

86 Verkündet am 16. 12. 1963, Gesetz Nr. 2942. Heute in der Fassung vom 10. 6. 2010, Gesetz Nr. 10366.

87 Verkündet am 28. 1. 1963, Gesetz Nr. 1260. Heute in der Fassung vom 19. 5. 2011, Gesetz Nr. 10649.

88 Verkündet am 5. 11. 1963, Gesetz Nr. 1438. Heute in der Fassung vom 27. 1. 2010, Gesetz Nr. 9988.

89 Verkündet am 27. 4. 2007, Gesetz Nr. 8403. Heute in der Fassung vom 7. 6. 2011, Gesetz Nr. 10785.

90 Verkündet am 30. 12. 1961, Gesetz Nr. 913. Heute in der Fassung vom 30. 3. 2011, Gesetz Nr. 10507.

91 Verkündet am 31. 12. 1977, Gesetz Nr. 3076. Heute in der Fassung vom 7. 6. 2011, Gesetz Nr. 10788.

92 *Hong, Wansik*, Current Status and Problems of the National Health Insurance Act, in: Legal Studies, Korea Legislation Research Institute Vol. 27, 2004, S. 55.

93 *Hong, Seongbang*, Soziale Rechte auf der Verfassungsebene und auf der gesetzlichen Ebene, – unter besonderer Berücksichtigung der sozialen Rechte im Grundgesetz der Bundesrepublik Deutschland, in der Verfassung der Republik Korea und im deutschen Sozialgesetzbuch, Diss. Köln 1986, S. 145 ff.

3. *Verfassungsrang des Sozialstaatsprinzips*

Die Idee des Sozialstaats ist in der KV nicht explizit formuliert. Sie hat aber in der Präambel, den Menschenrechten und den sozialen Grundrechte ihren Niederschlag gefunden.[94] Auch die Rechtsprechung des Koreanischen Verfassungsgerichts hat entschieden, dass ein Staat die Pflicht hat, für alle Bürger ein menschenwürdiges Existenzminimum zu sichern und die Grundbedürfnisse für ein gesundes und kulturelles Leben aller Bürger zu gewährleisten.[95] Dieses „Sozialstaatsprinzip"(das koreanische Wort „Sahoegukgawolli") soll Hilfe gegen Not und Armut gewährleisten. Der Begriff des Sozialstaates steht in enger Beziehung zum Begriff der Gerechtigkeit. Er fordert soziale Gerechtigkeit.[96] Der Staat erkennt diese Grundwerte als Rechtsanspruch des Bürgers an. Das Prinzip des Sozialstaates bedeutet die Verwirklichung der Sozialen Fürsorge für alle Bürger im Sinne sozialer Gerechtigkeit mit Mitteln der Rechtsstaatlichkeit.[97] Obwohl der Begriff des Sozialstaates (bzw. des Wohlfahrtstaates) zwar je nach Sichtweise unterschiedlich definert wird, ist er in Korea aber unterschiedslos verwendet worden, weil die beiden Termini im Grund genommen zu den verfassungsrechtlichen Prinzipien gehören.[98]

Die wesentlichen Leitgedanken des Sozialstaatsprinzips sind sozialer Ausgleich, soziale Sicherheit und soziale Gerechtigkeit. Der soziale Ausgleich bedeutet, den Abbau oder Minderung sozialer Ungleichheiten. Er wird häufig auch mit dem Gebot der Chancengleichheit in Verbindung gebracht und erfasst insofern Maßnahmen zur Verbesserung der sozialen Situation wirtschaftlich schlechter gestellter Bevölkerungsgruppen.[99]

Ziel des sozialen Ausgleichs ist die Herstellung ausreichender Lebensbedingungen für alle Bevölkerungsschichten. Unter dem Gesichtspunkt der sozialen Sicherheit verlangt das Sozialstaatprinzip die Fürsorge für Hilfebedürftige und ganz allgemein den Schutz der sozialen Existenz. Wie oben schon erwähnt, gibt es zwar in der KV keine spezielle textliche Ausformung des Sozialstaatsprinzips, dennoch ist das Sozialstaatsprinzip in der KV unstreitig fest verankert. Es ist in der

94 KVerfGE 1998. 5. 28. 96Hun-Ka4; 2002. 12. 18. 2002Hun-Ma52; *Huh, Young*, Koreanische Verfassungslehre, 2011, S. 159–160.

95 KVerfGE 2002. 12. 18. 2002Hun-Ma52.

96 KVerfGE 2002. 12. 18. 2002Hun-Ma52, Entscheidungssammlung Vol. 14–2, S. 909; KVerfGE 2004.10.28, 2002Hun-Ma328, Entscheidungssammlung Vol. 16–2(b), S. 204.

97 *Kwon, Youngsung, Lehrbuch Verfassungsrecht*, Beobmunsa, 2006, S. 143.

98 Dazu ausführlich, *Hong, Seongbang*, Begriff und Grenzen des Sozialstaates, in: Sogang Law Review, Insitute for Legal Studies of Sogang University Vol. 9–2, 2007. 12, S. 141 ff.; siehe schon oben B. I. 1.

99 Nach der Entscheidung des Verfassungsgerichts wird die Sozialversicherung als Verwirklichung des Sozialstaatsprinzips gewertet und dem Bürger wird durch das Solidarprinzip eine menschenwürdige Existenz gewährleistet. Dazu ausführlich KVerfGE 2000. 6. 29. 99Hun-Ma289; 2004. 6. 24, 2002Hen-Ba15.

Präambel der Verfassung[100] fixiert. Zum Ausdruck kommt es auch in Art. 10 KV, in Art. 31 bis Art. 36 KV und in Art. 119 KV als Postulat der Wirtschaftsordnung.[101] Gemäß Art. 119 Abs. 2 KV kann der Staat das Wirtschaftsgeschehen kontrollieren und koordinieren, um in der nationalen Wirtschaft ausgewogenes Wachstum und Stabilität zu erhalten, damit eine gleichmäßigere Verteilung der Einkommen erreicht werden kann. Die Herrschaft des Marktes und der Missbrauch in der Wirtschaft sollen verhindert werden.[102]

Das Koreanische Verfassungsgericht hat bisher die unmittelbare Einklagbarkeit der sozialen Grundrechte nur anerkannt, soweit es um das Existenzminium geht.[103] Die sozialen Grundrechte haben eine normative bestimmte Kraft. Die sozialen Grundrechte sichern somit ein Mindestmaß der verfassungsrechtlich garantierten Ansprüche gegen den Staat. Die Verwirklichung dieser Ansprüche ist jedoch von der jeweiligen wirtschaftlichen Tragfähigkeit im Sozialsystem abhängig. Ein gerichtlicher Anspruch kann sich also nur auf einen prinzipiellen Schutz durch den Staat beziehen. Die soziale Realität bestimmt in welcher Weise in jeweiligen historischen Situationen, die Grundrechte als Prinzipien wirken. Auch haben Verfassungsgerichtsentscheidungen erheblich dazu beigetragen, die sozialen Grundrechte inhaltlich und auch materiell zu bestimmen, und sind zur Richtschnur der Staatstätigkeit geworden. Die sozialen Grundrechte formulieren eigentlich nur das Ziel, um das sich der Gesetzgeber bemühen muss. Solche Ziele nennt man sowohl in Deutschland als auch in Amerika in der Verfassungstheorie Prinzipien. Solche Prinzipien kann man nicht einfach anwenden wie eine Norm, sondern diese steuern die Anwendung von Normen.[104] Wiederum kann nur ein Verfassungsgericht beantworten, ob der Gesetzgeber sich genügend bemüht hat, um das Ziel zu verfolgen oder nicht, und das hängt auch von den historischen Verhältnissen ab.

---

100 In der Präambel der Koreanischen Verfassung heißt es: „Wir, die Koreaner, stellen für jeden Chancengleichheit in allen politischen, wirtschaftlichen, sozialen und kulturellen Bereichen her, finden die vollste Entfaltung individueller Fähigkeiten und erfüllen Verantwortung und Pflichten im Zusammenhang mit der Freiheiten und Rechte".

101 *Kim, Dochang, Verwaltungsrechtslehre II,* Cheongunsa, 1993, S. 361; *Kim, Namjin, Verwaltungsrecht II,* Beobmunsa, 2000, S. 265; *Kim, Donghee, Verwaltungsrecht II,* Pakyoungsa, 2000, S. 200.

102 KVerfGE 1996. 4. 25. 92Hun-Ba47; die gleiche Auffassung haben, KVerfGE 1998. 5. 28. 96Hun-Ka4; 2001. 6. 28. 2001Hun-Ma132; 2002. 12. 18. 2002Hun-Ma52.

103 *Hong, Seongbang,* Sozialen Grundrechte in der Rechtsprechung des Verfassungsgerichts, in: Sogang Law Review, Insitute for Legal Studies of Sogang University Vol. 4, 2002. 5, S. 36 ff.

104 *Jeong, Kukwon, Der Prüfungsmaßstab der sozialen Grundrechten und ihrer Anwendung in Verfassungsgerichtsbarkeit* in: World Constitutional Law Review, Korean Branch of International Association of Constitutional Law Vol. 17-2, 2011. 8, S. 157 ff.

Die Bedeutung der sozialen Grundrechte im Verfassungsgefüge und das Sozialstaatsprinzip der Verfassung werfen die Frage auf, ob ein konkreter Anspruch aus dem Sozialstaatsprinzip heraus besteht oder ob zwischen dem Sozialstaatsprinzip und den sozialen Grundrechten zu trennen ist. Individuelle Sozialleistungen werden nicht über das Sozialstaatsprinzip, sondern über die sozialen Grundrechte eingefordert, da in Korea bereits spezifische soziale Grundrechte bestehen. Es ist offen, ob das Sozialstaatsprinzip als konkrete Anspruchsnorm der KV betrachtet werden kann. Wenn eine Rechtsnorm, die in der KV nicht ausdrücklich festgeschrieben ist, aufgrund des Sozialstaatsprinzips neu geregelt werden soll, kommt es häufig zu diesen Fragen. In diesem Fall wäre unmittelbare Grundlage des konkreten Rechtsanspruchs das jeweilige neue Gesetzesrecht, und der Zusammenhang mit dem Sozialstaatsprinzip wäre nur ein mittelbarer.[105]

Es fragt sich, ob das verfassungsrechtliche Sozialstaatsprinzip schon einmal eine praktische Rechtsbedeutung für das Gesundheitswesen gehabt hat. Beispielhaft ist hier die Entscheidung des Koreanischen Verfassungsgericht 2000. 6. 29. 99 Hen-Ma 289.[106] „Im Gegensatz zu den Betriebsversicherten gibt es im Bereich der Ortsversicherten Alte, Arbeitlose oder Rentner, die kein regelmäßiges Einkommen haben. Diese einkommensschwachen Ortsversicherten unterstützt der Staat durch Subventionen bei medizinischen Leistungen in Erfüllung seiner Sozialstaatspflichten." Betriebsversicherte beschwerten sich darüber, dass nach ihrer Meinung es nicht richtig sei, dass Betriebsversicherte am Schluss Ortsversicherte mitfinanzierten. Das Verfassungsgericht hat entschieden, dass genau dies richtig sei. Es gelte nämlich das Solidarprinzip, welches aus dem Sozialstaatsprinzip zu rechtfertigen sei.

Das Sozialstaatsprinzip gewährleistet eine Umverteilung zugunsten der Einkommensschwachen durch Subventionierung der Beiträge und trägt dadurch auch zur Verwirklichung einer gerechteren Gesellschaftsordnung bei. Wenn der Staat dem einkommensschwachen Ortsmitglied den Beitrag subventioniert, ist es durch das Sozialstaatsprinzip gerechtfertigt. Das Koreanische Verfassungsgericht bewertet das Sozialstaatsprinzip als bedeutsame Grundlage für die staatliche Gesundheitspolitik.

---

105 *Cheon, Kwangseok*, The principle of the welfare state in the decisions of the constitutional court), in: Public Law (Korean Public Law Association) Vol. 34–4 (1), Juni 2006, S. 240.

106 Alle Kläger sind Mitglieder der Betriebsversicherung. Im Zuge der Umsetzung des Volkskrankenverischerungsgesetzes am 1. Juli. 2000 wurde die öffentliche Körperschaft für Volkskrankenversicherung mit der Körperschaft des öffentlichen Rechts für Arbeitnehmer zusammengelegt. Gemäß § 35 Abs. 2 VKG verwaltet die Volkskrankenversicherungskörperschaft des öffentlichen Rechts die integrierte Finanzierung zwischen den Betriebs- und Ortsversicherten. Der Kläger behauptete, dass die Verordnung im Zusammenhang mit dem Berechnungsmaßstab für Beiträge der Betriebsversicherten und Ortsversicherten (z.B. § 69 Abs. 3, § 70, § 71, § 72 und § 76 VKG) nicht nur das Recht auf Gleichheit sondern auch Eigentumsrechte der Kläger verletzen. Dazu ausführlich Kapitel 2. E.

II. Die Grundstrukturen der Gesundheitsversorgung

1. *Basisgesetz zur Sozialen Sicherheit*

In Korea ist ein Basisgesetz für Soziale Sicherheit [nachfolgend „SSG"] 1995 in Kraft getreten.[107] Das Ziel des Gesetzes ist, die allgemeinen Grundsätze der Sozialen Sicherheit zu normieren. Aus diesen Gründen enthält es auch eine Wiederholung der Sozialgrundrechte der Verfassung so weit sie mit der soziale Sicherheit zu tun haben.[108] Das Gesetz benennt die wesentlichen Ansprüche auf Sozialleistung, die man nach Maßgabe jeweiliger besonderen Gesetze hat.

Es gab nur einzelne Gesetze auf dem Gebiet der sozialen Sicherheit. Um diese Einzelgesetze systematisch zu verbinden wurde das Basisgesetz zur Sozialen Sicherheit geschaffen. Allerdings hat das Basisgesetz zur Sozialen Sicherheit für die Rechtspraxis eigentlich keine praktische Bedeutung, da es nur den grundsätzlichen Rechtsrahmen absteckt.[109] Die sozialen Grundrechte gelten bereits aufgrund der Verfassung und die konkreten sozialrechtlichen Rechtspositionen ergeben sich aus den Einzelgesetzen, insofern hat das Basisgesetz allein eine deklaratorische Funktion.[110]

Die soziale Fürsorge für die Bürger wird gewährleistet. Dies ist die Pflicht des Staates (§ 1 SSG). Gemäß § 2 SSG gewährleistet die Soziale Sicherheit allen Bürgern das Existenzminimum für ein menschenwürdiges Leben und damit die soziale Fürsorge. § 3 SSG enthält die Begriffsdefinitionen der „Sozialen Sicherheit". Sie umfasst die Sozialversicherung, das Sozialhilfesystem, die Sozialfürsorge und spezielle soziale Einrichtungen (Waisenheime, Altenheime usw.), die den Bürger vor Risiken wie Krankheit, Behinderung, Alter, Arbeitslosigkeit und Tod bewahren sollen (§ 3 Nr. 1 SSG). Die „Sozialversicherung" schützt im Falle von Krankheit und sichert den Lebensunterhalt bei Verlust des Einkommens (§ 3 Nr. 2 SSG). Die „Sozialhilfe" unter der Verantwortung des Staates und der Lokalbehörden gewährt den Bürgern, die ihren Lebensunterhalt nicht aus eigenen Kräften bestreiten können und mittellos sind, ein Existenzminimum und hilft beim Aufbau eines selbstständigen Lebens (§ 3 Nr. 3 SSG). Die „Sozialfürsorge" hilft allen Bürgern, die die Hilfe des Staates, der Lokalbehörde oder des privaten Sektors brauchen, durch Beratung, Rehabilitationsmaßnahmen, Arbeitsbeschaffung und die Nutzung von Sozialeinrichtungen und -diensten, damit sie ein menschenwürdiges Leben führen können (§ 3 Nr. 4 SSG). Die „sonstigen sozialen Einrichtungen" gewährleisten in den Bereichen Gesundheit, Wohnung, Ausbildung und Beschäftigung ein menschenwürdiges Leben (§ 3 Nr. 5 SSG).

---

107 Es hat schon voher ein vergleichbares Gesetz gegeben. Das erste Gesetz zur Sozialen Sicherheit wurde in 1963 erlassen aber früh wieder aufgehoben. Das aktuelle SSG ist in englischer Übersetzung abzurufen unter „Framework Act on Social Security".

108 *Cheon, Kwangseok*, Korean Social Security Law, Bobmunsa, 2010, S. 220.

109 *Cheon, Kwangseok*, Korean Social Security Law, Bobmunsa, 2010, S. 217.

110 Deutschland hat eine ähnliche Funktion in Teilen des SGB I.

Die Zentral- und Lokalbehörden sind für die notwendigen jährlichen Mittel verantwortlich und verpflichtet, das soziale Sicherheitssystem weiter zu entwickeln (§ 5 SSG). Die Bürger dagegen sind ebenfalls verpflichtet, ein selbstständiges, eigenverantwortliches Leben gemäß ihrer Fähigkeiten zu führen und bei der Sozialpolitik des Staates mitzuwirken (§ 7 SSG). Alle Bürger haben einen Anspruch auf Leistungen für soziale Sicherheit gemäß den jeweiligen Gesetzen (§ 9 SSG). Gemäß § 10 Abs. 3 SGG haben die Zentral- und Lokalbehörden das Niveau der Leistungen zu Sicherung des Existenzminimums auf der Basis der järlichen Bekanntmachung des Staates und des Gesetzes über den Mindestlohn festzusetzen.

2. Gesetz zur Sicherung des Existenzminimums

Das Sozialhilfesystem ist ein grundlegender Zweig des Sozialrechts. Es ist das wesentliche Instrument für öffentliche Fürsorge und Armenhilfe und „das letzte Netz" der sozialen Sicherung.[111] § 1 des Gesetzes zur Sicherung des Existenzminimums [nachfolgend „ESG"][112] verpflichtet den Staat zum Unterhalt des Sozialhilfesystems. Die Pflicht des Staates ist es, dem einzelnen Bürger die Führung eines Lebens zu ermöglichen, das der Würde des Menschen entspricht. Damit wird dem Bürger das Existenzminimum gewährleistet und hiermit ein selbstständiges Leben. Dieser Pflicht entsprechen wie schon ausgeführt subjektive Rechte der Hilfebedürftigen individuell. Diese können gegebenfalls auch durch den gesichtlichen Rechtschutz durchgesetzt werden (Zum Rechtschutz unten Kapitel 2. F).

Zu den Leistungen des Sozialhilfesystems gehören auch Ergänzungen zum Lebensunterhalt. Vorrangig ermöglichen die Maßnahmen der Sozialhilfe dem Leistungsempfänger, möglichst unabhängig und selbstständig zu leben. Auf diese Selbstverantwortlichkeit haben die Leistungsempfänger nach besten Kräften hinzuarbeiten. Das Sozialhilfesystem trägt in beträchtlichem Maße zur sozialen Sicherung bei. Hauptmerkmal der Sozialhilfe ist die nachrangige und beitragsfreie Leistung der staatlichen Gemeinschaft, die an einzelne Bedürftige zur Existenzsicherung oder zur Unterstützung in besonderen Lebenslagen, wie z.B. Erziehung, Krankheit oder Wohnen gewährt wird.

Dabei gelten drei Grundprinzipien: Das erste Grundprinzip ist der Grundsatz der Allgemeinheit. Das öffentliche Fürsorgegesetz schützt alle Bürger, die an einem menschenwürdigen Leben gehindert sind. Im Gegensatz zum alten Sozialhilfegesetz zielt das Gesetz zur Sicherung des Existenzminimums auf alle armen Bürger, unabhängig von ihrer Arbeitsfähigkeit. Das zweite Grundprinzip ist der Grundsatz der Subsidiarität. Das Sozialhilfesystem hat demnach eine Ergänzungsfunktion. In erster Linie haben auch in Korea die Menschen selbst die Verantwortung durch Verwertung ihrer Arbeitskraft Armut zu vermeiden. Dann gibt es spezielle

111 *Cheon, Kwangseok*, Korean Social Security Law, Bobmunsa, 2010, S. 508.
112 Das ESG ist in englischer Übersetzung abzurufen unter „National Basic Living Security Act" (siehe auch Anhang II, Vorwort).

Sozialleistungssysteme, wie die Sozialversicherungen oder auch die soziale Entschädigung (in Korea auch die Entschädigungssysteme bei persönlichen Opfern für die Gesellschaft) mit Vorgang vor der Sozialhilfe. Dieses Subsidiaritätsprinzip besagt, dass nur dann, wenn Armut nicht durch Einkommen oder Vermögen vermieden werden kann, das Sozialhilfesystem den Schutz übernimmt.[113] Gemäß § 3 ESG müssen die Empfänger zur Verbesserung und Erhaltung ihres Lebensunterhalts mit ihrem Einkommen, Eigentum und ihrer Arbeitsfähigkeit möglichst sorgsam haushalten. Das dritte ebenfalls im § 3 ESG normierte Grundprinzip ist der Grundsatz der Individualisierung bei der Erbringung von Sozialhilfe. Der Sozialhilfeträger soll die Leistungen nach den Umständen des Einzellfalls erbringen und den Wünschen des Hilfeempfängers bei der Gestaltung der Hilfe nachkommen.

3. Die Volkskrankenversicherung

Nach dem Volkskrankenversicherungsgesetz [nachfolgend „VKG"][114] wird das Krankheitsrisiko aller Bürger versichert.[115] Das Gesetz verpflichtet den Arbeitgeber zur Beitragsfortzahlung auch im Krankheitsfall. Die Leistungen der Volkskrankenversicherung erfolgen grundsätzlich als Sach- und Dienstleistungen. Die koreanische Krankenversicherung dient der generellen Verbesserung der Volksgesundheit und gewährt soziale Sicherheit für das Individuum bei medizinischer Behandlung, Prävention, Rehabilitation, durch Unterstützung bei Mutterschaft und Tod.[116] Gemäß SSG ist diese Sozialversicherung eine Institution, die zum Schutz der Gesundheit der Bürger und gegen soziales Risiko von Armut beiträgt und damit zur Verbesserung der Lebensqualität der Bürger führt.[117]

---

113 *Cheon, Kwangseok*, Korean Social Security Law, Bobmunsa, 2010, S. 512.

114 Das VKG ist in englischer Übersetzung abzurufen unter „National Health Insurance Act".

115 Nach der Statistik der VKK waren bis Ende 2011 49,3 Mio. Staatsbürger (96,8 Prozent der gesamten Bevölkerungen) in die VKG eingebunden. Die Zahl der Betriebsversicherten betrug 33,2 Mio. und die der Ortsversicherten 16 Mio. Somit ist es tatsächlich eine Krankenversicherung für alle Bürger Südkoreas. Der Rest der Staatsbürger (1,6 Mio. 3,2 Prozent der gesamten Bevölkerungen) waren 2011 berechtigte Personen der Krankenhilfe (*Ministerium für Gesundheit und Wohlfahrt, 2011 Weißbuch über Gesundheit und Wohlfahrt*, 2012, S. 406).

116 Die Risiken „Krankheit" und „Unfall" werden durch die Volkskrankenversicherung aufgefangen, während die Vorsorge gegen Behinderung im Rahmen des Rentenversicherungsgesetzes geleistet wird. Beide Versicherungen müssen hinsichtlich der Leistungserbringung zusammenarbeiten (*Cheon, Kwangseok*, Korean Social Security Law, Bobmunsa, 2010, S. 277).

117 Der Hauptzweck der Sozialversicherung ist der Schutz der Bürger gegen soziale Risiken, die ein normales Leben der Bürger einschränken. *Cheon, Kwangseok*, The principle of the welfare state in the decisions of the constitutional court), in: Public Law (Korean Public Law Association) Vol. 34–4 (1), Juni 2006, S. 237.

Die Volkskrankenversicherung ist neben der Rentenversicherung der Hauptzweig der koreanischen Sozialversicherung[118] und arbeitet vollständig nach dem Solidarprinzip. Es ist eine Zwangsversicherung für jeden Bürger und stellt somit eine umfassende Volkspflichtversicherung mit einer breiten Risikobasis dar. Dieses Prinzip der Pflichtmitgliedschaft gilt für alle Felder der Sozialversicherung.[119] Die Leistungen und Beiträge für den einzelnen Versicherten folgen nicht dem Äquivalenzprinzip. Gemäß dem Solidarprinzip zahlen Personen mit höherem Einkommen oder Vermögen höhere Beiträge, bekommen aber im Leistungsfall die gleiche medizinische Behandlung wie alle Versicherten.[120]

Die Volkskrankenversicherung wird als allgemeine öffentliche Sozialversicherung vom Vorsorgeprinzip[121] und dem Solidarprinzip getragen. Die Sozialversicherung wird in wirtschaftlicher Hinsicht vom Staat oder von öffentlichen Trägern als ein Instrument zur Umsetzung der Sozialpolitik betrieben.[122] Aufgrund der Finanzierungskonstruktion sind die Beiträge in der Volkskrankenversicherung je nach Einnahme /Ausgabesituation jährlich anzupassen, um einen ausgeglichenen Haushalt zu erreichen.[123]

Gemäß Verfassungsgerichtsentscheidung[124] werden das Versicherungsprinzip und das Solidarprinzip als wichtige Prinzipien bei der Bemessung des Sozialversicherungsbeitrags anerkannt. In der Sozialversicherung gilt grundsätzlich das Versicherungsprinzip, aber es wird im Gegensatz zur privaten Versicherung durch den sozialen Ausgleich ergänzt.[125] Die Sozialversicherung ist ein wichtiges Mittel zur Verwirklichung des Sozialstaatsprinzips. Das Solidarprinzip ergibt sich aus dem Sozialstaatsprinzip, nach dem das Existenzminimum für ein menschenwürdiges Leben der Bürger zu gewährleisten ist.

---

118 Im Jahr 2010 waren die gesamten Einnahmen der nach dem Kapitaldeckungssystem organisierten Rentenversicherung 55,4 Billion Won und die gesamten Einnahmen der Volkskrankenversicherung 33,6 Billion Won. Aber die Ausgaben der Rentenversicherung betrugen 9,1 Billion Won, während die Ausgaben der Volkskrankenversicherung 34,9 Billion Won betrugen (http://www.index.go.kr).

119 *Kim, Yousung, Koreanisches Sozialrecht,* Beobmunsa, 2002, S. 236.

120 *Kim, Injae,* Ein Verbesserungsplan des Gesetzes zum integrierten und effizienten Betrieb und Verwaltung bei Sozialversicherung, Korea Gesetzgebung Forschungsinstitut, 1995, S. 15. Vgl. dazu ausführlicher Kapitel 2.

121 KVerfGE 2000. 6. 29, 99Hun-Ma289; KVerfGE 2001. 8.30, 2000Hun-Ma668.

122 *Hong, Wansik, Verfassungsrechtliche Beschränkung der Auferlegung der Sozialversicherungsbeiträge,* in: Public Law, Korean Public Law Association Vol. 28 No 4–2, 2000, S. 173 ff.

123 In den privaten Versicherungen werden diese Relationen mittelfristig bis langfristig kalkuliert und ein Finanzierungsausgleich kann durch einen Kapitalstock erfolgen. Daher scheinen die Prämien stabiler im Zeitablauf zu sein.

124 KVerfGE 2000. 6. 29, 99Hun-Ma289, Entscheidungssammlung Band 12–1, S. 943; KVerfGE 2004. 6. 24, 2002Hun-Ba15, Entscheidungssammlung Band 16–1, S. 735.

125 *Cheon, Kwangseok,* Korean Social Security Law, Bobmunsa, 2010, S. 88.

Das „reine“ Versicherungsprinzip umfasst eine Äquivalenz zwischen Beiträgen der Versicherten und den Risiken. In der Sozialversicherung gilt zwar keine individuelle Äquivalenz, die in der privaten Versicherung vorherrschend ist, aber die Sozialversicherung hat dennoch den wirtschaftlichen Charakter einer Versicherung, die durch Beiträge finanziert wird. Daher müssen die Bemessung der Versicherungsbeiträge und die Leistungsausgaben insgesamt aufeinander abgestimmt werden.[126] Es betrifft nicht nur die Versicherten, sondern auch die Arbeitgeber, soweit sie den Beitrag schulden. Dies betrifft aber letztlich ebenfalls die Versicherten, da der Arbeitgeberbeitrag wirtschaftlich Teil des Arbeitsentgeltes ist.

4. *Die Krankenhilfe*

Gemäß § 1 des Krankenhilfegesetzes [nachfolgend „KHG“][127] ist der Zweck dieses Gesetzes, zur Verbesserung der Gesundheit der Bürger und der sozialen Wohlfahrt beizutragen, indem hilfebedürftige Bürger mit medizinischen Leistungen versorgt werden.

Die Krankenhilfe ist ein Teil des Sozialhilfesystems. Sie ist ein wichtiges Instrument zur Gesundheitsversorgung bei Armut. Die Krankenhilfe ist eine Art der Sozialhilfeleistung gemäß § 7 Abs. 1 Nr. 3 ESG.[128] Wenn mittellose Personen die Kosten ihrer Krankenbehandlung nicht selbst tragen können, erhalten sie gemäß dem Krankenhilfegesetz Leistungen, die von staatlichen Fonds durch Kostenübernahme finanziert werden. Dies kann auch in der Weise erfolgen, dass für jemanden, der in der Volkskrankenversicherung versichert ist, bestimmte Selbstbehalte und Zuzahlungen, die er nicht selbst tragen kann, vom Staat übernommen werden. Zusammen stellen Krankenhilfe und Volkskrankenversicherung die Hauptsäulen der Gesundheitsversorgung der Bevölkerung dar. Während die Krankenhilfe jedoch allein aus Steuermitteln finanziert wird, ist die Krankenversicherung auf die Beitragsfinanzierung durch die Versicherten angewiesen.[129] Die praktische Durchführung der Krankenhilfe erfolgt durch die Institutionen der Volkskrankenversicherung auf Kosten des Staates.

5. *Die Pflegeversicherung*

Früher wurden Pflegeleistungen nur im Rahmen der Sozialhilfe bei Armut und nur in beschränktem Maße gewährt. Aber eine zunehmende Alterung der Bevölkerung, der steigende Anteil von Frauen im Arbeitsmarkt und eine höhere Lebenserwartung führen dazu, dass viele insbesondere ältere Menschen eine Langzeitpflege

---

126 KVerfGE 2000. 6. 29. 99Hun-Ma289, Entscheidungssammlung Band 12–1, S. 943 ff.

127 Das KHG ist in englischer Übersetzung abzurufen unter „Medical Care Assistance Act“.

128 Dazu ausführlich Kapitel 4. D.

129 Dazu ausführlich Kapitel 4.

benötigen.[130] In gleichem Maße wie die Pflegebedürftigkeit zunimmt, erodiert das informelle unterstützende Netzwerk der Großfamilie. Um dieser Situation gerecht zu werden, wurde im Juli 2008 eine neue öffentliche Pflegeversicherung[131] für älteren Menschen eingeführt.[132]

Das Ziel des Langzeitpflegeversicherungsgesetzes für ältere Menschen [nachfolgend „PVG"][133] ist die Verbesserung der Lebensqualität der Menschen, die wegen Gebrechen, Demenz oder anderer geriatrischer Krankheiten das tägliche Leben nicht mehr allein bewältigen können, durch die öffentlichen Pflegeleistungen (z.B. Hilfe bei körperlichen Aktivitäten oder Haushalt). Das Gesetz zielt auf die Gesundheitsverbesserung der älteren Bürger und die Stabilisierung des Tagesablaufs. Damit entlastet man deren Familienangehörige von der Unterstützungslast (§ 1 PVG). Unter dem Begriff „ältere Bürger" gemäß § 2 PVG werden Personen erfasst, die 65 Jahre oder älter sowie hilfebedürftig bei ihren Alltagsgeschäften und damit abhängig von anderen sind. Auch Personen unter 65 Jahren sind anspruchsberechtigt, wenn ihre Abhängigkeit sich aus typischen Alterserkrankungen ergibt, wie seniler Demenz, Herzkrankheiten und Alzheimer. Pflegebedürftige, die nicht zu diesem Personenkreis gehören, sind entweder auf eigenes Einkommen oder Vermögen, Unterstützungsleistung ihrer Familien oder auf die Fürsorgeleistungen der Sozialhilfe angewiesen.[134] Der Träger der Pflegeversicherung ist die öffentliche Körperschaft der gesetzlichen Krankenversicherung (§ 7 Abs. 2 PVG). Die Pflegeversicherung finanziert sich über Versichertenbeiträge (§ 8 Abs. 1 PVG). Die Arten der Pflegeleistungen sind häusliche Pflege, stationäre Pflege und Pflegegeld (§ 23 Abs. 1 PVG). Jede Person, die eine Pflegeeinrichtung einrichten und betreiben will, bedarf einer Genehmigung vom betreffenden Leiter der jeweils zuständigen Lokalbehörde (§ 31 Abs. 1 PVG).

6. *Die Rolle der privaten Krankenversicherungen*

Die koreanischen privaten Krankenversicherungen leisten Zusatzversicherung. Dies sind insbesondere Ergänzung für die Übernahme der Selbstbeteiligung im System der Volkskrankenversicherung und für Leistungen außerhalb des Leistungskatalogs

---

130 Der Anteil der über 65 jährigen wird von 2008 9,1 Prozent über 11,0 Prozent bis 2010 bzw. 15,6 Prozent bis 2020 und 24,2 Prozent bis 2030 steigen. Gegenwärtig sind fast fünf Millionen Koreaner 65 Jahre oder älter, von denen nicht weniger als eine Million unter Demenz oder einer Herzkrankheit leidet. *Nationales Amt für Statistik*, 2008 Statistik über Alten, 2008. 10, S. 1–2.

131 Der korenanische Gesetzgeber spricht von langfristiger Pflege entsprechend dem international gebräuchlichen englischen Wort „Long-term care".

132 Dazu ausführlich Kapitel 3.

133 Das PVG ist in englischer Übersetzung abzurufen unter „Act on Long-Term Care Insurance for the Aged".

134 Dazu ausführlich Kapitel 3.

der Volkskrankenversicherung für wirtschaftlich besser gestellte Bevölkerungsgruppen, die sich die zusätzlichen Beiträge leisten können.[135]

Die koreanische private Krankenversicherung begann in den späten 1960er Jahren für Mitarbeiter und deren Familien in der Sachversicherung. Wegen fehlenden Verständnisses für den Versicherungsgedanken in der koreanischen Gesellschaft erfolgte keine wesentliche Entwicklung. In den 1970er Jahren wuchs die Nachfrage in Folge des Wirtschaftswachstums überwiegend im Bereich Frauenkrankheiten und Krebserkrankungen. 1978 offerierten Versicherungsgesellschaften für entsprechende Zielgruppen einen speziellen Versicherungsvertrag zur 100 Prozent Übernahme der medizinischen Kosten. Ende der 1980er wurden Privatversicherungen über einen Sondervertrag angeboten. Ab 1990 wurden Lebensversicherungen für Arbeitnehmer in Form des Sondervertrages angeboten.[136] Ebenfalls ab 1990 begannen erneute Diskussionen über die Einführung einer privaten Krankenversicherung als ergänzendes Mittel zur öffentlichen Versorgung. Hintergrund war und ist die immer größere Divergenz zwischen den medizinischen Möglichkeiten und der Finanzkraft der Volkskrankenversicherung. Eine Erhöhung der staatlichen Subventionen für die öffentliche Versicherung und die erforderlichen Beitragserhöhungen waren in der Öffentlichkeit nicht durchsetzbar gewesen. Gleichzeitig nahm jedoch der medizinische Fortschritt zu und die Bürger forderten entsprechend bessere Leistungen im Gesundheitswesen. Durch die Entwicklung der medizinisch/technischen Versorgung stiegen die Kosten für das Gesundheitswesen und die Beiträge der Versicherten mussten ansteigen.[137] Bis 2001 gab es aber keine Veränderungen des Systems. Ab 19. Oktober 2001 gab es ausführliche Debatten über die Einführung einer privaten Krankenversicherung. Zur Struktur der privaten Versicherung führte die Regierung öffentliche Anhörungen zum ersten Entwurf des Versicherungsgesellschaftsgesetzes durch.[138] Danach wurde die private Krankenversicherung im dritten Bereich des Versicherungssystems zusätzlich zu Lebensversicherung und Sachversicherung[139] zugelassen. Die Lebens- und die Sachversicherung hatten sich im Bereich der privaten Versicherungen eigenständig entwickelt, wurden aber 1997 auch als gemeinsame Gesellschaften zugelassen.[140]

---

135 *Lee, Junyoung*, Critical Evaluation of Privatization of the Korean National Health Insurance, in: Korean Social Security Studies, Korean Social Security Association Vol. 19 No. 2, 2003, S. 149.

136 *Park, Chongyon/Kim, Kyoungha/Kim, Changbo/Shin, Soohee, Gegenmaßnahmen der öffentlichen Krankenversicherung gegen Einführung der privaten Krankenversicherung, Forschungszentrum für Krankenversicherung in der VKK*, 2002, S. 14.

137 *Mun, Oklun, Koreanische Krankenversicherung*, Shinkwang, 1997, S. 126.

138 *Kommission für Finanzen und Wirtschaft, Die Änderung des Versicherungsgesellschaftsgesetzes*, 2003. 2, S. 71.

139 Die Sachversicherungen wurden 1963 erstmals eingeführt.

140 *Park, Chongyon/Kim, Kyoungha/Kim, Changbo/Shin, Soohee, Gegenmaßnahmen der öffentlichen Krankenversicherung gegen Einführung der privaten Krankenversicherung, Forschungszentrum für Krankenversicherung in der VKK*, 2002, S. 15.

Obwohl die private Versicherung die Begriffsdefinition der Volkskrankenversicherung im Hinblick auf die medizinische Behandlung und die Vorbeugung von Krankheit übernimmt, weist sie Unterschiede im Betriebs- und Verwaltungssystem auf. Vor allem gewährt sie Leistungen, welche die Volkskrankenversicherung nicht bietet. Die Volkskrankenversicherung ist weiterhin gesetzlich verpflichtend, aber jeder Bürger kann die private Versicherung ergänzend zusätzlich abschließen.[141] Die private Versicherung erhält keine staatliche finanzielle Unterstützung.[142]

Bei der privaten Versicherung gilt im Gegensatz zur Volkskrankenversicherung ein Äquivalenzprinzip zwischen den Beiträgen und den Leistungen der Versicherung. Die Höhe der Beiträge wird nach statistischem Leistungsumfang und nach Eintrittswahrscheinlichkeit in der jeweiligen Risiko-Klasse des Versicherungsnehmers kalkuliert. Die Leistung der privaten Versicherung hängt damit von den Beiträgen der Versicherten ab bzw. die Beitragshöhe von der gewünschten Leistung.[143]

Die Träger der Privatversicherungen, wie z.B. Lebensversicherungen, Sachversicherungen und Krankenversicherungen sind Unternehmen des privaten Wirtschaftsrechts. Lebensversicherungen und Unfallversicherungen müssen getrennte Unternehmen sein. Sie können aber in Personalunion geleitet werden. Dies gilt auch für die private Krankenversicherung. Der Marktanteil der privaten Krankenversicherungen in der Gesundheitsversorgung steigt stetig an. Der Markt der privaten Krankenversicherung erhöhte sich von ca. 458 Milliarden Won im Jahr 2001 auf ca. 800 Milliarden Won im Jahr 2005. Im Jahr 2006 stiegen die Beträge der gesamten privaten Krankenversicherung auf ca. 1.066 Mrd. Won. 77,8 Prozent aller privaten Haushalte haben im Jahr 2009 mehr als eine private Krankenversicherung abgeschlossen.[144] Innerhalb des Versicherungsmarktes spielte die private Krankenversicherung zunächst eine geringe Rolle. In der Gegenwart ist sie schon sehr groß geworden und zeigt damit auch Schwächen der Volkskrankenversicherung auf, nämlich die hohe Selbstkostenbeteiligung, ein schwaches System beim Krankengeld und einen gemessen am Stand der Medizin eigentlich unzureichenden Leistungskatalog.[145]

7. Exkurs: Rangfolge der Rechtsquellen in Korea

Allerdings ergeben sich zumeist noch keine konkreten Leistungsansprüche aus den geschilderten Gesetzen. Das Gesetz verweist regelmäßig auf nachgeordnete

---

141 *Lee, Dalhue,* The Principle of Social Insurance, in: The Journal of Pubic Welfare Admimistration, Korean Association for Public Welfare Administration Vol. 10, 2000, S. 285 ff.

142 Beim Lohnsteuerjahresausgleich können aber Beiträge der privaten Versicherung bis zu 1.000.000 Won pro Jahr abgezogen werden (http://www.nts.go.kr/eng/).

143 *Kim, Sungtae, Versicherungsgesetz,* Beobmunsa, 2002, S. 41.

144 *Jung, Youngho, The status of private health insurance in view of medical panel,* in: Issue & Focus, Korea institute for Health and Social Affairs Vol. 70, 2011, S. 1.

145 Dazu ausführlich Kapitel 2. C.

„untergesetzliche“ Regelungen, einmal auf die Präsidialverordnung und zum anderen auf die Ministerialverordnung. Es gibt auch noch weitere Normtypen, z.B. die „Richtlinie“, die in der Theorie eine eigentlich intern die Verwaltung adressierende Norm ist. Erst in diesen „nachgesetzlichen“ Regelwerken wird bestimmt, welche Leistungen die Versicherten und ihre Angehörigen in welchen Situationen konkret beanspruchen können.

In Korea gibt es verschiedene Regelungsstufen im hierarchischen Aufbau der administrativen Rechtsetzungen. Die koreanische Verwaltungsrechtsliteratur klassifiziert die Rechtsverordnung und die Verwaltungsvorschrift als administrative Rechtsetzung in der obigen Handlungsform.[146] Kriterien für den Unterschied zwischen Rechtsverordnung und Verwaltungsvorschrift sind bis heute umstritten.[147]

In der Rechtslehre sind Rechtsverordnungen generelle, abstrakte Rechtsnormen, die von der Exekutive (Regierung, Minister, Verwaltungsbehörden) aufgrund einer Ermächtigung im Gesetz erlassen werden können. Sie unterscheiden sich sowohl vom Gesetz als auch untereinander nicht in Bezug auf ihren Inhalt oder ihrer Bindungswirkung, sondern in Bezug auf den Normgeber. Nach der Befugnis der Exekutive zum Erlass von Rechtsverordnungen werden Präsidialverordnung[148], Ministerialverordnung des Ministerpräsidenten und Verordnung des Ministeriums[149] eingeteilt. Diese sind als Rechtsnormen für den Bürger oder anderer Normadressaten in gleicher Weise verbindlich, wie die vom Parlament erlassenen Gesetze.[150]

Verwaltungsvorschriften sind generelle, abstrakte Regelungen, die innerhalb der öffentlichen Verwaltungsorganisation von übergeordneten Behörden oder Vorgesetzten an nachgeordnete Behörden ergehen.[151] Sie sind notwendige Steuerungsmittel der Verwaltung, weil Gesetze und Rechtsverordnungen stets Interpretations- oder Konkretisierungsspielräume offen lassen, die andernfalls bei jeder

146 *Kim, Donghee, Verwaltungsrecht I,* Pakyoungsa, 2005, S. 131.

147 Die Verwaltungsvorschrift ist keine Gesetzgebung. Deswegen ist es eigentlich falsch, wenn man die Rechtsverordnung und die Verwaltungsvorschrift zusammen als Begriff der „Verwaltungsgesetzgebung“ bezeichnet (*Hong, Jungsun, Verwaltungsrecht,* Pakyoungsa, 2009, S. 198). Die Unterschiede zwischen Rechtsverordnung und Verwaltungsvorschrift sind jedoch nicht erheblich und häufig auch relativ. Daher ist es sinnvoll, beide in dem Begriff der „Verwaltungsrechtsetzung“ zu verbinden (*Kim, Choulyoung, Verwaltungsrecht,* Pakyoungsa, 2011, S. 137).

148 Der Präsident kann Präsidentendekrete erlassen, deren Inhalt, Zweck und Ausmaß in der erteilten Gesetzesermächtigung bestimmt sind und die zur Durchführung der Angelegenheiten gemäß Gesetz erforderlich sind (Art. 75 KV).

149 Der Ministerpräsident oder die Leiter der jeweiligen Ministerium können im Rahmen der Befugnisse gemäß Auftrag des Präsidentendekrets oder gemäß Gesetz oder Präsidialverordnung eine Ministerialverordnung oder eine Verordnung des Ministeriums erlassen (Art. 95 KV).

150 *Kim, Donghee, Verwaltungsrecht I,* Pakyoungsa, 2005, S. 134; *Jang, Teju, Verwaltungsrechtslehre,* Hyeonamsa, 2008, S. 316.

151 *Kim, Donghee, Verwaltungsrecht I,* Pakyoungsa, 2005, S. 160 ff.; *Jang, Teju, Verwaltungsrechtslehre,* Hyeonamsa, 2008, S. 335.

Einzelfallentscheidung ausgefüllt werden müssten.[152] Inhaltlich betreffen sie Verfahrensfragen oder Richtlinienfragen im Bereich der jeweiligen Verwaltungsaufgaben. Die Verwaltungsvorschriften beruhen auf dem hierarchischen Aufbau der Verwaltung und regeln so von oben nach unten Einzelheiten der Tätigkeit nachgeordneter Verwaltungsbehörden. Es ist ihnen gemeinsam, dass sie normative Wirkung nur innerhalb der Verwaltung entfalten; gegenüber dem Bürger bewirken sie keine unmittelbaren Rechte und Pflichten.[153]

In der koreanischen Rechtsprechung sind Bekanntmachungen und Richtlinien in Form von Verwaltungsvorschriften keine auf den Bürger unmittelbar wirkenden Rechtsnormen und sind damit auch kein Gegenstand von Verfassungsbeschwerden.[154] Nur ausnahmsweise entsteht eine rechtliche Außenwirkung von Verwaltungsvorschriften,[155] wenn sie eine gesetzesergänzende Verwaltungsvorschrift sind. Ausschließlich derartige normkonkretisierende Verwaltungsvorschriften akzeptiert der oberste Gerichtshof als Beschwerdegegenstand.[156] Insofern hat diese Rechtsvorschrift durchaus eine praktische Relevanz. In diesem Fall werden die Verwaltungsvorschriften ggfs. Gegenstand der Verfassungsbeschwerde.[157] Auch einfache Bekanntmachungen des Ministeriums für Gesundheit und Wohlfahrt, wurden durch das Verfassungsgericht als gesetzesergänzende Verwaltungsvorschriften qualifiziert.[158]

In einigen Fällen steht allerdings im Gesetz, dass eine Leistung möglicherweise erbracht werden kann. Das heißt, dass das Gesetz nur die Möglichkeit einer Leistung vorsieht (z.B. § 50 VKG). Somit ist es am Schluss der jeweilige Verordnungsgeber, welcher über die Leistung als solche entscheidet. Die Verordnung lässt dann erkennen, ob eine Pflichtleistung normiert ist, oder ob die Verordnung auch ein Ermessen für die Entscheidung über die Leistung im Einzelfall einräumt.[159]

152 *Jang, Teju, Verwaltungsrechtslehre,* Hyeonamsa, 2008, S. 336.

153 *Kim, Donghee, Verwaltungsrecht I,* Pakyoungsa, 2005, S. 160 ff.; *Jang, Teju, Verwaltungsrechtslehre,* Hyeonamsa, 2008, S. 336 ff.

154 Eine Richtlinie zur Änderung der Fahrtkosten regelt die detallierten Kriterien, nach denen die zuständige Behörde über die Tarife der Fahrtkosten oder den Zeitplan des Tarifwechsels entscheidet. Die Richtlinie bewirkt, dass die Behörde die Entscheidung und Kontrolle der Tarife im Rahmen der Ermächtigung handhabt. Es ist in soweit eine Verwaltungsvorschrift für den Geschäftsprozess. Derartige Richtlinien sind kein Gegenstand von Verfassungsbeschwerden (KVerfGE, 2003. 7. 5. 2003Hun-Ma462).

155 *Jang, Teju, Verwaltungsrechtslehre,* Hyeonamsa, 2008, S. 340.

156 Der koreanische Oberste Gerichtshof, 1996. 4. 12. 95Nu7727.

157 KVerfGE, 2010. 5. 18. 2010Hun-Ma272.

158 KVerfGE, 2003. 12. 28. 2001Hun-Ma543.

159 In der koreanischen Regelungstechnik gemäß § 4 Abs. 2 des Rahmengesetzes für Verwaltungsregulierung ist grundsätzlich die Regulierung durch Gesetz vorgesehen. Details können zur Konkretisierung, gemäß Ermächtigung durch Gesetz oder höherrangigem Recht, als Präsidialverordnung, Ministerialverordnung des Ministerpräsidenten und Verordnung des Ministeriums oder Richtlinien/Satzungen

Gemäß § 50 VKG kann die Volkskrankenversicherungskörperschaft des öffentlichen Rechts [nachfolgend „VKK"] nach der Präsidialverordnung zum VKG Behandlungsentgelte bei Schwangerschaft und Mutterschaft, Bestattungsentgelte, Krankengeld oder sonstige Leistung gewähren. In Wahrheit hat der Gesetzgeber hier einen großen Spielraum gewährt. Er hat einerseits der Präsidialverordnung und andererseits auch der Ministerialverordnung sehr großen Spielraum gegeben. Es ist gehört zum Konzept, dass gemäß dem koreanischen VKG die wesentlichen Regelungen erst in der Präsidialverordnung getroffen werden sollen. In die Präsidialverordnung werden aber keine Organisationsvorschriften aufgenommen. Die finden sich, soweit sie nicht im Gesetz selbst getroffen sind, erst in der Ministerialverordnung.

Gemäß § 23 Abs. 1 der Präsidialverordnung zum VKG sind die zusätzlichen Leistungen nach § 50 VKG Beihilfen bei Schwangerschaft und Mutterschaft. Hier hat die Präsidialverordnung zum VKG die Arten der Leistungen eingeschränkt. Obwohl die VKK gemäß § 50 VKG die Behandlungsentgelte bei Schwangerschaft und Mutterschaft, Bestattungsentgelte, Krankengeld oder sonstige Leistungen auch anbieten kann, regelt die Präsidialverordnung nur Leistungen für Schwangerschaft und Mutterschaft als die zusätzlichen Leistungen. Wenn schwangere Versicherte oder Familienangehörige nach § 23 Abs. 1 der Präsidialverordnung zum VKG die zusätzlichen Leistungen erhalten möchten, müssen sie gemäß Ministerialverordnung zum VKG bei der VKK einen Antrag stellen (§ 23 Abs. 3 der Präsidialverordnung zum VKG).

Wenn schwangere Versicherte oder Familienangehörige die Leistungskosten bei Schwangerschaft und Mutterschaft gemäß § 23 Abs. 1 der Präsidialverordnung zum VKG erhalten möchten, müssen sie eine Bestätigung oder Beweis beibringen, dass die Antragstellerin in der Tat schwanger ist, und bei der VKK den Antrag stellen (§ 24 Abs. 1 der Ministerialverordnung zum VKG). Die in § 24 Abs. 1 bis Abs. 4 der Ministerialverordnung zum VKG nicht geregelten aber erforderlichen Sachverhalte zum Übernahmeantrag der Leistungskosten bei Schwangerschaft und Mutterschaft, der Ausgabe der Gutscheine und die Anzahl der Nutzungen der Gutscheine werden vom Minister für Gesundheit und Wohlfahrt festgesetzt und öffentlich bekannt gemacht (§ 24 Abs. 5 der Ministerialverordnung zum VKG).

Eine weitere Stufe für Entscheidungsspielraume wird dadurch geschaffen, dass die Ministerialverordnung in bestimmten Fällen die Sachverhalte nicht abschließend regelt, sondern noch Spielraum für Konkretisierungen der Behörde durch Richtlinien lässt. Der Minister für Gesundheit und Wohlfahrt hat z.B. die Grundsätze

---

festgelegt werden. Nur wenn die Gesetze fachliche, technische oder sonstige geringfügige Angelegenheiten erfordern, die durch die Natur der Sache unumgänglich sind, kann es durch öffentliche Bekanntmachungen angeordnet werden (§ 4 Abs. 2 Rahmengesetz für Verwaltungsregulierung). Der Verordnungsgeber soll Einzelheiten der Richtlinie bestimmen, weil das Gesetz möglichst wenig geändert worden soll. Dagegen ist die Verordnung mit notwendigen Veränderungen leichter zu handhaben.

für eine Unterstützung bei Schwangerschaft und Mutterschaft festgesetzt.[160] Diese Grundsätze enthalten die oben genannten Sachverhalte, Antragformulare und sonstige Formulare. In der Praxis wird allerdings dann im Detail durch Richtlinien bestimmt, was Versicherte tatsächlich verlangen können. Die Versicherten kennen dies allerdings kaum, obwohl die Richtlinien allgemein publiziert werden.

Wenn interne Verwaltungsvorschriften wie z.B. Bekanntmachungen praktische individuelle Auswirkungen haben und man in diesem Fall mit der Entscheidung nicht einverstanden ist, kann man verwaltungsgerichtlich seine Ansprüche durchsetzen.

Gemäß der Rechtsprechung des Verwaltungsgerichts[161] ist die Rechtsnatur der Bekanntmachungen nicht in allen Fällen gleich. Sondern dies ist sehr von den konkreten Fallsachverhalten abhängig. Wenn die Bekanntmachung nur eine abstrakt generelle Regelung darstellt, dann berührt sie lediglich generell eine Rechtsverordnung oder Verwaltungsvorschrift. Soweit die Bekanntmachung die Rechtsnatur einer konkreten Regelung mit Auswirkung auf die Versicherten hat oder Grundlage einer solchen ist, bezieht sich sie auf Verwaltungsmaßnahmen und kann dann entweder selbst oder mittelbar mit einem Verwaltungsakt Gegenstand einer Anfechtungsklage sein.

160 Kriterien für Kostenunterstützung der Schwangerschaft und Mutterschaft (Bekanntmachung vom Ministerium für Gesundheit und Wohlfahrt Nr. 2011–29).

161 Verwaltungsgericht in Seoul, 2002. 11. 15. 2002Gu-Hab12472; Verwaltungsgericht in Seoul, 2003. 5. 15. 2002Gu-Hab24178; Verwaltungsgericht in Seoul, 2004. 11. 11. 2003Gu-Hab24021.

2. Kapitel: Die Volkskrankenversicherung

Die Volkskrankenversicherung ist in Südkorea eine Zwangsversicherung. Alle Bürger sind nach dem VKG pflichtversichert. Das Ziel der Volkskrankenversicherung ist die Vorbeugung, Diagnose, Behandlung und Rehabilitation von Krankheiten und Verletzungen, die Förderung der öffentlichen Gesundheit und die Verbesserung der sozialen Sicherheit durch Leistungszahlungen bei Geburten und bei Todesfällen (§ 1 VKG).

A. Versicherter Personenkreis

Gemäß § 5 Abs. 1 VKG sind alle in Südkorea wohnenden Staatsbürger und deren Familienangehörige pflichtversichert.[162] Hiervon ausgenommen sind (1) berechtigte Personen der Krankenhilfe und (2) Personen, die Leistungen vom Staat für einen nationalen Verdienst durch Gesetz erhalten. Die Pflichtversicherung gilt gemäß § 109 Abs. 2 VKG auch für die in Südkorea wohnenden Ausländer. Insofern ist die koreanische Volkskrankenversicherung eine Einwohnerversicherung.

Die Versicherten werden in Betriebs- und Ortsversicherte eingeteilt (§ 6 Abs. 1 VKG). Arbeitnehmer aller Arbeitsplätze, Beamte und Beschäftigte, die in Schulen oder Universitäten arbeiten, werden als Betriebsversicherte definiert (§ 6 Abs. 2 VKG). Ortsversicherte sind die Versicherten mit Ausnahme von Betriebsversicherten (§ 6 Abs. 3 VKG). Die in Südkorea wohnenden Ausländer werden gemäß § 109 Abs. 2 VKG Versicherte der Betriebs- oder Ortsversicherung. Das Beitragssystem ist für die Betriebs- und die Ortsversicherten unterschiedlich.[163]

I. Betriebsversicherte

1. Beschäftigte und Arbeitgeber

Arbeitnehmer, Arbeitgeber, Beamte und Personen, die in privaten Bildungsinstitutionen beschäftigt sind, gehören zu den Betriebsversicherten, aber unständig beschäftige Personen[164] sind aus dem Personenkreis der Betriebsversicherten gemäß

162 Die Krankenversicherung ist Pflicht auch für Großverdiener in Korea.

163 Die Betriebsversicherten werden nach ihrem Arbeitseinkommen bewertet. Die Höhe der Beiträge für die Ortsversicherten ist abhängig von ihrem Vermögensbesitz. *Jeong, Hongki/Cho, Jeongchan, Volkskrankenversicherungsgesetz*, Korea Legislation Research Institute, 2005, S. 154. Detaillierte Information erfolgt im Kapitel 2. E.

164 Z.B. Tagelöhner, Teilzeitbeschäftigte, der weniger als 80 Stunden im Monat arbeitet, oder Arbeitnehmer und Arbeitgeber, die an verschiedenen Einsatzorten eingesetzt werden (§ 6 Abs. 2 Nr. 4 VKG, § 9 der Präsidialverordnung zum VKG).

dem VKG ausgeschlossen.[165] Der Kreis der Betriebsversicherten hängt nicht (mehr) von der Größe der Unternehmen ab (§ 6 Abs. 2 VKG).[166] Die Definition von Arbeitnehmern, die nach dem VKG pflichtversichert sind, ist die gleiche Arbeitnehmer Definition wie gemäß dem Gesetz über Arbeitsbedingungen [nachfolgend „ABG"]. Jedoch gibt es Unterschiede, weil Vorstandsmitglieder gemäß der „VKK" beispielsweise im Kreis des Arbeitnehmers enthalten sind, nicht aber gemäß dem ABG.[167]

Wenn das Arbeitsverhältnis eines Betriebsversicherten endet, wird er als Ortsversicherter aufgenommen. Eine Ausnahme besteht, wenn er nach dem Ende des Arbeitsverhältnisses einen Antrag[168] auf Erhaltung der Qualifikation als Betriebsversicherter gestellt hat. Dann kann er 24 Monate lang[169] die Qualifikation als Betriebsversicherter beibehalten (§ 110 Abs. 1 VKG). Er muss nach der Antragsstellung die Beiträge innerhalb einer vorgegebenen Frist bezahlen. Sein eigener Beitrag bleibt in Höhe seines während der letzten drei Monate als Arbeitnehmer zu zahlenden Beitrags erhalten (§ 110 Abs. 2 VKG). Der Beitrag wird vom Arbeitnehmer selbst getragen (§ 110 Abs. 5 VKG).[170]

Zu den Beamten zählen die Personen, die an einer staatlichen Stelle oder einer Lokalbehörde an einem festen Arbeitsplatz arbeiten(§ 3 Nr. 4 VKG). Diese und auch an Privatschulen beschäftigte Personen (§ 3 Nr. 5 VKG) werden ebenfalls zum Kreis der Betriebsversicherten gezählt.

2. *Familienangehörige*

Gemäß § 5 Abs. 2 VKG gehören zu den abhängige Familienangehörigen der Betriebsversicherten die Ehepartner, die Eltern, die Kinder[171] und die Geschwister, die kein eigenes Einkommen haben und vom Betriebsversicherten-Hauptmitglied überwiegend unterhalten werden. Die Kriterien zur Anerkennung als abhängige

---

165 *Cheon, Kwangseok*, Korean Social Security Law, Bobmunsa, 2010, S. 257.

166 *Ministerium für Gesundheit und Wohlfahrt, Weißbuch über Gesundheit und Wohlfahrt*, 2009, S. 415.

167 Vgl. § 3 a des Gesetzes für die nationalen Renten.

168 Er wird innerhalb der Frist für die Zahlungen von Versicherungsbeiträgen gestellt, die erstmals als Ortsversicherter zu leisten wäre (§ 110 Abs. 1 VKG).

169 § 77 der Präsidialverordnung zum VKG.

170 Die Vorteile dieser Möglichkeit sind einerseits die Wahrung des Rechts, weniger als Ortsversicherte des Beitrags leisten zu können, und anderseits die Wahrung des Versichertenstatus der Familienangehörigen.

171 Im VKG gibt es keine Grenze für das Alter dei Kinder. Nur spielt das Einkommen eine grosse Rolle. Wenn ein Kind mit seiner Eltern zusammenwohnt und kein Einkommen hat, wird es als Familienangehörige anerkannt. Obwohl ein Kind mit seinen Eltern nicht zusammenwohnt, wenn es kein Einkommen hat, wird es als Familienangehörige anerkannt.

Familienangehöriger[172] sind festgelegt in § 5 VKG und § 2 der Ministerialverordnung zum VKG (§ 1 der Kriterien zur Anerkennung als Familienangehöriger). Um die Familienangehörigen gemäß dieser Regelung anzuerkennen, müssen die Voraussetzungen beim Unterhalt und beim Einkommen erfüllt sein (§ 2 der Kriterien zur Anerkennung als Familienangehörige). Der Kreis der Berechtigten ist durch die als öffentliche Bekanntmachung erlassenen „Kriterien zur Anerkennung als Familienangehörige" wie folgt festgelegt:

- Es existiert keine Gewerbeanmeldung und die Summe der Einkünfte aus unselbständiger Arbeit sowie der Einkünfte aus Miete und Pacht liegt nicht über 5,000,000 Won im Jahr.
- Oder trotz der Gewerbeanmeldung liegt kein Einkommen vor, und dieses wird seitens der VKK bescheinigt.
- Die gemäß dem Gesetz für Behindertenfürsorge registrierten Behinderten sowie Personen, die große Verdienste zum Wohl des Staates geleistet haben, wenn sie pro Jahr nicht über 5,000,000 Won als Summe von Einkünften aus Gewerbebetrieb und/oder aus Miete und Pacht verdienen, erhalten diese Leistungen. (§ 3 der Kriterien zur Anerkennung als Familienangehörige).[173]

II. Ortsversicherte

Die nicht zu den Betriebsversicherten und den Familienangehörigen gehörenden Personen sind Ortsversicherte (§ 6 Abs. 3 VKG). Darunter fallen Selbständige ohne Arbeitnehmer oder Arbeitslose (§ 9 der Präsidialverordnung zum VKG). Ortsmitglieder werden individuell registriert. Das heißt, dass die jeweiligen Familienangehörigen alle individuellen Ortsmitglieder sind, die auch gleiche Rechte und Pflichten haben. Für den Haushalt ermittelt nach der Einwohnermeldung werden die Beitragsrechnungen an den Haushaltsvorstand zugestellt.[174] Für die Höhe der Zahlungspflicht der Beiträge von Ortsversicherten werden alle Vermögensgegenstände von allen Familienmitgliedern zusammengezählt, auch wenn sie kein Einkommen beziehen.[175]

172 Bekanntmachung vom Ministerium für Gesundheit und Wohlfahrt, Nr. 2005–99.
173 Aber wenn die Person, die als Familienangehörige eingeschrieben wird, schon verheiratet ist, müssen beide Ehegatten eine Voraussetzung erfüllen.
174 www.mohw.go.kr (Ministerium für Gesundheit und Wohlfahrt).
175 Detaillierte Informationen erfolgt im Kapitel 2. E.

B. Die Träger und die Organisation der Volkskrankenversicherung

I. Die Aufgaben und Kompetenzen des Ministeriums für Gesundheit und Wohlfahrt

1. Die Strukturen der Einflussnahme auf die Volkskrankenversicherung

Der Minister für Gesundheit und Wohlfahrt ist verantwortlich für die durch das Volkskrankenversicherungsgesetz vorgeschriebene Versicherungsprogramme (§ 2 VKG). Diese Versicherungsprogramme umfassen die Arbeitsbereiche der VKK[176], der öffentlichen Körperschaft des Komitees zur Überprüfung und Bewertung der Volkskrankenversicherung[177]. Hinzu kommen die Aufgaben des Ministeriums für Gesundheit und Wohlfahrt als politischer Entscheidungsträger.

Der Staat hat die Verpflichtung zur Gewährleistung der verfassungsrechtlich garantierten Menschenrechte und zur Förderung der sozialen Sicherung und dem Schutz der Gesundheit der Bürger.[178] Hierzu hat das Ministerium die politische Entscheidungsbefugnis über grundsätzliche Fragen der Krankenversicherung. Dies sind Entscheidungen über Kriterien des medizinischen Leistungsentgeltes (§ 45 Abs. 3 VKG), über Kriterien zur Beitragsfestsetzung (§ 70 bzw. § 72 VKG), über Beitragssätze der Betriebsversicherten (§ 73 VKG). Um diese Aufgaben erfüllen zu können, wurde ein Beratungsausschuss für gesundheitspolitische Entscheidungen [nachfolgend „Beratungsausschuss“] dem Ministerium zugeordnet.

Das Ministerium selbst hat keine operative Funktion in der Volkskrankenversicherung. Dies erfolgt durch den Beratungsausschuss. Die entsprechenden Befugnisse des Ministeriums sind auf den Beratungsausschuss übergegangen.[179] Neben dem Beratungsausschuss hat der Minister jedoch weiterhin Kontroll- und Steuerungskompetenz. Beispielsweise bedürfen die Organisationsregeln, die Personalführung, die Gehaltssysteme oder auch die Rechnungslegung der VKK nach jeweiliger Beschlussfassung des Verwaltungsrates der Genehmigung durch den Minister für Gesundheit und Wohlfahrt (§ 29 VKG). Die VKK muss den Entwurf des jährlichen Haushaltsplans nach Fachinhalten getrennt vom Minister für Gesundheit und Wohlfahrt genehmigen lassen. Dies gilt auch, wenn die VKK den Haushaltsplan nachträglich ändern will (§ 36 VKG). Daher hat das Ministerium weiterhin großen Einfluss auf die VKK und trägt auch die Gesamtverantwortung für die Krankenversicherungsprogramme. Der Staat hat auch die Verpflichtung zur finanziellen

---

176 National Health Insurance Corporation (NHIC), http://www.nhic.or.kr/english/main.html.

177 Health Insurance Review & Assessment Service (HIRA), http://www.hira.or.kr/eng/.

178 *Jeong, Hongki/Cho, Jeongchan, Volkskrankenversicherungsgesetz,* Korea Legislation Research Institute, 2005, S. 101.

179 Dazu ausführlich unter I. 2.

Unterstützung der Krankenversicherungsprogramme und trägt letztendlich die politische Gesamtverantwortung für das gesamte Krankenversicherungssystem.[180]

2. *Der Beratungsausschuss für gesundheitspolitische Entscheidungen*

a. *Allgemeines*

Die Volkskrankenversicherung spielt nicht nur in der Volkswirtschaft sondern auch allgemein in der Gesellschaft eine wichtige Rolle, weil Änderungen im Krankenversicherungssystem sowohl die wirtschaftlichen Beziehungen zwischen den Sektoren als auch die soziale und politischen Verhältnisse beeinflussen.[181] Insbesondere gibt es gegenläufige Interessen zwischen den Mitgliedern und dem Versicherer, der VKK, einerseits und den medizinischen Leistungserbringern andererseits. Daher ist es politisch nicht gewollt, dass der Minister für Gesundheit und Wohlfahrt allein die sozialpolitischen Entscheidungen in der operativen Führung des Krankenversicherungssystems trifft. Um diese sozialpolitischen Entscheidungen im Konsens zu ermöglichen, wurde der Beratungsausschuss durch Gesetz errichtet, der viele unterschiedliche Erfahrungen und gegenläufige Interessen harmonisieren soll.

Im Jahr 2001 ergaben sich große Finanzierungsdefizite in der Krankenversicherung. Die damalige Regierung und das damalige Parlament hatten daraufhin das Spezielle Gesetz für die finanzielle Stabilität der Krankenversicherung[182] erlassen und den Beratungsausschuss für die einheitliche Kontrolle des Beitragseinzugs und der Ausgabensteuerung gegründet. Nach dem Fristablauf des Spezialgesetzes wurde der Beratungsausschuss im Wege der Änderung des Krankenversicherungsgesetzes als ständige Organisation errichtet (§ 4 VKG).[183]

Der Beratungsausschuss ist ein dem Ministerium für Gesundheit und Wohlfahrt zugeordnetes Organ. Der Beratungsausschuss hat eine drittelparitätische Struktur. Er setzt sich aus Vertretern der Versicherten, Leistungserbringer und der dritten Bank (den Vertretern des Staates) zusammen. Durch die drittelparitätische Besetzung des Beratungsausschusses können die sozialpolitischen Entscheidungen auf einer Vielfalt von beteiligten Interessen basiert werden. Bei entgegengesetzten Interessen der Versicherten- und der Leistungserbringerseite, die deren Einigung verhindern, entscheiden dann faktisch die Vertreter des Staates. Innerhalb des Beratungsausschusses haben die Vertreter des Staates daher einen großen Einfluss. Aber es ist formal nicht das Ministerium, das in rechtlicher Form der VKK Anweisungen geben kann. Der Beratungsausschuss als übergreifend besetztes Gremium hat über

180 *Jeong, Hongki/Cho, Jeongchan, Volkskrankenversicherungsgesetz*, Korea Legislation Research Institute, 2005, S. 101.

181 *Jeong, Hongki/Cho, Jeongchan, Volkskrankenversicherungsgesetz*, Korea Legislation Research Institute, 2005, S. 120.

182 Das Gesetz war ein Zeitgesetz und galt nur bis 31. Dezember. 2006.

183 *Choi, Heekyung*, An Analysis of the Dynamic Process of Setting Fees for Medical Services, in: Health and Medical Sociology, Korean Association of Health and Medical Sociology Vol. 22, 2007, S. 71.

die erforderlichen Entscheidungen formell zu beraten und zu beschließen.[184] Seine Entscheidungen sind nicht Empfehlungen an den Minister, sondern gültige wirksame Beschlüsse des Beratungsausschusses, ohne dass formell der Minister noch die Entscheidungen beeinflussen kann. Der Beratungsausschuss hat die Befugnis, Hoheitsakte zu erlassen. Sie gelten dann unmittelbar gegenüber der VKK.

b. Aufgaben und Kompetenzen

Der Beratungsausschuss hat gemäß § 4 VKG Entscheidungskompetenz über folgende Sachverhalte:

1. Den medizinischen Leistungskatalog gemäß § 41 Abs. 2 VKG
2. Entgelte für die medizinischen Leistung gemäß § 45 Abs. 3 bzw. § 46 VKG
3. Beitragssatz der Betriebsversicherten gemäß § 73 Abs. 1 VKG
4. Beitragssatz der Ortsversicherten gemäß § 73 Abs. 3 VKG
5. Sonstige erforderliche Vorschriften über die Krankenversicherung durch die Präsidialverordnung zum VKG.

Die VKK und die Körperschaft der medizinischen Leistungserbringer versuchen sich zu einigen (§ 43 Abs. 1 VKG). Wenn sie sich einigen, wird der Beratungsausschuss das übernehmen. Wenn sie sich nicht einigen, muss der Beratungsausschuss eine streitige Entscheidung treffen. Die Rolle des Beratungsausschusses wird immer wieder kontrovers diskutiert, weil es keine klaren Funktionsdefinitionen und damit keine eindeutige Schnittstelle zwischen dem Beratungsausschuss und der Regierung gibt.[185]

c. Zusammensetzung und innere Organisation

Gemäß § 4 Abs. 2 VKG setzt sich der Beratungsausschuss aus 25 Mitgliedern zusammen; es gibt einen Vorsitzenden und einen stellvertretenden Vorsitzenden. Der Vorsitzende des Beratungsausschusses ist immer der Vizeminister für Gesundheit und Wohlfahrt. Der stellvertretenden Vorsitzende des Beratungsausschusses wird vom Vorsitzenden des Beratungsausschusses aus den Mitgliedern des Beratungsausschusses und hier aus der Gruppe der öffentlichen Verwaltungsfachleute nach § 4 Abs. 4 Nr. 3 VKG ernannt (§ 4 Abs. 3 VKG).

Die Mitglieder des Beratungsausschusses werden vom Minister für Gesundheit und Wohlfahrt auf Vorschlag folgender Gruppen ernannt (§ 4 Abs. 4 VKG). Eine Gruppe von 8 Personen wird wie folgt gebildet: 2 Personen werden jeweils von den Gewerkschaften gemeinsam und der Arbeitgebervereinigungen gemeinsam

---

184 *Jeong, Hongki/Cho, Jeongchan, Volkskrankenversicherungsgesetz*, Korea Legislation Research Institute, 2005, S. 121.

185 *Lee, Taesoo, Soll Beratungsausschuss für gesundheitspolitische Entscheidungen unverändert beibehalten werden?*, People's Solidarity for Participatory Democracy, in: Trend of Welfare Vol. 137, 2010, S. 41.

vorgeschlagen. Jeweils eine Person wird von der Bürgervereinigung, vom Verbraucherverband, aus der Agrar- sowie der Fischereiwirtschaft und vom Verband der Selbständigen Unternehmer gestellt. Diese 8 Personen repräsentieren mit unterschiedelichen Interessen im Einzelnen die Seite der Versicherung.[186] Weitere 8 Personen werden von der Organisation zur Vertretung der Ärzteschaft und der Organisation zur Vertretung der Hersteller von Arzneimitteln vorgeschlagen (§ 4 Abs. 4 Nr. 2 VKG). Schließlich besteht eine Gruppe von 8 Personen aus 2 Beamten der zentralen Verwaltungsbehörde, weiteren 2 Personen, die jeweils vom Vorstandsvorsitzenden der VKK und vom Vorsitzenden des Beratungsausschusses vorgeschlagenen werden, und 4 Personen, die herausragendes Fachwissen und langjährige Erfahrung auf dem Gebiet der Krankenversicherung besitzen (§ 4 Abs. 4 Nr. 3 VKG).[187] Sie werden aufgrund alleiniger Entscheidung des Ministers ausgewählt. Die Mitglieder des Beratungsausschusses werden vom Minister für Gesundheit und Wohlfahrt für eine Amtszeit von drei Jahren ernannt (§ 4 Abs. 5 VKG).[188] Zur effizienten Beratung kann der Beratungsausschuss auch Unterausschüsse für jedes Fachgebiet bilden (§ 6 Abs. 5 der Präsidialverordnung zum VKG).

II. Die Volkskrankenversicherungskörperschaft des öffentlichen Rechts (VKK)

1. Allgemeines

In Sinne des VKG ist der Versicherer ein Träger, der die Krankenversicherung für alle Versicherten (Betriebsversicherte, deren Familienangehörige, Ortsversicherte) durchführt. Der Träger der gesetzlichen Krankenversicherung ist die VKK, eine rechtsfähige Körperschaft des öffentlichen Rechts (§ 13 VKG). Vor dem Jahr 2000 gab es die Betriebs-, Ortkrankenkasse sowie die eigene Krankenversicherungsanstalt

---

186 Die Arbeitgeber- und Unternehmensvertreter haben eingentlich ein besonderes Interesse daran, dass die Beiträge niedrig sind. Aber bei den Gewerkschaften und Bürgervereinigung ist das schon anders. Wenn sie die Vertreter der Versicherte sind, haben sie das doppelte Interesse daran, dass zwar die Beiträge niedrig sind, aber dass auch die Leistungen gut sind. Der Verbraucherverband wird von seiner Funktion her von allen Dinge darauf achten, dass die Leistungen gut sind. Insofern sind in dieser Gruppe die Interessen gemischt.

187 Diese Personen, sollen keine Mitglieder einer Partei und politisch neutral sein. Die anderen Gruppen haben jeweils eigene Partikularinteressen.

188 Es gab sowohl innerhalb der Gruppe der Leistungserbringer als auch innerhalb der Gruppe der Versicherten erhebliche Unzufriedenheit, weil die Repräsentanten innerhalb dieser Gruppen nicht mehr dem Zahlenverhältnis zwischen den jeweiligen Vertretenen entsprach. Ende 2006 wurde diese Zusammensetzung jedoch trotz einer Anpassung des VKG nicht geändert (*Choi, Heekyung, Eine Analyse des dynamischen Prozesses der Einstellung der medizinischen Leistungsentgelte, Gesundheit und Sozialwissenschaft*, 2007, S. 73.).

für Beamte und Beschäftigte privater (Hoch)schulen.[189] Nach der Integration aller Krankenversicherungen ist die Organisation der Krankenversicherung zum einheitlichen Versicherungsträger geworden.[190] [191] Nach einer Übergangszeit zwischen 2000 und 2003 besteht ab Juli 2003 die einheitliche neue Organisation. Ab Juli 2003 wurde mit der einheitlichen neuen Organisation auch die einheitliche Finanzierung der Krankenkassen durchgeführt. Es gibt mit der VKK nur noch einen einheitlichen Träger, der sowohl die Leistungen als auch den Beitragseinzug gemäß dem VKG durchführt.[192]

2. *Aufgaben und Kompetenzen*

Die VKK trägt die gesamte soziale Krankenversicherung[193] (§ 14 Abs. 1 VKG). Gemäß § 14 Abs. 1 VKG sind ihre Aufgaben wie folgt:

1. Überprüfung der Versicherteneigenschaft und gegebenenfalls auch der Eigenschaft als Familienangehörigen eines Versicherten,
2. Abgabenbescheide und Einzug von Beiträgen und sonstigen Abgaben nach diesem Gesetz,
3. Durchführung der Krankenversicherungsleistungen,
4. Entwicklung der notwendigen Vorsorge zur Förderung der Gesundheit von Versicherten und deren Familienangehörigen,
5. Zahlung der Krankenversicherungsleistungsentgelte[194],

---

189 *Kim, Jingu*, Equity of National Health Insurance Contribution), in: Korean Journal of Social Welfare, Korean Academy of Social Welfare Vol. 25, 2004, S. 40.

190 Die Integration der Krankenkassen zielt auf die Vermeidung von Unterschieden in der Finanzierung zwischen Krankenkassen und auf eine effiziente Verwaltung. Jedoch resultierte aus der Integration viel Kritik, die sich vor allem an den Umstand entzündete, dass nunmehr das die VKK prägende Solidarprinzip auch zwischen den Gruppen der Ort- und Betriebsmitglieder gilt (Vgl. *Cha, Seonghwan/Lee, Soonok*, A Discussion on Particularities and Problems of the Korean Social Insurance, in: Discourse 201 Vol. 11 No.4, 2009, S. 17).

191 *Han, Dalsun, Entwicklungsrichtung des Krankenversicherungssystems*, Health Insurance Forum Vol. 8 No.1, 2009, S. 13.

192 *Jeong, Hongki/Cho, Jeongchan, Volkskrankenversicherungsgesetz*, Korea Legislation Research Institute, 2005, S. 132.

193 Alle Südkoreaner unterliegen einer allgemeinen Krankenversicherungspflicht. Es gibt keine private Krankenversicherung, die von der sozialen Krankenversicherung freistellt. Jeder Einwohner in Südkorea ist entweder ein Krankenhilfeempfänger oder ein Krankenversicherungsempfänger. Wenn eine bessere Absicherung gewollt ist, kann man sich zusätzlich privat versichern (siehe schon oben Kapitel 1. B. II.).

194 Die VKK bezahlt dem Leistungserbringer die Leistungsentgelte (§ 47 Abs. 3 VKG). Wenn z.B. in einer Notfallsituation die Person nicht in der vorgesehene Rehabilitationsklinik oder in der medizinischen Vorrichtung behandelt werden kann, kommt es auch zu einer Erstattung von entstandenen Entgelte durch die VKK

6. Verwaltung des Vermögens nach Renditezielen,
7. Betrieb von medizinischen Einrichtungen[195],
8. Individuelle Auskünfte und öffentliche Information über das Gesundheitswesen,
9. Forschung und internationale Zusammenarbeit bzgl. der Krankenversicherung,
10. Ausführung übertragener Arbeiten durch dieses oder andere Gesetze[196],
11. Durchführung der erforderlichen Arbeiten in Bezug auf die Krankenversicherung mit Genehmigung des Ministers für Gesundheit und Wohlfahrt. Gemäß § 14 Abs. 1 Nr. 6 VKG werden die erforderlichen Vorschriften über die verschiedenen Bereiche des Betriebs, der Verwaltung des Vermögens incl. der Renditeentwicklung durch die Präsidialverordnung zum VKG geregelt (§ 14 Abs. 2 VKG). Die VKK informiert über die Krankenversicherung gemäß dem Gesetz über die Auskunftspflicht öffentlicher Einrichtungen (§ 14 Abs. 4 VKG).
12. Die VKK ist eine juristische Person des öffentlichen Rechts (§ 15 Abs. 1 VKG) und hat insofern Hoheitsbefugnisse wie z.B. zum hoheitlichen Erlass der Beitragsbescheide. Wenn es erforderlich ist, kann die VKK gemäß ihrer Satzung Zweigniederlassungen eröffnen (§ 16 Abs. 2 VKG). Diese Zweigniederlassungen sind keine selbständigen Körperschaften, sondern Subsysteme der VKK.[197] Mit Ausnahme der in diesem Gesetz getroffenen Regelungen werden ansonsten die Vorschriften des Bürgerlichen Gesetzes über die rechtsfähige Stiftung angewandt (§ 40 VKG).

Die VKK erlässt die allgemeinen Abgabenbescheide und übernimmt auch den Einzug der Beträge. Sollten Rückstände im Beitragseinzug bestehen, so erfolgen das Mahnverfahren und die Beitreibung der Rückstände analog dem Verfahren bei Nichtzahlung nationaler Steuern. Der Staat hat das Aufsichtsrecht über die VKK

(§ 49 Abs. 1 VKG). Das VKG folgt zwar grundsätzlich dem Sachleistungsprinzip, aber in hier genannten Ausnahmefällen gibt es auch die Kostenerstattung.

195 Es gibt im Moment nur ein einziges Klinikum, das von der VKK direkt verwaltet wird. Es heißt Ilsan Klinikum. Am 3. März 2000 wurde das Ilsan Klinikum mit 745 Krankenbetten errichtet. Das Ziel dieses Klinikums ist es, eine optimale Nutzung der medizinischen Leistung anzubieten, den Bedarf im Gesundheitswesen zu erfüllen, das Gesundheitswesen durch die klinische medizinische Forschung und Analyse im Hinblick auf die allgemeine Krankenversicherung zu verbessern, und die Entwicklung des Krankenversicherungssystems zu fördern. http://www.nhimc.or.kr/info/info_01.htm.

196 Am 1 Juli 2008 ist das Pflegeversicherungsgesetz in Kraft getreten. Der Versicherer der Pflegeversicherung ist die VKK. Gemäß § 48 des Pflegeversicherungsgesetzes erfolgen durch die VKK die Überprüfung der Versicherteneigenschaft in der Pflegeversicherung, die Erstellung der Abgabenbescheide und der Einzug der Pflegeversicherungsbeiträge, die Ermittlung des Antragsteller und weitere Aufgaben bei Pflegeleistungen. *Ministerium für Gesundheit und Wohlfahrt, Weißbuch uber Gesundheit und Wohlfahrt*, 2009, S. 421.

197 *Cheon, Kwangseok*, Korean Social Security Law, Bobmunsa, 2010, S. 290.

und hat der VKK die Durchführung der Krankenversicherungsaufgaben übertragen. Die VKK führt ihre Aufgaben selbständig durch.[198]

3. *Organe der VKK*

Die VKK hat einen Verwaltungsrat als höchstes Entscheidungsgremium, um die wesentlichen geschäftspolitischen Fragen der VKK zu beraten und zu beschließen (§ 26 VKG). Der Verwaltungsrat besteht aus einem Vorsitzenden, weiteren 14 Mitgliedern und einem Rechnungsprüfer (§ 20 Abs. 1 VKG). Der Vorsitzende wird vom Staatspräsidenten auf Empfehlung des Ministers für Gesundheit und Wohlfahrt ernannt (§ 20 Abs. 2 VKG). Die weiteren Mitglieder werden aus den verschiedenen gesellschaftlichen Gruppierungen rekrutiert. Sie werden vom Minister für Gesundheit und Wohlfahrt wie folgt ernannt: Jeweils eine Person wird von der Arbeitnehmervereinigung, der Arbeitgebervereinigung, dem Verbraucherverband und aus der Agrar- sowie Fischereiwirtschaft vorgeschlagen. Für drei fachkundige Beamte bestimmt die Präsidialverordnung, dass je einer vom Minister für Strategie und Finanzen, Minister für Regierungsverwaltung und Innere Angelegenheiten und Minister für Gesundheit und Wohlfahrt vorgeschlagen werden (§ 10 der Präsidialverordnung zum VKG). Sie werden vom Minister für Gesundheit und Wohlfahrt ernannt (§ 20 Abs. 4 VKG). Daneben gibt es einen Finanzausschuss für Stabilität und Effizienz in der Volkskrankenversicherung (§ 33 VKG), wobei dieser Finanzausschuss ein Unterausschuss des Verwaltungsrates mit eigenen Rechten ist.

a. *Verwaltungsrat der VKK*

Der Chef der Administration ist zugleich der Vorsitzende des Verwaltungsrates. Der Verwaltungsrat trägt die Verantwortung und beschließt über wichtige Angelegenheiten. Er trifft die strategischen Entscheidungen. Der Vorsitzende oder die vom ihm eingesetzten Geschäftsführer führen die operativen Aufgaben durch. Der Verwaltungsrat berät und beschließt grundsätzlich über alle wichtigen Angelegenheiten, während der Finanzausschuss speziell die Belange der Finanzierung als Kernaufgabe behandelt (§ 26 Abs. 1 VKG). Der Verwaltungsrat der VKK kann die Beschlussfassung des Finanzausschusses nicht verändern oder ignorieren. Er ist an die Beschlüsse des Finanzausschussees gebunden.[199]

Gemäß § 26 Abs. 4 VKG hat der Verwaltungsrat die Kompetenz für alle Angelegenheit der VKK, außer wenn die Fälle gemäß § 4 Abs. 1 VKG vom Beratungsausschuss behandelt werden oder gemäß § 33 VKG in die Kompetenz des Finanzausschusses fallen. Der Verwaltungsrat berät und beschließt (§ 11 der Präsidialverordnung zum VKG) über:

---

198 *Jeong, Hongki/Cho, Jeongchan, Volkskrankenversicherungsgesetz*, Korea Legislation Research Institute, 2005, S. 180.

199 *Jeong, Hongki/Cho, Jeongchan, Volkskrankenversicherungsgesetz*, Korea Legislation Research Institute, 2005, S. 215.

1. Pläne für den Geschäftsbetrieb und die Leitlinien für den Betrieb der VKK,
2. Das Budget und die Abrechnungen,
3. Satzungsänderungen,
4. Erlass, Revision und Aufhebung von Vorschriften,
5. Das Versicherungsbeitragswesen im Rahmen der Entscheidung des Beratungsausschusses und die Krankenversicherungsleistungen (den Leistungskatalog),
6. Fragen im Zusammenhang mit Anleihekapital gemäß § 37 VKG ,
7. Rücklagen und Erwerb, Verwaltung und Veräußerung von wesentlichen Vermögenswerten gemäß § 38 VKG und,
8. weitere wichtige Fragen zum Betrieb der VKK.

b. Finanzausschuss der VKK

Der Finanzausschuss ist zuständig für die Beratung und Beschlussfassung über Verträge zu den medizinischen Leistungsentgelten gemäß § 45 Abs. 1 VKG[200] oder der Versicherungsfinanzierung gemäß § 84 VKG. Er wird innerhalb der VKK gebildet (§ 33 Abs. 1 VKG) und ist ein Unterorgan des Verwaltungsrates. Dieser Finanzausschuss besteht aus Vertretern der Krankenversicherungsmitglieder und Vertretern des öffentlichen Interesses. Er besteht aus zehn Vertretern der Betriebsversicherten[201], zehn Vertretern der Ortsversicherten[202] und zehn Vertretern des öffentlichen Interesses[203] (§ 34 Abs. 1 VKG). Die Mitglieder des Finanzausschusses werden vom Minister für Gesundheit und Wohlfahrt ernannt (§ 34 Abs. 2 VKG). Aus der Gruppe, die das öffentliche Interesse gemäß § 34 Abs. 1 VKG repräsentiert, wird der Vorsitzende des Finanzausschusses vom Finanzausschuss gewählt (§ 33 Abs. 3 VKG).

Der Finanzausschuss wurde im Zusammenhang mit der Änderung der Entscheidungswege über die medizinischen Leistungsentgelte eingerichtet. Gemäß der Fassung des VKG, die am 1. Juli 2000 verabschiedet wurde, beriet und beschloss er anfangs über die Regulierung der Krankenversicherungsbeiträge und sonstiger Finanzen der Krankenversicherung. Danach wurde seine Funktion nach der

200 Durch den Beratungsausschuss werden der medizinische Leistungskatalog, Entgelte für die medizinischen Leistung und Beitragssatz der Betriebs- und Ortsversicherten entschieden. Auf der Grundlage davon führt der Finanzausschuss die oben genannten Aufgaben durch (§ 4 Abs. 1 VKG und § 33 Abs. 1 VKG).

201 Die zehn Mitglieder der Betriebsversicherten werden wie folgt ausgewählt; Jeweils fünf Mitglieder werden von Arbeitgebergruppe und der Gewerkschaft empfohlen (§ 34 Abs. 2 Nr. 1 VKG).

202 Die zehn Mitgliedern der Ortsversicherten werden jeweils von der Bürgervereinigung, von der Agrar- sowie der Fischereiwirtschaft und vom Verband der Selbständigen Unternehmer empfohlen (§ 34 Abs. 2 Nr. 2 VKG).

203 Die zehn Mitglieder für öffentliche Interesse sind relevante Beamte oder Personen mit herausragendem Fachwissen und Erfahrung auf dem Gebiet der Krankenversicherung (§ 34 Abs. 2 Nr. 3 VKG). „Die relevanten Beamten" werden vom Minister für Strategie und Finanzen und vom Minister für Gesundheit und Wohlfahrt in die jeweilige Gruppe entsandt (§ 14 Abs. 2 der Präsidialverordnung zum VKG).

Revision vom 30. Dezember 2006 laut dem VKG geschmälert. Er konzentriert sich nunmehr auf die Entscheidung über die Höhe der medizinischen Leistungsentgelte im Rahmen der Festsetzungen des Beratungsausschusses, während die Krankenversicherungsbeiträge und die Leistungsfragen vom Beratungsausschuss bearbeitet werden.[204] Aktuell ist dieser Finanzausschuss an den Verhandlungen über die Behandlungsentgelte beteiligt. Als das VKG erlassen wurde, wurde der Finanzausschuss als repräsentatives Gremium der Mitglieder der Krankenversicherung konzipiert.[205] Er kontrolliert die Einnahmen und Ausgaben der Krankenversicherungsbeiträge (§ 33 Abs. 1 VKG).

Seit der Entscheidung des Verfassungsgerichts[206] berücksichtigt der Finanzausschuss alle Interessen, auch von Betriebs- und Ortsmitgliedern. Dafür muss er eine zuverlässige und angemessene Methode definieren, um die relevanten Einkommen und Vermögen der Ortsmitglieder zu erfassen. Er spielt eine wichtige Rolle bei der Festsetzung der Beitragshöhe zwischen den Betriebs- und Ortsmitgliedern.

Die Methode zur Bestimmung der Versicherungsbeiträge ist für die finanzielle Effizienz und Stabilität der Krankenversicherung ausschlaggebend. Die sozialpolitischen Entscheidungen über Beiträge oder Versicherungsfinanzierungen haben für die Haushalte der Bürger und für die Haushaltspolitik des Staates eine wichtige Funktion. Daher ist die Kompetenz und die Legitimität hierfür ein wesentliches Element. Es ist ein Diskussionspunkt in der koreanischen Debatte, ob die Beiträge durch die Verwaltung oder durch den Gesetzgeber selber bestimmt werden sollten.[207]

III. Die Öffentliche Körperschaft für die Überprüfung und Bewertung der Volkskrankenversicherung (VÜBK)

1. Allgemeines

Das als öffentlich-rechtliche Einrichtung mit Rechtspersönlichkeit errichtete „Komitee zur Überprüfung und Bewertung der Volkskrankenversicherung [nachfolgend „VÜBK“: Health Insurance Review & Assessment Service (HIRA)] prüft die Entgelte für medizinische Leistungen und bewertet die Angemessenheit der Leistungen (§ 62 VKG).

Die von den medizinischen Leistungserbringern erbrachten medizinischen Leistungen hat die Krankenkasse früher selbst geprüft. Dies war umstritten, weil die Prüfung durch die Krankenkasse nach Meinung vieler Objektivität, Fairness und

204 *Choi, Heekyung*, An Analysis of the Dynamic Process of Setting Fees for Medical Services, in: Health and Medical Sociology, Korean Association of Health and Medical Sociology Vol. 22, 2007, S. 70.

205 Nach dem Speziellen Gesetz für die finanzielle Stabilität der Krankenversicherung verkleinert sich relativ die Befugnis des Finanzausschusses.

206 Es handelt sich um eine finanzielle Integration zwischen Betriebs- und Ortsmitgliedern (Die Entscheidung des Verfassungsgerichts, 2000. 6. 29, 99Hen-Ma289.).

207 Die Diskussion siehe unter Kapitel 2. E.

Professionalität vermissen ließ. Die Prüfung hatte sich damals weniger auf die medizinische Angemessenheit, als auf die Stabilität der Versicherungsfinanzierung konzentriert. Daher hatte die Qualität der medizinischen Leistung abgenommen.[208]

Die VKK bietet ihre Leistungen grundsätzlich nur indirekt und üblicherweise durch entsprechende private medizinische Einrichtungen (z.B. Apotheken, Ärzte, Krankenhäuser usw.) an. Eine wichtige Aufgabe gemäß dem VKG ist die Prüfung der medizinischen Leistungsentgelte auf Wirtschaftlichkeit und Angemessenheit. Für diese Aufgabe wurde die VÜBK gemäß dem VKG eingerichtet.[209]

2. Zusammensetzung der VÜBK

Die VÜBK besteht aus einem Vorsitzenden, vierzehn Treuhändern sowie einem Rechnungsprüfer (§ 65 Abs. 1 VKG). Die vierzehn Treuhänder bestehen zum einen aus fünf Vertretern der medizinischen oder pharmazeutischen Gesellschaften, eine von der VKK vorgeschlagenen Person. Zum anderen werden Stellen wie folgt besetzt: jeweils eine Person wird von der Arbeitnehmervereinigung, von der Arbeitgebervereinigung, von der Agrar- sowie der Fischereiwirtschaft und dem Verbraucherverband vorgeschlagen und zusätzlich eine Person, die gemäß Präsidialverordnung aus einer Behörde auszuwählen ist. Die Ernennung erfolgt durch den Minister für Gesundheit und Wohlfahrt (§ 65 Abs. 4 VKG). Um die Aufgaben der VÜBK effizient durchzuführen, wird eine Kommission für Prüfungen und Bewertungen in der VÜBK gebildet (§ 66 Abs. 1 VKG). Die Kommission kann aus nicht mehr als fünfzig hauptberuflichen Beschäftigten und aus nicht mehr als tausend teilzeitlich beschäftigten Bediensteten bestehen und sie kann Unterkommissionen bilden (§ 66 Abs. 2 VKG).[210] In diesen Unterkommissionen findet die eigentliche Prüfarbeit statt.

---

208 *Jeong, Hongki/Cho, Jeongchan, Volkskrankenversicherungsgesetz*, Korea Legislation Research Institute, 2005, S. 539.

209 *Cheon, Kwangseok*, Korean Social Security Law, Bobmunsa, 2010, S. 291.

210 Gemäß § 66 der Ministerialverordnung zum VKG werden die Mitglieder der Komission aus folgenden Gruppen ausgewählt:

1. Ärzte, die in einer medizinischen Hochschule oder einer medizinischen Einrichtung beschäftigt sind und 10 Jahre nach Erlangung der Approbation als Arzt tätig waren,
2. Zahnärzt, die in Hochschule für Zahnmedizin oder einer medizinischen tätig sind und 10 Jahre nach Erlangung der Approbation als Zahnarzt tätig waren,
3. Traditionelle fernöstliche Medizin, die in Hochschule für traditionelle fernöstliche Medizin oder medizinischer Einrichtung tätig ist und 10 Jahre nach Erlangung der Approbation als Arzt für traditionelle fernöstliche Medizin tätig waren,
4. Apotheker, der in der Hochschule für Pharmazie, einer medizinischen Einrichtung, Apotheke oder koreanisches Zentrum für Arzneimittel für seltene Leiden tätig sind,

3. *Aufgaben und Kompetenzen*

Gemäß § 63 Abs. 1 VKG sind die Aufgaben wie folgt:

1. Prüfung der medizinischen Leistungsrechnungen,
2. Bewertung der Angemessenheit der medizinischen Leistungen,
3. Entwicklung von Prüfungs- und Bewertungskriterien,
4. Forschung und internationale Zusammenarbeit zur Krankenversicherung,
5. Übertragene Arbeiten und Prüfung oder Bewertung der Angemessenheit der bezahlten Leistungen gemäß anderen Gesetzen,
6. Weitere Angelegenheiten im Zusammenhang mit der Krankenversicherung, die der VÜBK vom Minister für Gesundheit und Wohlfahrt zugewiesen sind,
7. Angelegenheiten im Zusammenhang mit der Prüfung der medizinischen Leistungsentgelte und Einschätzungen zu Angemessenheit der Leistungen, die durch entsprechende Rechtsverordnungen bestimmt werden.

Die Unabhängigkeit des Prüfungsorgans zielt auf eine gerechte, objektive, professionelle und zwischen den Leistungserbringern und der VKK neutrale Prüfung.

a. *Prüfung der geltend gemachten Entgelte für medizinische Leistungen*

Die Prüfung für die Übernahme der medizinischen Leistungsentgelte besteht darin festzustellen, ob die vom Leistungserbringer von der VKK geforderten Entgelte für die medizinischen Leistungen rechtmäßig im Rahmen des Gesetzes sind. Die VÜBK bestätigt, ob die Entgelte gemäß § 45 VKG richtig berechnet sind. Sie legt die Höhe der Erstattung fest, die die VKK dem Leistungserbringer bezahlen muss.

Die Prüfung der medizinischen Leistungsrechnungen bewirkt eine Vermeidung von Missbrauch der medizinischen Ressourcen, vermeidet übermäßige medizinische Leistungsentgelte und verhindert dadurch die Verschwendung der Versicherungsfinanzmittel.[211] Durch die Prüfung können angemessene medizinische Leistungen gewährleistet werden, und somit wird die soziale Verantwortung für medizinische Leistungen und medizinische Unterstützung für Bürger konkret realisiert.[212] Wegen ihrer Zusammensetzung ist die VÜBK nicht von der VKK abhängig, sondern ein Organ mit hoher Objektivität.

---

5. Leute, die an gemäß § 2 Nr. 1 bzw. Nr. 3 des Hochschulgesetzes an einer Hochschule als Dozent und im Feld der Medizin oder Gesundheitwesen über 10 Jahre lang gearbeitet hat und
6. Leute, die im Feld der Medizin, Gesundheitwesen oder Krankenversicherung seit über 10 Jahren gearbeitet haben und vom Minister für Gesundheit und Wohlfahrt anerkannt werden.

211 *Ministerium für Gesundheit und Wohlfahrt, Weißbuch über Gesundheit und Wohlfahrt,* 2009, S. 422.

212 *Cheon, Unceon, Die Rolle des Beratungsausschusses für gesundheitspolitische Entscheidungen,* in: Schulungsvortrag, The Korean Association of Obstetricians and Gynecologists Vol. 39, 2008, S. 63.

Die Prüfungskriterien sind in § 41 Abs. 2 und 3 VKG sowie in der Ministerialverordnung über Kriterien der medizinischen Leistung in der Volkskrankenversicherung [nachfolgend „Ministerialverordnung über Kriterien der medizinischen Leistung“])[213] festgelegt.

b. Beurteilung der Angemessenheit der medizinischen Leistung

Gemäß § 63 und § 47 VKG ist die jeweilige Angemessenheit der Leistung einzuschätzen, insbesondere hinsichtlich der medizinischen Leistungen, Operationen, Medikationen und der Kosteneffizienz der Leistungserbringung. Das Ziel ist, Effizienz und Qualität der medizinischen Leistung für die Versicherten zu gewährleisten.[214] Damit erfolgt ein Ausgleich zwischen der VKK und den Leistungserbringern und wird die Qualität der medizinischen Leistungen verbessert. Die VÜBK hat somit zugleich den Auftrag die Stabilität der Versicherungsfinanzierung zu sichern als auch die Qualität der Leistungen zu gewährleisten.[215]

c. Aufstellung der Kriterien für den Leistungskatalog

Gemäß § 10 bzw. § 14 der Ministerialverordnung über Kriterien der medizinischen Leistung überwacht die VÜBK die Leistungen gemäß den Bestimmungen und Kriterien für eine neue Behandlungsmethode[216]. Vor einer finalen Entscheidung über die Anerkennung einer neuen Behandlungsmethode als Versicherungstatbestand oder ihren Ausschluss als unversicherte Leistung wird, wenn ein Antrag auf Anerkennung der Leistungserbringung schon vorher gestellt werden sollte, zunächst die neue Behandlungsmethode gemäß § 9 Abs. 1 der Ministerialverordnung über Kriterien der medizinischen Leistung und Anhang II der Ministerialverordnung über Kriterien der medizinischen Leistung als unversicherter Leistungsfall behandelt. Die VÜBK entscheidet auch über die Aufnahme der versicherten Arzneimittel in den Leistungskatalog. Wenn ein Anerkennungsantrag für ein neues Arzneimittel gestellt wird, berät die VÜBK. Das Ergebnis wird amtlich bekannt gemacht. Wenn es Sicherheitsprobleme bei einem Arzneimittel gibt, ermittelt die VÜBK und entscheidet

---

213 Ministerialverordnung Nr. 259 vom Ministerium für Gesundheit und Wohlfahrt.

214 *Jeong, Hongki/Cho, Jeongchan, Volkskrankenversicherungsgesetz,* Korea Legislation Research Institute, 2005, S. 547.

215 *Jeong, Hongki/Cho, Jeongchan, Volkskrankenversicherungsgesetz,* Korea Legislation Research Institute, 2005, S. 540.

216 Unter dem Begriff „der neuen Behandlungsmethode“ sind eine neue medizinische Leistungen oder eine neue Arzneien, die noch nicht Gegenstand eines Versicherungsfalls gemäß § 8 Abs. 2 der Ministerialverordnung über Kriterien der medizinischen Leistung oder der unversicherten Leistungen § 9 Abs. 1 der Ministerialverordnung über Kriterien der medizinischen Leistung waren, zu verstehen.

gegebenenfalls über den Entzug der Anerkennung.[217] Der Beratungsausschuss trifft die politische Entscheidung über den Leistungskatalog. Die VÜBK entscheidet über die konkrete Anwendung des Leistungskatalogs.

d. Sonstige Aufgaben

Die VÜBK prüft ebenfalls die Angemessenheit zu bezahlender Leistungen gemäß anderen Gesetzen. Die Leistungen innerhalb der Krankenhilfe werden z.B. ebenfalls durch die VÜBK geprüft und bewertet (§ 63 Abs. 1 VKG). Gemäß § 97[218], § 98[219] § 99[220] und § 116 VKG [221] oder § 70–3 der Präsidialverordnung zum VKG kann die VÜBK auch eine Vorortermittlung durchführen. Sie kann prüfen, ob ein gelter gemachter Anspruch der Leistungserbringer gegen die VKK auf Behandlungsentgelt besteht. Zahlungen können wegen erfolgter ungerechtfertigter Bereicherung wieder

---

217 *Cheon, Unceon, Die Rolle des Beratungsausschusses für gesundheitspolitische Entscheidungen,* in: Schulungsvortrag, The Korean Association of Obstetricians and Gynecologists Vol. 39, 2008, S. 66.

218 Der Minister für Gesundheit und Wohlfahrt kann anordnen, dass der Haushaltsvorstand oder der Arbeitgeber das Einkommen oder sonstige Einkünfte der Mitglieder meldet. Diese Meldung kann durch das Ausfüllen eines Dokuments oder per Interviewtechnik gegenüber einem Beamten erfolgen. Die relevanten Dokumente müssen zur Prüfung überlassen werden (§ 97 Abs. 1 VKG).
Weiterhin kann der Minister die medizinischen Leistungserbringer gemäß § 49 VKG anweisen, den Empfängern Aufstellungen über die erbrachten Leistungen und Arzneimittel auszustellen. Er kann bestimmen, dass die befugten Beamten die betreffenden Personen befragen und die relevanten Dokument überprüfen (§ 97 Abs. 2 VKG).

219 Der Minister für Gesundheit und Wohlfahrt kann für ein Jahr die Stilllegung der medizinischen Leistungserbringer erwirken, wenn Leistungsentgelte wegen Täuschung oder aus anderen unberechtigten Gründen vom Versicherer, von den Versicherungsmitgliedern oder ihren Familien getragen wurden. Das gilt auch bei einem Verstoß gegen § 97 Abs. 2 VKG oder aufgrund eines falschen Berichts, oder wenn eine Person sich weigert, die Prüfung oder Befragung von dem befugten Beamten durchführen zu lassen, oder wenn dieser behindert wird (§ 98 Abs. 1 VKG).

220 Der Minister für Gesundheit und Wohlfahrt kann in folgenden Fällen statt der Stilllegung eine Strafgebühr anordnen: Wenn die Verfügung einer Betriebsstilllegung, die gemäß § 98 Abs. 1 Nr. 1 VKG zu beschließen wäre, zu große Auswirkungen hätte oder wenn außergewöhnliche Gründe vorliegen, die vom Minister für Gesundheit und Wohlfahrt vorher zu bestimmen sind, kann statt dessen ein Bußgeldbescheid erlassen werden. Die Bußgelder betragen höchstens das Fünffache der Zahlungen, die unberechtigt erzielt wurden. In diesem Fall kann der Minister für Gesundheit und Wohlfahrt die Ratenzahlung innerhalb von zwölf Monaten erlauben (§ 99 Abs. 1 VKG).

221 Wenn eine Person gegen § 97 Abs. 2 VKG verstößt und eine bestehende Meldepflicht verletzt, keine relevanten Dokumente abgibt, einen falschen Bericht erstellt oder falsche Dokumente vorlegt, oder wenn sie die Prüfung oder die Befragung verweigert oder behindert, wird eine Geldstrafe verhängt, die nicht mehr als 10.000.000 Won beträgt.

rückgängig gemacht werden. Oder es kann eine Sanktion wegen Missbrauchs mit Verwaltungsmaßnahmen bewirkt werden.[222] Dieses fällt unter das Aufsichtsrecht des Ministers für Gesundheit und Wohlfahrt, und damit in das öffentliche Recht.

4. Die VÜBK zwischen der VKK und den Leistungserbringern

a. Die Stellung der VÜBK gegenüber der VKK

Sowohl die VKK als auch die VÜBK sind juristische Personen des öffentlichen Rechts. Sie stehen im gleichen Rang und nicht in einem Über- oder Unterordnungsverhältnis, jedoch muss die VKK die Entscheidungen der VÜBK akzeptieren (§ 47 Abs. 3 VKG). Wenn es gravierende Einwände gibt, können die Entscheidungen angefochten und gegebenenfalls gerichtlich überprüft werden (§ 87 Abs. 2 VKG). Die VKK prüft die Sachverhalte und gibt ihre Einschätzung dazu ab. Die VÜBK entscheidet über die Beziehungen zwischen der VKK und den Leistungserbringern. Sie ist quasi schiedsrichterlich tätig.[223] Die VÜBK kann ihre Verwaltungskosten von der VKK einziehen (§ 67 Abs. 1 VKG).

b. Die Stellung der VÜBK gegenüber den Leistungserbringern

Wenn Leistungserbringer gegenüber der VKK die Entgelte medizinischer Leistung abrechnen, erfolgt eine Prüfung der Entgelte und der Angemessenheit durch die VÜBK, die danach entscheidet. Wenn es dagegen einen Einwand gibt, muss angefochten werden. Also ist die VÜBK Ermittler und quasi-richterliches Organ gegenüber den Leistungserbringern.[224] Wenn der Leistungserbringer mit der Entscheidung der VÜBK nicht einverstanden ist, kann er gegen die Entscheidung ebenfalls bei der VÜBK Beschwerde erheben (§ 87 Abs. 2 VKG). Wenn die Beschwerde erfolglos bleibt, kann im Vermittlungsausschuss ein Antrag auf Prüfung beantragt werden (§ 88 Abs. 1 VKG). Danach verbleibt noch, gegen die Maßnahme der VÜBK im Verwaltungsprozess eine Klage zu erheben (§ 90 VKG).[225]

C. Das Leistungssystem der Volkskrankenversicherung

Als Krankenversicherungsleistungen werden in § 1 VKG die nachfolgenden Handlungsfelder definiert: Medizinische Präventionen, ärztliche Untersuchungen, ärztliche Behandlungen bei Krankheit und Verletzung, Rehabilitationsmaßnahmen

---

222 *Kim, Hanna/ Kim, Gyehyun, Die rechtliche Bewertung und Verbesserungsmethode bei der Vorortbefragung der medizinischen Leistungserbringer*, Research Institute of Healthcare Policy, 2011, S. 46.

223 *Jeong, Hongki/Cho, Jeongchan, Volkskrankenversicherungsgesetz*, Korea Legislation Research Institute, 2005, S. 541.

224 *Jeong, Hongki/Cho, Jeongchan, Volkskrankenversicherungsgesetz*, Korea Legislation Research Institute, 2005, S. 541.

225 Dazu ausführlich im Kapitel 2. F.

nach Erkrankungen, medizinische Betreuung bei Schwangerschaft und bei Mutterschaft, Unterstützung bei Sterbefällen und Maßnahmen zur Verbesserung der allgemeinen Gesundheit. § 41 Abs. 1 VKG konkretisiert diese Leistungen wie folgt: Ärztliche Untersuchung, Versorgung mit Arznei-, Verbands- und Heilmitteln, ärztliche Behandlung und Operation, Prävention und Rehabilitation bei Erkrankungen, Krankenhausaufenthalt, Pflege und Transport. Ergänzend erklärt § 52 VKG Vorsorgeuntersuchungen auch zu Leistungen der Volkskrankenversicherung.

I. Allgemeine Leistungsstrukturen

1. *Sach- und Dienstleistung als Standard; nur im Ausnahmefall Geldleistung*

Die oben genannten medizinischen Leistungen gemäß § 41 Abs. 1 VKG werden den Versicherten oder ihren Familienangehörigen grundsätzlich nicht im Wege der Erstattung von bezahlten Entgelten erbracht, sondern als Sach- oder Dienstleistungen.[226] Im VKG ist das Prinzip der „Sach-“ und „Dienstleistungen“ jedoch nicht ausdrücklich festgelegt, sondern dies ergibt sich aus den Strukturen der Beziehungen zwischen den Versicherten, den Leistungserbringern und der VKK. Die Versicherten haben den Rechtsanspruch, dass der zugelassene Leistungserbringer die Versorgung der Versicherten grundsätzlich nicht ablehnen darf (§ 42 Abs. 5 VKG). Der Krankenversicherungsträger bezahlt dem Leistungserbringer die abgerechneten Entgelte. Aus diesen Regelungen ist zu schließen, dass die Leistungserbringer ihre Dienste und Sachleistungen im Auftrag der VKK erbringen, welche ihrerseits die Leistungsansprüche der Versicherten erfüllt. Insofern gilt in Korea grundsätzlich wie in der deutschen gesetzlichen Krankenversicherung das „Sach- und Dienstleistungsprinzip“. Hierin liegt ein wesentlicher Unterschied zur Privatversicherung. Nur ausnahmsweise sieht das VKG auch Geldleistungen[227] vor, so die Erstattung von Behandlungsentgelten gemäß § 49 VKG, Bestattungsentgelte gemäß § 50 VKG und Entgelte für Prothesen gemäß § 51 VKG.

Durch das Sachleistungsprinzip sollen die Versicherten davor geschützt werden, im Krankheitsfall die Behandlungsentgelte vorleisten zu müssen. Der Vorteil des Sachleistungssystems liegt für die Versicherten auch darin, dass sie administrativ einfacher und transparenter behandelt werden können. Sie brauchen nicht zu

---

226 Im Vergleich zum Sachleistungsprinzip gibt es das Kostenerstattungsprinzip. Dies ist in der privaten Krankenversicherung anzutreffen. Der Versicherte trägt die Kosten der ärztliche Leistung selbst und erhält anschließend von seiner Krankenkasse die Kosten erstattet (*Cheon, Kwangseok*, Korean Social Security Law, Bobmunsa, 2010, S. 260).

227 Diese Kostenerstattung erfolgt gemäß VKG nur in Ausnahmefällen. Diese Ausnahmen liegen immer dann vor, wenn z.B. wegen einer Notsituation die Person nicht in der vorgesehenen Rehabilitationsklinik oder in der medizinischen Leistungserbringern behandelt werden kann. Dann kommt es zu einer Erstattung von entstandenen Kosten durch die VKK (§ 49 VKG).

befürchten, dass sie die gesamten Entgelte der medizinischen Leistungen ggfs allein tragen müssen und somit wirtschaftlich überlastet werden. Schließlich hat die VKK hat nicht nur die Aufgabe, die Abrechnung zu regulieren, vielmehr muss sie auch die Leistungserbringer kontrollieren. Die Leistungserbringer sollen nur angemessene und ökonomisch effiziente Leistungen in der gebotenen Qualität erbringen. Im System des Sachleistungsprinzips kann der Versicherungsträger als auszahlende Stelle die Angemessenheit der Leistungen prüfen.

2. *Regel- oder Ermessensleistungen*

Nach dem Gesetz gibt es Krankenbehandlung und Vorsorgeuntersuchung (§ 41 Abs. 1 VKG). Somit ist der Verordnungsgeber im Rahmen seiner Kompetenz nach § 41 Abs. 2 VKG verpflichtet, auch derartige Leistungen zur Verfügung zu stellen. Wie und in welchem Umfang dies erfolgt, ist dem Verordnungsgeber überlassen. Insofern hat der Verordnungsgeber ein gewisses Ermessen über die gesetzlichen Leistungsangebote. Es gibt also nur die gesetzlichen, prinzipiellen Regelungen, ob und welche Leistungen angeboten werden sollen. Die Details bleiben dem Verordnungsgeber vorbehalten. Im Gesetz werden unterschiedliche Leistungsarten definiert. Wenn bereits im Gesetz Ansprüche geregelt werden, sind es Regelleistungen. Wenn im Gesetz eine Ermächtigung an den Verordnungsgeber über die Möglichkeit einer Leistung vorgesehen ist, handelt es sich entweder um eine gesetzliche Ermessensleistung oder eine freiwillige Leistung.

Wenn bestimmte Leistungen bereits im VKG als Regelleistungen definiert sind, handelt es sich hierbei um gesetzliche Pflichtleistungen. In der Ministerialverordnung zum VKG wird dann definitiv dargelegt, dass die Versicherten darauf einen Rechtsanspruch haben. Hierzu gehören insbesondere die medizinischen Leistungen gemäß § 41 Abs. 1 Nr. 1 bis Nr. 7 VKG aber doch auch nur nach Maßgabe des untergesetzlichen Rechts. Auf diese Leistungen hat jeder Versicherte einen individuellen Rechtsanspruch, der auch eingeklagt werden kann. Leistungen, die im Gesetz neben den Pflichtleistungen aufgeführt sind, können möglicherweise durch die Ministerialverordnung eingeschränkt werden. Insoweit ist dann ein Ermessen ausgeübt. Dies ist auch gegeben, wenn bestimmte Voraussetzungen für die Leistung gefordert werden. Daneben können auch noch weitere Ermessensregelungen erfolgen, z.B. im Anhang zur Ministerialverordnung.

Wenn ein Anspruch im Gesetz nicht ausdrücklich geregelt ist, handelt es sich um Ermessensleistungen. Bei Ermessensleistungen gibt es immer zwei mögliche Entscheidungsqualitäten. Die erste Entscheidung ist, ob die Leistung überhaupt erfolgen soll. Wenn diese Entscheidung positiv ist, kann immer noch hinsichtlich des Umfangs u.a. ein Ermessen gegeben sein. Welche Art von Leistung, wie viel von der Leistung, welche Einschränkungen und Voraussetzungen usw. wären dann noch zu entscheiden. Das VKG hat der VKK hinsichtlich der Kriterien der Leistungsgewährung einen gewissen Spielraum eingeräumt, dies gilt auch wenn die Leistungsarten gesetzlich vorgegeben sind. Die Entscheidung über die Leistungsnotwendigkeit wird dem Ermessen des Krankenversicherungsträgers überlassen. Hierzu gehören z.B.

die Versorgung mit Prothesen gemäß § 51 VKG. Die VKK kann den Versicherten oder ihren Familienangehörigen, die gemäß dem Gesetz für Behindertenfürsorge als Behinderte angemeldet sind, die Versicherungsleistungen für unterstützende Hilfsmittel gewähren (§ 51 Abs. 1 VKG).[228]

Gemäß § 50 VKG gibt es noch die Leistungsart der „Freiwilligen Leistung".[229] Dies ist nicht im Gesetz explizit geregelt, sondern wird durch die Präsidialverordnung festgelegt. Für diese „freiwilligen Leistungen" wird entweder durch die Präsidialverordnung oder durch generelle Festsetzung der VKK im Prinzip entschieden, ob diese Leistung überhaupt vorgesehen ist. Dann ergibt sich aus den Regeln, die da getroffen werden, ob diese „freiwilligen Leistungen" ihrerseits wieder Ermessensleistungen oder Pflichtleistungen sind. Deswegen kann die VKK gemäß der Präsidialverordnung zum VKG z.B. Bestattungsentgelte, Krankengelder oder sonstige Leistungen gewähren (§ 50 VKG). Allerdings sind bisher als zusätzliche Leistungen gemäß § 25 der Präsidialverordnung zum VKG lediglich die Behandlungskosten bei Schwangerschaft und Mutterschaft geregelt worden.

3. *Die Volkskrankenversicherung als mehrfach eingeschränkte Versicherung*

Im koreanischen System der Volkskrankenversicherung kann man drei Beschränkungen identifizieren.

Die erste Beschränkung liegt in dem begrenzten Leistungskatalog einer Basisversicherung. Das Angebot umfasst nur Leistungen, die auf kostendeckende Beiträge eines durchschnittlich verdienenden koreanischen Arbeitnehmers zugeschnitten sind. Für darüber hinausgehende Versorgungsansprüche ist der Versicherte persönlich verantwortlich. Hierin liegt der Grund, dass in Korea die Privatversicherung als Ergänzungsversicherung eine so große Bedeutung hat.[230]

Die zweite Beschränkung liegt darin, dass es sich nicht um eine Vollversicherung handelt, sondern um eine Teilversicherung mit erheblichen Selbstbeteiligungsquoten. Die VKK übernimmt im Leistungsfall nur Anteile von den Gesamtkosten. Die Versicherten sind zu nennenswerten Zuzahlungen verpflichtet (§ 44 VKG und § 19 der Präsidialverordnung zum VKG).[231]

Als dritte Beschränkung ist zu nennen, dass in der koreanischen Krankenversicherung das „Lohnausfallrisiko bei Krankheit" nicht ausreichend abgesichert ist. Die Krankengeldregelung in § 50 VKG ist lediglich eine Ermessensvorschrift und in der Präsidialverordnung zum VKG nicht vorgesehen. Daher haben die Versicherten gemäß dem VKG letztlich keinen rechtswirksamen Anspruch bei

---

228 Gemäß § 46 Abs. 2 VKG werden Arten, Umfang und Verfahren der Leistungen für Prothesen nach der Präsidialverordnung zum VKG geregelt.

229 *Cheon, Kwangseok*, Korean Social Security Law, Bobmunsa, 2010, S. 261.

230 Dazu ausführlich unten II.

231 Dazu ausführlich unten III.

krankheitsbedingtem Lohnausfall. Offen ist also, wer dieses Risiko aus krankheitsbedingter Arbeitsunfähigkeit deckt.[232] Nur wenn Krankheit oder Verletzung aus einer Berufsausübung resultiert, bezahlt der Arbeitgeber einem Arbeitnehmer, der sich in ärztlicher Behandlung befindet und arbeitsunfähig ist, sechzig Prozent seines durchschnittlichen Lohns in der Zeit seiner medizinischen Behandlung (§ 79 Abs. 1 des Gesetzes für angemessene Arbeitsbedingungen).[233] Wenn die Krankheit oder Verletzung keinen Zusammenhang mit einer Berufsausübung hat, gibt es in Korea aus dem VKG keine Absicherung gegen den Lohnausfall.[234] Dagegen gibt es in § 37 Abs. 1 des Arbeitslosenversicherungsgesetzes[235] eine Bestimmung zum Arbeitslosengeld für Arbeitssuchende. Eine Form dieses Arbeitslosengeldes ist Krankengeld gemäß § 63 des Arbeitslosenversicherungsgesetzes. Wenn ein Arbeitssuchender arbeitsunfähig ist, bekommt er Krankengeld.[236] Das Risiko krankheitsbedingter Arbeitsunfähigkeit in Korea wird also nicht durch die Krankenversicherung sondern für Arbeitslose durch die Arbeitslosenversicherung abgedeckt.[237] Bei Arbeitsunfähigkeit des Nichtarbeitslosen schuldet der Arbeitgeber nicht nach dem Gesetz, sondern es hängt von dem Arbeitsvertrag oder Tarifvertrag ab, ob eine Absicherung gegen Arbeitsunfähigkeit besteht. Der

232 Dazu ausführlich unten V.

233 Wenn diese Unternehmen unter das Gesetz für Arbeitsunfallversicherung fallen, wird siebzig Prozent als Leistung bei Arbeitsausfällen gemäß diesem Gesetz bezahlt. Nur wenn der Zeitraum, in dem ein Arbeitnehmer nicht in der Lage ist zu arbeiten, weniger als drei Tage ist, wird diese Leistung nicht gezahlt (§ 52 Unfallversicherungsgesetz).

234 *Cheon, Kwangseok*, Korean Social Security Law, Bobmunsa, 2010, S. 260.

235 Wenn man arbeitslos wird, ist man in Korea durch die Arbeitslosenversicherung abgesichert. Arbeitslosenversicherungsbeiträge zahlen Arbeitnehmer und Arbeitgeber je zur Hälfte und der Arbeitgeber bezahlt auch die andere Hälfte, wenn Arbeitsunfähigkeit vorliegt.

236 Gemäß § 50 Abs. 1 Arbeitslosenversicherungsgesetz hängt der Zeitraum der zu zahlenden Leistungen vom Alter und der Dauer der Versichertenmitgliedschaft ab. Nach der Anhang I ist das Zeitraum wie folgt:

		Dauer der Versichertenmitgliedschaft				
		Unter ein Jahr	Über ein Jahr unter drei Jahre	Über drei Jahre unter fünf Jahre	Über fünf Jahre unter zehn Jahre	Über zehn Jahre
Alter bei der Arbeitssuche	Unter 30 Jahre alt	90 Tage	90 Tage	120 Tage	150 Tage	180 Tage
	Über 30 Unter 50 Jahre alt	90 Tage	120 Tage	150 Tage	180 Tage	210 Tage
	Über 50 Jahre alt oder Behinderte	90 Tage	150 Tage	180 Tage	210 Tage	240 Tage

237 *Cheon, Kwangseok*, Korean Social Security Law, Bobmunsa, 2010, S. 459.

Arbeitnehmer, der nicht so abgesichert ist, muss selbst entscheiden, wann er durch Aufgabe seines Arbeitsverhältnisses in das System der Arbeitslosenversicherung gelangt oder ob er zunächst ohne Sozialleistungen bleibt.

II. Die Versicherungsleistungen im Einzelnen

1. Die medizinischen Leistungen

a. Der Umfang der medizinischen Leistungen (der Leistungskatalog)

Der Umfang der medizinischen Leistungen, d.h. welche Behandlungen die Versicherten und ihre Familienangehörigen im Falle von Krankheit, Verletzung oder Mutterschaft durch medizinische Leistungserbringer erhalten können, wird abstrakt durch § 41 Abs. 1 VKG bestimmt. Konkret werden gemäß § 41 Abs. 2 VKG die Einzelheiten der medizinischen Leistung wie Art der Behandlung, Verfahren, Umfang und maximale Dauer der medizinischen Leistungen im Sinne von § 41 Abs. 1 VKG durch die Ministerialverordnung zum VKG festgesetzt.

§ 1 der Ministerialverordnung über Kriterien der medizinischen Leistung nimmt Bezug auf die Kriterien für medizinische Leistungen in § 41 Abs. 2 und Abs. 3 VKG. Dort sind Methoden, Verfahren, Umfang, maximale Kosten der versicherten Leistungen aber auch Komponenten als unversicherte und damit ausgeschlossene Leistungen festgelegt. § 8 Abs. 1 der Ministerialverordnung über Kriterien der medizinischen Leistung übernimmt zur Regelung des Umfangs der medizinischen Leistung die Bestimmungen aus § 41 Abs. 1 VKG (außer Arzneimittel). In § 9 der Ministerialverordnung über Kriterien der medizinischen Leistung werden sodann die ausgeschlossenen (die unversicherten) Leistungen festgesetzt.[238] Für Arzneimittel wird in § 11–2, § 12 bzw. § 13 der Ministerialverordnung über Kriterien der medizinischen Leistung definiert, was zu den versicherten Leistungen gehört. Folglich gibt es für Arzneimittelbehandlung einen Positivkatalog. Für andere Krankenbehandlungen gibt es einen Negativkatalog. Schließlich gibt es noch ein spezifisches Verfahren für neue Behandlungsmethoden das in § 10 bzw. § 11 der Ministerialverordnung über Kriterien der medizinischen Leistung geregelt ist.[239]

Aus dem Umfang der bezahlten medizinischen Leistungen durch die Krankenversicherung ergibt sich das Niveau des Gesundheitsschutzes. Dies beeinflusst das erforderliche Beitragsaufkommen aller Versicherten. Daher soll über den Leistungskatalog (sog. medizinische Leistungen) und die Ausschlüsse aus dem Leistungskatalog (unversicherte Leistungen) politisch entschieden werden. Nach dem VKG erfolgt dies durch Beratung und Beschlussfassung im Beratungsausschuss (siehe oben den Kapitel. 2. B) (§ 4 Abs. 1 Nr. 1 VKG). Die Definitionen des Leistungskatalogs sind

---

238 Gemäß § 41 Abs. 3 VKG sind die als „versicherte Leistung“ ausgeschlossenen Behandlungen im Anhang II der Verordnung aufgelistet (§ 9 Abs. 1 der Ministerialverordnung über Kriterien der medizinischen Leistung).

239 Dazu ausführlich unten Kapitel 2. C. II. 1. f.

jedoch weiterhin unklar und umstritten, weil es in der Praxis immer noch die im Entscheidungsspielraum des Leistungserbringers liegenden Leistungen gibt.[240]

b. *Allgemeine Grundsätze der medizinischen Leistung*

Allgemeine Grundsätze zur medizinischen Leistung werden durch Anhang I der Ministerialverordnung über Kriterien der medizinischen Leistung geregelt. Der Umfang der medizinischen Leistung hängt generell vom Alter, Geschlecht, Beruf und körperlichem oder geistigem Zustand des Versicherten ab. Wenn eine medizinische Leistung erforderlich ist, wird sie zur Gesundheitsverbesserung des Patienten im Rahmen der anerkannten medizinischen Kriterien durchgeführt (Anhang I Nr. 1 a der Ministerialverordnung über Kriterien der medizinischen Leistung). Die Ärzte, die die medizinische Leistung erbringen, sind verantwortlich für die Einhaltung der medizinischen Ethik. Sie müssen dafür sorgen, dass die ihnen anvertrauten Patienten psychologisch stabil sind, und sie müssen die Patienten oder die für diese Verantwortlichen in verständlicher Form über präventive Medizin oder andere Gesundheitsbelange aufklären (Anhang I Nr. 1 b der Ministerialverordnung über Kriterien der medizinischen Leistung). Die medizinischen Leistungen sollen so kostengünstig und wirtschaftlich effektiv wie möglich erfolgen (Anhang I Nr. 1 c der Ministerialverordnung über Kriterien der medizinischen Leistung). Die medizinischen Leistungserbringer müssen über angemessene Arbeitskräfte, Einrichtungen und Ausrüstungen verfügen, welche zur Durchführung der erforderlichen Leistungen benötigt werden. Mit anderen medizinischen Leistungserbringern können hochqualifizierte Arbeitskräfte, Einrichtungen und Ausrüstungen gemeinsam genutzt werden (Anhang I Nr. 1 d der Ministerialverordnung über Kriterien der medizinischen Leistung). Die medizinischen Leistungserbringer müssen Arznei- oder Hilfsmittel für die medizinischen Leistungen erwerben und diese dem Versicherten zur Verfügung stellen (Anhang I Nr. 1 e der Ministerialverordnung über Kriterien der medizinischen Leistung).[241]

c. *Leistungsfälle*

§ 41 Abs. 1 VKG nennt die drei Leistungsfälle: Krankheit, Verletzung und Schwangerschaft. In Korea gibt es drei Merkmale für den Leistungsfall gemäß § 41 Abs. 1 VKG. Erstens muss es einen anomalen körperlichen oder seelischen Gesundheitszustand geben. Zweitens muss die Notwendigkeit der medizinischen Behandlung[242]

---

240 Dazu ausführlich unten Kapitel 2. C. II. 1. e. bb.

241 Die einzelnen Kriterien und Inhalte der medizinischen Leistungen werden im Nachfolgenden behandelt.

242 Der Zeitpunkt für den Leistungsfall beginnt, wenn eine medizinische Leistung tatsächlich gebraucht wird und nicht erst mit dem tatsächlichen Beginn der medizinischen Behandlung. Eine medizinische Behandlung wird auch dann gebraucht, wenn durch frühe medizinische Behandlungsmaßnahmen der Eintritt von Schmerz oder der Ausbruch von Krankheit verhütet oder vermieden werden kann

vorliegen.[243] Drittens darf dasjenige, was notwendig ist, nicht im Negativkatalog steht. Unter „Notwendigkeit der medizinischen Behandlung" wird verstanden, dass ein anomaler körperlicher oder seelischer Gesundheitszustand ohne medizinische Behandlung nicht verbessert oder beseitigt werden kann.[244]

Aus § 52 VKG ergibt sich, dass es noch den Leistungsfall der Prävention gibt. Auch er ist ein Leistungsfall für Regelleistungen.

aa. Krankheit (§ 41 Abs. 1 VKG)

Unter „Krankheit" versteht man eine Störung der normalen Funktion eines Organs oder des ganzen körperlichen und geistigen Wohlbefindens. Aber diese Definition der Krankheit ist nur Krankheit.[245] Auch ist der Begriff der Krankheit relativ, weil er sich durch die Entwicklung der Medizinwissenschaft verändern kann. Im VKG gibt es keine Legaldefinition von Krankheit und Gesundheit. Der Begriff der Krankheit wird zwar im VKG mehrfach als Voraussetzung für Leistungen verwendet aber ist im Gesetz selbst nicht definiert. Lediglich im § 41 Abs. 1 VKG kommt das Wort „Krankheit" vor. Darin heißt es: der Versicherte und deren Familienangehörige erhalten Leistungen im Falle von Krankheit, Verletzung oder Mutterschaft (§ 41 Abs. 1 VKG). Entscheidend ist ohnehin nicht Abgrenzung von Krankheit, sondern ob eine medizinische Behandlung erforderlich ist. Der Zustand, der eine ärztliche Behandlung notwendig macht, bedeutet, dass eine körperliche oder seelische Störung durch die medizinische Behandlung behoben werden kann. Zumindest soll eine Verschlechterung verhindert oder der Schmerz reduziert werden. Wenn der anomale körperliche oder seelische Gesundheitszustand durch medizinische Behandlung nicht verbessert werden und eine Verschlechterung nicht mehr durch Therapie verhindert werden kann, ist er nicht mehr behandlungsfähig und damit auch nicht behandlungsbedürftig.[246]

Abgrenzungsfragen löst das untergesetzliche Recht. Der Anhang der Ministerialverordnung über Kriterien der medizinischen Leistung enthält eine Negativliste über die nichtversicherten Gesundheitsleistungen. Das heißt, wenn ein Krankheitsbild nicht in der Negativliste erwähnt ist, ist eine Krankenbehandlung abrechnungsfähig. Der Negativkatalog enthält noch eine Rückausnahme für Verletzungen: Wenn die Behandlung wegen einer Verletzung nötig und möglich ist, und die notwendige Behandlung aber durch den Negativkatalog ausgeschlossen ist, kann hier trotzdem die Behandlung stattfinden und abgerechnet werden.

(*Jeong, Hongki/Cho, Jeongchan, Volkskrankenversicherungsgesetz*, Korea Legislation Research Institute, 2005, S. 261).

243 *Cheon, Kwangseok*, Korean Social Security Law, Bobmunsa, 2010, S. 249–255.

244 *Jeong, Hongki/Cho, Jeongchan, Volkskrankenversicherungsgesetz*, Korea Legislation Research Institute, 2005, S. 261.

245 *Ji, Jaekeun, Wörterbuch von medizinischer Terminologie*, Academya, 2004, S. 507.

246 *Jeong, Hongki/Cho, Jeongchan, Volkskrankenversicherungsgesetz*, Korea Legislation Research Institute, 2005, S. 261.

bb. Schwangerschaft und Mutterschaft (§ 41 Abs. 1 VKG)

Die eigenständige Regelung von Schwangerschaft und Mutterschaft als Leistungsfall ist erforderlich, denn Schwangerschaft und Entbindung sind natürliche Vorgänge und keine Krankheitssymptome im krankenversicherungsrechtlichen Sinne.

cc. Prävention (§ 52 VKG)

Die Prävention zielt nicht nur auf die Früherkennung von Krankheiten und angemessene Krankenbehandlungen ab, sondern dient auch dazu, dass die hohen akuten Leistungsentgelte durch Frühbehandlung reduziert werden können.[247] Gemäß dem VKG sind die Leistungen zur Vorsorgeuntersuchung Pflichtsachleistungen. Definiert werden sie in § 25 der Präsidialverordnung zum VKG.

d. Übersicht über den Inhalt der medizinischen Leistungen im Einzelnen

§ 41 Abs. 1 VKG enthält einen Katalog der Leistungsarten, welche die gesetzlich versicherten Patienten grundsätzlich beanspruchen können. Zu den in § 41 Abs. 1 VKG aufgezählten Leistungen gehören u.a. ärztliche Untersuchungen, die Leistung mit Arznei-, Verbands- und Heilmitteln, sowie die ärztliche Behandlung und Operation, Prävention, Rehabilitation und Krankenhausaufenthalt, Pflege und Transport. Wie schon oben erwähnt, werden gemäß § 41 Abs. 2 VKG die konkreten Leistungskriterien durch die Ministerialverordnung des Ministeriums für Gesundheit und Wohlfahrt, insbesondere Anhang I dieser Ministerialverordnung festgesetzt.

aa. Ärztliche Untersuchung

Eine Diagnostik ist nur Teil der Versicherungsleistung, wenn es möglich ist, dass diese Diagnostik relevant ist für eine daraus abgeleitete Therapie. Die ärztliche Untersuchung muss für den Zweck der Therapie erforderlich sein; ein wissenschaftliches Forschungsinteresse genügt nicht (Anhang I Nr. 2 b der Ministerialverordnung über Kriterien der medizinischen Leistung).

Demnach umfasst die medizinische Leistung die Tätigkeit des Arztes, die zur ärztlichen Untersuchung und der Behandlung von Krankheit nach den Regeln der ärztlichen Kunst ausreichend und angemessen ist. Bei einer ärztlichen Untersuchung handelt es sich um diagnostische, nicht um therapeutische Maßnahmen. Dabei forscht der Arzt nach der Ursache der Krankheit des Patienten auf Basis seines Fachwissens und seiner Berufserfahrung. Die ärztliche Untersuchung und die Diagnose sind wesentlich, da sie die weiteren Therapiemaßnahmen bestimmen.

Gemäß der Rechtsprechung des Obersten Gerichtshofs wird durch eine ärztliche Untersuchung, durch Betrachtung des Zustandes des Patienten einschließlich der Organfunktionen seine Krankheit diagnostiziert. Dazu erfragt der Arzt die Symptome beim Patienten (Anamnese), überprüft die Körperfunktionen und ermittelt

---

247 *Jeong, Hongki/Cho, Jeongchan, Volkskrankenversicherungsgesetz,* Korea Legislation Research Institute, 2005, S. 419 ff.

relevante Laborwerte nach wissenschaftlichen Methoden. Es gibt keinen Unterschied zwischen der ärztlichen Untersuchung und der ärztlichen Prüfung.[248]

bb. Leistungen mit Arznei-, Verbands- und Heilmitteln

Auch den Anspruch auf Arzneimittel gibt es nur, soweit diese zum Zweck der Therapie erforderlich sind. Wenn festgestellt werden kann, dass der Patient allein durch Umstellung seiner Ernährung, Bewegung und Befolgung des ärztlichen Rats geheilt werden kann, sollte der Arzt ihm keine Arzneimittel verschreiben. In diesem Fall muss dies angemessen erklärt werden (Anhang I Nr. 3 a der Ministerialverordnung über Kriterien der medizinischen Leistung). Das Arzneimittel muss im durch das Arzneimittelgesetz [nachfolgend „AMG"] genehmigten Rahmen (z.B. Dosierung) nach den Symptomen des Patienten zutreffend verschrieben werden. Wenn ein Arzneimittel vom Minister für Gesundheit und Wohlfahrt als zur medizinischen Behandlung erforderlich und notwendig anerkannt ist, kann man ausnahmsweise über die genehmigte Dosierung hinausgehen (Anhang I Nr. 3 b der Ministerialverordnung über Kriterien der medizinischen Leistung). Wenn Arzneimittel wie z.B. Antibiotika oder Corticosteroide verschrieben werden müssen, soll der Arzt wegen der Möglichkeit des Missbrauchs diese mit Vorsicht und unter Beachtung der Anamnese des Patienten verschreiben (Anhang I Nr. 3 c der Ministerialverordnung über Kriterien der medizinischen Leistung). Die Anwendung von Arzneien oder anderen Heilmitteln, die gefährliche Grundsubstanzen beinhalten, wird im AMG oder ggfs. anderen Spezialgesetzen geregelt. Dosierungen und sonstige Anwendungen haben sich nach den Krankheitssymptomen zu richten und sind gemäß einer medizinischen Fachbeurteilung angemessen zu verordnen. (Anhang I Nr. 4 der Ministerialverordnung über Kriterien der medizinischen Leistung).

Eine Legaldefinition des Arzneimittelbegriffs findet sich im VKG nicht. Nach § 2 Abs. 4 AMG bedeutet Arzneimittel ein Medikament oder ein medizinisches Verbrauchsgut. Das heißt folgendes:

1. Waren, die keine therapeutischen Geräte sind, und die im koreanischen Arzneimittelbuch beschrieben sind,
2. Waren, die zum Zweck der Diagnose, medizinischen Behandlung, Linderung oder Prävention von Krankheiten der Menschen verwendet werden (ausgenommen sind Geräte, Maschinen oder Ausrüstungen),
3. Waren, die zum Zweck der pharmakologischen Wirkung bei körperlichen oder geistigen Funktionen der Menschen verwendet werden (ausgenommen sind Geräte, Maschinen oder Ausrüstungen).

248 Der koreanische Oberste Gerichtshof, 2007. 7. 13. 99Do2322.

cc. Ärztliche Behandlung und Operation

Eine ärztliche Behandlung beinhaltet bestimmte Tätigkeiten des Arztes zur Heilung von Krankheit und Verletzung. Eine Operation ist ein instrumenteller, chirurgischer Eingriff am oder im Körper eines Patienten zum Zwecke der Therapie (Anhang I Nr. 2 der Ministerialverordnung über Kriterien der medizinischen Leistung).

dd. Prävention und Reha-Maßnahmen

Wenn der Arzt der Meinung ist, dass durch ärztliche Behandlungen, Operation oder Arzneimittel keine Heilung erfolgen kann, aber durch Reha-Maßnahmen oder physikalische Therapien bessere Wirkungen erzielt werden können, wird die Rehabilitation oder die physikalische Therapie durchgeführt (Anhang I Nr. 5 der Ministerialverordnung über Kriterien der medizinischen Leistung).

Prävention umfasst vorbeugende Maßnahmen, um eine Krankheit oder Verletzung zu vermeiden. Reha-Maßnahmen dienen zur Stabilisierung der körperlichen oder geistigen Funktionen oder die Wiedergewinnung des früher existierenden körperlichen Zustandes. Es gibt Schwangerschaftsvorsorge und Impfungen als Prävention. Bei Reha-Maßnahmen gibt es physikalische Therapie, Bewegungstherapie und Ergotherapie.

ee. Krankenhausaufenthalt

Ein Krankenhausaufenthalt wegen Unbequemlichkeit einer ambulanten Behandlung oder lediglich wegen eines Erschöpfungszustandes ist nicht erlaubt (Anhang I Nr. 6 a der Ministerialverordnung über Kriterien der medizinischen Leistung). Der Krankenhausaufenthalt erfordert eine Einweisung/Aufnahme zum stationären Aufenthalt im Krankenhaus. Beim Krankenhausaufenthalt befindet sich der Patient über Nacht im Krankenbett. Wenn ein Patient aus einem Krankenhaus entlassen wird, muss dies bei Fortfall des Bedarfs gerade für stationäre Behandlung, aber mit Vorsicht und in angemessenem Zeitraum durchgeführt werden (Anhang I Nr. 6 b der Ministerialverordnung über Kriterien der medizinischen Leistung).[249] Die Mahlzeiten für Krankenhauspatienten müssen die Kriterien des Medizinischen Gesetzes über Gesundheitspflege und Lebensmittel erfüllen und hygienisch angeboten werden (Anhang I Nr. 6 c der Ministerialverordnung über Kriterien der medizinischen Leistung).

ff. Pflege zur Unterstützung der medizinischen Behandlung

Wenn ein Patient nach der Entlassung aus einem Krankenhaus noch pflegerische Unterstützung für die medizinische Behandlung braucht, muss eine ausgebildete Pflegekraft nach Diagnose und Verordnung des Arztes oder fernöstlichem Medizinarzt die häusliche Pflege durchführen (Anhang I Nr. 7 der Ministerialverordnung

249 Anhang I Nr. 6 der Ministerialverordnung über Kriterien der medizinischen Leistung.

über Kriterien der medizinischen Leistung). Die Pflege umfasst nicht die Tätigkeit eines Arzthelfers in einer Arztpraxis, sondern die Leistung und die Unterstützung von pflegebedürftigen Menschen in medizinischen Dingen.

gg. Transport

Transport ist eine Verbringungsleistung vom Unfallort oder von der Wohnung zum medizinischen Leistungserbringer.

e. Die unversicherten Leistungen

Gemäß § 41 Abs. 1 VKG sind zahlreiche Leistungsarten wie ärztliche Untersuchungen, Behandlungen, Operationen oder Arzneimittel als versicherte Leistungen anerkannt (sog. medizinische Leistungen), dagegen gibt es auch unversicherte Leistungsarten. Wenn der Minister für Gesundheit und Wohlfahrt die Kriterien der medizinischen Leistungen festlegt, kann er bei einer Krankheit, die im Rahmen der normalen menschlichen Betätigung im Alltag keine Störung ergibt, die Leistung ausschließen (§ 41 Abs. 3 VKG). Diese ausgeschlossenen Leistungen sind die unversicherten Leistungen. Die Krankenversicherung wird aus Beiträgen der Versicherten finanziert. Daher müssen optimale Versicherungsleistungen innerhalb eines begrenzten, finanziellen Rahmens gewährleistet werden. Dafür soll über den Umfang der Leistungen unter Berücksichtigung der Belastungsintensität entschieden werden. Das Ausmaß der unversicherten Leistungen[250] und der Grad der Selbstbeteiligung[251] beeinflussen das Leistungsniveau der Krankenversicherung. Die unversicherten Leistungen beschränken den Anspruch des Empfängers. Diese Beschränkung bedarf daher einer gesetzlichen Ermächtigung.

Bei den unversicherten Leistungen gibt es zwei Kategorien. Zum einen die durch Gesetz oder Verordnung ausgeschlossenen unversicherten Leistungen und zum anderen die im Spielraum des Leistungserbringers stehenden unversicherten Leistungen.[252] Im ersten Fall werden die gesetzlich oder untergesetzlich ausgeschlossenen unversicherten Leistungen in § 41 Abs. 2, Abs. 3 VKG, § 8 und § 9 der Ministerialverordnung über Kriterien der medizinischen Leistung definiert.[253] Im zweiten Fall sind es noch unklare Leistungen. Es gibt Spielräume des Leistungserbringers

---

250 Gemäß § 5 der Ministerialverordnung über Kriterien der medizinischen Leistung.

251 Gemäß § 44 VKG.

252 *Jung, Youngchul,* Die Problematik der vorbehaltlichen Zulassung der außergesetzlich-individuellen Gesundheitsleistung aus öffentlich-rechtlicher Sicht, in: Kyungpook Natl. Univ. Law Journal, 2012, S. 262 ff. *Cho, Youngsun/Kim, Junghee/Lee, Hoyong/Han, Juntae, Status und Verwaltungsplan über unversicherten Leistungsentgelte, Forschungszentrum für Krankenversicherung in der VKK,* 2007, S. 21.

253 Diese Leistungen werden in Korea „gesetzlich" unversicherten Leistungen genannt.

hinsichtlich der Leistungen der VKK.[254] Wenn die Leistungen zwar der Art nach vorgesehen sind, kann im Einzelfall aber ihre Voraussetzung nicht erfüllt sein. Der wichtigste Einzelfall ist, dass sie nicht erforderlich ist.[255]

aa. Gesetzlich oder untergesetzlich ausgeschlossene Leistung

Die gesetzlich und untergesetzlich ausgeschlossenen sind die Leistungen, die in § § 41 Abs. 2, Abs. 3 VKG, § 8 und § 9 der Ministerialverordnung über Kriterien der medizinischen Leistung ausgeschlossen sind.[256] Nach § 41 Abs. 3 VKG werden die Sachverhalte der unversicherten Leistungen in der Ministerialverordnung über Kriterien der medizinischen Leistung bestimmt. Es gibt unversicherte Leistungen differenziert nach dem Zustand der Körperfunktionen, der Art oder dem Zweck der Behandlung.[257] Gemäß § 9 der Ministerialverordnung über Kriterien der medizinischen Leistung sind im Anhang II der Verordnung die folgenden Fälle[258] nicht als versicherte medizinische Behandlung, Arzneimittel oder Heilmittel anerkannt:

1. Wenn es bei der menschlichen Betätigung im Alltag keine Störung gibt,[259]
2. Wenn das Ziel der medizinischen Behandlung nicht zur Verbesserung einer erforderlichen Körperfunktion dient, [260]

---

254 *Jung, Youngchul,* Die Problematik der vorbehaltlichen Zulassung der außergesetzlich-individuellen Gesundheitsleistung aus öffentlich-rechtlicher Sicht, in: Kyungpook Natl. Univ. Law Journal, 2012, S. 262.

255 Diese Leistungen werden in Korea „willkürlich“ unversicherten Leistungen genannt.

256 *Hyun, Doorhyun,* Legal Standings of the Patient and the Doctor within the National Health Insurance – With its focus on the issue of arbitrary medical charge cover, in: Medical Law, The Korean Society of Law and Medicine Vol. 8 No. 2, 2007, S. 80.

257 § 9 und Anhang II der Ministerialverordnung über Kriterien der medizinischen Leistung.

258 Die folgenden Zitate sind eine Übersetzung vom Anhang II der Ministerialverordnung über Kriterien der medizinischen Leistung (im Zusammenhang § 9 Abs. 1 der Ministerialverordnung über Kriterien der medizinischen Leistung).

259 Anhang II Nr. 1 der Ministerialverordnung über Kriterien der medizinischen Leistung: Einfache Müdigkeit oder Überdruss, Sommersprossen, Warzen, Pickel, Haarausfall oder sontige Ausschlag aufgrund des Alters und urogenitale Erkrankungen (Anhang II Nr. 1 der Ministerialverordnung über Kriterien der medizinischen Leistung)

260 Eine Schönheitsoperation (z.B. Oberlidkorrektur, Brustvergrößerung, Brustverkleinerung, Faltenbehandlung, Gesichtsstraffungen, Fettabsaugung, Nasenkorrekturen, eine medizinische Behandlung für Nachwirkung dieser Operation, Augenoperation nicht zur Verbesserung der Sehkraft sondern für besseres Aussehen, Kiefer-Gesichtschirurgie oder Kieferorthopädie zum besseren Aussehen usw.) und Augenchirurgie zum Ersatz der Brillen oder Kontaktlinsen (Anhang II Nr. 2 der Ministerialverordnung über Kriterien der medizinischen Leistung).

3. Wenn die medizinische Behandlung nicht direkt der Heilung der Krankheit oder Verletzung sondern einer präventiven Behandlung dient,[261]
4. Wenn es einem Prinzip der Versicherungsleistung nicht entspricht,[262]
5. ......(zwischenzeitlich gestrichen).
6. Für Krankenhausbehandlung wenn gemäß Anhang II Abs. 2 Nr. 2 der Präsidialverordnung vom Minister für Gesundheit und Wohlfahrt festgestellt und bekanntgemacht wurde, dass für jeweilige Krankheiten kein Krankenhausaufenthalt vorgesehen ist,
7. Wenn es wegen Rechtsprinzipien im Krankenversicherungssystem nicht zulässig ist, die Behandlung als notwendige medizinische Leistung anzuerkennen.[263]
8. In begründeten Fällen, wenn der Umfang der verordneten Arzneimittel über den zugelassenen Rahmen der durch den Minister für Gesundheit und Wohlfahrt bekannt gegebenen Regelung hinausgeht.[264]

In diesen Fällen muss der Leistungserbringer die gesetzlich unversicherte Leistung gemäß Leistungskatalog nach § 41 Abs. 3 VKG bezeichnen und die Kosten dieser

---

261 Eine ärztliche Untersuchung auf eigenen Wunsch (ausgenommen ärztliche Untersuchungen gemäß § 52 VKG), Impfungen (außer für therapeutische Zwecke), Beseitigung von Mundgeruch, oder Zahnverfärbung, Entfernung der Plaque zur Kieferorthopädie, Prävention von Übelkeit und dmedizinische Behandlung zur Raucherentwöhnung (Anhang II Nr. 3 der Ministerialverordnung über Kriterien der medizinischen Leistung).

262
- Ein Bett, das gemäß medizinischem Gesetz angemeldet wird, erfüllt die Kriterien der Einrichtungen. Wenn in einem Krankenzimmer über sechs Versicherte zusammen in einem Mehrbettzimmer untergebracht werden, ist es ein normales Krankenzimmer. Wenn in einem Krankenzimmer weniger als fünf Versicherte sind, ist es ein oberes Krankenzimmer. Wenn ein Patient im oberen Krankenzimmer behandelt wird, übernimmt er die dafür entstandenen Extrakosten.
- Kosten für die Mahlzeiten während der Dauer des Krankenhausaufenthalts, Prothesen außer Versicherungsleistungen (z.B. Hörgeräte, Brillen, Kontaktlinsen, usw.),
- die sonstigen Kosten; die Kosten der assistierten Reproduktion (künstliche Befruchtung), Vaterschaftsdiagnose, Prothetik, fernöstliche physikalische Therapie, die Wahl der Behandlung, eine neue Behandlungsmethode (über die noch keine Entscheidung als versicherte oder unversicherte Leistung getroffen wurde), sonstige Behandlungen, Arznei- und Heilmittel, (die trotz der Sicherheit und Wirksamkeit mangels Kosteneffizienz noch nicht als versicherte Leistung anerkannt sind) (Anhang II Nr. 4 der Ministerialverordnung über Kriterien der medizinischen Leistung).

263 Wenn die Leistungen zu erheblichen finanziellen Belastungen führen, wenn sie austauschbar und im Hinblick der Kosteneffizienz relativ teuer sind (Anhang II Nr. 5 der Ministerialverordnung über Kriterien der medizinischen Leistung).

264 § 9 Abs. 1 und Anhang II der Ministerialverordnung über Kriterien der medizinischen Leistung.

Leistung gemäß § 7 Abs. 3 KHG aufzeigen und den Patienten oder Betreuern des Patienten leicht verständlich übermitteln (§ 45 Abs. 1 des Medizingesetzes).

bb. Spielraum des Leistungserbringers hinsichtlich der Leistungen der VKK

Ein weiterer Fall betrifft Leistungen, die nach geltenden Regelungen weder im Katalog der versicherten Leistungen anerkannt sind, noch durch den Katalog der unversicherten Leistungen ausgeschlossen sind.[265] Diese werden in der Praxis „die im Spielraum des Leistungserbringers stehenden Leistungen" bezeichnet. Für den Fall, dass der Leistungserbringer der Meinung ist, diese Leistungen seien nach den Kriterien der VKK erforderlich, hat er die Möglichkeit sie zu nächst auf Kosten des Versicherten zu erbringen und ein Verfahren über die Anerkennung als versicherte Leistung einzuleiten.

Hieraus ergeben sich für die Kostentragung durch den Patienten folgende Konstellationen:

1. Eine Leistung ist unstrittig unversichert und der Patient hat die Behandlung selbst zu tragen.
2. Eine Leistung wurde zunächst fehlerhaft durch den Leistungserbringer nicht als versicherte Leistungen anerkannt und hätte richtigerweise von Anfang an über die VKK abgerechnet werden müssen.[266] Hier hat der Versicherte praktisch zunächst die Kosten zu tragen, hat aber die Möglichkeit der Korrektur im Wege des behördlichen oder verwaltungsgerichtlichen Rechtsschutzes.
3. Es handelt sich um einen unklaren Fall. Hier hat der Versicherte vorab die Kosten zu tragen, es besteht aber die Möglichkeit nachträglicher Anerkennung durch die VKK. Auch in diesem Fall gibt es für die Versicherten noch den Weg des verwaltungsgerichtlichen Rechtsschutzes.

In klaren unversicherten Fällen bekommt der Leistungserbringer von dem Versicherten das Entgelt. In unklaren Fällen hat der Leistungserbringer einen Spielraum hinsichtlich des Zahlungsweges und kann die Patienten auffordern, die Entgelte für die Behandlung vorab selbst zu übernehmen, obwohl die Behandlungskosten nach dem Gesetz übernommen werden könnten.[267] Der Grund hierfür kann sein,

---

265 *Jung, Chul,* The Possibility of Out-of-Pocket Payment in the National Health Insurance System, in: Law Journal, Legal Research Institute Kookmin University Vol. 24 No. 1, 2011, S. 316 f. *Jung, Youngchul,* Die Problematik der vorbehaltlichen Zulassung der außergesetzlich-individuellen Gesundheitsleistung aus öffentlich-rechtlicher Sicht, in: Kyungpook Natl. Univ. Law Journal, 2012, S. 263.

266 *Jung, Youngchul,* Die Problematik der vorbehaltlichen Zulassung der außergesetzlich-individuellen Gesundheitsleistung aus öffentlich-rechtlicher Sicht, in: Kyungpook Natl. Univ. Law Journal, 2012, S. 262 f.

267 *Hyun, Doorhyun,* Legal Standings of the Patient and the Doctor within the National Health Insurance – With its focus on the issue of arbitrary medical charge cover, in: Medical Law, The Korean Society of Law and Medicine Vol. 8 No. 2, 2007, S. 79 ff.

dass die offizielle Entscheidung, ob es sich um eine versicherte Leistung oder um eine unversicherte Leistung handelt, noch nicht getroffen wurde. Das kann dadurch verursacht sein, dass es eine Kollision zwischen verschiedenen existierenden Regelungen gibt. Gemäß § 4 des Medizingesetzes ist es die Pflicht der Leistungserbringer, die beste medizinische Qualität der Behandlung anzubieten, dagegen bestimmt das VKG, dass die Leistungen wirtschaftlich und kosteneffektiv sein sollen (Anhang I Nr. 1 c der Ministerialverordnung über Kriterien der medizinischen Leistung). In der Regelungssystematik gibt es ebenfalls Kollisionen zwischen den Katalogen der medizinischen Behandlungen und der Arzneimittel. Beispielsweise gibt es für die medizinischen Behandlungen einen Negativkatalog, während es für Arzneimittel einen Positivkatalog gibt.

Die wesentlichen im Spielraum des Leistungserbringers stehenden unversicherten Leistungen werden vom Ministerium für Gesundheit und Wohlfahrt wie folgt eingeteilt[268]:

1. Eine Leistung ohne vorheriges Bewertungsverfahren zur Bestimmung der neuen Behandlungsmethode wird als im Spielraum des Leistungserbringers stehende unversicherte Leistung angesehen.[269]
2. Eine medizinische Leistung außerhalb des zulässigen Umfangs wird als nicht versicherte Leistung klassifiziert.[270]
3. Entgelte für medizinische Verbrauchsgüter, die nicht gesondert berechnet werden können, muss der Patient selbst tragen.[271]
4. Verordnete Arzneimittelmengen, die die festgesetzte Menge gemäß Zulassung der Behörde zur Überwachung von Nahrungs- und Arzneimitteln überschreiten, muss der Patient selbst tragen. [272]

---

268 *Hyun, Doorhyun,* Legal Standings of the Patient and the Doctor within the National Health Insurance – With its focus on the issue of arbitrary medical charge cover, in: Medical Law, The Korean Society of Law and Medicine Vol. 8 No. 2, 2007, S. 80.

269 Wenn eine neue Behandlungsmethode ohne Bewertungsverfahren und damit als unversicherte Leistung bei der Behandlung eines Patienten eingesetzt wird, und die Kosten der Behandlung dennoch vom Patienten gefordert werden, so ist dies strafbar. Wenn dann die neue Behandlungsmethode als Gegenstand der medizinischen Leistung anerkannt wird, muss der Minister für Gesundheit und Wohlfahrt die Leistungserbringer zur Zahlung von Strafgebühren auffordern (§ 10 Abs. 3 der Ministerialverordnung über Kriterien der medizinischen Leistung). *Cho, Youngsun/Kim, Junghee/Lee, Hoyong/Han, Juntae, Status und Verwaltungsplan über unversicherten Leistungsentgelte, Forschungszentrum für Krankenversicherung in der VKK,* 2007, S. 170.

270 *Cho, Youngsun/Kim, Junghee/Lee, Hoyong/Han, Juntae, Status und Verwaltungsplan über unversicherten Leistungsentgelte, Forschungszentrum für Krankenversicherung in der VKK,* 2007, S. 169.

271 Z.B. die Spritze, die beim Messen der Knochenmarkdichte verwendet wird.

272 Dafür gibt es Kriterien der das Zulassungslimit für als unversicherte Leistungen anzuerkennende Arzneimittel gemäß Anhang II Nr. 8 der Ministerialverordnung

5. Obwohl medizinische Behandlungen definitiv versicherte Leistungen sind, wird das Entgelt vom Patienten getragen, weil der Leistungserbringer vermutet, dass die Entgelte dieser versicherten Leistungen nach Prüfung der VÜBK nachträglich gekürzt werden könnten.[273]

Die Leistungserbringer dürften nur die Positionen des Negativkatalogs als unversicherte Leistungen betrachten, aber in der Praxis werden auch medizinische Leistungen, die im Leistungskatalog enthalten sind, nach eigener Entscheidung des Leistungserbringers als unversicherte Leistungen abgerechnet. Hierzu können die Leistungserbringer auch den Spielraum nutzen, den sie dadurch haben, dass sie entscheiden, wann eine Leistung medizinisch erforderlich ist. In den Fällen der im Spielraum des Leistungserbringers stehenden unversicherten Leistungen, insbesondere wenn ein Leistungserbringer vom Patienten ein vorheriges Einverständnis erhalten hat, kann der Leistungserbringer vom Patienten das Behandlungsentgelt fordern. Es ist fraglich, ob diese Behandlungsentgelte Sachverhalte von ungerechtfertigter Bereicherung sind oder nicht. Obwohl die Kosten der im Spielraum des Leistungserbringers stehenden unversicherten Leistungen eigentlich vom VKK zu übernehmen wären,[274] ist es weiterhin in der Praxis unklar bzw. umstritten. Zwar haben Versicherte die Möglichkeit in Wege des Rechtsschutzes zu klären, ob ihnen eine Leistung im Einzelfall zusteht.[275] In der Praxis sind aber viele Versicherte, insbesondere die wenig Durchsetzungsfähigen, hierzu nicht in der Lage.

f. Verfahren zur Anerkennung als versicherte Leistung

aa. Verfahren für eine neue Behandlungsmethode

Wenn eine bestimmte spezielle Methode zur Heilung von Krankheiten über die bereits definierten allgemeinen und wirtschaftlichen Kriterien hinausgeht, muss beim Minister für Gesundheit und Wohlfahrt ein Kostenübernahme-Antrag gestellt werden.[276] Vor Beginn der Behandlung ist unbedingt die vorherige Billigung vom Minister für Gesundheit und Wohlfahrt erforderlich. Wenn die Methode dann als unversicherte Leistung eingestuft wird, tragen die Versicherten alle Behandlungskosten selbst. Werden die Behandlungsentgelte der Krankheit von der VKK übernommen, darf der Arzt nur innerhalb der erlaubten Behandlungsmethoden agieren.

über Kriterien der medizinischen Leistung. Dazu ausführlich unten Kapitel 2. C. II. 1. f. aa. Dazu ausführlicher Verwaltungsgericht in Seoul, 2007. 9. 13, 2005Gu-Hab27925.

273 *Huh, Soonim*, Policy Issues on the Limited Coverage of the National Health Insurance, in: Health and welfare policy forum Vol. 140, 2008, S. 35; Dazu ausführlicher unten Kapitel 2. D.

274 Der koreanische Oberste Gerichtshof, 2005. 10. 28. 2003Du13434; Der koreanische Oberste Gerichtshof, 2001. 3. 23. 99Du4204.

275 Siehe dazu Kapitel 2. F. I und II.

276 § 10 der Ministerialverordnung über Kriterien der medizinischen Leistung.

Die medizinischen Leistungserbringer, die medizinischen oder pharmazeutischen Gesellschaften oder die Hersteller und Importeure der Materialien für die medizinische Behandlung müssen bei einer neuen medizinischen Behandlung oder einem neuen Material für die medizinische Behandlung (sogenannte neue Behandlungsmethode) den Antrag auf Anerkennung des Gegenstands der medizinischen Leistung innerhalb von 30 Tagen nach dem relevanten Ereignis (vgl. unten) bei dem Minister für Gesundheit und Wohlfahrt (§ 10 Abs. 1 der Ministerialverordnung über Kriterien der medizinischen Leistung) stellen:

1. Bei Behandlungen: Der Tag, an dem die neue Behandlungsmethode nach der Anerkennung der Sicherheit und Wirksamkeit der neuen Behandlungsmethode gemäß § 53 des Medizingesetzes an einem Patienten erstmals durchgeführt wird,
2. Bei Medizinprodukten:
   a. Genehmigungs- oder anmeldepflichtige Medizinprodukte nach dem AMG oder dem Gesetz für medizinische Ausrüstung: Der Tag, an dem das Produkt vom Direktor der koreanischen Behörde zur Überwachung von Nahrungs- und Arzneimittel genehmigt oder ihm gemeldet wurde. Bei anderen Materialien für die medizinische Behandlung, die keine Genehmigung oder Meldung benötigen: Der Tag, an dem das Material beim Patienten erstmals angewendet wurde.
   b. Das menschliche Gewebe gemäß § 3 a des Gesetzes für Sicherheit und Verwaltung des menschlichen Gewebe: Der Tag, an dem die Begründung einer Gewebebank vom Minister für Gesundheit und Wohlfahrt genehmigt worden ist.

Wenn nach § 10 Abs. 1 der Ministerialverordnung über Kriterien der medizinischen Leistung ein Antrag auf Anerkennung des medizinischen Leistungsgegenstands gestellt werden muss, so ist dieser bei dem Minister für Gesundheit und Wohlfahrt zu stellen.

Für die Anerkennung der medizinischen Leistung werden folgende Daten benötigt (§ 10 Abs. 2 Nr. 1 der Ministerialverordnung über Kriterien der medizinischen Leistung):

a. Schriftliche Mitteilung des Bewertungsergebnisses über Sicherheit und Wirksamkeit der neuen Behandlungsmethode,
b. Daten über die Berechnungsgrundlage und Aufschlüsselung der abzurechnenden Leistungspunkte[277],
c. Daten über Kosteneffizienz,

277 Die abzurechnenden Leistungspunkte sind Vergleichskostensätze, die nach der Stärke und Schwere der Krankheit auf der Grundlage des Zustands des Patienten bestimmt werden. Z.B. wenn ein Finger verletzt, ist die abzurechnenden Leistungspunktzahl 10 Punkte, weil die medizinische Behandlung nicht so schwierig ist. Bei Kopfverletzung ist freilich die abzurechnende Leistungspunktzahl 100 Punkte, weil die Verletzung eine relativ gefährlichere Krankheit sein kann.

d. Daten über den nationalen und internationalen Durchführungsstatus (Es muss das erste Anwendungsjahr, der Name der Durchführungseinrichtung und die Anzahl der Durchführungen enthalten sein),
e. Daten über Genehmigung oder erfolgte Meldung bei Herstellung oder Import von Ausrüstung, Materialien oder Arzneimitteln und
f. Referenzdaten über nationale und internationale Forschungsarbeiten.

Bei Materialien für die medizinische Behandlung und menschliche Gewebe wird der Antrag mit Daten unterlegt, wie sie bereits zuvor im Text erwähnt worden sind (§ 10 Abs. 2 der Ministerialverordnung über Kriterien der medizinischen Leistung). Hersteller, Kommissionsverkäufer oder Importeure der Arzneimittel können bei neuen Arzneimitteln, die in der Leistungsliste gemäß § 8 Abs. 2 der Ministerialverordnung über Kriterien der medizinischen Leistung noch nicht amtlich anerkannt sind, beim Minister für Gesundheit und Wohlfahrt den Antrag zur Anerkennung der medizinischen Leistung stellen (§ 10–2 Abs. 1 der Ministerialverordnung über Kriterien der medizinischen Leistung).

Wenn der Antrag auf die Anerkennung der medizinischen Leistung gestellt ist, muss der Minister für Gesundheit und Wohlfahrt innerhalb von 150 Tagen nach der Sitzung des Beratungsausschusses amtlich mitteilen, ob diese Leistung als versichert anerkannt wird oder zu den unversicherten Leistungen gehört. Im ersten Fall müssen die abzurechnenden Leistungspunkte bzw. die obere Preisgrenze der Materialien für medizinische Behandlung mit der als Gegenstand der medizinischen Leistung bestimmten neuen Behandlungsmethode zusammen amtlich mitgeteilt werden (§ 11 Abs. 1 der Ministerialverordnung über Kriterien der medizinischen Leistung). Der Minister für Gesundheit und Wohlfahrt stellt anhand der Effizienz der neuen Behandlungsmethode sowie der Angemessenheit der Leistung nach Bewertung durch den Ausschuss zur speziellen Einschätzung fest, ob die neue Behandlungsmethode Gegenstand der medizinischen Leistung sein kann oder nicht (§ 11 Abs. 2 der Ministerialverordnung über Kriterien der medizinischen Leistung). Wenn der VÜBK die neue Behandlungsmethode bewertet hat, muss der Direktor der VÜBK innerhalb von 15 Tagen nach Abschluss der Bewertung die folgenden Informationen in Form schriftlicher oder elektronischer Dokumente mitteilen (§ 11 Abs. 3 der Ministerialverordnung über Kriterien der medizinischen Leistung):

1. Ergebnis der Bewertung,
2. Hinweis, dass man bei Uneinigkeit einen Antrag auf Neubewertung stellen kann.

Der Antragsteller kann dann innerhalb von 30 Tage nach Bekanntgabe eine Neubewertung bei dem Direktor der VÜBK beantragen (§ 11 Abs. 4 der Ministerialverordnung über Kriterien der medizinischen Leistung). Wenn ein Antrag auf Zulassung eines neuen Arzneimittels gestellt ist, bewertet der Direktor der VÜBK innerhalb von 150 Tagen nach Beratung des Ausschusses das Arzneimittel und teilt innerhalb von 15 Tagen nach dem Abschluss der Beratung dem Antragsteller das Bewertungsergebnis in Form schriftlicher oder elektronischer Dokumente mit (§ 11–2 Abs. 1 der Ministerialverordnung über Kriterien der medizinischen Leistung).

Der Antragsteller kann innerhalb von 30 Tagen nach dieser Mitteilung des Bewertungsergebnisses beim Direktor der VÜBK eine Neubewertung beantragen (§ 11–2 Abs. 2 der Ministerialverordnung über Kriterien der medizinischen Leistung). In diesem Fall muss der Direktor der VÜBK innerhalb von 120 Tagen das Arzneimittel durch den Ausschuss neu bewerten lassen und dann dem Antragsteller das Ergebnis wie folgt mitteilen (§ 11–2 Abs. 3 der Ministerialverordnung über Kriterien der medizinischen Leistung):

1. Das Neubewertungsergebnis,
2. Die Möglichkeit, über die Entgelte, die vom Ausschuss eingeschätzt wurden, zu verhandeln. Diese Verhandlung wird mit dem Vorstandsvorsitzenden der VKK geführt (Es kann auch sein, dass die Kosteneffektivität hinsichtlich der beantragten Kosten noch nicht nachgewiesen ist, obwohl es bereits klinische Studien über den Nutzen gibt).

bb. Kriterien der das Zulassungslimit überschreitenden Arzneimitteln und deren Einstufung als unversicherte Leistungen

Um die Arzneimittel, die den Kriterien der Anerkennung oder Zulassung nicht entsprechen, als unversicherte Leistungen zu bestimmen, werden die Kriterien und Verfahren über Bekanntmachungen geregelt.[278] Diese Bekanntmachungen nennen sich „Kriterien zur Einstufung der das Zulassungslimit überschreitenden Arzneimittel als unversicherte Leistungen“ [nachfolgend „ZÜAK“].[279] Gemäß § 2 ZÜAK werden die Kriterien wie folgt angewendet:

a. Ob es keine alternativen Arzneimittel gibt,
b. Wenn es alternative Arzneimittel gibt, darf es grundsätzlich nicht verschrieben werden.
c. Wenn es kosteneffizienter als ein alternatives Arzneimittel ist oder für das neue Arzneimittel eine geringere Nebenwirkung oder in einer klinischen Studie die bessere Heilungswirkung nachwiesen wurden.

Wenn die medizinischen Leistungserbringer die Anwendung der Arzneimittel, die die zugelassene Grenze überschreiten [nachfolgend als „die das Zulassungslimit überschreitenden Arzneimittel“], als unversicherte Leistungen behandeln möchten, müssen sie sich vom Direktor der VÜBK diese als unversicherte Leistungen bestätigen lassen (§ 4 Abs. 1 ZÜAK).

Wenn die medizinischen Leistungserbringer die Anwendungen der das Zulassungslimit überschreitenden Arzneimittel als unversicherte Leistungen verwenden möchten, müssen sie nach Prüfung durch das Prüfungsgremium der Institution (Institutional Review Board; IRB) [nachfolgend „IRB“] innerhalb von 15 Tagen nach

---

278 Gemäß Anhang II Nr. 8 der Ministerialverordnung über Kriterien der medizinischen Leistung.

279 Bekanntmachung vom Ministerium für Gesundheit und Wohlfahrt, Nr. 2010–43.

Prüfungstag dem Direktor der VÜBK den Antrag zur Anerkennung vorlegen (§ 4 Abs. 2 ZÜAK). Der IRB muss überprüfen, ob die Arzneimittel im Umfang und nach den medizinischen Anforderungen geeignet sind oder nicht. Damit die Arzneimittel nicht zum Missbrauch führen, muss diese seitens der IRB geprüft werden. Im diesem Fall kann er die Meinung des Ausschusses für Pharmazie und Therapeutik (Pharmacy and Therapeutic committee; PTC) [nachfolgend „PTC"] oder ähnlicher Ausschüsse einholen (§ 4 Abs. 3 ZÜAK). Wenn gemäß § 4 Abs. 2 der Ministerialverordnung über Kriterien der medizinischen Leistung sich der Umfang und die Kriterien mit den medizinischen Gegebenheiten deckt und die Verordnung/Dosierung von dem das Zulassungslimit überschreitenden Arzneimittel adäquat ist, kann der Direktor der VÜBK die Arzneimittel anerkennen (§ 4 Abs. 4 ZÜAK).

Um über den Antrag gemäß § 4 Abs. 2 ZÜAK zu beraten, muss der Direktor der VÜBK den Beratungsausschuss in der Kommission für Prüfungen und Bewertungen gemäß § 59 VKG einberufen (§ 4 Abs. 5 ZÜAK).

Der Direktor der VÜBK, der den Antrag bekommt, teilt unverzüglich dem Direktor der Behörde zur Überwachung von Nahrungs- und Arzneimitteln das Ergebnis mit. Innerhalb von 60 Tagen nach der Antragsstellung und nach Beratung mit dem Beratungsausschuss muss das Ergebnis den antragstellenden medizinischen Leistungserbringern oder dem Direktor der koreanischen Behörde zur Überwachung von Nahrungs- und Arzneimitteln mitgeteilt werden (§ 4 Abs. 6 ZÜAK).

Die medizinischen Leistungserbringer, die längerfristig oberhalb des Zulassungslimits verabreichen und dies gemäß § 4 Abs. 4 ZÜAK anerkannt bekamen, müssen alljährlich bis zum 31. März bzw. 30. September dem Direktor der VÜBK eine Aufschlüsselung der Anwendungen übermitteln. Aber wenn die Anwendungen kürzer sind als drei Monate vom Tag der Anerkennung an, kann von der Abgabe der Meldung abgesehen werden. Wenn die das Zulassungslimit überschreitenden Arzneimittel als unversicherte Leistungen nicht anerkannt wurden, darf der Leistungserbringer ab dem Tag, an dem er eine Mitteilung zu dieser ungenehmigten Anwendung bekommt, die Überschreitung des Leistungslimits nicht mehr zur Anwendung bringen (§ 4 Abs. 7 ZÜAK).

Die medizinischen Leistungserbringer, die durch die Prüfung des IRB gemäß § 4 Abs. 2 ZÜAK die Zulassung erlangen, können noch, bevor sie vom Direktor der VÜBK gemäß § 4 Abs. 4 ZÜAK anerkannt werden, die Arzneimittel, obwohl das Zulassungslimit überschritten ist, als unversicherte Leistungen verwenden (§ 4 Abs. 8 ZÜAK).

Wenn ein Leistungserbringer seinen Antrag zur Überschreitung des Leistungslimits gemäß § 4 Abs. 4 ZÜAK mehr als dreimal nicht anerkannt bekam, kann ihn der Minister für Gesundheit und Wohlfahrt verwarnen oder eine Verwendung des Arzneimittels vor der Anerkennung gemäß § 4 Abs. 8 ZÜAK einschränken (§ 4 Abs. 9 ZÜAK).

Wenn der Direktor der VÜBK gemäß § 4 Abs. 7 ZÜAK die Einzelheiten der Anerkennung der Anwendung über Überschreitung des Leistungslimits übermittelt, muss er dem Direktor der koreanischen Lebensmittel- und Arzneimittel-Überwachungsbehörde (Korean Food and Drug Administration; KFDA) die mitgeteilte Anwendungseinzelheiten unverzüglich weiterleiten. Der Direktor der koreanischen Lebensmittel- und Arzneimittel-Überwachungsbehörde prüft die mitgeteilte Aufschlüsselung der Anwendung. Wenn von dort die Sicherheit und Wirksamkeit nicht anerkannt werden, kann der Direktor der koreanischen Lebensmittel- und Arzneimittel-Überwachungsbehörde von dem Direktor der VÜBK eine Beendigung der Anwendung verlangen (§ 4 Abs. 10 ZÜAK).

Durch dieses Verfahren gibt es also im Ergebnis eine Positivliste auch für die das Zulassungslimit überschreitenden Arzneimittel als unversicherte Leistungen.

2. *Vorsorgeuntersuchungen*

Die Vorsorgeuntersuchungen sind Leistungen zur Früherkennung von Krankheiten und gegebenenfalls zur Empfehlung der angemessenen Krankenbehandlungen (§ 52 Abs. 1 VKG).[280] Die Vorsorgeuntersuchungen zur Früherkennung von Krankheiten werden in drei Leistungsarten eingeteilt. Diese sind allgemeine Vorsorgeuntersuchungen, Krebsvorsorgeuntersuchungen und Kindervorsorgeuntersuchung (§ 25 Abs. 1 der Präsidialverordnung zum VKG). Für den Anspruch auf Vorsorgeuntersuchungen gilt folgendes:

1. Berechtigte für allgemeine Vorsorgeuntersuchung sind: die Betriebsversicherten oder der amtlich als Haupternährer geführte Ortsversicherte, die über 40 Jahre alten Ortsversicherten und die über 40 Jahre alten Familienangehörigen,
2. Berechtigte der Leistungen der Krebsvorsorgeuntersuchungen: allgemeine Krebsvorsorgeuntersuchungen werden unter Berücksichtigung der Merkmale der Krebsarten gemäß Anhang I der Präsidialverordnung zum Krebskontrollgesetz Minister für Gesundheit und Wohlfahrt festgelegt und bekanntgegeben,
3. Berechtigte der Kindervorsorgeuntersuchung: die Ortsversicherten, die unter 6 Jahre alt sind bzw. Familienangehörigen der Betriebsversicherten unter 6 Jahren (§ 25 Abs. 2 der Präsidialverordnung zum VKG).

Die Vorsorgeuntersuchungen werden mindestens alle zwei Jahre durchgeführt, aber Betriebsversicherte, die keinen Büroarbeitsplatz haben, durchlaufen einmal jährlich diese Vorsorgeuntersuchungen. Die Anzahl der Kindervorsorgeuntersuchung für Säuglinge und Kleinkinder hängen von deren Alter ab (§ 25 Abs. 3 der Präsidialverordnung zum VKG). Die Vorsorgeuntersuchungen werden von den medizinischen Leistungserbringern durchgeführt, die gemäß § 14 des Gesetzes für Vorsorgeuntersuchungen bestimmt sind (§ 25 Abs. 4 der Präsidialverordnung zum VKG).

3. *Zusatzleistungen*

Die Präsidialverordnung zum VKG kann Bestattungsentgelte, Krankengeld oder sonstige Leistungen der VKK vorsehen (§ 50 VKG). Die Zusatzleistungen gemäß

280 Die grundlegenden Vorgaben zur Vorsorgeuntersuchung sind im Gesetz für ärztliche Untersuchung geregelt.

§ 23 der Präsidialverordnung zum VKG sind die Behandlungsentgelte bei Schwangerschaft oder Entbindung. Die Behandlungsentgelte bei Schwangerschaft und Entbindung sind Entgelte, die gemäß § 24 der Präsidialverordnung zum VKG bei den genannten medizinischen Leistungserbringer zur medizinischen Behandlung bei Schwangerschaft und Entbindung entstanden sind. Obwohl Bestattungsentgelte, Krankengeld und sonstige Leistungen im VKG als Möglichkeit vorgesehen sind, werden gemäß der Präsidialverordnung zum VKG die Behandlungsentgelte nur bei Schwangerschaft und Entbindung gewährleistet.

Wenn eine Versicherte oder eine Familienangehörige schwanger ist und nach der Präsidialverordnung zum VKG Zusatzleistungen bekommen möchte, muss sie bei der VKK einen Antrag stellen.

Der Leistungsumfang ergibt sich in diesem Fall nicht nur aus den bisher betrachteten Rechtsvorschriften, sondern noch aus dem „Gesetz für die Gesundheit von Mutter und Kind“ [nachfolgend „MKG“], weil viele Regelungen über Leistungen bei Schwangerschaft, Sterilität und Gesundheit von Mutter und Kind nicht in das VKG übernommen wurden, sondern an ihrem alten Fundort im MKG geblieben sind.

a. *Die medizinischen Behandlungskosten für Schwangerschaft und Mutterschaft gemäß VKG*

Versicherte und ihre Familienangehörigen können die Leistungen bei Schwangerschaft und Mutterschaft gemäß dem VKG erhalten (§ 41 Abs. 1 VKG). Zu den in § 41 Abs. 1 VKG aufgezählten Leistungen gehören u.a. die ärztliche Untersuchung, die Leistung mit Arznei-, Verband- und Heilmitteln, sowie die medizinische Betreuung und ggfs. erforderliche Operationseingriffe. Die zusätzlichen Leistungen nach § 50 VKG sind Beihilfen bei Schwangerschaft und Mutterschaft (§ 23 Abs. 1 der Präsidialverordnung zum VKG). Zur Verminderung der finanziellen Belastungen bei Schwangerschaft und Mutterschaft erhalten die Versicherten eine Unterstützung in Höhe von maximal 700.000 Won (§ 23 Abs. 2 der Präsidialverordnung zum VKG). Wenn schwangere Versicherte oder Familienangehörige die Leistung erhalten möchten, müssen sie bei der VKK einen Antrag stellen (§ 23 Abs. 3 der Präsidialverordnung zum VKG). Die schwangere Versicherte oder die Familienangehörige erhalten einen Gutschein für die Heilbehandlungen seitens der VKK. Der Gutschein wird mit festgelegten Werten ausgedruckt (§ 23 Abs. 5 der Präsidialverordnung zum VKG). Die schwangere Versicherte oder ihre Familienangehörigen dürfen den Gutschein nach Ablauf von 60 Tagen nach der Geburt des Kindes nicht mehr nutzen. (§ 23 Abs. 6 der Präsidialverordnung zum VKG). Gemäß § 23 Abs. 7 der Präsidialverordnung zum VKG werden die erforderlichen Regelungen (z.B. Antragsverfahren, Nachweise, Ausstellung und Einlösung des Gutscheins) außerhalb der in § 23 Abs. 2 bis Abs. 6 geregelten Sachverhalte durch die Ministerialverordnung des Ministeriums für Gesundheit und Wohlfahrt festgelegt.

Die VKK soll medizinische Leistungserbringer bestimmen, bei denen Versicherte oder Familienangehörige im Falle der Behandlung bei Schwangerschaft und Mutterschaft den Gutschein gemäß § 23 Abs. 5 der Präsidialverordnung zum VKG einlösen können (§ 24 Abs. 1 der Präsidialverordnung zum VKG). Wenn Versicherte oder Familienangehörigen die Heilbehandlungsbeihilfen bei Schwangerschaft und Mutterschaft gemäß § 23 Abs. 1 der Präsidialverordnung zum VKG nutzen möchten, müssen sie den Gutschein bei den entsprechend zugelassenen Leistungserbringern verwenden (§ 24 Abs. 2 der Präsidialverordnung zum VKG). Die Entbindung beendet die Schwangerschaft und lässt die Mutterschaft beginnen. Der Begriff der Entbindung umfasst nicht nur eine natürliche Geburt sondern auch chirurgische Eingriffe, Fehlgeburten oder Frühgeburten.[281]

b. Sonstige Leistungen bei Schwangerschaft und Mutterschaft gemäß MKG

Bei den Leistungen nach § 11 MKG (zur Behandlung von Unfruchtbarkeit und für reproduktive Gesundheit) handelt es sich nach koreanischem Recht nicht um Krankenbehandlung gemäß § 41 Abs. 1 VKG, da kein anomaler Körperzustand und damit keine Krankheit vorliege.[282] Allerdings kann eine Sterilisation oder die Verwendung von Präventionsmitteln ausnahmeweise aufgrund einer Krankheit indiziert sein, so dass § 41 Abs. 1 VKG anstelle von § 11 MKG in Kraft treten kann. Der koreanische Staat oder die Lokalbehörde können zur Behandlungen von Unfruchtbarkeit und für reproduktiver Gesundheit unterstützen (§ 11 MKG).

Die Regierung hat medizinische Maßnahmen nach dem MKG und „Richtlinien für Familiengesundheit 2010“ zur Herbeiführung einer Schwangerschaft eingeführt. Anspruch auf Sachleistungen besteht nur für weibliche Personen vor der Vollendung des 44-sten Lebensjahres.[283] Ihr Haushaltsnettoeinkommen muss unter 150 Prozent des nationalen monatlichen Einkommensdurchschnitts liegen.[284] Die Maßnahmekosten für ein durch künstliche Befruchtung gezeugtes Kind werden bis zu drei Mal unterstützt.[285] Wenn Personen diese Maßnahmen in Anspruch nehmen wollen, ist eine ärztliche Feststellung der Sterilität erforderlich. Im Fall der Inseminationen können die Personen eine medizinische Maßnahme zur Herbeiführung einer Schwangerschaft bis zu drei Mal erhalten.[286]

Die Entgelte für die medizinischen Maßnahmen zur Herbeiführung einer Schwangerschaft gemäß MKG werden nicht bei allen Personen übernommen, die diese medizinische Maßnahme benötigen, sondern nur bei Empfängern von Sozialhilfe in Korea. Die Gesundheitsleistung bei schwangeren Frauen, Säuglingen, Kleinkindern und Frühgeborene wird gemäß MKG geregelt. Die Regelungen sind folgende: Die koreanische Regierung und die Lokalbehörden können Einrichtungen

---

281 *Jeong, Hongki/Cho, Jeongchan, Volkskrankenversicherungsgesetz,* Korea Legislation Research Institute, 2005, S. 262.

282 Fertilitätsstörung ist eine Krankheit.

283 http://momplus.mw.go.kr/link.do?menu=01020100.

284 *Ministerium für Gesundheit und Wohlfahrt,* A Study for the improvement of subfertility couple supporting program, 2013, S. 20.

285 Pro einmal 500.000 Won.

286 http://momplus.mw.go.kr/link.do?menu=01020100.

zur Verfügung stellen, um die Gesundheit von Müttern und Kindern zu fördern und auch die Familienplanung zu regulieren. Wenn die Behörden in den Provinzen diese Einrichtungen eröffnen, stehen sie grundsätzlich unter der Aufsicht der amtsärztlichen Dienststelle des Gesundheitsamtes der jeweiligen Provinz[287] (§ 7 Abs. 1 MKG). Ihre Aufgaben sind wie folgt:

1. Bei der pränatalen bis postnatalen Leistung für Schwangere sind Niederkunft und Erste Hilfe inbegriffen.
2. Die umfassende Gesundheitsleistung inklusive den Impfungen von Säuglingen und Kleinkindern,
3. Die reproduktive Gesundheitsleistung und Gesundheitsförderung bei Mutterschaft,
4. Prävention von Krankheiten der Frauenheilkunde und sonstigen Krankheiten,
5. Prävention der Geburt von schwerstbehinderten Kindern und deren Gesundheitsversorgung,
6. Beratung, Aufklärung, Forschung, Werbung und Auswertung von Statistiken im Hinblick auf die Sexualerziehung.

Wenn eine schwangere Frau nach diesem Gesetz geschützt werden will, muss sie ihre Schwangerschaft bei einem medizinischen Leistungserbringer oder der amtsärztlichen Dienststelle melden (§ 8 Abs. 1 MKG). Wenn schwangere Frauen, Säuglinge, Kleinkinder und Frühgeborene medizinisch behandelt werden müssen, können sie Unterstützung von der zuständigen Gemeinde, der sie angehören, in Form von ärztlichen Untersuchungen, Leistungen mit Arzneimitteln, Heil- und Hilfsmitteln, ärztliche Behandlungen und Operationen, Krankenhausaufenthalten, Krankenpflege und Transport erhalten. (§ 10 Abs. 2 MKG).

Provinzpräsident, Bürgermeister oder Chef einer Lokalbehörde müssen schwangere Frauen, Kleinkinder oder Frühgeborene nach folgenden Regelungen gemäß § 10 Abs. 1 MKG ärztlich untersuchen und impfen lassen (§ 13 Abs. 1 der Präsidialverordnung zum MKG):

1. Allgemeine ärztliche Untersuchung und Gesundheitsleistung (vor und nach der Entbindung) für schwangere Frauen,
2. Gesundheitsleistung für Kleinkinder oder Frühgeborene,
3. Erkennung von gesundheitlichen Risikofaktoren bei schwangeren Frauen, Kleinkinder oder der Frühgeborenen,
4. Impfungen nach dem § 24 Abs. 1 des Gesetzes für Infektionsprävention.

Die Leistungspflicht bei einem rechtswidrigen, aber straflosen Schwangerschaftsabbruch ist dadurch erheblich eingeschränkt worden. Ein Arzt kann gemäß § 14 MKG einen legalen Schwangerschaftsabbruch durchführen. Nur in folgenden Fällen kann ein Arzt mit Zustimmung der schwangeren Frau und ihrem Ehegatten

287 Korea ist auf der Provinzbene politisch gegliedert in eine besondere Stadt Seoul; in sechs selbständige Großstädte sowie in neun Provinzen.

(einschließlich einer Person mit einer De-facto-Ehe Beziehung) einen Schwangerschaftsabbruch durchführen (§ 14 Abs. 1 MKG):

1. Wenn sie oder ihr Ehegatte eine erbliche geistige Behinderung oder eine körperliche Erkrankung haben,
2. Wenn sie oder ihr Ehegatte eine bestätigte Infektionskrankheit haben,
3. Wenn sie als Folge von Vergewaltigung oder Quasi-Vergewaltigung schwanger wird
4. Wenn die Schwangerschaft aus Sexualverkehr zwischen Blutsverwandten oder angeheirateten Verwandten resultiert, die nicht rechtmäßig heiraten dürfen
5. Wenn die Schwangerschaft die Gesundheit der schwangeren Frau negativ beeinträchtigen kann.

Ein künstlich herbeigeführter Schwangerschaftsabbruch nach dem § 14 MKG lässt sich bis zur 24 Schwangerschaftswochen vornehmen (§ 15 Abs. 1 der Präsidialverordnung zum MKG).

4. Erstattung von Behandlungsentgelten

Wenn die Versicherten wegen einer Notfallsituation nicht von zugelassenen medizinischen Leistungserbringern sondern in anderen Institutionen behandelt werden, bezahlt die VKK den Versicherten oder ihren Familienangehörigen die entstandenen Entgelte gemäß der Präsidialverordnung zum VKG als Behandlungsentgelte (§ 49 Abs. 1 VKG).

Wenn die anderen Institutionen den behandelten Versicherten eine detaillierte Aufstellung der medizinischen Leistungen oder eine Rechnung mit den Angaben der medizinischen Leistungen erteilt haben, müssen diese Aufstellungen oder Rechnungen der VKK vorgelegt werden.

Die Behandlungsentgelte werden als Geldleistungen erstattet. Wenn die Versicherten oder ihre Familienangehörigen außerhalb der medizinischen Leistungserbringer die medizinische Behandlung erhalten, bekommen sie die entsprechenden Entgelte von der VKK erstattet, d.h., wenn die Behandlungen als medizinische Leistungen anerkannt werden, müssen sie von der VKK getragen werden. Die Behandlungsentgelte werden erst vom Versicherten getragen und danach werden Anteile der Behandlungsentgelte von der VKK bezahlt. Bevor er ambulant behandelt werden kann, erhält der Versicherte von dem Leistungserbringer eine Rechnung. Erst nachdem er diese beglichen hat, wird er – abgesehen von Notfällen – behandelt.[288]

5. Leistungen für Behinderte

Die VKK kann den Versicherten oder ihren Familienangehörigen, die gemäß dem Gesetz für Behindertenfürsorge als Behinderte angemeldet sind, die

288 *Jeong, Hongki/Cho, Jeongchan, Volkskrankenversicherungsgesetz*, Korea Legislation Research Institute, 2005, S. 389.

Versicherungsleistungen für Hilfsmittel gewähren (§ 51 Abs. 1 VKG). Der Umfang, die Art und Weise und das Verfahren der Versicherungsleistungen werden durch die Ministerialverordnung des Ministeriums für Gesundheit und Wohlfahrt geregelt (§ 51 Abs. 2 VKG).

Wenn die VKK den Antrag auf unterstützende Hilfsmittel gemäß § 26 Abs. 2, 4 und 5 der Ministerialverordnung zum VKG genehmigt hat, muss sie die Entgelte dem Antragsteller bezahlen (§ 26 Abs. 6 der Ministerialverordnung zum VKG). Die Leistungen der unterstützenden Hilfsmittel für Behinderte sind eigentlich gemäß § 51 Abs. 1 VKG nicht zwingend, sondern Ermessensleistungen. Wenn aber der Antrag gemäß § 26 Abs. 6 der Ministerialverordnung zum VKG auf unterstützende Hilfsmittel gestellt wird, muss die VKK die Leistungen übernehmen. Dann ist es keine Ermessensleistungen. Diese Leistungsentgelte müssen im Ergebnis nicht von der VKK, sondern vom Staat getragen werden, weil der Staat die Entgelte für die Krankenhilfe für Behinderte tragen muss.[289]

III. Die Selbstbeteiligung der Versicherten

1. *Das System der Selbstbeteiligungen*

Die VKK übernimmt im Leistungsfall nicht die gesamten Entgelte. Die Versicherten sind bei Leistungen zur Zuzahlungen verpflichtet [nachfolgend „Selbstbeteiligung"] (§ 44 VKG). Die Höhe der Selbstbeteiligung gemäß § 44 VKG werden durch Anhang II der Präsidialverordnung zum VKG geregelt (§ 19 Abs. 1 der Präsidialverordnung zum VKG). Wenn die jährliche Gesamtbelastung der Selbstbeteiligung über einer bestimmten Kostenhöhe liegt, die in Anhang III der Präsidialverordnung zum VKG geregelt ist, wird ein Anteil dieser Selbstbehalte von der VKK erstattet (§ 19 Abs. 2 der Präsidialverordnung zum VKG).[290] Zu den Entgelten für Arznei-, Heil- und Hilfsmittel haben die Versicherten in aller Regel ebenso Zuzahlungen zu leisten (§ 22 Abs. 1 und Anhang II der Präsidialverordnung zum VKG).

Durch diese Selbstbeteiligung der Versicherten wird die finanzielle Last der Krankenversicherung vermindert. Obwohl diese Handhabung kurzfristig gesehen vernünftig zu sein scheint, weil einerseits übermäßige Leistungen einerseits unterbunden werden, finden anderseits aber auch notwendige Behandlungen nicht statt.[291]

---

289 *Jeong, Hongki/Cho, Jeongchan, Volkskrankenversicherungsgesetz*, Korea Legislation Research Institute, 2005, S. 407.

290 Die Grenze der Selbstbeteiligung hängt vom Belastungsniveau der Ortsversicherten oder individuellen Belastungsniveau der Betriebsversicherten ab. In diesem Fall werden konkrete Kriterien für die Berechnung durch das Ministerium für Gesundheit und Wohlfahrt amtlich mitgeteilt (Anhang III der Präsidialverordnung zum VKG).

291 Dazu ausführlich unten Kapitel 2. C. V. 2.

2. Die Selbstbeteiligung als Steuerungsinstrument

Der Prozentsatz der Selbstbeteiligung hängt davon ab, ob der Versicherte ambulant oder stationär behandelt wird und in welchem medizinischen Leistungserbringer (z.B. oberes Klinikum, Klinikum, Krankenhaus und Arztpraxis) er behandelt wird.[292] Für die verschiedenen medizinischen Leistungserbringer in Korea existiert eine Stufensystematik. Dieses System wird im späteren Teil noch deutlicher beschrieben.[293] Das Ziel dieser Regelung ist dafür zu sorgen, dass die Versicherten ihre medizinischen Leistungen möglichst in der „Allgemeinen Arztpraxis" erhalten.[294]

Wenn der Versicherte in einem „Oberen Klinikum" ambulant versorgt wird, beträgt sein Selbstbeteiligungsanteil bei 60 Prozent der gesamten Heilbehandlungsentgelte. Wenn der Versicherte in einem „normalen" Klinikum behandelt wird, liegt der Selbstbeteiligungsanteil zwischen 45 Prozent bis 50 Prozent der gesamten Heilbehandlungsentgelte. Wenn er im Krankenhaus unterhalb der Stufe „Klinikum" ambulant versorgt wird, beträgt sein Selbstbeteiligungsanteil zwischen 35 Prozent bis 40 Prozent der gesamten Heilbehandlungsentgelte. Geht er in eine Praxis, liegt sein Selbstbeteiligungsanteil bei genau 30 Prozent. Wenn der in einer Arztpraxis behandelte Patient über 65 Jahre alt ist, trägt er bestimmte Entgelte nach der Präsidialverordnung zum VKG selbst. Bei stationärem Krankenhausaufenthalt zahlt der Versicherte 20 Prozent der Gesamtentgelte der Leistungen. Die Entgelte für die Mahlzeiten trägt der Versicherte grundsätzlich selbst,[295] aber es gibt davon verschiedene Ausnahmen.[296] Auch an chronischer Herzinsuffizienz leidende Patienten unterliegen im Falle der stationären Behandlung solchen Regelungen.

Wenn der Versicherte in einer Apotheke Arzneimittel kauft, hat er auch hier eine Selbstbeteiligung zu tragen. Der Prozentsatz der Selbstbeteiligungsanteile hängt

---

292 Die medizinischen Leistungen werden in die erste und zweite medizinische Leistung eingeteilt. Zuerst muss der Versicherte die erste medizinische Leistung erhalten haben; erst dann kann er bei Bedarf die zweite medizinische Leistung bekommen (Anhang II Nr. 1 der Präsidialverordnung zum VKG). Die erste medizinische Leistung bedeutet, dass sie außerhalb des oberen Klinikums gemäß § 3–4 MG angeboten werden muss. Erst die zweite medizinische Leistung wird im oberen Klinikum angeboten.

293 Dazu ausführlich Kapitel 2. D.

294 *Cheon, Kwangseok*, Korean Social Security Law, Bobmunsa, 2010, S. 262.

295 *Cheon, Kwangseok*, Korean Social Security Law, Bobmunsa, 2010, S. 263.

296 Weiterhin gibt es derzeit noch Diskussionen über die Selbstbeteiligung. Wenn Patienten mit Erkältung, Diabetes mellitus, Bluthochdruck oder leichter chronischer Krankheiten in Großkliniken behandelt werden, ist ihre Selbstbeteiligung höher. Wenn sie dagegen in einer Arztpraxis behandelt werden, wird ihre Selbstbeteiligung geringer ausfallen. Damit soll der unüberlegte Gang in die Kliniken verhindert werden und der unnötige Andrang eingedämmt werden. Damit Patienten in der Arztpraxis oder einem adäquaten medizinischen Leistungserbringer behandelt werden, findet eine Steuerung über die Höhe der Selbstbeteiligung statt (Chosunilbo (Zeitung), 17. 3.2011).

davon ab, ob das Rezept vom Arzt ausgestellt wurde oder ob die Arznei auf eigenem Wunsch erworben wird. Hat der Versicherte das Rezept vom Arzt bekommen, zahlt er selbst 30 Prozent der Medikamentenentgelte. Erwirbt er ohne Rezept das Medikament, trägt er 40 Prozent der Gesamtentgelte (Anhang II Nr. 1 b der Präsidialverordnung zum VKG). Wenn innerhalb von sechs Monaten eine bestimmte Höhe von Arzneimittelkosten überschritten wird, zahlt die VKK auch die weiteren Arzneimittel. Ist der Versicherte über 65 Jahre alt ist, wird die Höhe der Selbstbeteiligung durch den Minister für Gesundheit und Wohlfahrt geregelt (Anhang II Nr. 1 b der Präsidialverordnung zum VKG). Auch in diesem Fall gibt eine Obergrenze für die Selbstbeteiligung. Bei Schwangerschaft werden die kompletten Behandlungsentgelte während der Schwangerschaft übernommen. Allerdings müssen 50 Prozent der Entgelte für Mahlzeiten während des Krankenhausaufenthaltes getragen werden.

Durch die unterschiedlichen Prozentsätze der Selbstbeteiligung können die Versicherten hinsichtlich ihres „medizinischen Konsumverhaltens“ gesteuert werden.

IV. Leistungsausschlüsse und Ruhen der Leistungsansprüche

1. Einschränkung der Leistungen

Wenn eine Person, die Anspruch auf Versicherungsleistungen hat, vorsätzlich oder grob fahrlässig ein Delikt begeht oder vorsätzlich einen Unfall verursacht und hierdurch einen Gesundheitsschaden erleidet, werden die Versicherungsleistungen eingeschränkt. Die Person hat keinen Anspruch auf Leistungen. Hat sie bereits Leistungen erhalten, muss sie diese rückerstatten.

In § 53 Abs. 1 VKG sind rügenswerte Handlungen von Versicherten wie folgt zu finden:

1. Wenn die Versicherten vorsätzlich oder grob fahrlässig ein Delikt begeht oder einen vorsätzlichen Unfall verursacht (§ 53 Abs. 1 Nr. 1 VKG),
2. Wenn den Weisungen der VKK oder der medizinischen Leistungserbringer über Leistungen mit Vorsatz oder grober Fahrlässigkeit nicht nachgekommen wird (§ 53 Abs. 1 Nr. 2 VKG),
3. Wenn Versicherte ihrer Verpflichtung zur Beitragszahlung, die Basispflicht zum Bestehen von Versicherungsverträgen ist, nicht nachkommen (§ 53 Abs. 1 Nr. 3 VKG).[297]

a. Einschränkung wegen Erkrankung oder Unfall infolge eines Deliktes oder infolge vorsätzlicher oder grob fahrlässiger Selbstverletzung

Wenn eine Person, die Anspruch auf Versicherungsleistungen hat, vorsätzlich oder grob fahrlässig ein Delikt begeht oder einen vorsätzlichen Unfall verursacht, und

297 KVerfGE 2003. 12. 18. 2002Hun-Ba1.

wenn Krankheit oder Verletzung aus diesen Handlungen resultieren, übernimmt die VKK nach § 53 Abs. 1 VKG keinen Versicherungsschutz.

„Wenn der Täter ein Delikt vorsätzlich verursacht“ bedeutet, dass derjenige, der die medizinischen Leistungen erhalten kann, im Zustand der Schuldfähigkeit gehandelt hat. Wenn er den Unfall vorsätzlich begeht, wird die Leistungsübernahme stark eingeschränkt, auch wenn kein Vorsatz der Verletzung eines Anderen vorliegt. Beispielweise werden bei Drogenabhängigen Leistungen gemäß § 9 Abs. 1 und Anhang II der Ministerialverordnung über Kriterien der medizinischen Leistung gekürzt, weil der Versicherte seine Drogenabhängigkeit vorsätzlich herbeigeführt hat und die Folgewirkung ihm vorgeworfen werden kann.

Nach der Rechtsprechung[298] bedeutet „Grobe Fahrlässigkeit“ die Verletzung der erforderlichen Sorgfaltspflicht, die von jeder natürlichen Person gefordert wird. Sie wird aus Gründen der Gerechtigkeit nicht unterstützt. Auch wenn ein Unfall grob fahrlässig geschehen ist, kann aber ebenfalls der Zufall eine Rolle gespielt haben. Deswegen muss die Voraussetzung der groben Fahrlässigkeit strikt ausgelegt werden.[299] Obwohl ein Autofahrer beispielsweise bei einer Fahrt über die Mittellinie einen Unfall verursacht, sollte dieser Fall in der Rechtsprechung nicht als grob fahrlässig erkannt werden, sondern es wäre erst zu prüfen, wie es zum konkreten Verstoß gegen die Fahrsicherheit gekommen ist.[300]

Im Sinne des VKG bezieht sich „Eine Straftat” nicht nur auf ein Delikt gemäß Strafrecht, sondern auch auf den Verstoß gegen ein sonstiges Gesetz. Es gibt zwei Arten:

1. Verstoß gegen die Strafgesetze,
2. Verletzung eines mit Verwaltungsstrafe sanktionierten Tatbestandes,[301]

Nach der gegenwärtigen Rechtsprechung[302] umfasst „eine Straftat“ diese beiden Sachverhalte. Wenn z.B. wegen eines groben Verstoßes gegen Sorgfaltspflichten ein Unfall passiert, können die Leistungen eingeschränkt werden. Wenn eine Person

298 Der koreanische Oberste Gerichtshof, 2005. 2. 25. Rechtsprechung 2003Da3613.

299 Der koreanische Oberste Gerichtshof, 2003. 2. 28. Rechtsprechung 2002Du12175.

300 Verwaltungsgericht in Seoul, 2005.12.29. 2005Gu-Hab26793.

301 Dies ist strittig. Obwohl es einige Entscheidungen (der koreanische Oberste Gerichtshof, 1990. 5. 22. Rechtsprechung 90Nu752) gibt, dass die Ordnungswidrigkeit auch eine Straftat ist, ist die Ordnungswidrigkeit nur eine geringfügige Verletzung der Rechtsregeln. Es ist eine sehr extensive Auslegung von Gesetzen. Dazu *Cheon, Kwangseok*, Korean Social Security Law, Bobmunsa, 2010, S. 268 ff.; *Jeong, Hongki/Cho, Jeongchan, Volkskrankenversicherungsgesetz*, Korea Legislation Research Institute, 2005, S. 440.

302 Der koreanische Oberste Gerichtshof, 1990. 2. 9. Rechtsprechung 89Nu2295; Der koreanische Oberste Gerichtshof, 1990. 5. 22. Rechtsprechung 90Nu752; Der koreanische Oberste Gerichtshof, 2004. 4. 27. Rechtsprechung 2002Du13079.

aufgrund eines derartigen Unfalls dennoch Leistungen erhält, wird sie als Leistungsempfänger angesehen, der auf unehrliche Weise Leistungen erhält.[303]

b. Einschränkungen wegen Verstoß gegen die Pflicht zur Kooperation (Einschränkung gemäß § 53 Abs. 1 Nr. 2 VKG)

Zur effizienten medizinischen Behandlung gemäß dem VKG sind die Versicherten zur Kooperation verpflichtet. Diese liegt in der Befolgung der Weisungen der VKK oder der medizinischen Leistungserbringer. Wenn eine Person gemäß § 53 Abs. 1 Nr. 2 VKG mit Vorsatz oder grober Fahrlässigkeit eine Anweisung der VKK oder der Leistungserbringer nicht befolgt, übernimmt die VKK keine Versicherungsleistung.

Hier gibt es mangels eines Ermessens keine Abstufungen, sondern nur die vollständige Zahlungsverweigerung. Wenn ein Versicherter oder Familienangehöriger auf Grund von Vorsatz oder groben Fahrlässigkeit eine Anweisung der VKK oder Leistungserbringer über Leistungen nicht befolgt, kann der Krankheitszustand sich verschlechtern und die Rehabilitation sich hinauszögern, und für die vollkommene Genesung werden längere und aufwendigere Leistungen benötigt. Diese müssen von der Sozialversicherungsgemeinschaft getragen werden. Diese Regelung zielt auch auf die Vermeidung einer ungerechten Kostenverteilung.[304]

Diese Einschränkungsmöglichkeiten müssen aber restriktiv interpretiert und angewendet werden. Wenn Vorsatz oder grobe Fahrlässigkeit bei Nichtbefolgung einer Anweisung der VKK oder einer Leistungserbringer als Tatbestandskriterium für Leistungseinschränkungen ausreichend ist, bedarf es strenger Kriterien um Vorsatz oder grobe Fahrlässigkeit zu bejahen.

Im Vergleich zu diesem Gesetz wird in § 83 des Gesetzes über gesetzliche Renten als Einschränkungskriterium die mutwillige Verschlechterung der Gesundheit oder die Behinderung der Rehabilitation festgelegt. Wenn ein Empfänger von Behindertenrente vorsätzlich oder grob fahrlässig, ohne dass ein berechtigter Grund vorliegt, eine Anweisung der VKK oder der Leistungserbringer über Leistungen nicht befolgt und in Folge sein Krankheitszustand sich verschlechtert oder seine Rehabilitation verhindert wird, wird die Behindertenrente gemäß § 70 des Gesetzes über die gesetzlichen Renten nicht erhöht (§ 83 des Gesetzes für die gesetzliche Renten). Im § 83 Abs. 1 Nr. 1 des Unfallversicherungsgesetzes wird der Tatbestand ähnlich geregelt. Wenn ein Arbeitnehmer, der sich unter ärztlicher Aufsicht befindet, ohne berechtigten Grund die Anweisungen nicht befolgt und sich somit sein Krankheitsbild verschlechtert, oder eine Verletzung sich intensiviert, oder die

---

303 Der koreanische Oberste Gerichtshof, 1990. 2. 9. Rechtsprechung 89Nu2295; Der koreanische Oberste Gerichtshof, 2004. 4. 27. Rechtsprechung 2002Du13079.

304 *Jueng, Soonbang/Choi, Hongyop,* The limitation of the right on the heal th insurance in the National Health Insurance Act – The focus on limited system of insurance benefits caused by an individual wrong, in: Chosun law journal, The Legal studies institute of Chosun University Vol. 16 No.2, 2009, S. 27.

Rehabilitation behindert wird, können alle Leistungen oder Teile von Leistungen eingeschränkt werden.

c. *Einschränkung wegen Ablehnung der Zusammenarbeit (Einschränkung gemäß § 53 Abs. 1 Nr. 3 VKG)*

Wenn ein Versicherter mit Vorsatz oder grober Fahrlässigkeit eine Vorlage von Dokumenten oder sonstigen Materialien gemäß § 55 VKG ablehnt, oder einer Frage, oder der medizinischen Untersuchung ausweicht, übernimmt die VKK keine Versicherungsleistung (§ 53 Abs. 1 Nr. 3 VKG).

d. *Einschränkung wegen Beitragszahlungsverzug (Einschränkung gemäß § 53 Abs. 3 bzw. Abs. 4 VKG)*

Wenn Versicherte ihrer Verpflichtung zur Zahlung der Beiträge nicht nachkommen, können die Beiträge zwangsbeigetrieben werden. Wenn Versicherte innerhalb eines gewissen Zeitraums[305] die Beiträge nicht zahlen, können sie keine Leistungen erhalten. In diesem Fall werden Familienangehörige der Betriebsversicherten auch keine Leistungen erhalten können (§ 53 Abs. 3 VKG). Zahlen Arbeitgeber die Beiträge gemäß § 77 Abs. 1 Nr. 1 VKG[306] nicht, braucht die VKK nur dann keine Leistungen zu übernehmen, wenn das Verschulden für Nichtzahlung beim Betriebsversicherten liegt; ein typischer Fall ist Schwarzarbeit (§ 53 Abs. 4 VKG).

2. *Ruhen der Leistungen*

Ein Ruhen von Leistungen erfolgt grundsätzlich, wenn Leistungen bereits in einem anderen System beansprucht werden. Wenn ein Versicherter aufgrund einer Krankheit oder Verletzung, die mit einem Arbeitsunfall oder im Arbeitsumfeld zusammenhängen, Versicherungsleistungen oder Ausgleichszahlungen im Rahmen anderer Gesetze erhält, gewährt die VKK keine Versicherungsleistungen (§ 53 Abs. 1 Nr. 4 VKG).

Wenn eine Person, die Anspruch auf Versicherungsleistungen hat, vom Staat oder den Lokalbehörden gemäß anderer Gesetze entsprechende Leistungen erhält, vermindert die VKK ihre Leistungen in Höhe der Leistungen aus anderen Gesetzen (§ 53 Abs. 2 VKG).

Ein Ruhen der Leistungen kann auch in einer zeitlichen Beschränkung bestehen. Während der Versicherungsschutz ruht, besteht kein Leistungsanrecht, obwohl die Versicherungsmitgliedschaft weiter läuft. Nach § 54 VKG ruht der Anspruch auf

---

305 Ein Versicherter, der mehr als einen Monat lang die Beiträge nicht gezahlt hat, erfährt Leistungseinschränkungen, ebenso wenn er mehr als sechsmal mit den Beitragszahlungen im Rückstand war, (§ 26 Abs. 1 und Abs. 2 der Präsidialverordnung zum VKG).

306 Nach 77 Abs. 1 Nr. 1 VKG hat der Arbeitgeber die Zahlungspflicht für Beiträge der Betriebsversicherten.

Leistungen der gesetzlichen Volkskrankenversicherung, solange sich ein Versicherter im Ausland aufhält, wenn er im Ausland berufstätig ist, wenn er ein Soldat im aktiven Dienst unter dem Wehrpflichtgesetz ist, wenn er sich im Gefängnis befindet oder sich in einer anderen gleichwertigen Einrichtung aufhält.

V. Sozialpolitische Bewertung des Leistungssystems

1. Fehlen des Krankengeldes als Lohnersatzleistung

Die aktuellen Versicherungsfälle der südkoreanischen Krankenversicherung sind behandlungsbedürftige Krankheit, Schwangerschaft und Mutterschaft. Es kann in diesen Situationen zu Einkommenseinbußen oder gar zum Ausfall des gesamten Einkommens kommen. Eine so verursachte Arbeitsunfähigkeit aufgrund von Krankheit ist ein soziales Risiko. Die Möglichkeit von Krankengeld sollte in diesen Fällen angeboten werden, damit die Versicherten keine wirtschaftlichen Nachteile erleiden müssen. Eine Absicherung ist erforderlich, weil im Krankheitsfall häufig neben den Einkommensausfällen auch erhöhte Entgelte für die Wiederherstellung der Gesundheit notwendig sind. Krankengeld ist eigentlich eine Lohnersatzleistung und im Verhältnis zum arbeitsrechtlichen Anspruch auf Entgeltfortzahlung im Krankheitsfall eine subsidiäre Leistung. Wenn der Versicherte durch Krankheit arbeitsunfähig wird oder stationär in einem Krankenhaus oder Rehabilitationseinrichtung behandelt wird und kein Arbeitsentgelt erhält, benötigt er Krankengeld. Wenn Versicherte überhaupt nicht oder nur auf die Gefahr einer Verschlimmerung seines Zustandes seiner bisher ausgeübten Erwerbstätigkeit nachgeht, ist eine Abdeckung dieses sozialen Risikos unverzichtbar.

Ein Krankengeld ist eigentlich in § 50 VKG vorgesehen. Allerdings ist § 50 VKG in das Ermessen einer Präsidialverordnung gestellt, die bislang nicht umgesetzt worden ist. Daher haben die Versicherten letztlich keinen gültigen Anspruch auf Krankengeld. Folglich umfasst derzeit der Versicherungsfall Krankheit in Korea nur die medizinische Behandlungsbedürftigkeit. Wie bereits oben ausgeführt, ist diese Lücke im VKG kein Problem für Arbeitslose, jedoch ein gravierendes Problem für die aktiven Beschäftigten, soweit dies nicht ausnahmsweise durch den Arbeitsvertrag oder einen Tarifvertrag gelöst ist.

2. Der hohe Anteil der Selbstbeteiligung

Versicherte können sich bisweilen die Selbstbeteiligung nicht leisten. In einigen Fällen erhalten Versicherte auch einfachste Behandlungen nicht, so dass sich daraus schwere Krankheiten entwickeln können, was ein unerwünschter Nebeneffekt der Selbstbeteiligung ist. Folglich wird dann das Ziel des Gesetzes, den Gesundheitszustand der Bürger zu verbessern, verfehlt, eine Verschlechterung des Gesundheitszustandes ist die Folge und letztendlich wird keine nachhaltige Kostenentlastung erreicht. Diejenigen Versicherten, welche die Selbstbeteiligung finanziell tragen können, unterliegen keinerlei Einschränkungen. Diese Tatsache könnte zu unnötiger

Kostensteigerung führen. Gleichzeitig können die zahlungsschwachen Versicherten sich keine notwendigen Untersuchungen leisten.

Der Anteil der Selbstbeteiligung ist relativ hoch. Die durch das VKG geschützten Behandlungen belasten die Versicherten mit Beiträgen zwischen 30 Prozent bis 70 Prozent der Gesamtkosten[307] (Anhang II der Präsidialverordnung zum VKG). Die Selbstbeteiligung kann jedoch nicht einfach abgeschafft werden. Wenn die Selbstbeteiligung zu hoch ist, kann die Krankenversicherung als soziales Sicherheitsnetz für besonders arme Bevölkerungsgruppen die Funktion nicht leisten. Auf der anderen Seite würden ohne oder bei zu geringer Selbstbeteiligung denkbare übermäßige Beanspruchungen der medizinischen Leistung zu einer instabilen Finanzlage der Volkskrankenversicherung führen.

Im aktuellen Volkskrankenversicherungssystem gibt es eine Personengruppe, die keine Berechtigung auf Krankenhilfe hat, aber auch nicht in der ökonomischen Lage ist, die Selbstbeteiligung zu zahlen. Krankenhilfe war eigentlich für Personen konzipiert, die zwar Mitglied in der Volkskrankenversicherung sind, aber die Selbstbeteiligung nicht tragen können. In jedem System gibt es aber immer einen Schwellenwert, der die Grenze der Bedürftigkeit bestimmt. Für die Personen, die knapp oberhalb der Grenze liegen, ist die Selbstbeteiligung aber immer noch problematisch. Die gegenwärtige Selbstbeteiligung behindert daher bei einkommensschwachen Familien oberhalb der Schwelle für Krankenhilfe den Zugang zu medizinischen Leistungserbringern.[308] Die Selbstbeteiligung sollte daher nur auf Einschränkung von übermäßiger medizinischer Leistung zielen. Die Selbstbeteiligung sollte nach der finanziellen Leistungsfähigkeit der Versicherten gestaffelt sein, doch sie hängt derzeit von den absoluten Entgeltkosten der koreanischen Krankenversicherung ab.[309]

Um qualitative ärztliche Behandlung bei Verminderung der Selbstbeteiligung zu erreichen, sollten die Beiträge der Volkskrankenversicherung erhöht werden. Obwohl die Höhe der Krankenversicherungsbeiträge in Südkorea im Vergleich zu anderen Länder nicht hoch ist,[310] hat die Bevölkerung noch kein ausreichendes

---

307 Wie oben genannt, gibt es eine allgemeine Einstufung der Selbstbeteiligung, eine Einstufung nach Alter und die Einstufung bei Schwanger- und Mutterschaft und bei Kindern.

308 *Kim, Kyongsoo*, Eine studie zur verfassungsrechtlicher volksgesundheitsschutzpflicht des staates und zur verwirklichungsmassnahmen, Diss.jur.Seoul (Doktor der Rechtswissenschaften an der Seoul Universität), 2002, S. 262.

309 *Lee, Junyoung*, Critical Evaluation of Privatization of the Korean National Health Insurance, in: Korean Social Security Studies, Korean Social Security Association Vol. 19 No. 2, 2003, S. 139.

310 Im 2007 betrug der Krankenversicherungsbeitrag in Südkorea 4,8 Prozent des Durchschnittseinkommens. In den anderen Industrieländern liegt der Beitrag zwischen 8–17 Prozent. Das heißt, der Beitrag der südkoreanischen Krankenversicherung ist relativ sehr niedrig (*Cha, Heungbong, Die ideologische Orientierung*

Verständnis für die Krankenversicherungsbeiträge.[311] Es wird kritisiert, dass die Krankenversicherungsbeiträge nicht von der eigenen Gesundheit oder der Häufigkeit der eigenen ärztlichen Behandlungen abhängen, sondern sie sich aus der sozialen Solidarität ermitteln. Mit einer verminderten, angemessenen Selbstbeteiligung könnten die besonders armen Bevölkerungsgruppen auch bessere ärztliche Behandlungen erhalten.

3. *Verbesserung der Leistungen zur Prävention und Früherkennung*

Eine Aufgabe der Krankenversicherung soll es sein, die Gesundheit der Versicherten zu erhalten, wiederherzustellen oder ihren Gesundheitszustand zu bessern. Dabei spielen Prävention und Früherkennung eine wesentliche Rolle. Die Volkskrankenversicherung stellt durchaus angemessene Leistungen zur Prävention und Früherkennung (§ 52 VKG und § 25 der Präsidialverordnung zum VKG) bereit, aber die Durchführung dieser Präventionsmaßnahmen liegt in Korea zum überwiegenden Teil in der Eigenverantwortung der Versicherten und ist als ungenügend zu qualifizieren.

Die Versicherungsleistung zielt überwiegend auf den Zweck der Krankenbehandlung. Es gibt nur Leistungen zur Prävention und Früherkennung von Krankheiten. Leistungen zur allgemeinen Prävention und Gesundheitsförderung sollten erfolgen, bevor bzw. ohne dass der Versicherungsfall „Krankheit" eingetreten ist. Leistungen zur Prävention und Früherkennung von Krankheiten spielen eine wichtige Rolle, nicht nur für die Gewährleistung der Gesundheit, sondern auch zur Vermeidung der finanziellen Risikofaktoren im Gesundheitswesen.

4. *Der restriktive Leistungskatalog*

Nach der Verbesserung des allgemeinen ökonomischen Niveaus in Korea ist es an der Zeit das medizinische Leistungsniveau anzuheben. Das Qualitätsniveau der Leistungen ist gegenwärtig im Weltvergleich zu niedrig. Das zur Diagnose und zur ärztlichen Behandlungen erforderliche medizintechnische Gerät wird zum größten Teil nicht von der VKK anerkannt oder nur als unversicherte Leistungen anerkannt. Deswegen ist die Zufriedenheit der Versicherten über die von der VKK angebotenen Leistungen gering.[312]

Obwohl der Leistungskatalog das Niveau der westlichen Industrieländer erreichen soll, sind der Inhalt und die Arten der Leistungen vergleichsweise restriktiv.

---

und zukünftige Entwicklungsstrategie der Gesundheitssicherung, in: Forum für Gesundheitssicherung Band 6–2, 2007, S. 34).

311 *Cha, Jina,* The constitutional meaning and structure of realization of the public health insurance, in: Korea Law Review Vol. 57, 2010, S. 271 ff.

312 Im Jahr 2008 waren 56,7 Prozent der Koreaner mit der Volkskrankenversicherung zufrieden. Insbesondere ist die Zufriedenheit über die Abdeckung der Krankenversicherung und Angemessenheit der Krankenversicherungsbeiträge sehr niedrig.

Diese Situation ist eine Konsequenz der niedrigen Beiträge. Eine Balance zwischen ausreichenden Leistungen und angemessenen Beiträgen ist sehr schwer zu realisieren. Für eine breite Bevölkerungsschicht, die wohlhabend ist oder die oberhalb des Durchschnitts verdient, stellt dies kein Problem dar. Aber es ist problematisch für die Empfänger von Krankhilfe und auch die einkommensschwachen Personengruppen knapp oberhalb dieser Schwelle.

Um diese Situation zu verbessern, wären die Beträge zu erhöhen. Aber dies ist nicht einfach zu realisieren. Dieses Problem wird durch Privatversicherungen in gewissem Grade abgedeckt, aber für einkommensschwache Bevölkerungsgruppen stellt auch dies keine Lösung dar. Das nachhaltige Gleichgewicht zwischen tragbaren Beiträgen und der Ausweitung des Leistungskatalogs muss immer wieder neu austariert werden.

5. Umfang der Leistungseinschränkungen

Im koreanischen System, nämlich gemäß § 53 VKG, gibt es eine Anzahl von Sachverhalten, bei denen Leistungsausschlüsse einen Sanktionscharakter und damit auch eine unerwünschtes Verhalten verhindernde Steuerungsfunktion haben.

Die Grenze der Leistungseinschränkungen gemäß § 53 Abs. 1 VKG ist umstritten. Das Verfassungsgericht[313] betrachtet einen durch das Gesetz gestalteten Leistungsanspruch als subjektives öffentliches Recht ähnlich der Gewährleistung von Eigentumsrechten. Das öffentliche Recht bestimmt den Charakter des staatlichen Sozialrechts und des Eigentumsrechts. Wenn Versicherte, die eigentlich Anspruch auf Leistungen haben, nach den Regelungen über Leistungseinschränkungen die Versicherungsleistungen nicht erhalten, handelt es sich um Einschränkungen des staatlichen Sozialleistungsanspruchs und damit des Eigentumsrechts. Nach dem Wortlaut VKG sind die Leistungseinschränkungen sowohl für Vorsatz wie für grobe Fahrlässigkeit gleich gravierend.

Aber im Fall der groben Fahrlässigkeit sollten die Leistungen der Krankenversicherung nicht eingeschränkt werden, da der Grundgedanke der Krankenversicherung das öffentliche Wohl ist und der Unterschied zwischen leichter und grober Fahrlässigkeit sehr undeutlich sein kann. Es gibt keine konkrete Richtlinie zur Definition des Unterschieds zwischen leichter und grober Fahrlässigkeit. Zur entsprechenden Leistungseinschränkung soll eine konkrete Richtlinie in Vorbereitung sein.

Es besteht die Meinung, dass die Einschränkung der Versicherungsleistung im Fall einer vorsätzlichen Straftat im Sinne eines Verstoßes gegen ein Strafgesetz gerechtfertigt ist. Wenn die Krankenversicherungsleistungen jedoch aufgrund von grober Fahrlässigkeit bei einem Unfall eingeschränkt werden soll, müsste die Einschränkung geringer sein. Hier wären ansonsten übermäßige Einschränkungen der Eigentumsrechte und damit eine Verletzung der Verfassung gegeben. Ein Unfall infolge grober Fahrlässigkeit kann unter dem Begriff „Zufall" gewertet werden.

313 KVerfGE 2003. 12. 18. 2002Hun-Ba1.

Daher würde eine Leistungseinschränkung bei grober Fahrlässigkeit nicht mit den Zielen des VKG übereinstimmen. Daher soll die Straftat im Sinne von § 53 Abs. 1 VKG auf die vorsätzliche Straftaten gemäß Strafrecht beschränkt werden, und vorsätzliche Rechtsverletzungen im Verwaltungsrecht sollten nur dann entsprechend sanktioniert werden , wenn die Verwerflichkeit der Tat so offensichtlich ist, wie bei Straftaten.

D. Leistungserbringer

I. Begriff der Leistungserbringer

Wenn ein Sozialversicherungsträger gesetzlich verpflichtet ist, dem Versicherten einen Anspruch auf soziale Leistungen in Form von Sach- und Dienstleistung zu erfüllen, kann der Versicherte die Leistungsdurchführung vom jeweiligen Leistungserbringer verlangen. Im südkoreanischen Sozialversicherungssystem besteht eine Dreiecksbeziehung zwischen der VKK, den Versicherten und den Leistungserbringern: Der Versicherte hat gegenüber der VKK einen Leistungsanspruch über einen zugelassenen Leistungserbringer. Die VKK kann von dem Leistungserbringer verlangen, dass er die Sach- oder Dienstleistungen ordnungsgemäß erbringt. Der Leistungserbringer wiederum hat gegen die VKK einen Anspruch auf die Leistungsvergütung.

Der Leistungsanspruch des Versicherten gegenüber der VKK findet seine Grundlage im sozialrechtlichen Versicherungsverhältnis und ist damit ebenso öffentlich-rechtlicher Natur wie der Vergütungsanspruch des Leistungserbringers gegenüber der VKK. Zwar stellt die Tätigkeit des Arztes eine öffentlich-rechtliche Erbringung von Sach- und Dienstleistungen der VKK dar, aber die Beziehung zwischen dem Versicherten und dem Arzt sind nach koreanischem Recht grundsätzlich dem Privatrecht zugeordnet.[314] Die Beziehungen zwischen Krankenversicherung und Leistungserbringern sind dagegen öffentlich-rechtlich definiert.

Krankheit und ärztliche Behandlung sind nicht nur individuelle Probleme, sondern auch soziale Probleme in der Gesellschaft. Das Recht der Leistungserbringung muss sich darum auch an den Zielen der Sozialpolitik orientieren, und hat somit generell eine politische Bedeutung. Dies führt zwangsläufig zu rechtlichen Vorgaben bei der ärztlichen Behandlung. Die Art und Weise der ärztlichen Behandlung, das Rechtsverhältnis der Behandlung und ggfs. die Schadenersatzansprüche der VKK unterliegen nicht dem Gesetz von Angebot und Nachfrage im Rahmen der Privatautonomie, sondern sind Gegenstand öffentlich-rechtlicher Vorschriften. Das Rechtsverhältnis zwischen der VKK und dem Versicherten wurde bereits oben und das Recht der Beitragsfinanzierung wird unten beschrieben.[315] In diesem Abschnitt

314 Siehe dazu Kapitel 2. D. III.

315 Versichertenkreis (Kapitel 2. A), Leistungen (Kapitel 2. C) und Finanzierung (Verpflichtung zu Beiträgen, Kapitel 2. E).

wird im Folgenden das Rechtsverhältnis zwischen der VKK und den Leistungserbringern sowie zwischen den Versicherten und den Leistungserbringern dargestellt.

1. *Definition der Leistungserbringer*

Gemäß § 42 Abs. 1 VKG werden die Versicherungsleistungen von den folgenden Leistungserbringern durchgeführt:

- Gemäß dem koreanischen Medizingesetz errichtete Einrichtungen zur Durchführung der medizinischen Leistungen,
- gemäß dem Arzneimittelgesetz angemeldete Apotheken,
- das gemäß § 91 des Arzneimittelgesetzes eingerichtete Koreanische Zentrum für seltene Medikamente sowie
- öffentliche Gesundheitszentren im Sinne des Gesetzes für die regionale öffentliche Gesundheit.

In all diesen Fällen kann der Minister für Gesundheit und Wohlfahrt die Einrichtungen ggfs. von der Leistungserbringung ausschließen, wenn diese die Leistungserbringung nicht im öffentlichen Interesse oder gemäß der nationalen Politik durchführen (§ 42 Abs. 1 VKG).[316]

Obwohl § 42 VKG regelt, wer als Leistungserbringer zugelassen ist, gibt es keine konkreten Anforderungen an die Qualifikation von Leistungserbringern. Nur wenn eine bisherige allgemein-medizinische Einrichtung als höherer oder spezialisierter Leistungserbringer anerkannt werden möchte, muss sie gemäß § 42 Abs. 2 VKG[317] beim Minister für Gesundheit und Wohlfahrt einen Antrag stellen. Es gibt auch keine Regelung zum Anerkennungsverfahren für allgemeine Leistungserbringer, sondern nur solche für die spezialisierten medizinischen Einrichtungen. Daher werden alle medizinischen Einrichtungen, nämlich alle Einrichtungen, in denen Ärzte oder in ihrem Aufgabengebiet Hebammen tätig sind und die medizinische Leistungen im Zusammenhang von Krankheit, Verletzung oder Entbindung anbieten, automatisch Leistungserbringer gemäß dem VKG.[318]

---

316 So der koreanische Oberste Gerichtshof 2001. 3. 23, 99Du4204; 2001. 3. 23, 99 Du 6392.

317 Wenn es für eine effiziente medizinische Leistung erforderlich ist, kann der Minister für Gesundheit und Wohlfahrt Leistungserbringer, die die Voraussetzungen hinsichtlich Einrichtung, Ausrüstung, Fachpersonal und Spezialgebieten nach der Ministerialverordnung zum VKG erfüllen, als höhere oder spezielle Leistungserbringer anerkennen (§ 42 Abs. 2 VKG).

318 Siehe dazu ausführlich unten Kapitel 2. D. II.

2. *Klassifizierung der medizinischen Institutionen*

Die Selbstbeteiligungshöhe für die medizinischen Behandlungen[319] ist je nach Klassifizierung der Einrichtung unterschiedlich. Der Unterschied zwischen den medizinischen Leistungserbringern, insbesondere den Krankenhäusern (z.B. Klinikum, Krankenhaus), ergibt sich in dieser Hinsicht aus der Anzahl von Krankenbetten und der Zahl der betreuten medizinischen Fachgebiete. Der Begriff „medizinische Leistungserbringer, insbesondere medizinische Einrichtungen" wird im Sinne des koreanischen Medizingesetzes [nachfolgend „MG"] wie folgt verwendet: Es ist ein Ort, wo ein Arzt oder eine Hebamme medizinische Dienstleistungen für alle Personen oder eine Gruppe von Personen erbringen (§ 3 Abs. 1 MG).

Leistungserbringer werden in folgender Weise klassifiziert (§ 3 Abs. 2 MG):

1. Ärztliche Leistungserbringer: Arzt, Zahnarzt oder Arzt für traditionelle fernöstliche Medizin behandeln Patienten überwiegend ambulant in einer Praxis.
2. Leistungserbringer mit der Qualifikation einer Hebamme: Hebammen werden in Fragen der Gesundheit von Schwangeren und Neugeborenen und in der Beratung bei Schwangerschaft und Unterstützung bei der Entbindung ausgebildet.
3. In einer stationären medizinischen Einrichtung werden Patienten von einem Arzt, Zahnarzt oder Arzt für traditionelle fernöstliche Medizin im Wesentlichen stationär behandelt.

Es gibt folgende Arten von stationären medizinischen Einrichtungen:

a. Krankenhaus,
b. Krankenhaus für Zahnbehandlung,
c. Krankenhaus für traditionelle fernöstliche medizinische Behandlung,
d. Pflegeheim,
e. Klinikum (ein qualitativ höherwertiges Krankenhaus).[320]

Die stationären Einrichtungen (im Folgenden „Krankenhäuser usw.") müssen entweder mit mindestens 30 Krankenbetten (gilt nur für Krankenhäuser und solche für traditionelle fernöstliche medizinische Behandlung) oder Betten für Erholungsleistungen (gilt nur für Pflegeheime, in denen Krankenbetten zur Behandlung von Langzeit-Patienten vorgesehen sind) ausgestattet sein (§ 3–2 MG).

Damit ein Krankenhaus als Klinikum gilt, muss es folgende Voraussetzungen erfüllen (§ 3–3 Abs. 1 MG):

1. Mindestens 100 Betten müssen vorhanden sein.
2. Wenn die Bettenzahl zwischen 100 und 300 liegt, muss jeweils ein Facharzt für drei Fachgebiete aus den Bereichen Internistische Medizin, allgemeine Chirurgie, Pädiatrie, Geburtshilfe und Gynäkologie vorhanden sein. Insgesamt müssen diese medizinischen Leistungserbringer für mindestens sieben Fachgebiete

319 Wie oben ausgeführt Kapitel 2. C. III.
320 Wird sogleich genauer erläutert.

eingerichtet sein. Hierzu zählen Abteilungen für diagnostische Radiologie, Anästhesie und Schmerzmedizin, Diagnose-Laboratorium oder Pathologie. Je ein Facharzt muss mindestens für jedes Fachgebiet vorhanden sein.
3. Wenn die Zahl der Betten mindestens 300 beträgt, müssen jeweils Fachärzte in den Abteilungen für Internistische Medizin, allgemeine Chirurgie, Pädiatrie, Geburtshilfe und Gynäkologie, diagnostische Radiologie, Anästhesie und Schmerzmedizin, Diagnose-Laboratorium oder Pathologie, Psychiatrie und Zahnmedizin vorhanden sein.

Außerdem kann ein Klinikum durch den Minister für Gesundheit und Wohlfahrt als ein „oberes Klinikum" für höhere medizinische Behandlung bei Patienten mit einer fortgeschrittenen Erkrankung ausgewiesen werden. Dazu muss es nach § 3–4 Abs. 1 MG weitere Voraussetzungen erfüllen:

1. Es muss in über 20 Fachgebieten gemäß der Präsidialverordnung zum VKG je ein Facharzt ausschließlich für sein Fachgebiet vorhanden sein,
2. Es muss die Befugnis haben, Fachärzte gemäß § 77 Abs. 1 MG auszubilden,
3. Ein Krankenhaus muss gemäß der Ministerialverordnung mit bestimmtem Personal, definierter Einrichtung und Ausrüstung ausgestattet sein,
4. Die Behandlungsfälle in den einzelnen Fachgebieten des Krankenhauses müssen dem Mindeststandard entsprechen, der durch die Ministerialverordnung des Ministeriums für Gesundheit und Wohlfahrt bestimmt ist.

Schließlich kann ein Klinikum, wenn es eine qualitativ hohe medizinische Leistung in einem bestimmten Fachgebiet oder bei besonderen Krankheiten aufweist, durch den Minister für Gesundheit und Wohlfahrt als „ein Spezialkrankenhaus" für weitere medizinische Behandlungen ausgewiesen werden (§ 3–5 Abs. 1 MG).

II. Das Rechtsverhältnis zwischen der VKK und den Leistungserbringern

1. Zwangszulassung als medizinischen Leistungserbringern

Wenn die Versicherten in der Krankenversicherung gegenüber der VKK einen grundsätzlichen Anspruch auf medizinische Leistung haben, so müssen konsequenterweise entsprechende Leistungserbringer für diese Leistungen verfügbar sein, damit die Versicherten im Bedarfsfall medizinische Hilfe erhalten können.[321]

Die Leistungserbringer – entweder die allgemeinen Leistungserbringer, die ohne ein gesondertes Verfahren gemäß § 42 Abs. 1 VKG anerkannt sind oder die nach § 42 Abs. 2 VKG in einem besonderen Verfahren anzuerkennenden medizinischen Spezialleistungserbringer – dürfen die Leistungserbringung gegenüber Versicherten

321 Entsprechendes gilt auch für die Apotheken, das Koreanische Zentrum für seltene Medikamente und die öffentliche Gesundheitszentren (§ 42 VKG).

nach dem VKG nicht ohne besonderen Grund verweigern (§ 42 Abs. 4 VKG).[322] Diese Rechtslage ist in mehreren Schritten entwickelt worden.

a. *Zur Entwicklung des Rechts der Zulassung als medizinischer Leistungserbringer*

Nach dem Krankenversicherungsgesetz vom 1963 war ein Leistungserbringer durch einen Vertrag zwischen der Krankenanstalt und dem Versicherer zugelassen worden, wobei zusätzlich der Minister für Gesundheit und Gesellschaft die Anerkennung als Leistungserbringer auf Antrag des Versicherers zu bestätigen hatte (§ 39 Abs. 2 des Krankenversicherungsgesetzes vom 1963). Der Leistungserbringer konnte jederzeit die Aufhebung des Vertrags beantragen und damit eine zwangsmäßige Anerkennung verhindern (§ 40 des Krankenversicherungsgesetzes vom 1963).

Auch nach dem Krankenversicherungsgesetz vom 1977 war es zunächst beim System der Zulassung durch Vertrag geblieben. Allerdings führte dieses System der Freiwilligkeit zu Problemen. Erstens ergab sich eine regionale Fehlverteilung, die in bestimmten Gebieten zu einem Mangel an medizinischer Leistung führte. Zweitens hatten Versicherte mangels eines hinreichenden Angebots nur wenig Auswahl zwischen den Krankenanstalten. Dies führte insbesondere bei den Allgemeinen Krankenhäusern zu längeren Warte- und Behandlungszeiten. Drittens verzichteten Krankenhäuser und Kliniken wegen aus ihrer Sicht zu niedriger Vergütung im gesetzlich fixierten Entgeltsystem auf die Anerkennung und damit auf die Behandlung von Krankenversicherungspatienten („Kassenpatienten"). Nach der Rechtsprechung galt die Weigerung der Behandlung von gesetzlich Versicherten als Kündigung des Vertrages mit den Krankenkassen.[323]

Dieses System der Freiwilligkeit wurde im Jahre 1979 durch Änderung des Krankenversicherungsgesetzes in ein System der „Zwangsanerkennung" von Leistungserbringern durch Kontrahierungszwang verändert. Nunmehr verpflichteten die Versicherer oder die Gemeinschaft der Krankenkassen die Leistungserbringer durch Vertrag, den sie nicht ablehnen konnten. Und wurde die Krankenanstalt erst einmal anerkannt, konnte sie ohne berechtigten Grund nicht mehr auf ihre Zulassung verzichten.[324]

Obwohl das Krankenversicherungsgesetz somit die einseitig verpflichtende Anerkennung von Leistungserbringern festlegte, musste der Leistungserbringer dennoch das unnötige Verfahren für eine solche Anerkennung absolvieren.[325] Das

---

322 Wer gegen die Vorschriften des § 42 Abs. 5 bzw. § 49 Abs. 2 VKG verstößt, wird mit einer Geldbuße von bis zu 5.000.000 Won bestraft (§ 117 VKG).

323 KVerfGE, 2002. 10. 31. 99Hun-Ba76, Rechtsprechungssammlung, Band 14 (2), S. 425.

324 KVerfGE, 2002. 10. 31. 99Hun-Ba76, Rechtsprechungssammlung, Band 14 (2), S. 424.

325 Gemäß § 32 des alten Krankenversicherungsgesetzes wurden Krankenanstalten, die nicht von der Krankenkasse direkt betrieben wurden, als Leistungserbringer

wurde 1999 dahingehend geändert, dass jeder Leistungserbringer, der im gesetzlich geregelten Bereich gegründet wurde, ohne weiteres zum Vertragsschluss mit der VKK verpflichtet war. In einem letzten Schritt wurde dann im Jahr 2000 das gesetzliche, zwingende Rechtsverhältnis zwischen VKK und dem Leistungserbringer durch § 42 VKG geschaffen, für das kein Vertrag mehr nötig ist.[326]

b. Die zwingende Zulassung in der sozialpolitischen und verfassungsrechtlichen Diskussion

Um seine Pflicht zur Gesundheitsvorsorge zu erfüllen, muss der Staat dem Bürger die medizinische Leistung im Krankheits- oder Verletzungsfall gewährleisten. Dafür muss eine angemessene Zahl von Leistungserbringern zur medizinischen Leistung vorhanden sein. Hierauf zielt die zwingende Zulassung ab. Sie wurde insbesondere auch deshalb als notwendig angesehen, weil die Gesundheitsversorgung überwiegend durch private Trägerschaft bei den Leistungserbringern geprägt ist. In der Praxis der Krankenversicherung haben die privaten Krankenanstalten eine sehr große Bedeutung, weil die meisten Krankenanstalten in Südkorea keine öffentlich-rechtlichen Leistungserbringer sondern private Unternehmen sind, die sich von dem Gewinnkalkül leiten lassen. Das Zwangssystem sollte die medizinischen Leistungserbringer vor die Alternative stellen, entweder den gesetzlich Versicherten zur Verfügung zu stehen oder ihre Tätigkeit einzustellen bzw. diese gar nicht erst aufzunehmen.

Das in 1999 eingeführte Zwangssystem wurde mit verfassungsrechtlichen Argumenten angegriffen, sowohl vom Obersten Koreanischen Gerichtshof[327] als auch vom Koreanischen Verfassungsgericht[328] aber gebilligt. Von beiden Gerichten wurde konstatiert, dass niedrige Kostensätze für ärztliche Behandlungen oder

---

durch den Minister festgesetzt (§ 32 Abs. 1 des alten Krankenversicherungsgesetzes). Die so bestimmte Krankenanstalt oder Apotheke durfte diese Anerkennung als Leistungserbringer ohne berechtigten Grund nicht ablehnen (§ 32 Abs. 5 des alten Krankenversicherungsgesetzes).

Es gab nur einige Ausnahmen gemäß § 18 Präsidialverordnung zum VKG. Sonst wurden alle Krankenanstalten, Apotheken und das öffentliche Gesundheitswesen als Leistungserbringer angesehen. Der Leistungserbringer führt medizinische Leistungen durch (§ 42 Abs. 1 VKG). Die medizinische Leistung kann ohne berechtigten Grund nicht abgelehnt werden (§ 42 Abs. 4 VKG).

Die neuen und alten Regelungen wurden ohne Beachtung von gegenteiligen Meinungen der Leistungserbringer durch den Staat zwangsweise festgelegt. Das bedeutet eine zwangsmäßige Anerkennung als Leistungserbringern. Es ist daher nur ein unwesentlicher Unterschied, ob die Anerkennung durch Verwaltungsakt der Krankenversicherung oder durch das Gesetz direkt erfolgt.

326 KVerfGE, 2002. 10. 31. 99Hun-Ba76, Rechtsprechungssammlung, Band 14 (2), S. 426.

327 Der koreanische Oberste Gerichtshof 1999. 11. 26, 97 Nu10819.

328 KVerfGE, 2002. 10. 31. 99 Hun-Ba76.

rechtswidrige oder ungerechtfertigte Kürzungen der Kostenerstattungen kein Verweigerungsgrund innerhalb der zwingenden Zulassung sein könne, weil es dafür extra Streitbeilegungsverfahren gebe. Die beiden Gerichte begründen die Verfassungsmäßigkeit der Zwangsanerkennung als medizinische Einrichtung gemäß § 32 altes Krankenversicherungsgesetz mit dem Recht auf menschenwürdiges Leben gemäß Art. 34 Abs. 1 KV, mit der Pflicht des Staates zur Förderung der sozialen Sicherheit und der sozialen Fürsorge gemäß Art. 34 Abs. 2 KV und mit der Pflicht des Staates zum Schutz der Gesundheit für alle Bürger gemäß Art. 36 Abs. 3 KV. Würden die Leistungserbringer individuell selbst entscheiden können, welche Art Leistungserbringer sie sein wollen, müssten die Bürger selbst erforschen, ob die jeweilige medizinische Einrichtung anerkannter versicherungsrechtlicher Leistungserbringer ist oder ggfs. auch nicht. Dies wäre nicht effizient und versicherungsrechtliche Probleme für Bürger und Leistungserbringer wären die Folge. Der Zweck des Krankenversicherungsgesetzes wäre so nicht zu erreichen.

Die Argumentation der Justiz ist überzeugend. Es ist zwar auch eine Einschränkung von verfassungsmäßigen Freiheitsrechten[329], wenn alle medizinischen Einrichtungen als Leistungserbringer zwingend anerkannt werden. Um allerdings das hochrangige Recht auf ein menschenwürdiges Leben zu schützen, und damit das Ziel der Förderung der sozialen Sicherheit zu erreichen, ist diese Einschränkung gerechtfertigt. In Korea sind die medizinischen Einrichtungen überwiegend privatwirtschaftlich. Daher kann das koreanische Krankenversicherungssystem nicht ohne die Einbindung der privaten Einrichtungen existieren. Aus diesem Grund wurden die medizinischen Einrichtungen obligatorisch in das Leistungserbringersystem aufgenommen. Auf diese Weise können alle Bürger die medizinische Versorgung zuverlässig und relativ günstig erhalten. Im Gegenzug zur Einschränkung von Berufs- und Gewerberechten der medizinischen Einrichtungen haben diese Einrichtungen ein gerichtlich durchsetzbares Recht auf eine angemessene Vergütung.[330]

Es ist zu prüfen, inwieweit das System der zwingenden Zulassung zu verändern ist, um hieraus einen zielgerichteten Impuls zur Verbesserung der Gesundheitsstrukturen zu erreichen. Die Gesundheitsversorgung kann jedoch nicht durch ein Anerkennungssystem auf ausschließlich freiwilliger Vertragsbasis gewährleistet werden. Eine gewisse Regulierung bleibt erforderlich, um den gewollten sozialpolitischen Ansatz zu sichern. Die zwingende Zulassung verstößt auch nicht gegen

---

329 Hinsichtlich dieser einseitigen Zwangsanerkennung als medizinische Einrichtung wird aber weiterhin die Auffassung vertreten, dass die zwangsmäßige Benennung als medizinische Einrichtung die Berufsfreiheit gemäß Art. 15 KV, das Recht auf Streben nach Glück Art. 10 KV und das Recht auf Gleichheit beeinträchtigen. Aber dem wird in der höchstrichterlichen Rechtsprechung nicht gefolgt.

330 Problematisch ist allerdings das Verfahren der Vergütungsfestsetzung. Es ist strukturell ungünstig für Leistungserbringer (dazu ausführlich unter II. 2). Es ist auch auffällig, dass Rechtsstreitigkeiten in diesem Zusammenhang regelmäßig zu Lasten der Leistungserbringer ausgegangen sind.

Verfassungsgrundsätze, solange die Eingriffe des Staates erforderlich sind und möglichst gering gehalten werden.

Es ist fraglich, ob es im zwingenden Zulassungssystem Ausnahmen geben kann, und ob das Ziel der Gesundheitsgewährleistung mit derartigen Ausnahmen erreicht werden kann. Wie oben erwähnt, sind nicht nur die öffentlichen, sondern auch die privaten Einrichtungen hinsichtlich des Gemeinwohls unzureichend in ihren Leistungen. Beide Gruppen erzielen ihre Betriebseinnahmen durch die Nachfrage der Patienten und die Behandlungsentgelte. Das bedeutet, dass für beide Gruppen Rentabilität eine Existenzvoraussetzung ist. Der Unterschied ist, dass die öffentlichen Einrichtungen nur kostendeckend arbeiten müssen, während die privaten Einrichtungen auf Gewinnerzielung orientiert sind. Dennoch sind die öffentlichen Einrichtungen in finanziellen Schwierigkeiten.[331] Viele Versicherte möchten nicht die öffentlichen Einrichtungen nutzen,[332] da diese wegen mangelnden Investitionen, rückständiger Ausrüstung und Ausstattung, häufigem Stellenwechsel von Ärzten und damit Schwierigkeiten in der Sicherstellung der ärztlichen Leistung keine Qualität bieten.[333]

Als Lösungsmöglichkeit kommen im vorhandenen System in Betracht:

- Ein System der Kontrolle und Qualitätssicherung für die versicherten Leistungen[334].

Das würde aber wohl nur funktionieren, wenn die Bezahlung versicherter Leistungen angemessen ist.

Das eigentliche Dilemma besteht darin, dass einerseits die ärztlichen Leistungserbringer unvermeidbar den oben erwähnten Spielraum über die Erforderlichkeit von Leistungen im Einzelfall haben und dass sie aus unternehmerischer Sicht diesen Spielraum auch im eigenen Interesse nutzen. Da auf ökonomisch wirkende Anreize zur Vermeidung unnötiger Leistungen nicht verzichtet werden kann, bleibt als Mittel der Gegensteuerung letztlich nur eine funktionierende Qualitätssicherung. Darüber gibt es in Korea eine Diskussion, zum Teil auch schon unter dem Stichwort „pay for performence“, die aber noch nicht wirklich zu entsprechenden gesetzlichen Regelungen geführt hat.[335]

---

331 *Kwon, Soonman*, Role of Public Sector in Health Care Delivery: Policy Options in Korea, in: Journal of Governmental Studies Vol. 10 No. 2, 2004, S. 17.

332 Bis ca. 1975 war das Nationale Gesundheitszentrum die beste medizinische Einrichtung, aber dann blieb es hinter den neuen privaten medizinischen Einrichtungen zurück. *Kwon, Soonman*, Role of Public Sector in Health Care Delivery: Policy Options in Korea, in: Journal of Governmental Studies Vol. 10 No. 2, 2004, S. 17.

333 *Chong, Sangwoo*, A Study on Improvement of the Laws Related to National Health Service, Korea Legislation Research Institute, 2009, S. 128.

334 Dazu ausführlich unten Kapitel 2. D. II. 6.

335 Vgl. *Tchoe, Byongho/Lee, Suehyung*, The Possibility of Expanding Pay-for-Performance Program as a Provider Payment System, in: Health Policy and Management Vol. 23 No.1, S. 3 ff.

Ein weiteres Problem im koreanischen Anerkennungssystem liegt in Mängel bei der Kontrolle der Leistungserbringer. Diese Mängel könnten durch Fallpauschalen gemildert werden. Dies würde jedoch nur funktionieren, wenn gleichzeitig ein effektives System der Qualitätssicherung gegeben wäre. Das bedürfte eine regelmäßige Überprüfung der Leistungen nach Angemessenheit der medizinischen Behandlung und der Kosten.

2. Die Entscheidung über die Vergütung der ärztlichen Behandlung

Im geltenden Recht ist die Beziehung zwischen dem Leistungserbringer und der VKK ein gesetzliches Rechtsverhältnis. Die Entgelte basieren auf öffentlich-rechtlichen Kollektivverträgen. Die ärztlichen Behandlungsentgelte werden durch Vertrag gemäß § 45 Abs. 1 VKG zwischen dem Vorstandsvorsitzenden der VKK und den Repräsentanten der medizinischen und pharmazeutischen Verbände festgesetzt. Diese Festsetzung gilt dann gemäß § 45 Abs. 1 VKG unmittelbar für die jeweiligen Leistungserbringer[336] (§ 45 Abs. 2 VKG). Wenn ein Vertrag mangels Einigung nicht zustande kommt, werden die Kostensätze der ärztlichen Behandlung vom Minister für Gesundheit und Wohlfahrt aufgrund Beschlussfassung des Beratungsausschusses[337] bestimmt (§ 45 Abs. 3 VKG).

Auch diese Verfahrensweise wird durch die Verfassungsrechtsprechung als gerechtfertigter Eingriff in das Grundrecht der Berufsfreiheit angesehen. Allerdings verlange die Verfassung eine inhaltliche Kontrolle der Entgeltfestsetzung durch die Gerichte. Um das Grundrecht der freien Berufsausübung auch den Leistungserbringern zu gewährleisten, müssten ihnen im Zwangssystem angemessene Einkünfte als Ergebnis der beruflichen Tätigkeiten abgesichert werden.[338] Daher könnten weder die VKK noch der Minister für Gesundheit und Wohlfahrt, beliebig niedrige Preise bestimmen, sondern die Entgelte müssten angemessen sein. Dies könnten die Leistungserbringer vor die Verwaltungsgerichte bringen. Gegen die verwaltungsgerichtliche Entscheidung könnte das Verfassungsgericht angerufen werden.[339]

3. Gegenstand des der Kollektivverträge

Die Verträge über die ärztlichen Behandlungsentgelte gemäß § 45 Abs. 1 VKG werden zwischen der VKK und den Repräsentanten der jeweiligen medizinischen Verbände vereinbart. Gegenstand des Vertrages sind die Entgelte für die jeweilige

---

336 Diese Verträge mit den verschiedenen Gruppen von Leistungserbringern führen zu verschiedenen Entgeltsystemen. Die folgenden Abschnitte behandeln nur die Entgelte der ärztlichen Leistungserbringer. Ähnliche Entgeltsysteme gibt es auch für die anderen Gruppen.

337 Siehe Kapitel 2. B.

338 KVerfGE, 2007. 8. 30. 2006Hun-Ma417, Rechtsprechungssammlung, Band 14 (2), S. 410 ff.

339 Vgl. KVerfGE, 2002. 10. 31. 99 Hun-Ba76.

Behandlungseinheit (§ 21 Abs. 1 der Präsidialverordnung zum VKG).[340] Dies erfolgt auf der Basis von relativen Vergleichssätzen. Die relativen Vergleichssätze hängen von der Arbeitsbelastung (z.B. Zeit für Leistung und Aufwand), Ressourcenmenge (z.B. Personal oder Ausstattung) und dem Risiko der ärztlichen Behandlung ab. Der Minister für Gesundheit und Wohlfahrt gibt gemäß der Ministerialverordnung zum VKG diese Vergleichssätze nach Beratung durch den Beratungsausschuss vor (§ 21 Abs. 2 der Präsidialverordnung zum VKG) bekannt. An diesen Bestandteilen müssen sich die Verträge orientieren, wenn sie nicht zwischen der VKK und den medizinischen Verbänden freiwillig abweichend vereinbart werden.

Wenn kein Abkommen zwischen der VKK und dem Repräsentanten der medizinischen und pharmazeutischen Verbände zustande kommt, besteht Dissens. In diesem Fall bestimmt der Minister für Gesundheit und Wohlfahrt nach Beschlussfassung im Beratungsausschuss die Kostensätze der ärztlichen Behandlung, und diese Entscheidung gilt als der Vertrag (§ 45 Abs. 3 VKG).[341]

4. Berechnungsmethoden für das ärztliche Leistungsentgelt

Die vertragliche oder durch den Minister erfolgende Festsetzung der Entgelte für die medizinischen Leistungen betrifft die ärztlichen Behandlungs-, Arzneimittel- oder Hilfsmittelkosten. Die Zahl der ärztlichen Behandlungsarten beträgt ca. 3.800, die Zahl der Arzneimittel ca. 22.600 und die Zahl der Hilfsmittel ca. 5.200.[342] Die Kostenberechnung ist kompliziert und daher wird zu ihrem Verständnis viel Sachverstand benötigt. Dieses Thema spielt eine wichtige Rolle in der Politik der Krankenversicherung. Dabei werden auch die Finanzlage der Versicherten, die Quantität oder die Qualität der medizinischen Leistung, die allgemeine Einkommensentwicklung und den Fortschritt der Medizin berücksichtigt. Für die Bestimmung der Entgelte hat es

340 Der Vertrag gemäß § 45 Abs. 1 VKG wird durch den Vorstandsvorsitzenden der VKK und die Repräsentanten gemäß § 20 der Ministerialverordnung zum VKG nach den Arten von Leistungserbringer geschlossen. Durch den Vertrag werden die Stückkosten jeder ärztlichen Behandlung auf der Basis der relativen Vergleichssätze gemäß § 21 Abs. 2 der Ministerialverordnung zum VKG entschieden (§ 21 Abs. 1 der Ministerialverordnung zum VKG).

341 Wenn der Minister für Gesundheit und Wohlfahrt im Streitfall entscheidet, bedeutet dies, dass ein Beteiligter eine einseitige abschließende Beurteilungsermächtigung hat. Die VKK hat den Auftrag, die nationalen Gesundheitsinteressen zu wahren. Obwohl die VKK eine selbständige juristische Person ist, ist sie vom Ministerium für Gesundheit und Wohlfahrt personell und politisch nicht unabhängig (dazu ausführlich Kapitel 2. B. II). Es führt dazu, dass der Preis der Anbieter durch einseitige Entscheidung der Nachfrager bestimmt wird. Wenn auch im Beratungsausschuss Repräsentanten der Anbieterseite beteiligt sind, dominiert insgesamt die staatliche Exekutive.

342 *Jeong, Hongki/Cho, Jeongchan, Volkskrankenversicherungsgesetz,* Korea Legislation Research Institute, 2005, S. 362.

eine Entwicklung gegeben, welche die gemachten koreanischen und internationalen Erfahrungen berücksichtigt und noch nicht abgeschlossen ist.

a. *Allgemeines Konzept : Ressourcenbasierte relative Vergleichssätze als allgemeine Grundlage der Preisberechnung (Resource-based relative value scale: RBRVS)*

Gemäß § 21 Abs. 2 der Präsidialverordnung zum VKG werden die ressourcenbasierten relativen Vergleichssätze durch einen festen Bewertungsfaktor (z.B. Zeiteinsatz, Kapitaleinsatz und erforderliche Qualifikation) für ein angemessenes Entgelt berechnet. Um die Höhe des Leistungsentgelts zu bestimmen, begann man im Jahr 1994 das System zu entwickeln. Im Jahr 2001 wurde dann dieses System eingeführt. Zu Beginn hatten die ressourcenbasierten relativen Vergleichssätze große Bedeutung in den koreanischen Berechnungsmethoden der Versicherungsentgelte. Bei Einführung der koreanischen Krankenversicherung ergaben sich Ungleichheiten im Behandlungskatalog, weil die Methoden sich auf ausländische Kostenermittlungen bezogen. Dieses System hat eine große Bedeutung in der Entwicklung der medizinischen Behandlung und der Verankerung der Krankenversicherung in der Gesellschaft, aber es enthält weiterhin folgende ungelöste Probleme: Unterschiede in den Schwierigkeitsgraden der Leistungen in den Kostenkatalogen, Sprechstundenbemessung, Entwicklung von neuer Medizintechnik, neue Gesundheitspolitik und verändertes Preisniveau.[343] Um diese Probleme zu lösen wurde im Ministerium für Gesundheit und Wohlfahrt eine Projektgruppe für das „Relativwertsystem" unter Führung des Beratungsausschusses eingerichtet. Ab 2003 hatte diese Gruppe die Verbesserungsvorschläge für das Relativwertsystem erarbeitet: Trennung der Kosten von ärztlicher Tätigkeit und Kosten der medizinischen Einrichtungen, Trennung der Kosten des medizinischen Heilbehandlungsmaterials und adäquate Abbildung des ärztlichen Behandlungsrisikos.[344]

Das System hatte dann zwei Ausprägungen. In der ersten Phase hatte man sich bemüht, möglichst einzelne Behandlungsschritte zu bepreisen. Hierbei ergibt sich aber die Gefahr, dass einzelne Behandlungsschritte relativ zum Zeitaufwand zu hoch bezahlt werden und daher bevorzugt häufig angewendet werden, um den Gewinn des Leistungserbringers zu steigern. Dieser Fehlentwicklung wurde dann in Korea – wie in vielen anderen Ländern auch – in der zweiten Phase mit der Einführung eines pauschalen Bezahlungssystems begegnet.

343 *Kim, Yangkyun, Das Problem des Entgeltsystems nach einzelen Behandlungsleistung (Fee-For-Service: FFS) und die Suche nach Alternativen im Zahlungssystem*, in: Health Insurance & Policy Vol. 9 No.1, 2010, S. 12.

344 *Ministerium für Gesundheit und Wohlfahrt, Weißbuch über Gesundheit und Wohlfahrt*, 2009, S. 426.

b. *Die erste Entwicklungsstufe: Das Entgeltsystem nach einzelnen Behandlungsleistungen*

Korea hat 2001 ein Entgeltsystem auf Basis von Behandlungsschritten nach koreanischen Berechnungsmethoden für das ärztliche Leistungsentgelt eingeführt. Das System beruht auf den ressourcenbasierten relativen Vergleichssätzen. Dieses System zählt jede ärztliche Maßnahme (z.B. ärztliche Versorgung, Untersuchung, Prüfung und Maßnahmen für Behandlung und Nachbehandlung). Die Entgelte der ärztlichen Leistungen werden auf Basis der gesonderten Bewertung von einzelnen Teilleistungen der Untersuchung, der angewendeten Arzneimittel und anderen Hilfsmitteln berechnet.[345] Dafür erstellt der Minister für Gesundheit und Wohlfahrt eine Liste der Bestandteile der ärztlichen Leistung und veröffentlicht diese als amtliche Bekanntmachung. Es wird unterschieden zwischen ärztlichen Behandlungsleistungen, Arzneimitteln und Hilfsmitteln.

Das Entgeltsystem nach einzelnen Behandlungsschritten birgt die Gefahr, dass es zu überflüssigen ärztlichen Behandlungen anreizt. Darum wurde und wird an einem Pauschalsystem, nämlich der diagnosebezogenen Fallgruppen-Methode gearbeitet. Diese Methode – das sei hier schon vorweg bemerkt – birgt allerdings umgekehrt die Gefahr unzureichender ärztlicher Behandlung.[346]

c. *Fallpauschalen-System (Disease Related Groups: DRG)*

Im Jahr 2002 wurde das Fallpauschale-System [nachfolgend „DRG-System"] für einige Krankheitsgruppen zusätzlich, also neben dem im Übrigen weiterbestehenden System der Bezahlung von Einzelleistungen – angewendet. Die Bewertung nach dem DRG-System ist wie folgt: Im Fall einer stationären Behandlung bei einer homogenen Krankheitsgruppe, definiert der Minister für Gesundheit und Wohlfahrt die zur Anwendung kommenden Arzttätigkeiten, Arzneimittel und Hilfsmittel als ein Behandlungspaket, für welches ein Gesamtentgelt festzusetzen ist.[347]

In diagnosegleichen Fallgruppen erhalten die Leistungserbringer analoge Leistungsentgelte nur bei der vergleichbaren stationären Behandlung. Diagnosebezogene Fallgruppen bilden ein ökonomisch-medizinisches Klassifikationssystem, das die Abrechnung der Heilbehandlungskosten und ihre Prüfung vereinfachen soll. Das DRG-System kann überflüssige ärztliche Tätigkeiten (wie beim Entgeltsystem nach Einzelleistungen) vermeiden helfen und zu einer homogenen ärztlichen

---

345 *Jeong, Hongki/Cho, Jeongchan, Volkskrankenversicherungsgesetz,* Korea Legislation Research Institute, 2005, S. 363.

346 Siehe dazu ausführlich unten (d).

347 *Kim, Yangkyun, Das Problem des Entgeltsystems nach einzelen Behandlungsleistung (Fee-For-Service: FFS) und die Suche nach Alternative im Zahlungssystem,* Health Insurance & Policy Vol. 9 (1), 2010, S. 15 f.

Versorgung führen. Damit kann eine Kostendämpfung für die Krankenversicherung erreicht werden.[348]

Als Lösung bei eventuellen Problemfällen werden das alte Entgeltsystem nach einzelnen definierten Behandlungsleistungen (Free-For-Service: FFS) und das DRG-System parallel gehandhabt. Ab 1997 wurde das DRG-System bei bewährten medizinischen Einrichtungen als Pilotprojekt begonnen. Im Jahr 2001 wurde das Projekt längerfristig dreimal durchgeführt. Ab 2002 wurde das DRG-System im Rahmen von sieben Krankheitsgruppen[349] bei stationären Patienten bei freiwilliger Teilnahme durchgeführt.[350] Die stationären Patienten zahlen ihren Anteil an den Leistungspauschalen. Im Jahr 2008 wurde das DRG-System auch für Patienten[351] der Pflegeversicherung eingeführt, die in die Pflegeeinrichtung aufgenommen wurden.[352] Seit Juli 2012 gilt das DRG-System obligatorisch für die Krankenhausbehandlung bei sieben Krankheitsgruppen Für andere Bereiche ist das DRG-System noch nicht eingeführt. Ab Juli 2013 muss in allen Krankenhäusern (einschließlich der Klinik) das DRG-System für die stationäre Behandlung von sieben Krankheitsgruppen angewandt werden.[353]

d. Die sozialpolitische Bewertung

Die Methode nach diagnosebezogenen Fallgruppen kann nicht uneingeschränkt befürwortet werden. Einerseits wird eine Stabilisierung der Krankenversicherungsfinanzierung durch Vermeidung von überflüssigen ärztlichen Behandlungen

---

348 *Jeong, Hongki/Cho, Jeongchan, Volkskrankenversicherungsgesetz,* Korea Legislation Research Institute, 2005, S. 364.

349 Die sieben Krankheitsgruppen sind Kataraktextraktion, Entfernung der Gaumenmandeln (Tonsillektomie), Blinddarmoperation (Appendektomie), Bruchoperation (Herniotomie), Entfernen stark vergrößerter Hämorrhoiden (Hämorrhoidektomie), Kaiserschnittgeburt und Operationen an der Gebärmutter der stationären Patienten.

350 Derzeit befand man sich aber noch in einer Diskussionsphase, da die einbezogenen Sozialgruppen noch keine Einigung erzielt haben (*Kong, Insik, Reorganisation des Zahlungssystems in der Krankenverischerung und eine Entwicklungsrichtung neues Fallpauschale-Systems,* in: HIRA Poilcy Brief, Health Insurance Review & Assessment Service (HIRA) Vol. 5 No. 5, 2011, S. 6).

351 Diese Patienten zahlen das Leistungsentgelt pro Tag.

352 <Die gegenwärtige Lage der koreanische Berechnungsmethoden zum ärztlichen Leistungsentgelt.>

	Ambulante Krankenbehandlung	Stationäre Krankenbehandlung
Einzelleistungen	Fee-For-Service	a) Fee-For-Service b) Bettentage
Fallpauschale	X	DRG-System

353 *Pressemitteilungen des Ministeriums für Gesundheit und Wohlfahrt, Erweiterung der obligatorischen Durchführung des DRG-Systems bei sieben Krankheitsgruppen,* 2012, S. 2.

unterstützt, andererseits müssen Freiheit und Verantwortung bei der Wahl der ärztlichen Therapie und das Empfängerrecht auf adäquate ärztliche Leistung miteinander in Einklang gebracht werden.[354]

Das Entgeltsystem nach einzelnen definierten Behandlungsschritten (FFS) und das DRG-System sind gemeinsame Ausprägungen des Systems der ressourcenbasierten relativen Vergleichssätze. Beide weisen Probleme auf, die allerdings gegenläufig sind. Ein Problemfeld ist, dass der Leistungserbringer für sich die Leistungsschritte auswählen kann, die für ihn besonders lukrativ sind. Dann erhöhen sich die Entgelte seiner Behandlung überproportional.

Umgekehrt sind auch mit dem DRG-System Probleme verbunden. So könnte der Behandler einen Anreiz haben, eine komplexe Krankenbehandlung so einfach und billig wie möglich zu machen. Versicherte erhalten hierdurch eine schlechte Krankenbehandlung. Dieses Dilemma könnte aufgelöst werden durch die oben erwähnte Qualitätssicherung, die entsprechend ausgebaut werden müsste.[355]

5. *Anspruch auf ärztliches Behandlungsentgelt*

Ein ärztlicher Leistungserbringer kann das Entgelt für seine Leistungen bei der VKK geltend machen. Hierzu muss der medizinische Leistungserbringer bei der VÜBK einen Prüfungsantrag stellen. Dieser Antrag ist zugleich ein Antrag auf Vergütung für die ärztliche Behandlung gegenüber der VKK. Wenn die VÜBK die Anforderung erhält, muss sie nach Prüfung unverzüglich das Prüfungsergebnis der VKK und dem medizinischen Leistungserbringer anzeigen (§ 47 Abs. 1 und 2 VKG). Wenn der VKK der Inhalt der Prüfung nach § 47 Abs. 2 angezeigt wird, überweist die VKK gemäß Prüfungsinhalt unverzüglich dem Leistungserbringer die Vergütung. Wenn ein Patient bereits eine höhere Selbstbeteiligung geleistet hat, als sich nach den Vorschriften ergibt, muss die VKK dem Versicherten die überschießenden Kosten bezahlen und zieht diesen Betrag beim Leistungserbringer ab (§ 47 Abs. 3 VKG).

6. *Qualitätssicherung für die Gesundheitsleistungen*

Wie oben erwähnt[356], hat die VÜBK in Korea die Aufgabe, die Angemessenheit der medizinischen Leistungen zu bewerten (§ 63 Abs. 1 Nr. 2 VKG) und auch die Bewertungsergebnisse gemäß § 28 Abs. 1 Nr. 3 der Präsidialverordnung zum VKG zu veröffentlichen.[357] Durch diese Bewertung möchte die VÜBK die Qualität der

354 *Kim, Yangkyun, Das Problem des Entgeltsystems nach einzelen Behandlungsleistung (Fee-For-Service: FFS) und die Suche nach Alternative im Zahlungssystem,* Health Insurance & Policy Vol. 9 (1), 2010, S. 12 f.

355 In Korea hat die Diskussion begonnen, bei ambulanten Behandlungen Elemente der Pauschalisierung zu nutzen und ein Entgeltsystem für Behandlungskomplexe zu schaffen. Diese Entwicklung ist aber noch nicht vorangekommen.

356 Kapitel 2. B. III. 3.

357 *VÜBK, Bewertung für Angemessenheit der Leistungen,* 2014, S. 17.

medizinischen Leistungen sicherstellen und verbessern.[358] Die Bürger erhalten hierdurch auch weitere medizinische Informationen.[359] Auf Basis der Bewertungsergebnisse wird die Auszahlung für medizinische Leistungen durch die VKK erhöht oder verringert (§ 47 Abs. 5 VKG).

Die VÜBK bewertet die Angemessenheit der Leistungen im medizinischen-pharmazeutischen Bereich auch unter Kosteneffizienzaspekten (§ 29 Abs. 1 der Ministerialverordnung zum VKG). Die Bewertung von Angemessenheit und deren Veröffentlichung sollen zu einer freiwilligen Qualitätsverbesserung der medizinischen Einrichtungen führen und eine gute medizinische Behandlung der Bürger gewährleisten. Viele Ergebnisse dieser Qualitätssicherung werden veröffentlicht und der Bürger hat damit die Möglichkeit, sich vorab zu informieren und eine Auswahl unter den ärztlichen Behandlungen vorzunehmen.[360]

a. Erweiterung der Qualitätsindikatoren

In Korea wird nicht jede Qualität der gesamten medizinischen Leistungen bewertet. Gemäß § 6 Abs. 1 der Kriterien zur Bewertung der Angemessenheit der medizinischen Leistungen und zur Erhöhung oder Verringerung des Entgeltes der medizinischen Leistungen[361] muss die VÜBK die Gesichtspunkte für die Bewertung der Angemessenheit nach vorgegebenen Kriterien[362] auswählen.

Waren im Jahr 2008 in Korea 17 Qualitätsindikatoren veröffentlichungspflichtig, sind es seit Januar 2012 nunmehr 21 Indikatoren. Das koreanische System braucht noch sicherere und noch weitere Qualitätsindikatoren, um die Qualität medizinischer Leistungen verbessern zu können.

b. Dilemma zwischen Entgeltsystem und Qualitätssicherung

Es gibt das bereits erwähnte Dilemma zwischen einem Vergütungssystem von Einzelleistung und Fallpauschalen. Ein System der Vergütung von Einzelleitung

---

358 *Jeong, Hongki/Cho, Jeongchan, Volkskrankenversicherungsgesetz*, Korea Legislation Research Institute, 2005, S. 540.

359 *VÜBK, Bewertung für Angemessenheit der Leistungen*, 2014, S. 15.

360 *Kim, Gyesuk*, Future Directions for the Healthcare Quality Assessment in NHI, in: Health and welfare policy forum, Korea Institute for Health and Social Affairs Vol. 202, 2013, S. 48.

361 *Amtliche Bekanntmachung des Ministeriums* für Gesundheit und Wohlfahrt Nr. 2010–13.

362 Die Kriterien sind die folgenden:
1. Ob eine mindere Qualität der medizinischen Leistungen schwerwiegende Folgen für die öffentliche Gesundheit haben kann,
2. Ob die Kosteneffizienz der medizinischen Leistungen aufgrund der Verzerrung der Verteilung der medizinischen Ressourcen sinkt,
3. Ob die Prüfung der Leistungsentgelte allein die Angemessenheit der medizinischen Leistungen nicht zu sichern bzw. zu verbessern vermag.

reizt zu überflüssiger Leistung an. Ein System von Fallpauschal gibt ohne Instrumente der Gegensteuerung den Anreiz, schlechte Qualität zu liefern. Das Dilemma ist in Korea noch nicht hinreichend in den Blick genommen und kann wohl auch nur in kleinen Schritten bearbeitet werden. Unter dem System der Einzelleistungsvergütung ist die Kontrolle zur Verhinderung nicht erforderlicher Leistungen schwierig. Bei den Fallpauschalen ist die Kontrolle zur Sicherung der Qualität schwierig. Deswegen ist es eine schwierige Aufgabe für die Zukunft.

c. *Stärkung des Hausarztsystems*

Durch die Änderung des Entgeltsystems allein wird die Qualität aber nicht verbessert. Um die Qualität der medizinischen Leistungen zu verbessern, kann die Stärkung des Hausarztsystems eine wichtige Methode sein. In der Regel sind Hausärzte die wichtigsten und ersten Ansprechpartner für Patienten.[363] Der Hausarzt sollte „Lotse" im System der Gesundheitsversorgung sein, der den Versicherten an Spezialisten weiterleitet. Der Versicherte sollte an die Wahl seines Hausarztes mindestens ein Jahr gebunden sein.

In Korea soll der Patient zwar vor dem Besuch eines Facharztes oder eines Krankenhauses einen Hausarzt konsultieren, aber es ist nur ein Übergang zum Krankenhaus. Obwohl es in Korea eine eigene Stufensystematik im medizinischen Leistungserbringersystem gibt, bevorzugen manche Patienten das Krankenhaus bzw. oberes Klinikum ohne Rücksicht auf die Schwere der Krankheit. Ein solches Phänomen bewirkt überflüssige oder übermäßige Behandlungsentgelte. Daher sollte die Rolle des Hausarztes in der Stufensystematik der verschiedenen medizinischen Leistungserbringer[364] gestärkt werden.

III. Rechtsverhältnis zwischen Leistungserbringern und Versicherten

Die Rechtsbeziehungen zwischen Leistungserbringer und Versichertem umfassen in einer Doppelstruktur zwei unterschiedliche Ebenen. Einerseits ist es eine individuelle Vertragsbeziehung zwischen Arzt und Patient, und andererseits beruht die Krankenbehandlung auch im Verhältnis zum Versicherten/Patienten auf einer Rechtsbeziehung zwischen dem medizinischen Leistungserbringer und der VKK. Die erste Beziehung ist ein privatrechtliches Verhältnis zwischen behandelndem Arzt und Patient; die zweite ist ein öffentlich-rechtliches gesetzliches Rechtsverhältnis als Reflex der öffentlich-rechtlichen Beziehungen des Leistungserbringers zur VÜBK und zur VKK.

---

363 In Deutschland haben die gesetzlichen Krankenkassen gemäß § 73 b Abs. 1 SGB V ihren Versicherten eine besondere hausärztliche Versorgung (hausarztzentrierte Versorgung) anzubieten. *Ebsen, Ingwer*, Krankenversicherung, in: *Maydell/Ruland/Becker* (Hrsg.), Sozialrechtshandbuch, 5. Aufl., Baden-Baden 2012, S. 778.

364 Dazu ausführlich Kapitel 2. D. I.

1. *Die Rechtsbeziehungen in der medizinischen Behandlung als Privatrecht*

Zwischen Leistungserbringer und Patient besteht eine vertragliche Verbindung. Es ist grundsätzlich ein privatrechtliches Vertragsverhältnis. Denn Versicherter und Arzt treten sich als Privatpersonen, der Arzt als Selbstständiger und nicht als Funktionsträger der Krankenkasse, gegenüber. Dem Versicherten ist nicht ein Arzt zugewiesen, sondern er kann vielmehr unter sämtlichen Ärzten frei wählen. Die privatrechtliche Einordnung der Rechtsbeziehung von Patient und Arzt verdient auch deswegen den Vorzug, weil das öffentliche Recht dem Versicherten nur den Zugang zur ärztlichen Behandlung sichert und ihn dabei von der Pflicht zur Bezahlung der ärztlichen Leistung freistellt und stattdessen die VKK belastet. Das Behandlungsverhältnis zwischen Arzt und Patient (Versicherter) unterliegt dem bürgerlichen Recht.[365]

Wenn der Versicherte nicht seinen Selbstbehalt zahlt, muss ihn der Arzt vor den Zivilgerichten verklagen. Umgekehrt muss der Versicherte eine Arzthaftung auch vor dem Zivilgericht durchsetzen. Also sind im Normalfall die Beziehungen trotz öffentlichrechlicher Bindungen des Leistungserbringers privatrechtlich.

2. *Entschädigungsverhältnis im öffentlichen Recht*

In einigen Konstellationen folgen die Rechtsbeziehungen zwischen Versicherten und Leistungserbringern analog den öffentlich-rechtlich geregelten Rechtsverhältnissen zwischen der VKK und Leistungserbringern. Dies ergibt sich daraus, dass die Selbstbeteiligung an den Behandlungskosten eine unmittelbare Konsequenz aus dem Vergütungsanspruch des Leistungserbringers gegen die VKK darstellt. Wegen dieser engen Verbindung besteht ein Zusammenhang zwischen der Überprüfung der ärztlichen Behandlung aus Sicht der VKK mit der Überprüfung der Selbstbeteiligung aus Sicht des Versicherten.

Die Behandlungskosten werden gemäß § 44 VKG nicht vollständig von der VKK, sondern teilweise auch von den Patienten als Leistungsempfänger selbst getragen. Die Leistungserbringer erhalten ihr Entgelt in Teilen von der VKK und teilweise von den Versicherten in Form des Selbstbeteiligungsanteils. Wenn Versicherte die von einem Leistungserbringer angeforderten Kosten beglichen haben, diese jedoch aus einer nicht erforderlichen Behandlung resultieren, so wird der Entschädigungsanspruch des Versicherten als öffentlich-rechtlich angesehen.[366] Grund ist der Zusammenhang mit der Überprüfung der ärztlichen Behandlung durch die öffentlich-rechtlich handelnde VÜBK.

Um eine überflüssige ärztliche Behandlung zu vermeiden enthält das VKG eine Regelung, nach der die Durchführung der ärztlichen Behandlung überprüft werden kann. Versicherte oder ihre Familienangehörige können dazu bei der VÜBK

365 *Cheon, Kwangseok*, Korean Social Security Law, Bobmunsa, 2010, S. 284.
366 *Cheon, Kwangseok*, Korean Social Security Law, Bobmunsa, 2010, S. 282 f.

anfragen, ob ihr Selbstbeteiligungsanteil an dem Entgelt der ärztlichen Behandlung angemessen ist. Wenn die Selbstbeteiligungsbeträge überhöht waren, muss die VÜBK dies an die VKK oder den betroffenen Leistungserbringer melden. Wenn die Kosten übermäßig erhöht waren, muss der betroffene Leistungserbringer dem Versicherten oder den Familienangehörigen unverzüglich den Schaden ausgleichen (§ 48VKG). Die Beziehung ist öffentlich-rechtlich, weil der Arzt darauf verwiesen ist, einen Streit allein mit der VKK oder der VÜBK auszutragen, und die Rechtsfolgen im Verhältnis zum Versicherten dann automatisch gelten.

IV. Die Frage der Steuerung der regionalen Verteilung von Leistungserbringern

1. Rechtsvorschriften über die Versorgung in den Regionen

In Korea gibt es nicht nur Gesetze über die Gewährleistung des Gesundheitsrechts, sondern auch für die Umsetzung der Gesetze hinsichtlich der Leistungserbringer. Diese Gesetze sind:

- Volkskrankenversicherungsgesetz (VKG),
- Krankenhilfegesetz (KHG)[367],
- Medizingesetz (MG),
- Rahmengesetz für Gesundheitswesen und die medizinischen Versorgungen,[368]
- Gesetz über die regionale öffentliche Gesundheit,[369]
- Gesetz über öffentliche Gesundheit und medizinische Versorgung,[370]

367 Die Ziele dieser Gesetze werden schon oben im Kapitel 1 erwähnt.

368 Der Zweck des Rahmengesetzes für Gesundheitswesen und die medizinischen Versorgungen ist es, die Rechte und Pflichten der Bevölkerung und die Verantwortung des Staates und Lokalbehörden in Bezug auf das Gesundheitswesen festzustellen, grundlegende Fragen in Bezug auf Angebot und Nachfrage der medizinischen Dienste festzusetzen, somit Gesundheitswesen zu entwickeln und bürgerliche Gesundheit zu verbessern bzw. Wohlfahrt zu fördern (§ 1 des Rahmengesetzes für Gesundheitswesen und die medizinischen Versorgungen).

369 Das Gesetz zielt auf den Beitrag zur Verbesserung der nationalen Gesundheit. Dafür regelt es die Errichtung und den Betrieb von regionalen öffentlichen medizinischen Einrichtungen (z.B. öffentliches Gesundheitszentrum) und die Konnektivität zum regionalen öffentlichen Gesundheitswesen. Durch diese Regelung wird Gesundheitsverwaltung rational organisiert und effizient betrieben und die Gesundheitspolitik weiter entwickelt (§ 1 des Gesetzes für regional öffentliche Gesundheit).

370 Der Zweck des Gesetzes über öffentliche Gesundheit und medizinische Versorgung ist es, durch Festsetzung der Grundlagen im öffentlichen Gesundheitswesen den Bürgern höhere qualitative medizinische Dienstleistungen effektiv anzubieten, und somit Verbesserung der nationalen Gesundheit zu fördern.

- Gesetz über die Errichtung und den Betrieb der regionalen medizinischen Einrichtungen,[371]
- Sondergesetz über die Verbesserung des Gesundheitswesen und Wohlbefinden der Einwohner im Bauern- und Fischerdorf.[372]

Wie in der Fußnote erwähnt, haben die jeweiligen Gesetze ähnliche Ziele.

Das Rahmengesetz für das Gesundheitswesen und die medizinischen Versorgungen regelt zusammenfassende Pflichten des Staates und der Lokalbehörde. Um die Ressourcen für das Gesundheitswesen wie z.B. Arbeitskräfte, Einrichtungen, Güter, Wissen und Technik zu entwickeln und sicherzustellen, sollen der Staat und die Lokalbehörden zusammen eine systematische Politik betreiben (§ 24 Abs. 1 des Rahmengesetzes für das Gesundheitswesen und die medizinischen Versorgungen). Um den grundlegenden Bedarf an Gesundheitsversorgung und medizinischer Behandlung gemäß § 4 Abs. 2 des Rahmengesetzes für Gesundheitswesen und die medizinischen Versorgungen erfüllen zu können, müssen der Staat und die Lokalbehörden gegebenenfalls eigene öffentliche, medizinische Einrichtungen errichten und betreiben. Hierbei können sie die Kosten ganz oder teilweise subventionieren (§ 27 Abs. 2 des Rahmengesetzes für Gesundheitswesen und die medizinischen Versorgungen). Die Grundfragen über öffentliche Gesundheit und medizinische Versorgung wie z.B. die Errichtung der öffentlichen, medizinischen Einrichtung werden im anderen Gesetz[373] geregelt (§ 27 Abs. 4 des Rahmengesetzes für Gesundheitswesen und die medizinischen Versorgungen). Der Staat und die Lokalbehörden sollen einen Rettungsdienst installieren, damit alle Staatsangehörigen schnell und angemessen in einem Notfall medizinische Versorgung erhalten können (§ 30 des Rahmengesetzes für Gesundheitswesen und die medizinischen Versorgungen). Der Staat und die Lokalbehörden sollen durch Errichtung und Betrieb der öffentlichen medizinischen Einrichtungen dafür sorgen, den grundlegenden Bedarf der Bürger im Gesundheitswesen gleichgewichtig zu erfüllen (§ 6 Abs. 1 des Gesetzes über öffentliche Gesundheit und medizinische Versorgung). Der Staat und die Lokalbehörden können Errichtung und Betrieb der öffentlichen medizinischen Einrichtung

371 Der Zweck dieses Gesetzes ist es, Grundlage über Gründung, Betrieb und Unterstützung der regional medizinischen Einrichtungen festzustellen, somit Gesundheit der Anwohner zu verbessern und Entwicklung des regionalen Gesundheitswesens zu fördern (§ 1 des Gesetzes über die Errichtung und den Betrieb der regional medizinischen Einrichtungen).

372 Der Zweck dieses Gesetzes ist es, Politik zur Förderung der Gesundheit und Wohlfahrt der Einwohner in Bauerndorf und Fischerdorf zu stärken, die Verantwortung des Staates bzw. Lokalbehörde zu schärfen, medizinische Einrichtung bzw. sozialen Einrichtungen zu erweitern und somit ein menschenwürdiges Leben der Einwohner in Bauerndorf und Fischerdorf zu gewährleisten (§ 1 des Sondergesetzes für Verbesserung der Gesundheitswesen und Wohlbefinden der Einwohner in Bauerndorf und Fischerdorf).

373 Es ist nämlich das Gesetz über öffentliche Gesundheit und medizinische Versorgung.

angemessen subventionieren (§ 6 Abs. 2 des Gesetzes über öffentliche Gesundheit und medizinische Versorgung).

Die öffentlichen medizinischen Einrichtungen sollen insbesondere anbieten (§ 7 Abs. 1 des Gesetzes über öffentliche Gesundheit und medizinische Versorgung):

1. Gesundheitsversorgung und medizinische Behandlung für Krankenhilfeberechtigte bzw. schutzbedürftigen Gruppen,
2. medizinische Versorgung für Kinder, Mutterschaft, Menschen mit Behinderungen, psychischen Erkrankungen, Infektionskrankheiten, Notfallbehandlung usw., die aufgrund niedriger Rentabilität in der Vergangenheit mangelhaft war.
3. Gesundheitsversorgung und medizinische Behandlung zur Krankheitsprävention und Gesundheitsförderung
4. Gesundheitsversorgung und medizinische Behandlung in einer regionalen Ausgewogenheit, durch Unterstützung bei Ausbildung, Training und Coaching, und Arbeitskräftebeschaffung.

Gemäß § 4 Abs. 1 des Gesetzes über die Errichtung und den Betrieb der regional medizinischen Einrichtungen können Lokalbehörden Leistungserbringer installieren.

Im Sondergesetz für Verbesserung des Gesundheitswesens und das Wohlbefinden der Einwohner im Bauern- und Fischerdorf gibt es keine Regelung über die Errichtung der medizinischen Einrichtungen, sondern nur über deren Subventionierung (§ 10 des Gesetzes über die Errichtung und den Betrieb der regional medizinischen Einrichtungen).

2. Der Grund einer regionalen Unterversorgung

Der Staat muss dem Bürger die medizinische Versorgung im Krankheits- oder Verletzungsfall gewährleisten. Dies ist ein Grund für die koreanische zwingende Zulassung von Leistungserbringern, die sich auch nicht auf unversicherte Leistungen oder die Behandlung außerhalb des Systems der sozialen Krankenversicherung beschränken dürfen. In Korea gibt es anhaltende Diskussionen über die Gerechtigkeit des zwingenden Zulassungssystems und über die Erweiterung der öffentlich-rechtlichen medizinischen Einrichtungen. Dafür gibt es viele Gründe. Ein wesentlicher Grund ist m.E. die Ungleichheit in der regionalen Verteilung von Leistungserbringern.

Der Grund einer regionalen Unterversorgung mit Arztkapazitäten kann darin bestehen, dass die ökonomische Existenz von Ärzten wegen zu geringer Einwohnerzahlen oder unzureichender Kaufkraft nicht gewährleistet ist. Dies betrifft nicht so sehr die Ebene der Provinzen[374], sondern die Ebene der Verwaltungseinheiten darunter. In manchen Regionen gibt es in Korea einen Mangel an Leistungserbringern (z.B. insbesondere bei Frauenärzten und Krankenhäusern, in denen eine Notaufnahme

374 Zur Verwaltungsorganisation und den Verwaltungsebenen siehe unten Kapitel 4. B. II. 1. a.

erfolgen kann). Umgekehrt gibt es aber auch Regionen mit Überversorgung. Das bedarfsgerechte Versorgungsniveau ergibt sich aus dem zahlenmäßigen Verhältnis von Ärzten zur Einwohnerzahl. In den großen Städten (insbesondere in Seoul) gibt es fast überall Überversorgung. Da es in Korea keine regionale Steuerung von Leistungserbringern gibt, wird den regionalen Ungleichverteilungen in den Provinzen nicht entgegengewirkt. Im koreanischen System könnte es einen Weg geben, dass in überversorgten Gebieten niedrigere Entgelte als in unterversorgten Regionen gewährt würden. Dann kann der einzelne Arzt selbst kalkulieren, wo er seine medizinische Einrichtung eröffnet.

E. Finanzierung

I. Finanzierungsquellen

Die Krankenversicherung wird grundsätzlich durch die Beiträge der Versicherten und – bei den Betriebsversicherten – ihrer Arbeitgeber finanziert (§ 69 Abs. 1 VKG). Die Höhe der jeweiligen Beiträge wird durch eine Präsidialverordnung zum VKG festgelegt. Um die Finanzierung sicherzustellen kann die VKK von Versicherten oder Arbeitsgebern, die gemäß § 77 VKG zur Beitragsleistung verpflichtet sind, die Beiträge auch zwangsbeitreiben (§ 69 Abs. 1 VKG). Die Finanzierungsquellen bestehen neben den Beiträgen auch aus Zuschüssen vom Staat (dazu unten). Die Beiträge sind unterschiedlich nach Art der Versichertenmitgliedschaft. § 77 VKG regelt die Zahlungspflicht für Beiträge.

1. Beiträge

a. Rechtliche Einordnung des Krankenversicherungsbeitrags

aa. Der Krankenversicherungsbeitrag als Sozialversicherungsbeitrag

Die Krankenversicherungsbeiträge sind Sozialversicherungsbeiträge. Dies, nämlich die Verknüpfung des Versicherungsprinzips mit dem Solidaritätsprinzip[375], grenzt sie nach der Rechtsprechung des KVerfG von Steuern[376] und öffentlichen Abgaben

375 Das wesentliche Merkmal bei Krankenversicherungsbeiträgen ist die Verknüpfung des Versicherungsprinzips mit dem Solidaritätsprinzip. Das Versicherungsprinzip i.e.S. ist das „Äquivalenzprinzip“. Die Versicherungsleistung orientiert sich an den aufgewendeten Beitragssummen. Die Besonderheit dieser Krankenversicherungsbeiträge ist in dem Solidarausgleich zu sehen (KVerfGE, 2000. 6. 29. 99Hun-Ma289). Dazu ausführlich unten.

376 Es gibt in vielerlei Hinsicht Unterschiede zwischen einer Steuerzahlung und einem Krankenversicherungsbeitrag, beispielsweise Zahlungsverpflichtete, Gegenleistung und Bemessungsmethode (*Hong, Wansik*, Verfassungskriterien bei der Sozialversicherungsgesetzgebung, Korea Legislation Research Institute, 2005, S. 58 f.).

(Vorzugslasten[377]) ab.[378] Nach der Rechtsprechung des KVerfG[379] sind Sozialversicherungsbeiträge keine sonstigen öffentlichen Abgaben. Sie sind eine eigenständige öffentliche Abgabenart.[380]

bb. Unterschied zwischen dem Krankenversicherungsbeitrag der VKK und dem der Privaten Krankenversicherungen

Die öffentliche Krankenversicherung ist dem Solidarprinzip[381] verpflichtet, während die Privatkrankenversicherung am risikomäßigen Individual-Äquivalenzprinzip orientiert ist.[382] Die öffentliche Krankenversicherung zielt darauf, auch dem wirtschaftlich Schwächeren eine Absicherung gegen Lebensrisiken im Rahmen des Risikoausgleichs in der Gesamtbevölkerung zu geben. Sie orientiert daher den Beitrag nicht am individuellen Risiko, sondern an der finanziellen Leistungsfähigkeit. Dagegen wird die Prämie der Privatkrankenversicherung nach dem individuellen oder – genauer – dem gruppenspezifischen Versicherungsrisiko einer Risikogruppe bemessen.[383] Durch die dadurch erreichte Individualäquivalenz wird die Privatkrankenversicherung nicht nur durch die risikogerechte Versicherungsprämie, sondern korrelierend auch durch die beitragsgerechte Versicherungsleistung geprägt.[384]

Die Höhe der Volkskrankenversicherungsbeiträge wird nach einem gleich hohen Prozentsatz der Bemessungsgrundlage, nämlich für die Betriebsversicherten nach dem Erwerbseinkommen und für die Volksversicherung nach den relevanten Einkünften und dem relevanten Vermögen, ohne Einfluss von Alter, Gesundheitszustand oder Familienstand, kalkuliert. Die im Bedarfsfall zu gewährenden Versicherungsleistungen beeinflussen nicht die Höhe der individuellen Beiträge. Die Höhe der Volkskrankenversicherungsbeiträge ist ohne Einfluss auf die im Bedarfsfalle zu gewährenden Leistungen.[385]

---

377 Obwohl Krankenversicherungsbeiträge und „Öffentliche Abgaben“ (Vorzugslast) vom Äquivalenzprinzip geprägt sind, sind sie hinsichtlich der Bemessungsmethode unterschiedlich.

378 KVerfGE, 2001. 2. 22. 99Hun-Ma365.

379 KVerfGE, 2000. 6. 29. 99Hun-Ma289.

380 KVerfGE, 2000. 6. 29. 99Hun-Ma289; KVerfGE, 2001. 8. 30. 2000Hun-Ma668.

381 Das Solidarprinzip in der öffentlichen Krankenversicherung wird am stärksten in Anspruch genommen.

382 KVerfGE, 2000. 6. 29. 99Hun-Ma289.

383 Diese besteht darin, dass für den einzelnen Versicherten im Verhältnis zu anderen Versicherten die Relation von Risiko und Beitrag gleich ist. Um das zu erreichen, werden die Versicherten in Gruppen mit im Wesentlichen gleichem Risiko und darum gleichem Beitrag zusammengefasst.

384 *Hong, Wansik*, Current Status and Problems of the National Health Insurance Act, in: Legal Studies, Korea Legislation Research Institute Vol. 27, 2004, S. 57.

385 *Hong, Wansik*, Current Status and Problems of the National Health Insurance Act, in: Legal Studies, Korea Legislation Research Institute Vol. 27, 2004, S. 58.

b. Kalkulation der Beiträge

aa. Beiträge der Betriebsversicherten

Die Beiträge für die Betriebsversicherten werden von diesen und ihren Arbeitsgebern je zur Hälfte getragen.[386] Lediglich, wenn Betriebsversicherte Beschäftigte privater Schulen sind, werden die Beiträge von den Versicherten zu 50 Prozent, dem Arbeitgeber zu 30 Prozent und vom Staat zu 20 Prozent getragen (§ 76 Abs. 1 VKG). Die Beiträge der Betriebsversicherten werden vom Arbeitgeber abgeführt. Im Fall, dass es mehrere Arbeitgeber gibt, müssen diese die Beiträge jeweils getrennt bezahlen (§ 77 Abs. 1 VKG). Arbeitgeber müssen den Teil der Beiträge, die die Betriebsversicherten für den Monat tragen müssen, durch Abzug aus den Arbeitseinkommen bezahlen. Die Arbeitgeber müssen den Betriebsversicherten den Abzugsbetrag mitteilen (§ 77 Abs. 3 VKG).

Die Höhe der monatlichen Beiträge der Betriebsversicherten wird dadurch bestimmt, dass das durchschnittliche Monatseinkommen[387] mit dem relevanten Beitragssatz[388] der Mitglieder multipliziert wird (§ 69 Abs. 4 VKG). Das durchschnittliche Monatseinkommen gemäß § 69 Abs. 4 VKG ist 1/12 des Vorjahreseinkommens der Betriebsversicherten. Diese Durchschnittsbildung aus dem Vorjahreseinkommen basiert auf effektiv erzieltem Einkommen und ist nicht mit unbestimmten Faktoren behaftet. Dabei können eine obere und eine untere Grenze nach den Kriterien der Präsidialverordnung zum VKG bestimmt werden (§ 70 Abs. 1 VKG). Diese Bemessungsgrundlage ist vorläufig und wird im Nachhinein gemäß dem tatsächlich im Jahr erzielten Einkommen korrigiert. Wenn der Versicherte kein Einkommen oder nur teilweise ein Einkommen wegen Beurlaubung oder aus sonstigen Gründen erhalten hat, so wird in diesen Fällen das Einkommen, das im letzten Monat vor diesem Ereignis anfiel, als Basis für die Bestimmung des Beitrages herangezogen. (§ 70 Abs. 2 VKG).

Die Definition gemäß § 70 Abs. 3 VKG, die durch Präsidialverordnung bestimmt wird, betrifft das Erwerbseinkommen. Folgende Arten von Bezügen sind jedoch ausgenommen:

1. Einmalige Entlassungsprämie,
2. Wettbewerbspreisgelder, Übersetzungsgebühren oder Honorare für Manuskripte,
3. Bestimmte nach dem Einkommensteuergesetz steuerfreie Einkünfte und bestimmte Sonderzulagen (§ 33 Abs. 1 der Präsidialverordnung zum VKG).

Die Beiträge der Betriebsversicherten gemäß § 70 Abs. 1 VKG werden durch die jährlich berechneten Monatsentgelte bestimmt, die – wie oben ausgeführt – zeitlich

386 Im Jahr 2010 betrug der durchschnittliche Beitrag der Betriebsversicherten 73.250 Won. *Der Minister für Gesundheit und Wohlfahrt, 2010 Weißbuch über Gesundheit und Wohlfahrt*, 2011, S. 350.

387 Dies wird nach § 70 VKG und § 34 Abs. 1 der Präsidialverordnung zum VKG bestimmt.

388 Dies wird nach § 73 Abs. 1 oder 2 VKG bestimmt.

in zwei hintereinander geschalten Stufen festgestellt werden. Die Monatsentgelte werden durch das im jeweiligen Vorjahr erzielte Gesamtentgelt für das nächste Jahr festgelegt (§ 34 Abs. 1 der Präsidialverordnung zum VKG), dann erneut nach Ablauf kalkuliert. Guthaben oder Nachbelastungen können hieraus resultieren und müssen reguliert werden.

Der Arbeitgeber muss bis spätestens Ende Februar jeden Jahres der VKK das im Vorjahr dem Betriebsversicherten ausbezahlte Gesamtentgelt[389] sowie die Arbeitszeit der Betriebsversicherten und sonstige wesentliche Einzelheiten melden (§ 35 Abs. 1 der Präsidialverordnung zum VKG).

Die VKK entscheidet über die durchschnittlichen Monatsentgelte, die anhand der gemäß § 35 der Präsidialverordnung zum VKG mitgeteilten Gesamtentgelte und der Anzahl der gearbeiteten Monate der Betriebsversicherten ermittelt werden (§ 36 Abs. 1 der Präsidialverordnung zum VKG). Wenn das Entgelt der Betriebsversicherten sich erhöht oder reduziert, können die Arbeitgeber der VKK einen Antrag auf Änderung der Festsetzung über die Höhe der Monatsentgelte stellen (§ 36 Abs. 2 der Präsidialverordnung zum VKG).

Wenn die nach § 70 Abs. 1 VKG errechneten durchschnittlichen Monatseinkommen der Betriebsversicherten unter 280.000 Won liegen, so wird dennoch der Mindest-Beitrag auf der Basis von 280.000 Won errechnet.[390] Diese Beitragsbemessungsuntergrenze entsprach Ende 2012 ca. 200 Euro. Wenn das errechnete durchschnittliche Monatseinkommen über 78.100.000 Won liegt, so gilt dies als Höchstwert (§ 32 der Präsidialverordnung zum VKG). Diese Beitragsbemessungsobergrenze entsprach Ende 2012 ca. 55.300 Euro. Eigentlich gibt es damit keine Bemessungsgrenze. Denn auf Grund der Höhe dieser monatlichen Bemessungsgrenze sind praktisch alle Erwerbstätigen in Korea (mit ganz wenigen Ausnahmen) mit ihrem Vollerwerbseinkommen beitragspflichtig.

Wenn Betriebsversicherte in mehr als einem versicherungspflichtigen Arbeitsverhältnis Lohn erhalten, wird das durchschnittliche Gesamtmonatsentgelt nach den Lohnzahlungen in den individuellen Arbeitsverhältnissen festgelegt (§ 36 Abs. 4 der Präsidialverordnung zum VKG). Für Fälle, in denen die Monatsentgelte der Betriebsversicherten nach § 33 bzw. § 38 der Präsidialverordnung zum VKG schwer zu berechnen sind, oder wenn es zur Feststellung keine Daten gibt, werden Regelungen über die erforderlichen Festlegungen (wie die Berechnung der Monatsentgelte oder der Antrag auf Änderung der Monatsentgelte bei Veränderungen der Lohnhöhe)

389 Das Gesamtentgelt wird gemäß § 70 VKG und § 33 der Präsidialverordnung zum VKG berechnet und von Januar bis Dezember kalkuliert.

390 Personen mit geringem Einkommen können dennoch über Vermögen verfügen. Dann bekommen sie keine Krankenhilfe, sondern nehmen an der Volkskrankenversicherung teil. Die Unterscheidung zwischen Versicherten der Volkskrankenversicherung und berechtigten Personen der Krankenhilfe beruht auf einer festgelegten Ermittlung zum Einkommen und Vermögen (§ 2 Nr. 8 und § 5 Abs. 1 ESG). Ein Einkommen eines Singlehaushalts unter 553.354 Won (c.a 390 Euro) berechtigt zur Krankenhilfe. Dazu ausführlich Kapitel 4.

nach einem Beschluss des Finanzausschusses durch Satzung der VKK bestimmt (§ 36 Abs. 5 der Präsidialverordnung zum VKG).

Wenn die berechneten und abgeführten Beiträge über den Beiträgen liegen, die gemäß § 34 bzw. § 38 Präsidialverordnung zum VKG ggfs. erneut berechnet werden, muss die VKK den überschießenden Betrag zurückzahlen. Wenn Beitragsanteile noch fehlen, muss die VKK den Minderbetrag bei den Arbeitgebern nachträglich beitreiben (§ 39 Abs. 1 der Präsidialverordnung zum VKG).

Die Höhe des Beitragssatzes der Betriebsversicherten wird im Maximalrahmen von 8 Prozent des Einkommens durch Beschluss des Beratungsausschusses gemäß der Präsidialverordnung zum VKG festgelegt (§ 73 Abs. 1 VKG).[391] Wenn ein Betriebsversicherter im Ausland arbeitet, ist der Beitragssatz die Hälfte des gemäß § 73 Abs. 1 VKG festgelegten Beitragssatzes (§ 73 Abs. 2 VKG).

Ein jährlich festzusetzender Beitragssatz in der Volkskrankenversicherung gilt für die abhängig Beschäftigten. Im Jahr 2012 betrug der Beitragssatz zur Krankenversicherung 5,99 Prozent vom Entgelt der Betriebsversicherten (§ 44 Abs. 1 der Präsidialverordnung zum VKG).

bb. Die Beiträge der Ortsversicherten

Die Ortsversicherten tragen die Beiträge zur Volkskrankenversicherung vollständig selbst. Die Beiträge der Ortsversicherten werden von allen mitversicherten Familienmitgliedern gemeinsam getragen (§ 76 Abs. 3 VKG)[392] und für den Haushalt gemeinschaftlich bezahlt. Wenn Minderjährige die durch Präsidialverordnung festgelegten Kriterien (z.B. Obergrenzen bei Einkünften, Vermögen, Lebensstandard und Grad der Beteiligung an wirtschaftlichen Aktivitäten) erfüllen, besteht für sie keine Beitragspflicht (§ 77 Abs. 2 VKG).[393]

---

391 Dieser Beitragssatz hat seit 2001 nach der Vereinheitlichung der Versicherungsfinanzierung stets zugenommen. Der Beitragssatz der Betriebsversicherten hat sich von 3,4 Prozent im Jahr 2001 auf 5,33 Prozent im Jahr 2010 stetig erhöht. Im 2012 beträgt die Höhe des Beitragssatzes für die Betriebsversicherten 5,8 Prozent und 5,99 Prozent in 2014 gemäß § 73 Abs. 1 VKG (§ 44 Abs. 1 der Präsidialverordnung VKG).

392 Der alte § 67 Abs. 3 VKG von 2005 (Gesetz Nr. 7377) regelte, dass der Staat im Rahmen des Budgets den Teil der Beiträge, der von Ortsversicherten getragen werden müsste, übernehmen kann. Die darin liegende Ungleichbehandlung der Betriebsvesicherten wurde vom KVerfG (KVerfGE 2000. 6. 29. 99Hun-Ma89) gebilligt. Da im Vergleich mit den Betriebsversicherten der Kreis der Ortsversicherten Gruppen einbeziehe, in denen es ältere Menschen, Arbeitslose, Rentner oder einkommensschwache Menschen gebe.

393 Wenn Minderjährige ein eigenes Einkommen gemäß § 42 Abs. 2 der Präsidialverordnung zum VKG haben oder über Vermögen gemäß § 42 Abs. 3 der Präsidialverordnung zum VKG verfügen, so sind diese Minderjährigen im Haushalt der Ortsversicherten beitragspflichtig gemäß § 46 der Präsidialverordnung zum VKG.

Die Höhe der monatlichen Beiträge von Ortsversicherten wird pro Haushalt gemäß § 72 und § 73 Abs. 3 VKG kalkuliert. Die Höhe der monatlichen Beiträge für den Ortsversicherten-Haushalt ergibt sich aus den nach § 72 VKG kalkulierten Bemessungspunkten multipliziert mit den Basissätzen pro Bemessungspunkten gemäß § 73 Abs. 3 VKG (§ 69 Abs. 5 VKG).

Die Bemessungspunkte werden nach der Höhe des Einkommens und des Vermögens, der Einschätzung des Lebensstandards und der Dauererwerbstätigkeit[394] ermittelt. Die obere und die untere Grenze der Beiträge können durch die gemäß Präsidialverordnung zum VKG festgelegten Kriterien bestimmt werden (§ 72 Abs. 1 VKG). Bei Festlegung der Berechnungsmethode und der Kriterien kann Vermögen, an dem die Ausübung von Eigentumsrechten gemäß Gesetz beschränkt ist, anders als andere, „freie", Vermögen behandelt werden (§ 72 Abs. 2 VKG).

Die detaillierte Methode für die Berechnung der Bemessungspunkte ist in Anhang IV der Präsidialverordnung zum VKG geregelt (§ 42 Abs. 1 der Präsidialverordnung zum VKG). Das Einkommen gemäß § 42 Abs. 1 der Präsidialverordnung zum VKG umfasst;

1. Einkünfte aus Zinsen gemäß § 16 des Einkommensteuergesetzes,
2. Dividenden- und Kapitaleinkommen gemäß § 17 des Einkommensteuergesetzes,
3. Einkünfte aus Gewerbebetrieb gemäß § 19 des Einkommensteuergesetzes,
4. Arbeitseinkommen gemäß § 20 des Einkommensteuergesetzes,
5. Renteneinkommen gemäß § 20–3 des Einkommensteuergesetzes[395] und,
6. Sonstige Einkünfte gemäß § 21 des Einkommensteuergesetzes (§ 42 Abs. 2 der Präsidialverordnung zum VKG).

Das Vermögen gemäß § 42 Abs. 1 Nr. 1 ist wie folgt definiert: Zum allgemeinen Vermögen gemäß § 105 des lokalen Steuerrechtes gehören Grund und Gebäude, Schiffe oder Flugzeuge. Aber Gebäude und Grund, die zu der Familiengemeinschaft oder Dorfgemeinschaft gehören und für gemeinschaftliche Zwecke genutzt werden, sind ausgeschlossen (§ 42 Abs. 3 der Präsidialverordnung zum VKG).

Die Höhe des Basissatzes für die Ortsversichertenbeiträge wird ebenfalls durch Beschluss des Beratungsausschusses nach Maßgabe der Präsidialverordnung zum VKG festgelegt (§ 73 Abs. 3 VKG). Die Höhe des gemäß § 73 Abs. 3 VKG ermittelten Basissatzes für Ortsversicherte beträgt 175,6 Won (ca. 0.12 Euro) (§ 44 Abs. 2 der Präsidialverordnung zum VKG).[396] Dieser Basissatz wird dann mit der individuell errechneten Beitragsrate (entspricht dem „Vermögenswert") multipliziert.

---

394 Der Begriff des Lebensstandards und der Dauererwerbstätigkeit bezieht sich hier auf Geschlechtsunterschied, Alter, Vermögen bzw. Status der Behinderten der Ortsversicherten (Anhang IV Nr. 1 d der Präsidialverordnung zum VKG).

395 Das jeweilige steuerfreie Einkommen für das Existenzminimum bleibt unberücksichtigt.

396 Die Höhe des Basissatzes für Ortsversicherte betrug 115,8 Won im Jahr 2003 und ist auf 165,4 Won im Jahr 2011 angestiegen (*Ministerium für Gesundheit und Wohlfahrt, 2010 Weißbuch über Gesundheit und Wohlfahrt*, 2011, S. 410).

c. *Befreiung oder Minderung von Beiträgen*

Wenn Betriebsversicherte im Ausland berufstätig sind, wenn ein Soldat im aktiven Dienst gemäß Wehrpflichtgesetz steht, oder wenn sich jemand im Gefängnis befindet oder sich in einer anderen entsprechenden Einrichtung aufhält, befreit die VKK von der Beitragspflicht. Die Beitragsbefreiung für im Ausland berufstätige Betriebsversicherte gilt nur, wenn keine inländischen Familienangehörigen versorgungspflichtig sind (§ 74 Abs. 1 VKG).

In folgenden Fällen wird der Beitrag des Versicherten reduziert (§ 75 Abs. 1 VKG):

1. Personen, die in einem durch Präsidialverordnung festgelegten Ort wohnen (z.B. in abgelegenen Regionen, im Bauerndorf, im Fischerdorf wohnen),
2. Personen, die mindestens 65 Jahre alt sind,
3. behinderte Personen, die gemäß dem Gesetz für Behindertenfürsorge eingetragen sind,
4. Personen, die sich um den Staat verdient gemacht haben und bei denen § 4 Abs. 1 Nr. 4, Nr. 6, Nr. 12, Nr. 15 oder Nr. 16 des Gesetzes über die ehrenvolle Behandlung und Unterstützung für verdiente Personen zur Anwendung kommt,
5. Personen, die beurlaubt sind,
6. andere Personen, die auf Grund schwierigen Lebensunterhalts oder Naturkatastrophen eine Reduzierung der Beiträge verlangen können.

Diese Personengruppen werden vom Minister für Gesundheit und Wohlfahrt festgelegt und amtlich bekannt gemacht. Methoden, Verfahren und sonstige erforderliche Bedingungen zur Reduzierung der Beiträge werden durch den Minister für Gesundheit und Wohlfahrt geregelt und amtlich bekannt gemacht (§ 75 Abs. 3 VKG).

2. *Zuschüsse vom Staat*

a. *Allgemeine staatliche Zuschüsse im Rahmen des Haushalts*

Der Staat subventioniert jedes Jahr mit 14 Prozent der voraussichtlichen Jahresbeitragseinnahmen den Haushalt der Krankenversicherung (§ 108 Abs. 1 VKG). Die VKK verwendet die Staatszuschüsse gemäß § 108 Abs. 1 VKG wie folgt:

1. Leistung für Versicherte oder deren Familienangehörigen,
2. Betriebsaufwendungen für die Krankenversicherung sowie
3. Unterstützung gemäß § 75 oder § 110 Abs. 4 VKG zur Reduzierung der Beiträge (§ 108 Abs. 3 VKG).

b. *Zweckgebundene Zuschüsse durch den Fonds für nationale Gesundheitsförderung*

Die VKK kann durch die Finanzmittel des Fonds für nationale Gesundheitsförderung nach dem Gesetz über die Gesundheitsförderung unterstützt werden (§ 108 Abs. 2

VKG).[397] Die VKK verwendet die Subventionen des Fonds gemäß § 108 Abs. 2 VKG für folgende Fälle:

1. Vorhaben zur Gesundheitsförderung wie z.B. Vorsorgeuntersuchungen,
2. Leistungen gegen Krankheiten, die durch Rauchen verursacht sind, für die Versicherten oder für deren Familienangehörigen und
3. Leistungen für die Versicherten oder deren Familienangehörigen, die über 65 Jahre sind (§ 108 Abs. 4 VKG).

c. *Umverteilungsfunktion des Staatszuschusses*

Der Staatszuschuss zur Krankenversicherung beinhaltet neben der ökonomischen noch eine Verteilungskomponente. Da der Verpflichtetenkreis bei Steuern ein anderer ist als bei den Beiträgen, werden zusätzliche Zahler insbesondere Reiche mit anderen Einkünften als Erwerbseinkommen (= Kapitaleinkünfte), herangezogen. Darüber hinaus gibt es in Korea eine Steuerprogression, während die Kalkulation der Krankenversicherungsbeiträge keine Progressionsstaffel enthält. Folglich resultiert aus der Steuerfinanzierung des Staatszuschusses eine weitere Umverteilung zusätzlich zur Methode der Sozialversicherungsbeiträge.

3. *Reservefonds*

Das VKG sieht einen Reservefonds zur finanziellen Stabilität der Krankenversicherung vor. Die VKK muss jährlich 5 Prozent der Summe aller jährlichen Leistungsrechnungen bis zu einem Maximalbetrag von 50 Prozent des letzten Jahrrechnung als Reservefonds thesaurieren (§ 38 Abs. 1 VKG).[398] Nur wenn es Defizite bei Leistungserfüllung oder Liquidität gibt, kann gemäß § 38 Abs. 1 VKG der Reservefonds verwendet werden. Wenn der Reservefonds zu Auszahlungen verwendet wird, muss die erneute Reservebildung innerhalb des betreffenden Geschäftsjahres nachgeholt werden (§ 38 Abs. 2 VKG). Die erforderlichen Einzelheiten zur Verwaltung und den Leistungen des Reservefonds sind vom Minister für Gesundheit und Wohlfahrt durch Rechtsverordnung zu regeln (§ 38 Abs. 3 VKG).

---

397 Gemäß § 23 Abs. 1 des Gesetzes über die Gesundheitsförderung wird der Fond aus dem Umsatz mit Tabak wie folgt finanziert:
- Zigaretten: 354 Won (pro 20 Zigaretten),
- Elektronische Zigaretten: 221 Won (pro Milliliter der Nikotinslösung).

398 Aber die VKK und der Ministrium für Gesundheit und Wohlfahrt haben diese Vorschriften nicht völlig befolgt bzw. durchgesetzt. Deswegen gibt es es einige Meinungen, dass dies die Finanzkrise in der Volkskrankenversicherung verursacht. *Lee, Jongchan*, Financial Crisis and Structural Risk in Korean National Health Insurance – A History of Health Care Policy Perspective-, in: Health and Social Science, Korean Association of Health and Medical Sociology Vol. 22, 2007, S. 39.

Der wesentliche Zweck des Reservefonds ist die Gewährleistung der Leistungsfähigkeit der VKK, wenn unerwartete Kostenerhöhungen die Leistungsfähigkeit bedrohen.[399]

II. Budget und Rechnungsabschluss

Das Geschäftsjahr der VKK folgt dem Geschäftsjahr der Regierung (§ 35 Abs. 1 VKG). Die VKK verwaltet die Betriebs- und Ortsversicherten gemeinsam und führt auch ein einheitliches Rechnungswesen bei getrennten Buchungskreisen (§ 35 Abs. 2 VKG).[400] Wenn die VKK den Jahresabschluss für die Krankenversicherung erstellt, müssen die Rechnungsbeträge für die verschiedenen Aufgaben der VKK wie Krankenversicherung, Rentenversicherung und weitere Aufgaben getrennt ausgewiesen werden (§ 35 Abs. 3 VKG). Die Verwaltungsausgaben und Leistungsausgaben müssen auch getrennt berechnet werden, weil die Leistungsausgaben eine sehr wichtige Kennziffer bilden und ihr Verhältnis zu den Verwaltungsausgaben für die Beurteilung der Effizienz der Verwaltung wichtig ist.

Die VKK muss den Haushaltsplan für jedes Rechnungsjahr gesondert aufstellen und ihn vom Minister für Gesundheit und Wohlfahrt genehmigen lassen. Entsprechendes gilt für Änderungen des Haushaltsplans (§ 36 VKG). Wenn Liquiditätsengpässe bei der VKK auftreten, kann die VKK kurzfristig Geld auf dem Finanzmarkt aufnehmen. Aber wenn die VKK eine längerfristige Kreditaufnahme mit der Laufzeit ab einem Jahr benötigt, muss dies vom Minister für Gesundheit und Wohlfahrt genehmigt werden (§ 37 VKG).

Die VKK muss eine Rechnungslegung und einen Geschäftsbericht für das jeweilige Rechnungsjahr erstellen. Diese müssen dem Minister für Gesundheit und Wohlfahrt bis Ende Februar des nächsten Jahres vorgelegt werden (§ 39 Abs. 1 VKG).

III. Sozialpolitische Beurteilung

1. Belastungsgleichheit zwischen Betriebs- und Ortsversicherten hinsichtlich der Krankenversicherungsbeiträge

a. Unterschiedliche Bemessungskriterien

Es gibt zwei Kernpunkte in der Kritik: Die Belastungsungleichheit zwischen Orts- und Betriebsversicherten und die mangelnde Berücksichtigung der gesamten Leistungsfähigkeit. Das koreanische Krankenversicherungssystem arbeitet seit der Vereinigung der dreihundertsiebzig Krankenkassen im Jahr 2000 mit zwei unterschiedlichen Beitragsbemessungsmethoden für Betriebs- und Ortsversicherte, da

399 KVerfGE, 2000. 6. 29. 99Hun-Ma289.

400 Jedoch müssen der Jahresabschluss für die Krankenversicherung und die Leistungsausgaben und die Verwaltungskosten getrennt nach Gruppen ausgewiesen werden.

das Einkommen von Selbständigen schwer zu ermitteln ist.[401] . Seit der Vereinheitlichung der Finanzierung werden die Beiträge der Betriebsversicherten durch erfasste Realeinkommen und die Beiträge der Ortsversicherten durch geschätzte Einkommen und auch Vermögen bemessen.[402] Wegen dieses dualen Systems bei der Beitragsbemessung gab es stets Streit über die Lastengleichheit des Beitrags zwischen Betriebs- und Ortsversicherten. Wenn Betriebsversicherte nach der gleichen Methode wie Ortsversicherte belastet würden, ergäbe sich eine höhere Beitragszahlung für die Betriebsversicherten. Sogar bei Einkommen über 55.300 Euro im Monat (Bemessungsgrenze) müsste monatlich noch ein zusätzlicher Prozentsatz des Vermögens bezahlt werden.

b. Mangelnde Erfassung bestimmter Einkommen

In der Kritik steht auch die Erfassung der Einkommen der Selbständigen. Im koreanischen Krankenversicherungssystem wird die Lastengleichheit gravierend verletzt, weil das Einkommen der Selbständigen nicht zutreffend erfasst wird.[403] Aber eine genauere Erfassung des Einkommens der Selbständigen ist nicht einfach umzusetzen, weil die Selbständigen ihr Einkommen relativ einfach verstecken können.[404] Dies ist allerdings ein Problem, welches nicht in der Sozialversicherung, sondern bei der Besteuerung, nämlich der Durchsetzung der Steuerpflicht, gelöst werden müsste.

---

401 *Shin, Hyunwooung/Shin, Youngseok*, Ways to Improve Premium Setting for Residencebased participants in the National Health Insurance, in: Health and welfare policy forum Vol. 140, 2008, S. 40.

402 KVerfGE, 2000. 6. 29. 99Hun-Ma289. Alle Kläger sind Mitglieder der Betriebskrankenkasse. Am 1. Juli 2000 bei der Einführung des Volkskrankenversicherungsgesetzes wurde die öffentliche Körperschaft für Volkskrankenversicherung mit der Körperschaft des öffentlichen Rechts für Arbeitnehmer zusammengelegt. Gemäß § 35 Abs. 2 VKG verwaltet die VKK die integrierte Finanzierung zwischen den Betriebs- und Ortsversicherten. Die Kläger behaupten, dass die Verordnung im Zusammenhang mit dem Berechnungsmaßstab für Beiträge der Betriebsversicherten und Ortsversicherten (z.B. § 69 Abs. 3, § 70, § 71 und § 76 VKG) nicht nur das Recht auf Gleichheit sondern auch Eigentumsrechte der Kläger verletzen.

403 *Tchoe, Byongho/Shin, Hyunwooung, Eine Belastung nach Einkommensniveau und Fairness bei der Leistung der Krankenversicherung,* in: Health and welfare policy forum Vol. 104, 2005, S. 89.

404 Nur von 44 Prozent der Ortsversicherten konnte das Einkommen der Selbstständigen im Jahr 2011 erfasst werden. Die 56 Prozent der Ortsversicherten haben ihr Einkommen nicht angemeldet (*Lee, Eunkyung, Ein Verbesserungsplan des Systems der Auferlegung der Krankenversicherungsbeiträge und Finanzierungsquellen,* in: Monthly Public Finance Forum, Korea Intitute of Public Finance Vol. 198, S. 15.).

c. Die unzureichende Ausgestaltung von Schonvermögen wie z.B. das selbstgenutzte Wohneigentum

Ein Einwand betrifft die Untergrenzen bei Niedrigverdienern, die aber trotzdem Grundbesitz oder sogar eine Wohnung haben. Dies ist bereits Vermögen.[405] Die Beiträge der Ortsversicherten werden nicht nur aus Mieterträgen, Zinseinkünften und Dividendeneinkommen, sondern auch aus Vermögen (wie Haus oder Auto) ermittelt. Die Beiträge der Betriebsversicherten werden hingegen allein nach dem Erwerbseinkommen kalkuliert.[406] Um Gleichheit in der Beitragsbemessung anzustreben, ist ein einheitliches Beitragsbemessungssystem für die beiden Gruppen erforderlich.[407] Die Beiträge der Betriebsversicherten sollten auch nicht nur vom Erwerbseinkommen, sondern auch von anderen Einkünften (aus Mieten oder Grundbesitz) kalkuliert werden. Um die Unentgeltlichkeit für Familienangehörige zu vermeiden, sollten die gesamten Einkünfte des Haushaltes bei der Einbeziehung von Familienangehörigen berücksichtigt werden. Um die Beitragslast für die Einkommensschwachen (wie Rentner, Behinderte etc.) zu mindern, wird der Bemessungsanteil des für die Lebensführung verwendeten Vermögens der Ortsversicherten (Grundbesitz oder Auto) bei der Beitragsbemessung Schritt für Schritt verkleinert. Ein ordnungsmäßiges System wäre, dass man die Beiträge in der Sozialversicherung ähnlich wie die Steuer an der Leistungsfähigkeit des Zahlungspflichtigen orientiert. Aber dies setzt eine entsprechende Leistungsfähigkeit der Steuerverwaltung voraus.

2. Finanzielle Stabilität

Bis zum Jahr 1995 waren die Finanzen der öffentlichen Krankenversicherung relativ stabil, aber ab 1996 vergrößerte sich das Defizit im Finanzhaushalt. Nach der Integration von Krankenkassen der Betriebs- und der Ortskrankenversicherung wurde das Defizit noch größer. Im Jahr 2001 betrug die Unterdeckung ca. 2 Billionen Won. Um die Finanzlage wieder zu stabilisieren, wurden die Subventionen des Staates und des Fonds für nationale Gesundheitsförderung durch das spezielle Gesetz für die finanzielle Stabilität der Krankenversicherung eingeführt. Folglich wurden im Finanzhaushalt der VKK seit 2003 wieder Überschüsse erzielt.[408] Aber im Jahr 2010 ergaben sich erneut Defizite. Gründe dieser Finanzkrise der Krankenversicherung

---

405 *Shin, Hyunwooung/Shin, Youngseok*, Ways to Improve Premium Setting for Residencebased participants in the National Health Insurance, in: Health and welfare policy forum Vol. 140, 2008, S. 43.

406 *Tchoe, Byonho/Shin, Hyunwooung, Eine Belastung nach Einkommensniveau und Fairness bei der Leistung der Krankenversicherung*, Health and welfare policy forum Vol. 104, 2005, S. 89.

407 *Lee, Sangyoung/Shin, Hyunwooung*, The Issues and Directions of the Health Security Policies in Korea, in: Health and welfare policy forum, Korea Institute for Health and Social Affairs Vol. 195, 2013, S. 11.

408 *Jeon, Byungmok/Lee, Eunkyung*, Long-term projection of social insurances and policy reforms, Korea Institute of Public Finance, 2010, S. 86.

waren die Erweiterung des Leistungskatalogs der Versicherung, die Zunahme des Bedarfs an Krankenbehandlung wegen der Alterung der Bevölkerung, die gestiegene Beanspruchung der ärztlichen Behandlung auch im Übrigen und Ineffizienz in der Volkskrankenversicherung.[409] Daher sind ausgeglichene Finanzen der Volkskrankenversicherung ein wichtiges Thema nicht nur beim betroffenen Ministerium, sondern auch im Rahmen der Staatsfinanzen.

Für eine nachhaltige finanzielle Stabilität bestehen die Optionen eigentlich darin, dass Beitragsaufkommen zu erhöhen, das Leistungsniveau zu senken, oder den Staatszuschuss zu erhöhen. Zwischen diesen drei Möglichkeiten oder Kombinationen derselben muss man sich entscheiden.

a. Beitragsaufkommen

Beitragsaufkommen können durch Erhöhung des Beitragssatzes oder durch Verbeiterung der Bemessungsgrundlage ausgelöst werden. Es gibt Streitpunkte, welche Einkünfte und Vermögen neben einer Erhöhung der Beiträge noch herangezogen werden. Ein gesellschaftlicher Konsens hierüber ist nur schwer zu erreichen.

b. Begrenzung der Leistung

Man sieht, die Entscheidung über den Beitragssatz ist immer auch mit der Frage nach dem Leistungsniveau und der Konzeption der gesetzlichen Krankenversicherung verknüpft, weil Beitragszahler naturgemäß die Beiträge gering und das Leistungsniveau hoch halten wollen. Für eine deutliche Senkung des Leistungsniveaus in der Krankenversicherung wird es unter normalen Bedingungen kaum politische Zustimmung geben. Jedenfalls dürfte eine Senkung das Grundrecht auf Gesundheitsschutz nicht berühren.

c. Ausweitung des Staatszuschusses

Es ist umstritten, wie groß der Umfang der Staatsunterstützung und damit die Verteilungswirkung sein soll.[410] Zwischen dem Ministerium für Gesundheit und Wohlfahrt und dem Ministerium für Strategie und Finanzen gibt es regelmäßig Meinungsunterschiede über die Unterstützung für das Gesundheitswesen. Für eine Vergrößerung der Unterstützungshöhe plädiert das Ministerium für Gesundheit und

---

409 *Lee, Eunkyung, Ein Unterstützungsprogramm der Staatskasse bei Krankenversicherung*, in: Monthly Public Finance Forum, Korea Intitute of Public Finance Vol. 187, 2012, S. 31 ff.

410 *Tchoe, Byonho/Shin, Hyunwooung, Eine Belastung nach Einkommensniveau und Fairness bei der Leistung der Krankenversicherung*, Health and welfare policy forum Vol. 104, 2005, S. 89; *Oh, Youngsoo, Ein Verbesserungsplan des Staatszuschusses für Krankenverischerung*, in: KIRI Weekly, Korea Insurance Research Institute (KIRI) Vol. 130, 2011, S. 6 ff.

Wohlfahrt.[411] Um sich auf die zukünftige Alterung der Bevölkerung vorzubereiten und um das niedrige Leistungsniveau bis zum Niveau vergleichbarer Industrieländer zu erhöhen, brauche es zusätzliche Geldmittel. Bei der Erhöhung der Beiträge gebe es Grenzen wegen des Widerstands der Bürger. Daher sei die Vergrößerung der staatlichen Unterstützung erforderlich. Demgegenüber fordert das Ministerium für Strategie und Finanzen eine Verkleinerung der Unterstützungshöhe.[412] Wenn die Höhe der Unterstützungshöhe stets vergrößert werde, entspreche dies nicht dem Selbstverantwortungsprinzip im Sozialversicherungssystem.

Meines Achtens sollte tatsächlich der Zusammenhang zwischen den Ausgaben der Krankenversicherung und der Leistungsfähigkeit des Gesundheitswesens erhalten bleiben. Die Unterstützung durch den Staat sollte prinzipiell verringert werden und der erforderliche Aufwand so durch Beiträge gesichert werden.[413]

Wie oben erwähnt, hatte die Regierung bis 2006 zwar einen Teil der Beiträge von Ortsversicherten unterstützt. Die heutige Subventionierung in Korea dient aber nicht der Unterstützung bestimmter Gruppen (z.B. alter Menschen oder schutzbedürftiger Gruppen) oder der Behandlung bestimmter Krankheiten (z.B. Krebs, Chronische Erkrankungen oder seltene Krankheiten), sondern ist eine allgemeine Finanzierungshilfe für die Krankenversicherung. Um eine Berechtigung der Unterstützung aus Steuermitteln zu legitimieren, sollte die Unterstützung auf definierte schutzbedürftige Gruppen beschränkt sein.

Zurzeit wird der Haushalt der VKK mit 20 Prozent der erwarteten Beitragseinnahmen durch den Staatshaushalt subventioniert. Diese staatliche Unterstützung besteht zu 14 Prozent aus dem normalen Haushalt und 6 Prozent aus Abgaben auf Tabakkonsum.[414] Um die Finanzierungsquellen stabil zu halten, ist eine Verbreiterung auf verschiedene Finanzierungsquellen erforderlich. Neben den Beiträgen könnten Abgaben für Gesundheitsförderung in den Risikobereichen wie

---

411 *Jung, Youngchul,* Die verwaltungsrechtlichen Aufgaben und rechtspolitischen Vorschläge zur Stabilität der Krankenversicherungsfinanzierung, in: Administrative Law Journal, Korea Administrative Law Theory Practice Association Vol. 32, 2012, S. 266.

412 *Lee, Eunkyung, Ein Unterstützungsprogramm der Staatskasse bei Krankenversicherung,* in: Monthly Public Finance Forum, Korea Intitute of Public Finance Vol. 187, 2012, S. 44.

413 Der koreanische Krankenversicherungsbeitragssatz ist 5,8 Prozent im Jahr 2011. Er ist niedriger als in anderen Industrieländern, die auch das Sozialversicherungssytem eingeführt haben. Deswegen soll zur Sicherstellung der Geldmittel für die Krankenversicherung zuerst die vergleichbare Beitragshöhe erreicht werden und die Unterstützung der Staatskasse soll minimiert werden. *Lee, Eunkyung, Ein Unterstützungsprogramm der Staatskasse bei Krankenversicherung*, in: Monthly Public Finance Forum, Korea Intitute of Public Finance Vol. 187, 2012, S. 44.

414 Gemäß § 108 VKG.

z.B. Alkohol, Tabak, Verbrauch fossiler Brennstoffe angedacht werden.[415] Auch die Erhebung von spezifischen Steuern auf die risikogeneigten Güter könnte eine Lösung sein. Es ist aber umstritten, ob diese Methode gerechtfertigt ist oder nicht.[416]

F. Rechtschutz gegen die VKK und die VÜBK

Rechtschutzverfahren im Bereich der Volkskrankenversicherung können unterschiedlichen Rechtswegen zugewiesen sein. Gemäß dem VKG sind grundsätzlich jeweils die Rechtsbeziehungen in dem Dreieck zwischen Versicherer (VKK), jeweiligem Leistungserbringer und dem Versicherten zu unterscheiden. Soweit es um Rechtsschutz im privatrechtlichen Verhältnis zwischen Versicherten und Leistungserbringern geht, wird auf Kapitel 2. D. III. verwiesen. Im Verhältnis zwischen Versicherten oder Leistungserbringern und den Behörden der Volkskrankenversicherung (VKK oder VÜBK) gibt es zwei prinzipielle Wege, nämlich entweder den unmittelbaren Rechtsweg zum Gericht oder den Weg des behördlichen Vorverfahrens, der auch noch einmal zweigeteilt ist.

Wenn ein Versicherter oder ein Leistungserbringer sich gegen eine Maßnahme der VKK oder der VÜBK wehren will, kann er bei der jeweiligen Institution (VKK oder VÜBK) Einspruch einlegen (**§** 87 Abs. 1 VKG). Wenn er dann mit der Entscheidung über das Einspruchsergebnis nicht einverstanden ist, kann er durch Erhebung einer Verwaltungsbeschwerde ein Verfahren des Streitschlichtungsausschusses beim Ministerium für Gesundheit und Wohlfahrt einleiten (§ 88 Abs. 1 VKG). Wenn auch diese Verwaltungsbeschwerde nicht erfolgreich ist, besteht die Möglichkeit gemäß dem Gesetz über den Verwaltungsprozess einen Verwaltungsprozess anzustrengen (§ 90 VKG).

---

415 *Lee, Eunkyung, Ein Verbesserungsplan des Systems der Auferlegung der Krankenversicherungsbeiträge und Finanzierungsquellen,* in: Monthly Public Finance Forum, Korea Intitute of Public Finance Vol. 198, S. 16.

416 *Tchoe, Byonho/Choi, Gyun /Kim, Jaejin /Shin, Hyunwooung, Ein Verbesserungsplan des Staatszuschusses für Krankenverischerung,* Korea Institute for Health and Social Affairs, 2006. 3, S. 27 ff.; *Tchoe, Byongho,* Strategy of financing National Health Insurance for the financial stability, Health Insurance Forum Vol. 7–1, 2008, S. 11; *Jeon, Byungmok/Lee, Eunkyung,* Long-term projection of social insurances and policy reforms, Korea Institute of Public Finance, 2010, S. 131; *Lee, Eunkyung, Ein Verbesserungsplan des Systems der Auferlegung der Krankenverischerungsbeiträge und Finanzierungsquellen,* in: Monthly Public Finance Forum, Korea Intitute of Public Finance Vol. 198, S. 18; *Jung, Youngchul,* Die verwaltungsrechtlichen Aufgaben und rechtspolitischen Vorschläge zur Stabilität der Krankenversicherungsfinanzierung in: Administrative Law Journal, Korea Administrative Law Theory Practice Association Vol. 32, 2012, S. 267.

I. Die behördlichen Vorverfahren

1. Das Einspruchsverfahren

Im Rahmen der Volkskrankenversicherung wird der Einspruch nach seinem Gegenstand in zwei Arten eingeteilt.

Wenn ein Einspruch gegen eine Maßnahme der VKK bezüglich der Mitgliedschaft eines Versicherten, der Beiträge, der Art der Versicherungsleistung, der Bezahlung der Versicherungsleistung oder gegen eine Maßnahme der VÜBK bezüglich der Angemessenheit des medizinischen Versorgungsentgeltes gerichtet ist, so wird der Einspruch bei der jeweiligen Institution erhoben (§ 87 Abs. 1 VKG).

a. Die Einspruchsausschüsse

Um die Bearbeitung eines Einspruchs gemäß § 87 Abs. 1 und Abs. 2 VKG effizient durchzuführen, wird jeweils ein Ausschuss in der VKK und in der VÜBK eingerichtet (§ 53 der Präsidialverordnung zum VKG). Der Ausschuss besteht aus 25 Mitgliedern einschließlich eines Vorsitzenden (§ 54 Abs. 1 der Präsidialverordnung zum VKG). Der Vorsitzende des Einspruchsausschusses ist der VKK-Vorsitzende. Die Ausschussmitglieder werden vom VKK-Vorsitzenden auf den Vorschlag folgender Gruppen ernannt:

1. Eine Person aus dem Kreis der Führungskräfte oder Mitarbeiter der VKK,
2. Acht Personen, von denen jeweils vier Personen von den Gewerkschaften und von den Arbeitgebervereinigungen vorgeschlagen werden,
3. Acht Personen, von denen jeweils zwei Personen von der Bürgervereinigung, vom Verbraucherverband, aus der Agrar- sowie der Fischereiwirtschaft und vom Verband der Selbständigen Unternehmer vorgeschlagen werden,
4. Sieben Personen, die Rechtsanwälte sind und herausragendes Fachwissen und langjährige Erfahrung auf dem Gebiet der Sozialversicherung und des Gesundheitswesens besitzen (§ 54 Abs. 2 der Präsidialverordnung zum VKG).

Der Vorsitzende des Ausschusses in der VÜBK ist der Vorsitzende der VÜBK. Die Mitglieder des Ausschusses werden vom Vorsitzenden der VÜBK auf den Vorschlag folgender Gruppen ernannt:

1. Eine Person aus dem Kreis der Führungskräfte oder Mitarbeiter der VÜBK,
2. Fünf Personen, die von der Organisation zur Vertretung der Versicherungsnehmer (einschließlich der Bürgervereinigung) vorgeschlagen werden,
3. Vier Personen, die Rechtsanwälte sind und herausragendes Fachwissen und langjährige Erfahrung auf dem Gebiet der Krankenversicherung besitzen,
4. Vierzehn Personen, die von medizinischen Organisationen empfohlen werden (§ 54 Abs. 3 der Präsidialverordnung zum VKG).

Die Amtszeit der gemäß § 54 Abs. 2 und 3 der Präsidialverordnung zum VKG ernannten Mitglieder in den Ausschüssen von der VKK und der VÜBK beträgt jeweils drei Jahre (§ 54 Abs. 4 der Präsidialverordnung zum VKG).

b. *Ablauf des Verfahrens*

Ein Einspruch im Sinne der § 87 Abs. 1 bzw. Abs. 2 VKG muss schriftlich innerhalb von 90 Tagen nach Bekanntgabe einer Entscheidung erfolgen. Nach Ablauf von 180 Tagen nach der Mitteilung der entsprechenden Maßnahme ist der Anspruch auf Einwand verwirkt. Nur wenn versichert werden kann, dass aufgrund eines berechtigten Grundes innerhalb des festgesetzten Zeitraums der Einspruch nicht erhoben werden konnte, kann er als zulässig gelten (§ 87 Abs. 3 VKG). Hierfür fallen keine Extragebühren an.[417]

Wenn die VKK oder die VÜBK Entscheidungen über den Einspruch treffen, müssen sie unverzüglich dem Antragsteller das Entscheidungsdokument und dem Einspruchsgegner die Kopie des Entscheidungsdokumentes übermitteln (§ 57 der Präsidialverordnung zum VKG).

Die VKK oder die VÜBK müssen innerhalb von 60 Tagen nach dem Erhalt eines Einspruchs entscheiden. Nur wenn es zwingende Gründe gibt, können sie den relevanten Zeitraum um bis zu 30 Tage verlängern (§ 58 Abs. 1 der Präsidialverordnung zum VKG). Wenn gemäß § 58 Abs. 1 VKG der Zeitraum verlängert werden soll, muss dies dem Antragsteller bis spätestens sieben Tage vor dem Ablauf der Normalfrist mitgeteilt werden (§ 58 Abs. 2 der Präsidialverordnung zum VKG).

2. *Die Verwaltungsbeschwerde*

Das zweite behördliche Rechtsschutzverfahren ist dasjenige der Verwaltungsbeschwerde. Es ist ein eigenständiges gerichtsähnliches Verfahren durch eine von den beiden Behörden getrennte Verwaltungsinstanz. Wenn gegen eine Einspruchsentscheidung der VKK oder der VÜBK vorgegangen werden soll, so kann beim Ministerium für Gesundheit und Wohlfahrt eine Beschwerde erhoben werden (§ 88 Abs. 1 VKG).

a. *Der Streitschlichtungsausschuss*

Im VKG wird der Ausschuss zur Streitschlichtung als nächste Instanz im Einspruchsverfahren in der Krankenversicherung bestimmt. Dieser Ausschuss zur Streitschlichtung in der Krankenversicherung [nachfolgend „Streitschlichtungsausschuss“] wird unter der Aufsicht des Ministeriums für Gesundheit und Wohlfahrt gebildet. Er überprüft die Beschwerden gemäß § 88 VKG und entscheidet darüber (§ 89 Abs. 1 VKG). Dieser Streitschlichtungsausschuss besteht aus insgesamt 60 Mitgliedern einschließlich des Vorsitzenden und eines weiteren Offizialmitglieds (§ 89 Abs. 2 VKG). Für eine jeweils einberufene Sitzung besteht der Streitschlichtungsausschuss formell aus 9 Mitgliedern, davon 7 Mitglieder, die jeweils für eine konkrete Sitzung vom Vorsitzenden einberufen werden (§ 89 Abs. 3 VKG). Beschlussfähigkeit ist bei mindestens 5 Teilnehmern gemäß § 89 Abs. 3 VKG gegeben. Beschlüsse

---

417 http://minwon.nhic.or.kr/portal/site/minwon.

des Streitschlichtungsausschusses werden durch Mehrheitsbeschluss gefasst (§ 89 Abs. 4 VKG). Um den Streitschlichtungsausschuss praktisch zu unterstützten, gibt es das Ausschusssekretariat im Streitschlichtungsausschuss (§ 89 Abs. 5 VKG). Die Zusammensetzung und die Arbeit des Streitschlichtungsausschusses bzw. des Ausschusssekretariats werden durch die Präsidialverordnung geregelt (§ 89 Abs. 6 VKG).

Der Vorsitzende des Streitschlichtungsausschusses ist ein zuständiger Beamter des Ministeriums für Gesundheit und Wohlfahrt, und die Mitglieder des Streitschlichtungsausschusses werden vom Minister für Gesundheit und Wohlfahrt auf Vorschlag der folgenden Gruppen ernannt (§ 62 Abs. 1 der Präsidialverordnung zum VKG):

1. Beamte des Ministeriums, die aus Beamtenstufe Grad IV oder aus einer höheren Dienstgruppe sind oder waren,
2. Personen, die als Richter, Staatsanwalt oder Rechtsanwalt qualifiziert sind,
3. Personen, die als außerordentlicher oder ordentlicher Professor in den Bereichen Sozialversicherung oder Gesundheitswesen an einer Hochschule gemäß § 2 Abs. 1 bzw. Abs. 3 des Hochschulgesetzes tätig sind,
4. Personen, die herausragendes Fachwissen und langjährige Erfahrung auf dem Gebiet der Krankenversicherung besitzen und unmittelbar vom Minister für Gesundheit und Wohlfahrt ausgewählt werden.

Der Vorsitzende des Streitschlichtungsausschusses vertritt den Streitschlichtungsausschuss und bestimmt das Verfahren im Streitschlichtungsausschuss (§ 63 Abs. 1 der Präsidialverordnung zum VKG). Wenn der Vorsitzende aus unvermeidbaren Gründen sein Amt nicht wahrnehmen kann, vertritt ein Mitglied des Streitschlichtungsausschusses, das vom Vorsitzenden ernannt wird (§ 63 Abs. 2 der Präsidialverordnung zum VKG). Die Amtszeit für Mitglieder des Streitschlichtungsausschusses beträgt drei Jahre (§ 64 der Präsidialverordnung zum VKG).

Der Vorsitzende des Streitschlichtungsausschusses beruft die Sitzung des Streitschlichtungsausschusses ein und leitet die Sitzung (§ 65 Abs. 1 der Präsidialverordnung zum VKG).

b. Ablauf des Verfahrens

Wenn man gegen die formelle Entscheidung der VKK oder der VÜBK über einen Einspruch vorgehen will, kann man gemäß § 89 VKG eine Beschwerde beim Streitschlichtungsausschuss unter Vorlage des Einspruchsbescheides von der VKK oder der VÜBK erheben (§ 88 Abs. 1 VKG). Eine direkte Anrufung des Streitschlichtungsausschusses ohne vorheriges Einspruchsverfahren ist nicht möglich.

Ein Anatragsteller hat gemäß § 59 Abs. 1 der Präsidialverordnung zum VKG die Wahl, ob er die Beschwerde über die VKK oder die VÜBK, oder direkt beim Streitschlichtungsausschuss erheben will. Im ersten Fall müssen innerhalb von

10 Tagen der Antrag, der angegriffene Ausgangsbescheid und die Kopie der Entscheidung über den Einspruch dem Streitschlichtungsausschuss vorgelegt werden (§ 59 Abs. 2 der Präsidialverordnung zum VKG). Im zweiten Fall schickt der Streitschlichtungsausschuss eine Kopie oder Duplikat unverzüglich der VKK oder der VÜBK. Innerhalb von 10 Tagen nach dem Erhalt dieser Kopie oder des Duplikats müssen die VKK oder die VÜBK dem Streitschlichtungsausschuss den Schriftsatz des Verantwortlichen, der den ursprünglichen belastenden Bescheid erlassen hat, und eine Kopie der Entscheidung über den Einspruch vorlegen (§ 59 Abs. 3 der Präsidialverordnung zum VKG).

Der Streitschlichtungsausschuss muss innerhalb von 60 Tagen nach dem Erhalt eines Beschwerdeantrages gemäß § 59 Abs. 1 der Präsidialverordnung zum VKG entscheiden. Nur wenn es zwingende Gründe gibt, kann der relevante Zeitraum um bis zu 30 Tagen verlängert werden (§ 61 Abs. 1 der Präsidialverordnung zum VKG). Wenn der Zeitraum verlängert werden soll, muss dem Antragsteller bis spätestens sieben Tage vor dem Ablauf der Normalfrist die Verlängerung mitgeteilt werden (§ 61 Abs. 2 der Präsidialverordnung zum VKG).

Wenn der Streitschlichtungsausschuss eine Entscheidung über den Überprüfungsantrag getroffen hat, unterzeichnet der Vorsitzende unverzüglich die schriftliche Entscheidung mit seiner Unterschrift oder Namenszug mit Siegel. Er muss dem Antragsteller das Original der schriftlichen Entscheidung und der Gegenpartei, die Kopie der Entscheidung über die Beschwerde mitteilen (§ 60 der Präsidialverordnung zum VKG).

II. Der Rechtsschutz im Verwaltungsprozess

1. Gerichtsorganisation und Grundzüge des Verfahrens

Wenn jemand unmittelbar gegen Maßnahmen der VKK, der VÜBK oder gegen die Entscheidung des Streitschlichtungsausschusses vorgehen möchte, kann er gemäß dem Verwaltungsprozessgesetz einen Verwaltungsprozess anstrengen (§ 90 VKG).[418] Wie oben erwähnt, besteht parallel die Möglichkeit, erst das Einspruchsverfahren oder sofort das Verwaltungsgerichtsverfahren einzuleiten.

Gemäß § 3 des Verwaltungsprozessgesetzes wird die Verwaltungsklage zunächst in vier Klagearten eingeteilt, nämlich Einspruchsklage[419], Parteistreitigkeiten[420],

418 Gemäß § 3 Abs. 1 des Gerichtsorganisationsgesetzes werden Gerichte in die folgenden sechs Kategorien eingeteilt: 1. das Oberste Gericht, 2. das höhere Gericht, 3. Patentgericht, 4. Bezirksgericht, 5. Familiengericht, 6. Verwaltungsgericht.

419 Es ist eine Klage gegen eine Verfügung oder eine Unterlassung der Verwaltungsbehörde (§ 3 Nr. 1 des Verwaltungsprozessgesetzes).

420 Es ist eine Klage gegen eine Partei entweder aufgrund eines Rechtsverhältnisses, das von einer Verfügung herrührt, oder eines sonstigen öffentlichen Rechtsverhältnisses (§ 3 Nr. 2 des Verwaltungsprozessgesetzes).

Popularklage[421] und Organklage[422]. Gemäß § 4 des Verwaltungsprozessgesetzes wird die Einspruchsklage wiederum in drei Klagearten unterteilt, nämlich die Anfechtungsklage auf Aufhebung oder Änderung einer rechtswidrigen Verfügung der Verwaltung[423], die Feststellungsklage auf Bestätigung der Wirksamkeit bzw. Nichtigkeit oder Nichtvorhandenseins der Verfügung, und die Feststellungsklage auf Bestätigung der Rechtswidrigkeit von Unterlassungen der Verwaltung.

III. Würdigung des Rechtsschutzsystems

Für den Verwaltungsprozess sind weder das Einspruchsverfahren gegen eine Maßnahme der VKK oder gegen eine Maßnahme der VÜBK noch die Verwaltungsbeschwerde gegen die Entscheidung über den Einspruch notwendige Vorverfahren. Hingegen ist das Einspruchsverfahren ein notwendiges Vorverfahren für die Verwaltungsbeschwerde. Zusammenfassend gibt es also für den Rechtsschutz in der Volkskrankenversicherung drei Möglichkeiten:

- direkt das Verwaltungsgericht anrufen (einstufiges Verfahren),
- nach dem Einspruchsverfahren vor das Verwaltungsgericht gehen (zweistufiges Verfahren),
- nach dem Einspruchsverfahren die Verwaltungsbeschwerde und dann vor das Verwaltungsgericht gehen (dreistufiges Verfahren).

1. *Würdigung der Vorverfahren*

Um der Verwaltungsbeschwerde neben dem Verwaltungsprozess ihre spezifische Funktion und Berechtigung zu bewahren, sind allgemein die folgenden Grundprinzipien zu beachten. Erstens bezweckt die Verwaltungsbeschwerde ein im Verhältnis

---

421 Es ist eine Klage, die von jemandem ohne eigenes rechtliches oder wirtschaftliches Interesse gegen rechtswidrige Handlungen des Staates oder einer öffentlich-rechtlichen Körperschaft zu deren Berichtigung erhoben wird (§ 3 Nr. 3 des Verwaltungsprozessgesetzes).

422 Wenn es Streitigkeiten zwischen dem Staat und einer öffentlich-rechtlichen Körperschaft oder zwischen öffentlich-rechtlichen Körperschaften über eine Zuständigkeit oder über deren Ausübung gibt, wird Organklage erhoben. Diese Klageart ist allerdings ausgeschlossen, wenn das Verfassungsgericht gemäß § 2 des Verfassungsgerichtsgesetzes zuständig ist (§ 3 Nr. 4 des Verwaltungsprozessgesetzes).

423 Beispielsweise kann man auch ungeachtet des § 18 Abs. 1 des Verwaltungsprozessgesetzes ohne erfolgte Entscheidung über eine Verwaltungsbeschwerde eine Anfechtungsklage erheben, wenn es nach Ablauf von 60 Tagen nach Einreichung einer Verwaltungsbeschwerde keine Entscheidung gibt (§ 18 Abs. 2 Nr. 1 des Verwaltungsprozessgesetzes). Wenn ein Verwaltungsprozess nach aktuellem Gesetz erhoben werden kann, so kann dies in Form einer Anfechtungsklage erfolgen. Aber wenn es nach anderen Gesetzen weitere spezielle Regelungen gibt, die eine Anfechtungsklage ohne Verfahren der Verwaltungsbeschwerde nicht zulassen, ist es nicht möglich (§ 18 Abs. 1 des Verwaltungsprozessgesetzes).

zum Verwaltungsprozess vereinfachtes und mit weniger Aufwand verbundenes Verfahren. Zweitens sollte im Beschwerdeverfahren eher eine einvernehmliche Beendigung möglich sein. Drittens sind die Kosten für das Beschwerdeverfahren gering zu halten. Viertens sollten die Mitglieder des Streitschlichtungsausschusses jeweils fallbezogen spezialisiert sein.[424]

a. Berechtigung des Verwaltungsbeschwerdeverfahrens

Die Verwaltungsbeschwerde hat nicht nur eine Funktion als Vorverfahren zur Entlastung der Verwaltungsgerichte, sondern ist auch ein eigenständiges Verfahren in der Sozialversicherung bei Streitigkeiten über Verwaltungsmaßnahmen.[425] Die Volkskrankenversicherung zeichnet sich durch eine hohe Komplexität in juristischer, wirtschaftlicher und technischer Hinsicht aus. Deswegen hat die Verwaltungsbeschwerde als eine Form der Selbstkontrolle bzw. Überprüfungsinstanz der Verwaltung eine besondere Bedeutung im Hinblick darauf, dass die VKK-Verwaltungsorgane die Rechtmäßigkeit und Zweckmäßigkeit des Verwaltungshandelns autonom sicherstellen.

Die sozialen und wirtschaftlichen Probleme im Zusammenhang mit Verwaltungsregeln in der Krankenversicherung sind kompliziert. Um nachhaltige Lösungen zu finden wird hoher Sachverstand benötigt. Diese spezialisierte Professionalität ist bei normalen Gerichten nicht immer gegeben. Durch das Verwaltungsbeschwerdeverfahren kann ggfs. der Streit mit der entsprechenden Professionalität des Verwaltungsapparates streitbeendigend beigelegt werden. Damit können auch die finanziellen Belastungen der Antragsteller und die Belastung der Gerichte verringert werden.

b. Überlastung und Verzögerung des Verwaltungsbeschwerdeverfahrens

Gemäß § 61 Abs. 1 der Präsidialverordnung zum VKG muss der Streitschlichtungsausschuss wenn möglich innerhalb von 90 Tagen nach dem Erhalt eines Beschwerdeantrages entscheiden. Die Zahl der angenommenen Anträge von Verwaltungsbeschwerden steigt jährlich an. Die Zahl betrug 13.283 im Jahr 2010 und 17.006 im Jahr 2011.[426] Aber der Prozentanteil der Antragserledigungen innerhalb der gesetzlichen Frist sinkt rapide. Der Prozentsatz war 40,1 Prozent im Jahr 2009, 15,8 Prozent im Jahr 2010 und 13,4 Prozent im Jahr 2011. Die durchschnittliche Zahl

---

424 *Kim, Donghee, Verwaltungsrecht I,* Pakyoungsa, 2005, S. 571–573; *Jang, Teju, Verwaltungsrechtslehre,* Hyeonamsa, 2008, S. 864; *Hong, Joonhyung,* Treatise on administrative law (Part II), Hanul Publishing Company, 2001, S. 363.

425 *Hong, Joonhyung,* Treatise on administrative law (Part II), Hanul Publishing Company, 2001, S. 363.

426 Die Zahl der angenommenen Anträge betrug 3.170 im Jahr 2006, 3.777 im Jahr 2007, 6.419 im Jahr 2008 und 20.672 im Jahr 2006. *Jo, Jaeguk/Kim, Hyeongho/Jeong, Minsu, Forschung zur Verbesserung der Führung des Streitschlichtungsausschusses der Volkskrankenversicherung,* Korea Institute for Health and Social Affairs, 2010, S. 3.

der Tage, in denen der Antrag behandelt wird, war 104,2 Tage im Jahr 2009, 212,2 Tage im Jahr 2010 und 247,7 Tage im Jahr 2011.[427]

Das zeigt, dass die Kapazität des derzeitigen Streitschlichtungsausschusses in Relation zu den gestellten Anträgen zu gering ist. Zur gesetzeskonformen Erledigung der Beschwerdeverfahren sollte die Mitgliederzahl des Streitschlichtungsausschusses erhöht werden oder die Anzahl der Sitzungen des Streitschlichtungsausschusses gesteigert werden.

-Jährlicher Status der Verwaltungsbeschwerden[428]- (Stand 31. 12. 2011. Einheit : Zahl der Fälle)

Jahr	Verhandelte Zahl der Beschwerden[429]	Erledigte Beschwerde (Verhandlung bzw. Beschluss)				Nicht Erledigte Beschwerde (Zurücknahme)
		Stattgebenden Beschlüsse	Teilweise stattgebenden Beschluss	Zurückweisungen	Verwerfung	
2002	788	8	58	542	8	469
2003	3.176	16	427	1.770	22	941
2004	3.511	14	550	1.996	27	924
2005	3.600	6	626	1.827	13	1.128
2006	3.035	16	509	1.310	12	1.188
2007	3.422	18	421	1.735	52	1.196
2008	5.438	66	416	2.890	36	2.030
2009	10.859	64	467	4.619	39	5.670
2010	17.173	70	661	8.659	40	7.743
2011	10.382	40	432	5.830	47	4.033

Quelle : Ministerium für Gesundheit und Wohlfahrt, Weißbuch über Gesundheit und Wohlfahrt), 2011, S. 456.

Der Prozentanteil der stattgebenden Beschlüsse zu den gesamten verhandelten Fällen war von 21,8 Prozent im Jahr 2004 auf bis zu 28,4 Prozent angestiegen. Danach sinkt der Prozentanteil kontinuierlich und war im Jahr 2011 nur 7 Prozent. Eine

427 Ausschuss für Gesundheit und Wohlfahrt, Das Untersuchungsbefund der Gesetzesvorlage zur teilweisen Revision des Volkskrankenversicherungsgesetzes, 2012, S. 24.

428 *Ministerium für Gesundheit und Wohlfahrt, 2010 Weißbuch über Gesundheit und Wohlfahrt*, 2011, S. 456.

429 In der verhandelten Anzahl der Beschwerde gibt es die in diesem Jahr gestellten Anträge und die in letztem bzw. vorletztem Jahr gestellten Anträge.

mögliche Erklärung: Früher hatte die Behörde relativ schlecht gearbeitet, das scheint jetzt nicht mehr der Fall zu sein.

c. Zusammensetzung der Ausschüsse

Um Streitigkeiten in der Krankenversicherung zu lösen, müssen die Mitglieder des Streitschlichtungsausschusses herausragendes Fachwissen und langjährige Erfahrung auf dem Gebiet der Rechtswissenschaft oder der medizinischen Wissenschaft im Zusammenhang mit der Krankenversicherung besitzen.[430] Es gibt nicht immer nur die eine juristisch und medizinisch richtige Entscheidung; manchmal ist eine Abwägung nötig.

d. Selbstkontrolle der Behörde

Um eine quasi-gerichtliche Funktion erfüllen zu können, müssten diese Organe ähnlich der Unabhängigkeit der Justiz eine unabhängige Position haben. Sie sind jedoch abhängig von der Organisation, die die ursprüngliche Maßnahme angeordnet hatte. Beispielsweise sind die Vorsitzenden des jeweiligen Ausschusses für Einspruch der VKK und der VÜBK gleichzeitig die Vorsitzenden dieser Organisationen. Das heißt, dass der Entscheider der Verwaltungsmaßnahme und der Richter über die Korrektheit dieser Maßnahme identisch sind. Das heißt, dass der Rechtschutz durch Einspruchsverfahren eher eine Selbstkontrolle der Behörde ist. Das ist nicht das typische Justizmodell, sondern ist ein Schlichtungsverfahren, das verschiedene Interessen zum Ausgleich bringt. Das bedeutet aber nicht, dass es sinnlos ist. Es ist allerdings nicht in erster Linie Rechtschutz der Benachteiligten, sondern vorrangig Selbstkontrolle der Behörde mit Rechtschutzcharakter als Nebeneffekt.

- Die im Jahr 2002 verhandelte Anzahl der Beschwerde = 170 (im Jahr 2001 gestellte Beschwerde) + 618 (im Jahr 2002 gestellte Beschwerde),
- Die im Jahr 2003 verhandelte Zahl der Beschwerde = 2.383 ('02) + 793 ('03),
- Die im Jahr 2004 verhandelte Zahl der Beschwerde = 28 ('02) + 2.243 ('03) + 1.240 ('04),
- Die im Jahr 2005 verhandelte Zahl der Beschwerde = 5 ('03) + 1.630 ('04) + 1.965 ('05),
- Die im Jahr 2006 verhandelte Zahl der Beschwerde = 529 ('05) + 2.506 ('06),
- Die im Jahr 2007 verhandelte Zahl der Beschwerde = 664 ('06) + 2.758 ('07),
- Die im Jahr 2008 verhandelte Zahl der Beschwerde = 1.049 ('07) + 4.389 ('08),
- Die im Jahr 2009 verhandelte Zahl der Beschwerde = 2.040 ('08) + 8.819 ('09),
- Die im Jahr 2010 verhandelte Zahl der Beschwerde = 11.652 ('09) + 5.521 ('10),
- Die im Jahr 2011 verhandelte Zahl der Beschwerde = 200 ('09) + 6.578 ('10) + 3.604 ('11).

Ministerium für *Gesundheit und Wohlfahrt, 2010 Weißbuch über Gesundheit und Wohlfahrt*, 2011, S. 456.

430 *Kim, Unmook*, A Study on a Direction of Improving the Health Insurance Appeal System in Korea, in: Medical Law, The Korean Society of Law and Medicine Vol. 7 No. 2, 2006, S. 257.

2. Einige rechtstatsächliche Anmerkungen

Das Rechtsverfahren gehört zum Verwaltungsprozess. Nur hat das sozialversicherungsrechtliche Verfahren im Vergleich zum Verwaltungsprozess folgende Besonderheiten: Obwohl diese Rechtsverfahren zum öffentlichen Verwaltungsprozessgesetz gehören, ist der Sozialrechtsprozess unterschiedlich zum allgemeinen Verwaltungsprozessgesetz. Erstens ist das Rechtsverhältnis im Sozialrecht kompliziert und sehr umfangreich und es gibt häufig Gesetzesänderungen. Bei Rechtsstreitigkeiten in der koreanischen Sozialversicherung gilt es häufig Dreieckrechtsbeziehungen zu beachten. Man muss daher die möglichen Anspruchsgrundlagen vorab genau prüfen. Zweitens ist ein Teil der berechtigten Personen in der Sozialversicherung besonders schutzbedürftig. Drittens hat das Rechtsverhältnis zur Sozialversicherung eine besondere Bedeutung hinsichtlich des persönlichen Wohlergehens und der Existenzsicherung. Viertens besteht mit der Sozialversicherung ein sehr langfristiges Vertragsverhältnis. Deswegen bewirken einmalige rechtswidrige Handlungen der Behörde und daraus folgende Entscheidungen sehr langfristige wirtschaftliche Folgen.

3. Kapitel: Pflegeversicherung

A. Einführung

I. Historisch-politische Entwicklung der Pflegeversicherung

Die Pflegeversicherung steht mit der veränderten Altersstruktur im Zusammenhang. Seit 2000 wird Korea eine alternde Gesellschaft, in denen der Anteil der über 65-Jährigen 7 Prozent der gesamten Bevölkerung beträgt und es besteht die Aussicht darauf, dass der Anteil der über 65 Jahre alten Menschen im Jahr 2026 über 20 Prozent erreichen wird.[431] Während der letzten zwanzig Jahre nahm die Zahl der über 65 Jahre alten Menschen kontinuierlich zu.[432] Hinsichtlich der Altersstruktur wird die Zahl der Alten, die über 80 Jahre sind, Schritt für Schritt anwachsen.[433] Das heißt, dass Bedarf der Pflegeleistungen wird scharf ansteigen. Wie oben in der historischen Einführung[434] erwähnt, steigt die Zahl der pflegebedürftigen älteren Menschen, die unter Demenz bzw. Paralyse leiden[435], aufgrund der zunehmenden Alterung der Bevölkerung[436] schnell. Zugleich geht die unbezahlte Pflege durch Familienangehörige wegen der steigenden Erwerbstätigkeit von Frauen zurück.[437] Diese

---

431 *Yoon, heesook, Die gegenwärtige Lage und Aufgabe der Pflegeversicherung*, Korea Development Institute (KDI), 2010, S. 5.

432 *Amt für Statistik*, 2006: *Lee, Yoonkyoung*, Living to One Hundred: How to Improve Elderly Long-term Care, in: Health and welfare policy forum, Korea Institute for Health and Social Affairs Vol. 180, 2011, S. 29.

433 Die Zahl der über 80-jährigen beträgt 2 Prozent der gesamten älteren Bürger im Jahr 2011, im Jahr 2030 wird sie mit 5 Prozent und im Jahr 2050 mit 14, 5 Prozent eingeschätzt (*Ministerium für Gesundheit und Wohlfahrt (Hrsg.), 2010 Weißbuch über Gesundheit und Wohlfahrt*, 2011, S. 201).

434 Kapitel 1. B. II. 5.

435 Die Zahl der über 65 jährigen Patienten nimmt zu und das medizinische Behandlungsentgelt pro Person steigt an. Der Anteil des medizinischen Behandlungsentgeltes für über 65 jährige Patienten betrug 33,3 Prozent des gesamten medizinischen Behandlungsentgeltes. Das monatliche medizinische Behandlungsentgelt pro 65 Jährigen verdoppelte sich von 2002 bis 2011.
Ministerium für Gesundheit und Wohlfahrt/Korea Institute for Health and Social Affairs, Eine vertiefende Analyse der Untersuchung über Patienten im Jahr 2011, 2013, S. 249.

436 Im Im Jahr 2000 betrug die Zahl der über 65-Jährigen 7,2 Prozent der Gesamtbevölkerung. Der Anteil der über 65-Jährigen wird zwischen 2020 und 2040 von 15,7 Prozent auf 32,3 Prozent ansteigen. *Statistics Korea,* Population Projections for Korea: 2010–2060 (Based on the 2010 Census), 2012, S. 34.

437 *Jung, Wankyo/Jin, Yangsoo, Probleme und Verbesserung des Langzeitpflegeversicherungssystems,* in: KDI Policy Forum, Korea Development Institute (KDI) Nr. 202, 2008, S. 5 ff.

Entwicklungen können je nach der Geschwindigkeit der koreanischen Alterung sich weiter verschärfen, weil die Geburtenziffern niedrig sind und die Lebenserwartung der Bevölkerung beständig steigt.[438] Dies führt zu einer drastischen Veränderung des Verhältnisses zwischen jüngeren und älteren Generationen. Bisher bestehen rechtliche Verpflichtungen der Nachkommen gegenüber ihren alten Angehörigen. Aber der Bedarf an Langzeitpflege ist erkannt und muss als ein gravierendes soziales Risiko durch die Sozialversicherungssysteme gedeckt werden. Aus diesem Grunde wurde die Einführung des Langzeitpflegesystems für ältere Menschen beschlossen. Ziel des Langzeitpflegeversicherungsgesetzes für ältere Menschen[439] ist es sicherzustellen, dass ältere Personen[440], die aufgrund ihres Alters, geriatrischer Krankheiten oder ähnlicher Ursachen das Alltagsleben nicht mehr selbständig führen können, bei ihren Haushaltstätigkeiten und anderen körperlichen Aktivitäten unterstützt werden.[441] Das Gesetz und seine Zielsetzung beziehen sich auf den Personenkreis der Pflegeversicherung. Dies schließt nicht sonstige Behinderte ein, wie schwer auch die Behinderung sein mag. Es gibt dadurch in Korea zwei ganz getrennte Linien des Schutzes, die in den meisten anderen Ländern einheitlich in der Pflegeversicherung sind. In Korea unterscheidet man die zwei Systeme, die Pflegeversicherung als Sozialversicherung und die Behindertenhilfe als staatliches Leistungssystem. Das System für Behinderte gab es schon länger. Das Langzeitpflegeversicherungsgesetz soll ganz spezifisch eine Antwort auf das demographische Problem sein und erfasst darum nur die hierfür als typisch definierten Erkrankungen.[442]

Die Einführung der Pflegeversicherung dauerte bis zur gesetzlichen Etablierung als weiterer Zweig der Sozialversicherung ca. 8 Jahre. Im Jahr 2000 wurde eine „Planungsgruppe für Langzeitpflege für ältere Menschen" eingesetzt. Am 15. August 2001 hatte der koreanische Präsident die Einführung der Pflegesicherung für ältere Menschen angekündigt. Im März 2003 wurde eine „Einführungsgruppe für öffentliche Pflege von älteren Menschen" aufgestellt. Im März 2004 wurde „ein Ausführungsausschuss des öffentlichen Pflegesystems für ältere Menschen"

438 *Jung, Wankyo/Jin, Yangsoo, Probleme und Verbesserung des Langzeitpflegeversicherungssystems,* in: KDI Policy Forum, Korea Development Institute (KDI) Nr. 202, 2008, S. 4.

439 Gemäß § 1 des Langzeitpflegeversicherungsgesetzes.

440 Unter dem Begriff „ältere Bürger usw." gemäß § 2 Nr. 1 PVG versteht das Gesetz eine Person, die über 65 Jahre ist, oder eine jüngere Person, die jedoch an geriatrischen Krankheiten leidet.

441 Gemäß § 1 PVG fördert die Pflegeversicherung insoweit die Gesundheit der Bürger, stabilisiert die Führung des Lebensunterhalts der Bürger und mindert die Lasten für die jeweilige Familie. Damit bewirkt das Gesetz Verbesserungen der Lebensqualität der Bürger.

442 Siehe dazu ausführlich unten B. 1. b.

eingesetzt. Am 23. Mai 2005 wurde der „Entwurf des Pflegesicherungssystems für ältere Menschen" durch im Wege der Konsultation zwischen der Regierung und der Regierungspartei festgesetzt.[443] Im Juli 2005 gab es das erste Pilotprojekt zur Durchführung des Pflegesicherungsgesetzes für ältere Menschen.[444] Im Oktober 2005 wurde der Entwurf eines Langzeitpflegeversicherungsgesetzes für ältere Menschen öffentlich bekannt gegeben. Am 16. Februar. 2006 hat die Regierung dann dem Parlament den Gesetzesantrag des „Pflegegesetzes für ältere Menschen" vorgelegt. Dieser Titel wurde im Gesetzgebungsverfahren in „Langzeitpflegeversicherungsgesetz für ältere Menschen" abgeändert.[445]

Am 2. April. 2007 wurde das Langzeitpflegeversicherungsgesetz für ältere Menschen im Parlament verabschiedet. Im August wurden die Präsidial- und die Ministerialverordnung zu diesem Gesetz als Entwurf öffentlich bekannt gegeben und am 1. Oktober 2007 wurden diese Verordnungen in Kraft gesetzt. Am 1. Juli 2008 trat das Langzeitpflegeversicherungsgesetz für ältere Menschen (PVG) als fünfte Sozialversicherung[446] in Kraft.[447] Ende 2011 erhielten 5,7 Prozent (ca. 320.000) der gesamten älteren Bürger die Pflegeleistungen.[448]

---

443 *Ministerium für Gesundheit und Wohlfahrt, 2011 Weißbuch über Gesundheit und Wohlfahrt*, 2012, S. 200.

444 Das erste Pilotprojekt wurde vom Juli 2005 bis zum März 2006 in sechsen Stadt/Landkreis/Bezirk durchgeführt. Die Zielpersonen waren die berechtigten Personen der Sozialhilfe, die über 65 Jahre alt waren. Das zweite Pilotprojekt wurde vom April 2006 bis zum April 2006 in achten Stadt/Landkreis/Bezirk durchgeführt. Die Zielpersonen waren älteren Menschen, die über 65 Jahre alt waren. Das dritte Pilotprojekt wurde vom Mai 2007 bis zum Juni 2008 in dreizehnen Stadt/Landkreis/Bezirk durchgeführt. Die Zielpersonen waren älteren Menschen, die über 65 Jahre alt waren. *Ministerium für Gesundheit und Wohlfahrt, 2010 Weißbuch über Gesundheit und Wohlfahrt*, 2011, S. 192.

445 Zu Beginn wurde im Regierungsentwurf als Titel des Langzeitpflegeversicherungsgesetzes der Begriff „Pflegegesetz für ältere Menschen" gewählt. Später wurde der Titel in „Pflegeversicherungsgesetz für ältere Menschen" geändert. Schließlich wurde der Titel „Langzeitpflegeversicherungsgesetz für ältere Menschen" festgesetzt. *Ministerium für Gesundheit und Wohlfahrt, 2011 Weißbuch über Gesundheit und Wohlfahrt*, 2012, S. 200.

446 *Jung, Wankyo/Jin, Yangsoo, Probleme und Verbesserung des Langzeitpflegeversicherungssystems*, in: KDI Policy Forum, Korea Development Institute (KDI) Nr. 202, 2008, S. 3.

447 *Ministerium für Gesundheit und Wohlfahrt, 2011 Weißbuch über Gesundheit und Wohlfahrt*, 2012, S. 200.

448 *Ministerium für Gesundheit und Wohlfahrt, 2011 Weißbuch über Gesundheit und Wohlfahrt*, 2012, S. 204.

II. Der rechtliche Rahmen – Gesetz, Präsidialverordnung, Ministerialverordnung

Wie oben erwähnt[449], verweist das Langzeitpflegeversicherungsgesetz weitgehend auf nachgeordnete „untergesetzliche" Regelungen, einmal auf die Präsidialverordnung zum Langzeitpflegeversicherungsgesetz und zum anderen auf die Ministerialverordnung zum Langzeitpflegeversicherungsgesetz. Es gibt auch noch weitere Normtypen. Z.B. werden gemäß § 38 Abs. 1 der Ministerialverordnung zum PVG[450] Methoden der Überprüfung bzw. sonstige erforderliche Bedingungen zur Überprüfung der Beiträge durch den Minister für Gesundheit und Wohlfahrt festgesetzt und amtlich bekannt gemacht(§ 38 Abs. 3 der Ministerialverordnung zum PVG). Diese „Bekanntmachung des Ministeriums für Gesundheit und Wohlfahrt" ist in der Theorie eine intern an die Verwaltung adressierte Norm.

B. Das Pflegeversicherungssystem

I. Die Anspruchsvoraussetzungen

1. Persönliche Voraussetzungen

Versicherte der Pflegeversicherung sind nach § 7 Abs. 3 PVG grundsätzlich dieselben wie die Versicherte in der Volkskrankenversicherung, also die Mitglieder nach § 5 bzw. § 109 VKG. Eine Ausnahme gilt für ausländische Arbeitnehmer. Auch wenn sie durch das Gesetz über die Beschäftigung von ausländischen Arbeitnehmer oder durch Präsidialverordnung auf einen Antrag in der Krankenversicherung versichert sind, können sie nach Bestimmung durch die Ministerialverordnung von der Mitgliedschaft in der Pflegeversicherung ausgeschlossen werden (§ 7 Abs. 4 PVG).

Zusätzlich sind Anspruchsberechtigte für die Pflegeleistung[451] auch die für Krankenhilfe gemäß § 3 Abs. 1 KHG anspruchsberechtigten Personen (§ 12 PVG).

2. Gesundheitliche Anspruchsvoraussetzungen

Durch die gesundheitlichen Anspruchsvoraussetzungen realisiert sich nach dem koreanischen Recht für die Versorgung der Pflegebedürftigen die Trennung von Pflegeversicherung und Behindertenhilfe. In der einen Gruppe sind diejenigen, die schon über 65 Jahre alt und aus welchen Gründen auch immer pflegebedürftig sind, ergänzt um diejenigen Jüngeren, deren Pflegebedürftigkeit auf einer „Alterserkrankung" beruht. Wer nicht dazu gehört, aber möglicherweise genauso pflegebedürftige

449 Kapitel 1. B. II. 7.

450 Siehe unten Kapitel 3. B. II. 3.

451 Anspruchsberechtigte für die Pflegeleistung ist man aufgrund Mitgliedschaft als Versicherter oder als mitversichertes Familienmitglied in der Pflegeversicherung (§ 12 Nr. 1 PVG).

ist, wird nicht in der Pflegeversicherung, sondern durch ein anderes System, nämlich im Rahmen der staatlichen Behindertenfürsorge durch das „Unterstützungsgesetz für Tätigkeiten von Behinderten“ abgesichert. Dieses Gesetz zeichnet sich durch folgende zentrale Merkmale aus. Das Gesetz regelt Hilfeleistungen zu Tätigkeiten der Behinderten, die wegen körperlicher bzw. geistiger Behinderung das tägliche bzw. soziale Leben nicht in eigener Verantwortung führen können.[452] Es zielt auf die Verbesserung der Lebensqualität der Behinderten durch Unterstützung für ein selbständiges Leben und Minderung der Belastung der Familienangehörigen (§ 1 des Unterstützungsgesetzes für Tätigkeiten der Behinderten).

Die Unterstützungsleistungen für Tätigkeiten der Behinderten im Sinne des Gesetzes umfassen folgende Maßnahmen (§ 16 Abs. 1 des Unterstützungsgesetzes für Tätigkeiten der Behinderte):

1. Hilfeleistung gemäß § 27 des Unterstützungsgesetzes für Tätigkeiten der Behinderten durch Besuch von Pflegepersonal, das bei Tätigkeiten im Haushalt und zur Unterstützung bei körperlichen Trainings mitwirkt,
2. Häusliche Besuchspflege für die körperliche Hygiene, die durch Personal mit „Badeausrüstung“ durchgeführt wird,
3. Häusliche Besuchskrankenpflege, die durch Krankenpflegepersonal (z.B. Krankenschwestern usw.) nach einer durch einen Arzt, einem traditionellen fernöstlichen Medizinarzt oder einem Zahnarzt erstellten Pflegeanweisung durchgeführt wird,
4. Sonstige häusliche Besuchspflege, Nachtpflege oder Hilfeleistungen zu Tätigkeiten die gemäß Präsidialverordnung zum Unterstützungsgesetz für Tätigkeiten von Behinderten bestimmt werden.[453]

In den folgenden Ausführungen wird es nur um die zur Sozialversicherung gehörende Pflegeversicherung gehen. In einigen Fällen ist aber doch auf die gegebene teilweise Verzahnung der beiden Systeme hinzuweisen. Gemäß § 2 Nr. 1 PVG sind die Leistungen der Pflegeversicherung nur für ältere Menschen vorgesehen. „Ältere

452 Anspruchsberechtigte für Hilfeleistungen zu Tätigkeiten der Behinderten sind wie folgt:
1. Schwerbehinderte, die das tägliche bzw. soziale Leben nicht autonom führen können, nach Maßgaber der Präsidialverordnung,
2. Personen, die nicht zu den „älteren Menschen“ gemäß § 2 Nr. 1 zählen, nach Maßgabe der Präsidialverordnung,
3. Personen, die nicht andere Leistungen wie Hilfeleistung für Tätigkeiten erhalten bzw. nicht in eine Pflegeeinrichtung gemäß § 32 ESG aufgenommen sind (§ 5 des Unterstützungsgesetzes für Tätigkeiten der Behinderte).

453 Das Leistungssystem gemäß dem Unterstützungsgesetz für Tätigkeiten der Behinderten ist im Prinzip sehr ähnlich dem Pflegeleistungssystem. Der Kern des Unterschiedes zwischen der Unterstützungsleistung für Behinderte und der Pflegeversicherung ist eigentlich die Finanzierung, einmal aus Steuermitteln und das andere Mal aus Sozialversicherungsbeiträgen.

Menschen“ sind über 65 Jahre alt. Die Eigenschaft ein älterer Mensch zu sein, wird auch für Personen unter 65 fingiert, sofern sie an einer typischen Alterserkrankung erkrankt sind. Welche diese sind, wird in der Präsidialverordnung zum PVG definiert. Die Alterserkrankungen nach der Präsidialverordnung zum PVG werden in deren Anhang I geregelt. Hierzu gehören insbesondere;

- Arten von Demenz (z.B. Alzheimer-Demenz, vaskulärer Demenz),
- Arten von Gehirnerkrankung (z.B. Subarachnoidalblutungen, intrazerebrale Blutung, intrakranielle Blutung),
- Arten von Parkinson-Krankheit und Ähnliches.

Zu den gesundheitlichen Anspruchsvoraussetzungen gehört auch, dass diejenigen, die über 65-jährig sind bzw. unter 65-jährig und an Alterserkrankung erkrankt sind, vermutlich für mehr als sechs Monate pflegebedürftig sind.

Wenn der Antragsteller gemäß § 12 PVG die Voraussetzungen erfüllt, und anerkannt wird, dass er das Alltagsleben länger als 6 Monate nicht allein meistern kann, erkennt der Ausschuss für die Beurteilung der Einstufung gemäß den in der Präsidialverordnung bestimmten Kriterien zur Beurteilung der Einstufung der Pflegeleistung[454] den Antragsteller als berechtigte Person an (§ 15 Abs. 2 PVG).

3. *Leistungsstufen*

Es gibt drei Stufen nach dem zeitlichen Umfang und der Qualität der erforderlichen Hilfe. Nach § 15 Abs. 2 PVG gibt es für die Beurteilung der Einstufung der Pflegeleistung drei Stufen[455] wie folgt (§ 7 der Präsidialverordnung zum PVG);

- Stufe 1 (mehr als 95 Punkte zur Anerkennung von Pflegeleistung): Wenn im Alltagsleben Hilfe von anderen umfassend erforderlich ist,
- Stufe 2 (Von 75 Punkte und weniger als 95 Punkte zur Anerkennung von Pflegeleistung): Wenn im Alltagsleben Hilfe von anderen weitgehend erforderlich ist,
- Stufe 3 (Von 55 Punkte und weniger als 75 Punkte zur Anerkennung von Pflegeleistung): Wenn im Alltagsleben Hilfe von anderen teilweise erforderlich ist.

---

454 Siehe dazu ausführlich unten.

455 <Personenzahlen in Pflegeleistungsstufen>

Stufe	Juli, 2008	Februar, 2012
Stufe 1	50.209	40.270
Stufe 2	39.080	71.695
Stufe 3	57.354	211.902
Gesamte Personenzahlen	146.643	323.867

Quellle: www.longtermcare.or.kr.

Diese Stufen der Pflegeleistung werden durch Punkte zur Anerkennung von Pflegeleistung ermittelt. Die Punkte werden nach der Dauer und der Qualifikation der Hilfeleistung bewertet. Dies wird in der „Berechnungsmethode der Punkte zur Anerkennung von Pflegeleistung" der Bekanntmachung vom Ministerium für Gesundheit und Wohlfahrt[456] geregelt.

Dafür werden psychische und physische Bedingungen oder der Grad des Bedürfnisses berücksichtigt. Die Kriterien zur Berechnung der Punkte zur Anerkennung von Pflegeleistung sind wie folgt:

- Körperliche Funktionen (12 Positionen z.B. Be- und Entkleiden, Essen, Bewegen, Aufstehen und Hinsetzen, Waschen und Baden etc.),
- Kognitive Funktionen (7 Positionen z.B. Störungen des Kurzzeitgedächtnisses, Einschränkungen des Urteilsvermögens, eine Abnahme des gesamten Denkvermögens, Erkenntnis- und Kommunikationsstörungen etc.),
- Verhaltensauffälligkeiten (14 Positionen z.B. Wahnvorstellungen, Halluzinationen, Gehörhalluzinationen, motorische Störungen etc.),
- Pflegerische Behandlung (9 Positionen z.B. Versorgung von wundgelegenen Stellen, Dialysebehandlung etc.),
- Rehabilitation (10 Positionen z.B. muskuläre Ataxie, Gelenkbeeinträchtigungen etc.).

Ende 2010 betrug die Zahl der gesamten Antragsteller 465.777. Davon sind 46.994 für Stufe 1 anerkannt worden. In Stufe 2 kamen 73.833 und in Stufe 3 kamen 195.167. 149.783, also knapp ein Drittel wurde abgelehnt.[457]

II. Organisation, Träger und deren Kompetenzen

1. *Die Aufgaben und Kompetenzen des Ministeriums für Gesundheit und Wohlfahrt*

Der Minister für Gesundheit und Wohlfahrt ist für die Pflegeversicherung verantwortlich (§ 7 Abs. 1 PVG). Der Staat und die Lokalbehörden müssen notwendige Dienstleistungen [nachfolgend „Dienstleistungen für Vorbeugung gegen Alterskrankheit"] anbieten, die zur Aufrechterhaltung von guten psychischen und physischen Bedingungen der älteren Bürger erforderlich sind, so dass das tägliche Leben der Älteren in eigener Verantwortung geführt werden kann (§ 4 Abs. 1 PVG). Der Staat kann den Lokalbehörden oder der VKK, die Dienstleistung zur Vorbeugung gegen Alterskrankheiten bezuschussen (§ 4 Abs. 2 PVG). Der Staat und die Lokalbehörden müssen in Anbetracht des Anteils der älteren Menschen in der Bevölkerung bzw. bei regionalen Besonderheiten zur Durchführung von Pflegeleistungen eine

456 Bekanntmachung vom Ministerium für Gesundheit und Wohlfahrt Nr. 2013–106.

457 *Ministerium für Gesundheit und Wohlfahrt, 2010 Weißbuch über Gesundheit und Wohlfahrt*, 2011, S. 199.

ausreichende Zahl von Pflegeeinrichtungen vorhalten und den Ausbau von Pflegeeinrichtungen unterstützen (§ 4 Abs. 3 PVG). Damit Pflegeleistungen reibungslos gewährt werden können, sollen der Staat und die Lokalbehörden die VKK bei diesen Aufgaben administrativ oder finanziell unterstützen (§ 4 Abs. 4 PVG).

Wenn der Staat einen Masterplan zur Pflegeleistung gemäß § 6 PVG erstellt hat und auch durchführt, muss er nicht nur Ältere, sondern alle Bürger (z.B. Behinderte), die das Alltagsleben nicht autonom bestreiten können, unterstützen. Er muss die Pflegeleistungen oder die Beihilfeleistungen für körperliche Trainingsaktivitäten gewähren und eine Politik zur Unterstützung der Stabilisierung der Lebensumstände und der Selbstständigkeit der Bürger betreiben (§ 5 PVG).

Um die Pflegeleistungen nach dem PVG ausreichend anbieten zu können, muss der Minister für Gesundheit und Wohlfahrt für jeden Fünfjahreszeitraum einen Masterplan der Pflegeleistungen mit folgenden Inhalten erstellen und durchführen (§ 6 Abs. 1 PVG):

1. Für jedes Jahr die Anzahl der Personen mit Anspruch auf Pflegeleistung und einen Plan zur Finanzierung dieser Leistungen,
2. Für jedes Jahr eine Entwicklungsplanung zum Ausbau der Einrichtungen für Pflegeleistung und zur Anpassung der Zahl der Fachkräfte für Pflegeleistungen,
3. Sonstige erforderliche Plangrößen über Pflegeleistungen, die durch Ministerialverordnung bestimmt werden.

Entsprechende Pläne müssen die Leiter der jeweiligen Lokalbehörde gemäß § 6 Abs. 1 PVG für ihren ärztlichen Bereich erstellen und umsetzen (§ 6 Abs. 2 PVG).

2. *Ausschuss für Pflegeleistungen*

Beim Minister für Gesundheit und Wohlfahrt gibt es nach § 45 PVG einen Ausschuss für Pflegeleistungen, der ihn vor der Entscheidung über folgende Regelungen zu beraten hat:

1. Über den Beitragssatz der Pflegeversicherung gemäß § 9 Abs. 2 PVG,
2. Über die Entgelte gemäß § 24 bzw. bis § 26 PVG für die Familienpflege, insbesondere Pflege bzw. Pflegeentgelte in Erholungsheimen,
3. Über die Entgelte bei häuslicher Pflegeleistung bzw. Pflegeleistung in einer Einrichtung gemäß § 39 PVG,
4. Über sonstige wesentliche Fragen, die durch Ministerialverordnung bestimmt werden.

Der Ausschuss für Pflegeleistungen setzt sich aus 16 bis 22 Mitgliedern zusammen; es gibt einen Vorsitzenden und einen stellvertretenden Vorsitzenden (§ 46 Abs. 1 PVG). Die Mitglieder des Ausschusses werden vom Minister für Gesundheit und Wohlfahrt auf Vorschlag in folgender Weise gleichgewichtig ernannt (§ 46 Abs. 2 PVG):

1. Personen, die vorgeschlagen werden von Arbeitnehmerverband, Arbeitgeberverband, Bürgervereinigung[458], Vereinigung der Älteren, Verband der Agrar- sowie der Fischereiwirtschaft und Verband der Selbständigen Unternehmer,
2. Personen, die von Organisationen der Pflegeversicherungseinrichtungen bzw. der Ärzteschaft vorgeschlagen werden,
3. Beamte der zentralen Verwaltungsbehörde, die durch Präsidialverordnung bestimmt werden, Wissenschaftler aus dem Gebiet der Pflegeversicherung und Personen, die vom Vorstandsvorsitzenden der VKK vorgeschlagen werden.

Der Vorsitzende des Ausschusses ist immer der Vizeminister für Gesundheit und Wohlfahrt und der stellvertretende Vorsitzende des Ausschusses wird vom Vorsitzenden des Ausschusses aus den Mitgliedern des Ausschusses ernannt (§ 46 Abs. 3 PVG). Empfehlungen des Ausschusses für Pflegeleistungen setzen die Teilnahme einer Mehrheit der Mitglieder voraus und werden mit der Mehrheit der in der Sitzung anwesenden Mitglieder ausgesprochen (§ 47 Abs. 1 PVG). Aus Effizienzgründen kann der Ausschuss für Pflegeleistungen Arbeitsausschüsse für jeden Bereich festlegen (§ 47 Abs. 2 PVG).

3. Die Träger für die Verwaltung und die Organisation der Pflegeleistungen

Der Versicherungsträger der Pflegeversicherung ist die VKK (§ 7 Abs. 2 PVG). Der Träger der Pflegeversicherung ist zuständig für Verwaltung und Organisation der Pflegeleistungen (§ 48 Abs. 1 PVG). Gemäß § 48 Abs. 2 PVG sind dessen Aufgaben wie folgt:

1. Überprüfung der Versicherteneigenschaft bzw. der Eigenschaft als Familienangehöriger eines Versicherten oder eines Krankenhilfeberechtigten,
2. Beitragsbescheide und Einzug von Pflegeversicherungsbeiträgen,
3. Untersuchungen von Antragstellern,
4. Organisation des Ausschusses zur Beurteilung bzw. Entscheidung der Stufe der Pflegeleistung,
5. Ausstellung des Anerkennungsscheines der Pflegeleistungen bzw. Standardplanungen für Nutzungen der Pflegeleistung,
6. Verwaltung und Bewertung der Pflegeleistungen,
7. Pflicht zur Information über Pflegeleistungen, Begleitung und Beratung über Nutzung der Pflegeleistungen für die berechtigten Personen
8. Zahlung und Prüfung der Entgelte für häusliche Pflegeleistung, Leistungen in Pflegeeinrichtungen und der besonderen Geldleistungen,
9. Nachweise für durchgeführte Pflegeleistungen,
10. Forschung und öffentliche Information über die Pflegeversicherung,

---

458 Das ist die Nichtregierungsorganisation gemäß § 2 des Gesetzes zur Unterstützung der nicht-kommerziellen Nicht-Regierungs-Organisationen.

11. Programm zur Vorbeugung gegen geriatrische Erkrankungen,
12. Mahnung und Einzug bei ungerechtfertigt erhaltenen Entgelten gemäß dem PVG,
13. Entwicklung und Verwaltung von Pflegeleistungseinrichtungen[459] zur Weiterentwicklung der Kriterien für Pflegeleistungen, Prüfung der Angemessenheit von Pflegeleistungsentgelten und Weiterentwicklung des Leistungs- und Entgeltkatalogs,
14. Durchführung weiterer gesetzlichen übertragenen Aufgaben.

Die Satzungen der VKK gemäß § 17 VKG bestimmen zu den Pflegeleistungen die folgenden Sachverhalte (§ 48 Abs. 4 PVG):

1. Einzelheit der Pflegeversicherungsbeiträge im Rahmen der generellen Festsetzung durch den Minister für Gesundheit und Wohlfahrt,
2. Einzelheit zu den Pflegeleistungen,
3. Budget und Abrechnungswesen in der Pflegeversicherung,
4. Sonstige Sachverhalte, die durch Präsidialverordnung bestimmt werden.

Wenn die VKK gemäß § 29 VKG Vorschriften über die Organisation der VKK erlässt, muss sie, abgesehen von der Verwaltung der Mitgliederbestände, der Beitragsbescheide und des Beitragseinzugs, für die Durchführung der Pflegeversicherung und für die Krankenversicherung getrennte Bereiche etablieren (§ 49 PVG). Sie muss ein unabhängiges Rechnungswesen für die Pflegeversicherung führen (§ 50 Abs. 1 PVG) und hat für ihr Budget Pflegeversicherungsbeiträge und die Zuschüsse durch Staat oder Lokalbehörden sowie die daraus finanzierten Leistungen getrennt auszuweisen (§ 50 Abs. 2 PVG).

Zur Anerkennung von Pflegeleistungsberechtigungen bzw. zur Beurteilung der Stufe der Pflegeleistungen werden Ausschüsse für die Beurteilung der Stufe der Pflegeleistungen auf nationaler, regionaler und örtlicher Ebene gebildet (§ 52 Abs. 1 PVG). Die Ausschüsse werden pro Stadt/Landkreis/Bezirk gebildet (§ 52 Abs. 2 PVG). Diese Ausschüsse bestehen aus einem Vorsitzenden und weiteren 14 Mitgliedern (§ 52 Abs. 3 PVG). Die Mitglieder des Ausschusses werden vom Vorsitzenden der VKK aus den folgenden Personengruppen ernannt:

1. Mediziner gemäß dem Medizingesetz,
2. Sozialarbeiter gemäß dem Gesetz für soziale Dienste,
3. Beamter aus Stadt/Landkreis/Bezirk ,
4. Personen, die herausragendes Fachwissen und langjährige Erfahrung auf dem Gebiet der Rechtswissenschaft bzw. Pflegeversicherung besitzen.

Von den insgesamt 15 Mitgliedern werden 7 Mitglieder der regionalen und örtlichen Ebene von Bürgermeister, Gouverneur oder Leiter des Stadtbezirkes vorgeschlagen.

---

459 Praktisch findet das nicht statt. Derzeit gibt es keine Pflegeleistungseinrichtung der VKK.

Hierin muss mindestens ein Arzt oder ein traditioneller fernöstlicher Medizinarzt enthalten sein (§ 52 Abs. 4 PVG).

Die VKK überprüft und bewertet kontinuierlich Pflegeleistungen, die von Pflegeeinrichtungen angeboten werden. Sie ist zur Verbesserung der Qualität der Pflegeleistungen verpflichtet (§ 54 Abs. 1 PVG). Die VKK kann überprüfen, ob Pflegeeinrichtungen nach den Kriterien, Verfahren und Methoden der Pflegeleistungen gemäß § 23 Abs. 3 PVG die Pflegeleistungen angemessen anbieten. Und sie kann das Ergebnis der Überprüfung der Öffentlichkeit zugänglich machen und erforderliche Maßnahmen durchführen (§ 54 Abs. 2 PVG).

Gemäß § 38 Abs. 1 der Ministerialverordnung zum PVG muss die VKK gemäß § 54 Abs. 2 PVG die folgenden Sachverhalte prüfen:

1. Erfüllung der Leistungsansprüche der Pflegeberechtigten sowie deren Zufriedenheit mit den Leistungen,
2. Verfahren der Bereitstellung der Pflegeeinrichtungen,
3. Betriebszustand der Pflegeeinrichtungen, Professionalität der Mitarbeiter bzw. Anlagenzustand,
4. Sonstige Maßnahmen zur Verbesserung des Betriebes der Pflegeeinrichtungen.

Die VKK hat auf Stichprobenbasis zu überprüfen, und sie soll das Ergebnis der Überprüfung der Öffentlichkeit zugänglich machen und erforderliche Maßnahmen durchführen. Einzelheit regelt die Ministerialverordnung zum PVG (§ 38 Abs. 2 der Ministerialverordnung zum PVG). Methoden der Überprüfung bzw. sonstige Bedingungen zur Überprüfung der Beiträge werden durch den Minister für Gesundheit und Wohlfahrt festgesetzt und amtlich bekannt gemacht (§ 38 Abs. 3 der Ministerialverordnung zum PVG).

III. Leistungskatalog und Selbstbeteiligung

Nach § 3 PVG gibt es die folgenden drei Grundprinzipien für die Bereitstellung von Pflegeversicherungsleistungen. Die Pflegeversicherungsleistungen müssen die psychischen und physischen Bedingungen des Lebensumfelds der älteren Bürger und die Bedürfnisse der älteren Bürger und ihre Familien in einem definierten Bedürftigkeitsrahmen angemessen berücksichtigen (§ 3 Abs. 1 PVG). Die Pflegeversicherungsleistungen sollen vorzugsweise als häusliche Pflegeleistungen erbracht werden, so dass die älteren Bürger mit ihren Familien zu Hause zusammenleben können (§ 3 Abs. 2 PVG). Die Pflegeversicherungsleistungen müssen mit einer medizinischen Behandlung koordiniert sein, um einer Verschlechterung der psychischen und physischen Bedingungen oder der Gesundheit der älteren Bürger vor zu beugen (§ 3 Abs. 3 PVG).

1. Leistungskatalog

Die „Pflegeleistungen“ gemäß § 2 Nr. 2 PVG umfassen Hilfe bei körperlichen Aktivitäten und Hausarbeit, Krankenpflege oder Pflegegeld als Ersatz. Diese

Pflegeleistungen werden den Menschen angeboten, die gemäß § 15 Abs. 2 PVG länger als 6 Monate ihren Alltagsgeschäften nicht allein nachgehen können (§ 2 Nr. 2 PVG).

Der Leistungskatalog der Pflegeleistung im Sinne des Gesetzes umfasst gemäß § 23 Abs. 1 PVG:

1. Häusliche Pflegeleistung:
   (a) Häusliche Besuchspflege, die durch Besuch des Pflegepersonals mit Tätigkeiten im Haushalt und Unterstützung bei anderen körperlichen Trainings erfolgt,
   (b) Häusliche Besuchspflege für die körperliche Hygiene, die durch Besuch des Personal mit Badeausrüstung angeboten wird,
   (c) Häusliche Besuchskrankenpflege, die durch Krankenpflegepersonal (z.B. Krankenschwestern usw.) nach der durch einen Arzt, einen traditionellen fernöstlichen Medizinarzt oder Zahnarzt erstellten Pflegeanweisung durchgeführt wird,
   (d) Tages- und Nachtpflege in Heimen[460], als unterstützende Betreuung während bestimmter Zeiten in Pflegeeinrichtungen, Hilfeleistungen bei körperlichen Übungen oder die Ausbildung zur Erhaltung und Verbesserung der körperlichen Funktionen,
   (e) Kurzzeitpflege, die gemäß der Bestimmung der Ministerialverordnung über einen bestimmten Zeitraum in Pflegeeinrichtungen geleistet wird, und die Leistungen für Hilfen bei körperlichen Übungen oder die Ausbildung zur Erhaltung und Verbesserung der körperlichen Funktionen,
   (f) sonstige häusliche Besuchspflege als Hilfe für Tätigkeiten im Haushalt und bei anderen körperlichen Übungen oder Pflegeleistung für Rehabilitation gemäß der Bestimmung der Präsidialverordnung durch Besuch des Pflegepersonals.
2. Pflegeleistungen, die in medizinischen Einrichtungen für ältere Menschen auf Dauer gemäß § 34 des Gesetzes für Alterswohlfahrt durchgeführt werden incl. der Leistungen für Hilfen bei körperlichen Aktivitäten oder Ausbildung zur Erhaltung und Verbesserung der körperlichen Funktionen.
3. Besondere Geldleistungen:
   (a) Pflegeentgelte für die Familie gemäß § 24 PVG,
   (b) Besondere Pflegeentgelte gemäß § 25 PVG,
   (c) Pflegeentgelte im Pflegeheim gemäß § 26 PVG.

---

460 Tages- und Nachtpflege in Heimen bedeutet, dass die geistig bzw. körperlich geschwächten Personen, die aufgrund zwingender Umstände von der Familie keine Unterstützung erhalten können, nachts bzw. tagsüber in Heimen die oben genannten Leistungen erhalten (*Kim, Wook*, A Study on Benefits Support for the Elderly with Dementia in National Long-term Care Insurance, in: Mental Health & Social Work, The Korean Academy of Mental Health Social Work Vol. 35, 2010, S. 303).

Eine berechtigte Person kann Pflegeleistungen ab dem Tag erhalten, an dem der Anerkennungsschein für Pflegeleistungen gemäß § 17 Abs. 1 PVG ausgestellt wird (§ 27 Abs. 1 PVG).

Wenn eine berechtigte Person (in nachfolgenden Fällen) durch Familienangehörige die Pflegeleistung erhält, die den Kriterien des § 23 Abs. 1 Nr. 1 (a) PVG entspricht, kann die VKK dieser die Pflegeentgelte gemäß der Bestimmung der Präsidialverordnung zum PVG auszahlen (§ 24 Abs. 1 PVG):

1. Personen, die in bestimmten abgeschiedenen Regionen wohnen, in denen es erhebliche Versorgungsmängel an Pflegeleistungseinrichtungen gibt und die vom Minister für Gesundheit und Wohlfahrt bekannt gegeben werden,
2. Personen, die Pflegeleistungen in Pflegeeinrichtungen aufgrund von Naturkatastrophen oder ähnlichen Ursachen nicht nutzen können, wenn dies vom Minister für Gesundheit und Wohlfahrt anerkannt wurde,
3. Personen, die die Pflegeleistung wegen körperlichem oder geistigem Zustand oder Persönlichkeitsstörung gemäß der Präsidialverordnung zum PVG durch Familienangehörige erhalten müssen.

Wenn eine berechtigte Person nicht in Pflegeeinrichtungen nach dem PVG, sondern in einer anderen Einrichtung entsprechende Pflegeleistungen bekommt[461], die der häuslichen Pflegeleistung oder der Leistung in Pflegeeinrichtungen entsprechen[462], kann die VKK der berechtigten Person einen Teil ihres Entgelts als besonderes Pflegeentgelt gemäß der Präsidialverordnung zum PVG erstatten (§ 25 Abs. 1 PVG). Wenn eine berechtigte Person in einem Pflegekrankenhaus gemäß § 3 Abs. 2 Nr. 3 (d) des Medizingesetzes betreut wird, kann die VKK der berechtigten Person einen Teil der Entgelte als Pflegeentgelte im Pflegeheim gemäß der Präsidialverordnung zum PVG erstatten (§ 26 Abs. 1 PVG). Pflegeleistungen sind durch einen monatlichen Höchstbetrag begrenzt, der von der Stufe der Pflegeleistung und Arten der Pflegeleistung abhängig ist (§ 28 Abs. 1 PVG).

Eine Unterbrechung oder Beendigung der Pflegeleistungen gibt es (§ 29 Abs. 1 PVG):

1. Wenn eine Person durch Betrug oder auf unehrliche Weise eine Anerkennung der Pflegeleistungen bewirkt hat,
2. Wenn eine Person vorsätzlich einen Unfall verursacht hat oder mit eigener rechtswidriger Handlung eine Anerkennung der Pflegeleistungen bekommen hat.

---

461 Dies ist eine Verweisung auf das System der Behindertenfürsorge und auch auf andere Einrichtungen als solche der Behindertenfürsorge (z.B. auf privat finanzierte Einrichtungen).

462 Auch das ist faktisch eine Verweisung auf das System und die Standards der Hilfe für Behinderte.

2. *Selbstbeteiligung*

Anteile von den Entgelten für häusliche Pflegeleistungen bzw. Leistungen in Pflegeeinrichtungen sind durch die berechtigte Person wie folgt als Selbstbeteiligung zu tragen (§ 40 Abs. 1 PVG):

1. Häusliche Pflegeleistung: 15 Prozent der betreffenden Entgelte der Pflegeleistungen,
2. Leistungen in Pflegeeinrichtungen: 20 Prozent der betreffenden Entgelte der Pflegeleistungen.

Davon sind ausgenommen die berechtigten Personen gemäß dem Gesetz zur Sicherung des Existenzminimums[463].

Bestimmte Entgelte für Pflegeleistungen sind vollständig von der berechtigten Person selbst zu tragen (§ 40 Abs. 2 PVG):

1. Pflegeleistungen, die nicht zum Katalog der Pflegeleistungen gemäß PVG gehören,
2. der Differenzbetrag, wenn eine berechtigte Person Pflegeleistungen erhält, die nach Art und Inhalt der Pflegeleistungen den Anerkennungsschein gemäß § 17 Abs. 1 Nr. 2 überschreiten,
3. Pflegeleistungen, welche die monatliche Betragsgrenze der Pflegeleistungen gemäß § 28 PVG überschreiten,

Wenn für Personen einer der folgenden Fälle zutrifft, wird die Selbstbeteiligung auf die Hälfte reduziert (§ 40 Abs. 3 PVG):

1. berechtigte Personen gemäß § 3 Abs. 1 Nr. 2 bis Nr. 9 des Krankenhilfegesetzes,
2. Personen, deren Einkommen und/oder Vermögen usw. unter dem Betrag liegt, der vom Minister für Gesundheit und Wohlfahrt bestimmt und bekannt gegeben wird, (nur wenn eine Person auf Inseln, in abgelegenen Orten, im Bauerndorf und Fischerdorf wohnt, kann der Betrag im diesem Fall individuell bestimmt werden).
3. Personen, die wegen Naturkatastrophen bzw. eines durch Ministerialverordnung bestimmten Grundes in ihrem Lebensunterhalt Schwierigkeiten haben.

---

463 Berechtigte Personen gemäß ESG tragen keine Selbstbeteiligung. Personen, die in der nächsten Bedürftigkeitsklasse sind, tragen die Hälfte der festgesetzten Selbstbeteiligung (*Lee, Joonbok*, A Legal Study on the Long Term Care Insurance, in: World Constitutional Law Review, Korean Branch of International Association of Constitutional Law Vol. 14 No. 3, 2008, S. 353).

IV. Die Leistungserbringer

Die „Pflegeeinrichtungen" gemäß § 2 Nr. 4 PVG bieten ihre Pflegeleistungen als eine gemäß § 31 PVG zugewiesene Einrichtung oder als eine gemäß § 32 PVG ernannte häusliche Pflegeeinrichtung an.

Wenn Personen eine Pflegeeinrichtung errichten und betreiben möchten, muss die Einrichtung vom Bürgermeister der Stadt oder dem Vorsitzenden eines lokalen Bezirks, der für ihren Standort zuständig ist, anerkannt werden (§ 31 Abs. 1 PVG).

Wenn weitere Leistungsarten über die häusliche Pflegeleistung hinaus gemäß § 23 Abs. 1 Nr. 1 PVG angeboten werden sollen, muss dies beim Bürgermeister der Stadt oder dem Vorsitzenden eines lokalen Bezirkes angemeldet werden. Die Bürgermeister der Stadt oder die Vorsitzenden eines lokalen Bezirkes müssen dann die Liste der erfolgten Anmeldungen der VKK mitteilen (§ 32 Abs. 1 PVG).

Um pflegeleistungsberechtigte Einrichtung leichter identifizieren zu können und um die Qualität der von den Pflegeeinrichtungen angebotenen Pflegeleistungen sichern zu können, müssen die Pflegeeinrichtungen die gegenwärtigen betrieblichen Verhältnisse wie z.B. Inhalte ihrer Leistungen, Betriebseinrichtungen bzw. Qualifikation der Arbeitskräfte als Veröffentlichung auf der Website der VKK bekannt machen (§ 34 Abs. 1 PVG).

Wenn eine Pflegeeinrichtung einen Pflegeleistungsantrag von einer berechtigten Person erhält, ist eine Ablehnung der Pflegeleistungen nicht möglich. Nur wenn die festgesetzte Anzahl von Pflegefällen schon erreicht ist, gilt dies als Ausnahme (§ 35 Abs. 1 PVG).

Wenn die Pflegeeinrichtungen pflegebedürftigen Personen die häusliche Leistungen bzw. die Leistungen gemäß § 23 PVG in Pflegeeinrichtungen erbringt, erfolgt die Bezahlung gemäß dem Sachleistungsprinzip: Die Einrichtung erhält ihre Entgelte von der VKK (§ 38 Abs. 1 PVG).

V. Finanzierung

1. *Beiträge*

Die VKK erhebt die Beiträge für die Pflegeversicherung zusammen mit den Krankenversicherungsbeiträgen gemäß § 69 VKG. Hierbei muss die VKK beide Beiträge getrennt ausweisen und verwalten (§ 8 Abs. 1 und 2 PVG),[464] also sie auch in getrennten und unabhängigen Rechnungswesensystemen verarbeiten (§ 8 Abs. 3 PVG).

Die Höhe der monatlichen Pflegeversicherungsbeiträge wird dadurch bestimmt, dass die gemäß VKG festgelegten Einkommensstufen[465] mit dem Beitragssatz der

---

464 Das Beitragsaufkommen erhöhte sich von 11.371 Millionen Won im Jahr 2009 auf 17.509 Millionen Won im Jahr 2010 (*Ministerium für Gesundheit und Wohlfahrt, 2010 Weißbuch über Gesundheit und Wohlfahrt*, 2011, S. 197).

465 Die Beiträge sind die gemäß § 69 Abs. 4 bzw. Abs. 5 VKG berechneten Beiträge, die gemäß § 9 Abs. 1 PVG nach § 74 bzw. § 75 VKG erlassen bzw. gemindert sind.

Pflegeversicherung[466] multipliziert werden (§ 9 Abs. 1 PVG). Dieser Beitragssatz der Pflegeversicherung wird nach der in § 45 PVG geregelten Beratung des Ausschusses für Pflegeleistungen in Form einer Präsidialverordnung festgelegt (§ 9 Abs. 2 PVG).

2. *Staatszuschuss*

Der Staat finanziert die VKK jedes Jahr mit 20 Prozent der voraussichtlichen Jahresbeitragseinnahmen der Pflegeversicherung (§ 58 Abs. 1 PVG).[467] Der Staat und die Lokalbehörden tragen außerdem im Rahmen der Krankenhilfe die Pflegeentgelte, die von der VKK für Pflegeleistungen an Berechtigte in diesem System bezahlt werden, sowie die gesamten Verwaltungsaufwendungen hierfür (§ 58 Abs. 2 PVG). Hierzu zählen beispielsweise auch die Kosten für die Ausstellung der ärztlichen Bescheinigungen und die Kosten für die ärztlichen Verordnungen häuslicher Besuchskrankenpflege für Krankenhilfeberechtigte.

VI. Verfahrensfragen

Eine Person, die einen Antrag zur Anerkennung von Pflegeleistung stellen möchte, muss diesen bei der VKK einreichen. Der Antrag muss gemäß der Bestimmung der Ministerialverordnung zur Anerkennung von Pflegeleistung eine Bescheinigung enthalten, die von einem Arzt oder einem Arzt für traditionelle fernöstliche Medizin ausgestellt wurde. Die ärztliche Bescheinigung soll vorgelegt werden, bevor die VKK den Antrag dem Ausschuss für die Beurteilung der Einstufung der Pflegeleistung zuleitet (§ 13 Abs. 1 PVG). Ausnahmsweise kann eine Person, die erhebliche Fortbewegungsschwierigkeiten oder ihren Wohnsitz auf einer Insel oder in einem abgelegenen Ort hat und somit Schwierigkeiten mit dem Aufsuchen einer medizinischen Einrichtung hat, auch ohne ärztliche Bescheinigung einen Antrag stellen (§ 13 Abs. 2 PVG).

Wenn die VKK den Antrag gemäß § 13 Abs. 1 PVG erhält, muss sie nach Maßgabe der Präsidialverordnung Folgendes prüfen (§ 14 Abs. 1 PVG):

1. Den körperlichen, geistigen und psychischen Zustand des Antragstellers,
2. Die Art und den Inhalt der erforderlichen Pflegeleistung für den Antragsteller und
3. Sonstige erforderliche Angaben für die Pflegeleistung, die in der Präsidialverordnung festgelegt sind.

---

466 Der Beitragssatz der Pflegeversicherung nahm von 4,05 Prozent im Jahr 2008 auf 6,55 Prozent im Jahr 2010 zu (*Ministerium für Gesundheit und Wohlfahrt, 2010 Weißbuch über Gesundheit und Wohlfahrt*, 2011, S. 197).

467 Die Subvention des Staates nahm von 2,044 Millionen Won im Jahr 2009 auf 3.323 Millionen Won im Jahr 2010 zu (*Ministerium für Gesundheit und Wohlfahrt, 2010 Weißbuch über Gesundheit und Wohlfahrt*, 2011, S. 197).

Nur wenn eine Untersuchung durch die VKK selbst aufgrund der geografischen Situation unzumutbar ist, oder wenn es aus anderen Gründen für die Untersuchung erforderlich ist, kann die VKK eine Untersuchung durch einen medizinischen Dienst einer Regionalbehörde (Stadt/Landkreis/Bezirk) oder eine gemeinsame Untersuchung verlangen (§ 14 Abs. 1 PVG).

Wenn die Untersuchung gemäß § 14 PVG abgeschlossen ist, muss die VKK das Ergebnis mit Antrag, ärztlicher Bescheinigung und sonstigen erforderlichen Daten zur Beurteilung dem Ausschuss für die Beurteilung der Einstufung der Pflegeleistung gemäß § 52 PVG [nachfolgend „Ausschuss für die Beurteilung der Einstufung"] vorlegen (§ 15 Abs. 1 PVG). Dieser Ausschuss muss seine Entscheidung innerhalb von 30 Tagen nach Antragstellung gemäß § 15 PVG treffen. Nur wenn es unvermeidbare Gründe gibt, die Beurteilung innerhalb der vorgeschriebenen Frist nicht fertig zu haben (z.B. wenn eine genaue Prüfung beim Antragsteller erforderlich ist), kann die Frist um weitere 30 Tage verlängert werden (§ 16 Abs. 1 PVG). Wenn die VKK gemäß § 16 Abs. 1 PVG die Frist verlängern möchte, muss sie dem Antragsteller bzw. Vertreter den Grund und die neue Frist mitteilen (§ 16 Abs. 2 PVG).

Wenn der Ausschuss für die Beurteilung der Einstufung die Anerkennung der Pflegeleistung und ebenfalls die Beurteilung der Einstufung vorgenommen hat, muss die VKK dem Antragsteller den Anerkennungsschein über Pflegeleistungen unverzüglich zustellen. Dieser hat nachfolgende Informationen zu enthalten (§ 17 Abs. 1 PVG):

1. Die Pflegeleistungsstufe,
2. Art bzw. Inhalt der Pflegeleistungen,
3. Sonstige erforderliche Angaben über Pflegeleistungen, die durch die Ministerialverordnung bestimmt werden.

Wenn ein Antragsteller nach der Beurteilung des Ausschusses als berechtigte Person nicht anerkannt wird, muss die VKK hierzu den Grund mitteilen (§ 17 Abs. 2 PVG).

Wenn die VKK den Anerkennungsschein der Pflegeleistungen ausfertigt, muss sie bei der Entscheidung über Art und Inhalt der Pflegeleistungen gemäß § 17 Abs. 1 Nr. 2 PVG folgende Kriterien berücksichtigen (§ 18 PVG):

1. Die Bedarfsstufe und das Lebensumfeld der berechtigten Person,
2. Die Wünsche und Präferenzen der berechtigten Person und ihrer Familie,
3. Die gegenwärtige Situation der Einrichtungen einer Pflegeinstitution, in welcher der Antragsteller Leistungen erhält.

Die Gültigkeitsdauer der Anerkennung von Pflegeleistungen nach § 15 PVG beträgt wenigstens ein Jahr und wird durch Präsidialverordnung festgesetzt (§ 19 Abs. 1 PVG). Die Berechnungsmethode der Gültigkeitsdauer und sonstige erforderliche Daten werden durch Ministerialverordnung festgesetzt (§ 19 Abs. 2 PVG). Wenn eine berechtigte Person über diese Frist hinaus die Pflegeleistungen weiter erhalten möchte, muss sie bei der VKK den Antrag zur Erneuerung der Anerkennung der

Pflegeleistungen stellen (§ 20 Abs. 1 PVG). Der Antrag muss mindestens 30 Tage vor dem Ablauf der Frist gestellt werden (§ 20 Abs. 2 PVG). Wenn eine berechtigte Person, die bereits Pflegeleistung erhält, die Stufe, die Art oder Details der Pflegeleistungen geändert haben möchte, muss sie ebenfalls einen entsprechenden Antrag bei der VKK stellen (§ 21 Abs. 1 PVG).

C. Rechtsschutz

I. Vorverfahren

Ein Einspruch gegen eine Entscheidung der VKK bezüglich der Anerkennung als Versicherter, der Stufe für Pflegeleistungen, der Art der Pflegeleistungen, der Feststellung von ungerechtfertigter Bereicherung, der Bezahlung von Pflegeleistungen oder der Beiträge der Pflegeversicherung ist bei der VKK zu erheben (§ 55 Abs. 1 PVG). Ein Einspruch im Sinne des § 55 Abs. 1 PVG muss schriftlich innerhalb von 90 Tagen nach Bekanntgabe der Entscheidung erhoben werden. Nur bei Vorliegen eines berechtigten Grundes für das Fristversäumnis kann der Einspruch dennoch als zulässig gelten (§ 55 Abs. 2 PVG). Die VKK muss den Einspruch dann dem Ausschuss zur Prüfung der Pflegeleistungen zuleiten, der diesen gemäß § 55 Abs. 1 PVG zu prüfen hat (§ 55 Abs. 3 PVG). Die Zusammensetzung des Ausschusses und sonstige Einzelheiten werden durch die Präsidialverordnung festgesetzt (§ 55 Abs. 4 PVG).

Wenn man gegen eine formelle Entscheidung der VKK über einen Einspruch gemäß § 55 PVG vorgehen will, kann man innerhalb von 90 Tagen nach Kenntnis derselben eine Beschwerde beim Streitschlichtungsausschuss für Pflegeleistungen erheben (§ 56 Abs. 1 PVG). Der Ausschuss wird unter der Aufsicht des Ministers für Gesundheit und Wohlfahrt gebildet und besteht aus 20 Mitgliedern einschließlich eines Vorsitzenden (§ 56 Abs. 2 PVG). Die Mitglieder des Streitschlichtungsausschusses werden vom Minister für Gesundheit und Wohlfahrt ernannt und beauftragt (§ 56 Abs. 3 PVG). Die Mitglieder sollen herausragendes Fachwissen und langjährige Erfahrung auf dem Gebiet der Pflegeversicherung besitzen.

II. Verwaltungsprozess

Auf allen Verfahrensstufen, also unmittelbar gegen Maßnahmen der VKK oder gegen eine Entscheidung über einen Einspruch gemäß § 55 PVG oder gegen eine Entscheidung des Streitschlichtungsausschusses gemäß § 56 PVG, kann der Betroffene auch gemäß dem Verwaltungsprozessrecht einen Verwaltungsprozess anstrengen (§ 57 PVG).

D. Sozialpolitische Würdigung

I. Beziehung zwischen Volkskrankenversicherung und Pflegeversicherung

Mit der zunehmenden Alterung der Gesellschaft in Korea ist Langzeitpflege für ältere Menschen eine sehr wichtige Aufgabe der Gesellschaft. Die Langzeitpflege steht in den meisten Fällen mit Krankheiten im Zusammenhang, daher soll die Gesundheitsgewährleistung durch medizinische Behandlung und Rehabilitation die Pflegebedürftigkeit minimieren. Prävention bei Krankheiten nach dem VKG zielt nicht nur auf die Früherkennung von Krankheiten und angemessenen Krankenbehandlungen, sondern auf Reduzierung der hohen akuten Leistungsentgelte durch Frühbehandlung.[468] Langzeitpflege bezieht sich nicht nur auf ältere Menschen sondern auch auf alle Pflegebedürftigen.

Obwohl der Träger der Pflegeversicherung bei getrenntem Haushalt die VKK ist, ist doch die Zielsetzung der Gesetze sehr unterschiedlich. Das VKG zielt auf das Angebot der Leistungen, die für Diagnose, stationäre und ambulante Behandlung gegen Demenz, Paralyse und sonstige Erkrankungen über Hausarzt, Krankenhaus bzw. Apotheke angeboten werden.[469] Das PVG sichert die Unterstützung bei Haushaltstätigkeiten und anderen körperlichen Aktivitäten für ältere Personen, die aufgrund ihres Alters, geriatrischer Krankheiten[470] oder ähnlicher Ursachen das Alltagsleben nicht mehr selbstständig führen können.[471] In Korea[472] gehören zum

---

468 *Cheon, Kwangseok*, The Long-term Care Insurance Act of Korea and its Some Issues, in: Social Security Law, Korean Social Security Law Association Vol. 2 No. 1, 2013, S. 113.

469 *Yoon, heesook, Die gegenwärtige Lage und Aufgabe der Pflegeversicherung*, Korea Development Institute (KDI), 2010, S. 32.

470 Beispielsweise hatten im Jahr 2010 geschätzte 8,8 Prozent (etwa 469.000 Personen) der älteren Bürger über 65 Jahren Demenz. Die Zahl der älteren Menschen mit Demenz wird voraussichtlich im Jahr 2020 auf 9,7 Prozent (etwa 750 Tausend Personen) ansteigen (*Ministerium für Gesundheit und Wohlfahrt, 2010 Weißbuch über Gesundheit und Wohlfahrt*, 2011, S. 211.).

471 *Lee, Joonbok*, A Legal Study on the Long Term Care Insurance, in: World Constitutional Law Review, Korean Branch of International Association of Constitutional Law Vol. 14 No. 3, 2008, S. 351.

472 In Deutschland wurde schon im Jahr 1995 das Pflegeversicherungsgesetz im SGB XI eingeführt und in Korea im Jahr 2008. Gemäß § 14 Abs. 1 SGB XI betrifft Personenkreis der Pflegebedürftigkeit Personen, die nicht nur wegen einer körperlichen, geistigen oder seelischen Krankheit sondern auch Behinderung. Die Pflegebedürftigkeit in Deutschland wird von Alter nicht beschränkt. Aber es ist in Korea anderes (*Sunwoo, Duk*, Korea·Germany·Japan comparative analysis of the Long Term Care Insurance System and Its Implications – long-term care sector recognized system -, in: Hanyang University Journal of Aging Society Vol. 1 No. 1, 2010, S. 44).

Personenkreis der Leistungsempfänger der Pflegeversicherung nur ältere Menschen oder Menschen, die an einer typischen Alterserkrankung erkrankt sind. Obwohl die Pflegeleistungen nach dem Langzeitpflegeversicherungsgesetz für ältere Menschen und die Pflegeleistungen nach dem „Unterstützungsgesetz für Tätigkeiten der Behinderte"[473] ganz gleich sind, sind die Behinderten von dem Personenkreis ausgeklammert. Die Behinderten werden in Korea durch das „Unterstützungsgesetz für Tätigkeiten von Behinderten" abgesichert. Für die jeweiligen Pflegeleistungen nach beiden Gesetzen werden unterschiedliche Finanzierungsmittel bereitgestellt. Der Schutz der behinderten Menschen wird nicht von der Sozialversicherung, sondern aus den Steuermitteln des Staates gesichert. In Korea hatte man darüber schon diskutiert, ob die Behinderten auch in das Pflegeversicherungssystem einbezogen werden sollten.[474] Das wird aber aus Gründen der unterschiedlichen Finanzierungen (Steuerfinanzierung und Sozialversicherungsbeiträge) nicht gemacht.[475] Die Langzeitpflege soll sich aber in Korea auch auf die Pflegebedürftigkeit beziehen, die vom Alter der Patienten bzw. von der Art der Krankheit unabhängig sind.[476]

Der Mittelpunkt der Pflegeversicherungsleistungen wird als nicht-medizinische Versorgung definiert. Darum werden Entgelte für eine medizinische Behandlung in Pflegeheim von der Volkskrankenversicherung getragen.

II. Verstärkung der Grundprinzipien in der Pflegeversicherung

Das Endziel des PVG ist, durch Abdeckung der langfristigen Pflegebedürfnisse ein menschenwürdiges Leben am Lebensabend zu sichern. Wie oben erwähnt,[477] gibt es dafür in § 3 PVG drei Grundprinzipien:

1. Art und Niveau der Leistungen nach dem Bedarf unter Berücksichtigung der in Abs. 1 genannten Einzelelemente,
2. Vorrang von häuslicher Pflege,
3. Koordination von medizinischen Leistungen und Pflegeleistungen mit dem Ziel der Verhütung von Verschlimmerung.

Nach diesen Grundprinzipien sollen die häuslichen Pflegeleistungen vorzugsweise ausgerichtet sein. Die Mehrheit der Empfänger der häuslichen Pflegeleistungen

---

473 Dazu ausführlich oben Kapitel 3. B. I. 2.

474 *Cheon, Kwangseok*, The Long-term Care Insurance Act of Korea and its Some Issues, in: Social Security Law, Korean Social Security Law Association Vol. 2 No. 1, 2013, S. 115.

475 *Jung, Heesun,* A Study on Policy and Act Making Process History of The Act on Long Term Care Insurance for The Elderly, Study of Public Interest and Human Rights Vol. 1, 2012, S. 170.

476 *Cheon, Kwangseok*, The Long-term Care Insurance Act of Korea and its Some Issues, in: Social Security Law, Korean Social Security Law Association Vol. 2 No. 1, 2013, S. 133.

477 Kapitel 3. B. III.

nutzt die häusliche Besuchspflege. Aber wenn die häusliche Pflegeleistung nur einmal pro Tag angeboten wird, kann der Nutzer dieser Pflegeleistungen kaum ein Alltagsleben betreiben. Daher sollte eine mehrmalige häusliche Besuchspflege angeboten werden. Dafür ist eine Änderung der Leistungssysteme erforderlich.

Zweites wichtiges Grundprinzip ist die Verstärkung der Leistungen für die Krankheitsvorbeugung.[478] In der Pflegeversicherung gibt eine Verschlechterung der Finanzsituation Anlass zur Besorgnis ebenso wie in Volkskrankenversicherung. Im Hinblick auf eine Verbesserung der Finanzlage kann eine Verlagerung auf Leistungen zur Vorbeugung ein guter Vorschlag sein.[479] Im gültigen PVG gibt es keine Vorbeugungsleistungen gegen Verschlechterungen der körperlichen Fähigkeiten, da dies in die Zuständigkeit der Krankenversicherung gehört. Generell besteht ein Anspruch erst, wenn man in den Stufen 1 bis 3 anerkannt ist. Ohne Anerkennung für diese Einstufungen kann keine Leistung stattfinden. Das heißt, es gibt keine Präventionsleistungen außerhalb dieser Pflegestufen. Man muss abwarten bis sich der Zustand soweit verschlechtert hat, dass eine Einstufung erfolgen kann.[480]

Aber um auf lange Sicht die finanziellen Lasten der Pflegeleistungen zu senken, spielt eine Vorbeugung zum Erhalt der körperlichen Fähigkeit eine wichtige Rolle. Wenn eine Person, die außerhalb dieser Stufe anerkannt ist, Leistungen für die Vorbeugung erhalten könnte, kann sie damit den kostenträchtigen Wechsel in diese Stufe verzögern.

III. Qualitätssicherung für die versicherten Leistungen

Gemäß § 54 Abs. 1 PVG überprüft die VKK die Pflegeleistungen der Pflegeeinrichtungen mit dem Ziel der Verbesserung der Qualität der Pflegeleistungen. Allerdings gibt es zwar entsprechende Vorschriften über die Qualitätssicherung, jedoch keine Sanktionen bei schlechten Ergebnissen. Wenn bei einer Pflegeeinrichtung ein schlechtes Überprüfungsergebnis festgestellt wird, sollte sie intensiv kontrolliert werden.[481] Wenn es dann im Zeitverlauf keine Verbesserung gibt, sollte sie geschlossen werden.

---

478 Beispielsweise werden Leistungen zur Früherkennung der Demenz seit 2006 durchgeführt (*Ministerium für Gesundheit und Wohlfahrt, 2010 Weißbuch über Gesundheit und Wohlfahrt*, 2011, S. 211).

479 Beispielsweise kann eine Demenz, wenn sie früh erkannt wird, medizinisch behandelt werden. Aber allgemein besteht die Meinung, dass Demenz nur eine Alterserscheinung ist und nicht als Krankheit behandelt werden kann (*Ministerium für Gesundheit und Wohlfahrt, 2010 Weißbuch über Gesundheit und Wohlfahrt*, 2011, S. 211).

480 *Lee, Yoonkyoung*, Living to One Hundred: How to Improve Elderly Long-term Care, in: Health and welfare policy forum, Korea Institute for Health and Social Affairs Vol. 180, 2011, S. 37.

481 *Choi, Gyun/Kwon, Jaeyeol/Nam, Hyunjoo/Seok, Jaeeun/Lee, Hoyong/Bae, Doh/Lee, Eunhwa, Studie zur Verbesserung des Langzeitpflegeversicherungsgesetzes*, Korea National Council on Social Welfare, 2012, S. 55.

4. Kapitel: Die Krankenhilfe

A. Einführung

I. Historisch-politische Entwicklung der Krankenhilfe

Wie oben in der historischen Einführung[482] erwähnt, ist das Krankenhilfesystem ein Teil des Sozialhilfesystems. Am Anfang wurde es „System für medizinische Betreuung" genannt und war im Wesentlichen im Sozialhilfegesetz geregelt. Dieses Krankenhilfesystem ist ein staatliches Fürsorgesystem für medizinische Probleme der Armen, die ihren Lebensunterhalt nicht selbst oder nicht ausreichend mit ihrem Einkommen und Vermögen oder dem Einkommen und Vermögen der Unterhaltsverpflichteten bestreiten können. Mit der Volkskrankenversicherung zusammen ist es ein wichtiges Mittel zur Gesundheitsgewährleistung für die Bürger. Das Krankenhilfesystem umfasst – im Prinzip in gleicher Weise wie die Volkskrankenversicherung – ärztliche Untersuchungen, Leistungen mit Arznei-, Verbands- und Heilmitteln, ärztliche Behandlungen und Operationen bei Krankheiten und Verletzungen, Schwangerschaft und Entbindung.

Die Entwicklung der Krankenhilfe dauerte bis zur gesetzlichen Einführung als ein weiterer Zweig der Sozialhilfe vergleichsweise lang. Die Regelung der Krankenhilfe wurde zwar im Jahr 1961 in das Sozialhilfegesetz aufgenommen,[483] aber die für ihre Durchführung nötige Präsidialverordnung wurde nicht erlassen. Deswegen wurde das Gesetz nicht durchgeführt.[484] Im Januar 1977 wurde die Vorschrift für Krankenhilfe erlassen und die Krankenhilfe als ein Teil der Sozialhilfe eingeführt. Im Dezember 1977 wurde das „Gesetz für medizinische Betreuung" als eigenes Gesetz verabschiedet. Im Jahr 1978 wurden die Präsidial- und die Ministerialverordnung zum Gesetz für medizinische Betreuung in Kraft gesetzt. Am 1. Januar 1979 trat die Krankenhilfe gemäß dem Gesetz für medizinische Betreuung endgültig in Kraft. Seither wurde das Gesetz mehrmals abgeändert. Seit dem 24. Mai 2001 wurde der Titel des Gesetzes für medizinische Betreuung in „Krankenhilfegesetz" abgeändert. Nach diesem Gesetz haben berechtigte Personen gemäß ESG[485] Anspruch auf Krankenhilfeleistungen.[486]

---

482 Kapitel 1. II. 4.

483 *Lee, Heungjae/Cheon, Kwangseok/Park, Jisoon,* Social Security Law, Sinjosa, 2011, S. 207.

484 *Die öffentliche Körperschaft für Überprüfung und Bewertung der Volkskrankenversicherung, 2012 Handbuch für Krankenhilfe,* 2012, S. 6.

485 Das Gesetz zur Sicherung des Existenzminimums, das im August 1999 erlassen wurde, regelt die Gewährleistung des Existenzminimums als Pflicht des Staates. Siehe dazu ausführlich unten Kapitel 4. D.

486 *Ministerium für Gesundheit und Wohlfahrt, 2011 Weißbuch über Gesundheit und Wohlfahrt,* 2012, S. 97.

II. Der rechtliche Rahmen – Gesetz, Präsidialverordnung, Ministerialverordnung

Wie oben erwähnt[487], verweist das Krankenhilfegesetz weitgehend auf nachgeordnete „untergesetzliche" Regelungen, zum einen auf die Präsidialverordnung zum Krankenhilfegesetz und zum anderen auf die Ministerialverordnung zum Krankenhilfegesetz. Beispielsweise werden „Sonstige Personen" gemäß § 3 Abs. 1 Nr. 9 KHG durch Präsidialverordnung bestimmt. In § 2 der Präsidialverordnung zum KHG wird der Begriff der „sonstige Personen" definiert.

B. Das Krankenhilfesystem

Das Krankenhilfesystem ist überwiegend eine Fürsorge im Gesundheitswesen für Bedürftige, die keine Mitglieder der Volkskrankenversicherung sind und die die ärztlichen Behandlungshonorare nicht bezahlen können. Insofern ist es eine Unterform der Sozialhilfe. In einigen Fällen ist es aber auch ein Belohnungssystem für Menschen, die aus verschiedenen Gründen vom Beitrag für die Volkskrankenversicherung befreit werden sollen und unabhängig von Bedürftigkeit oder auf der Basis einer milderen Bedürftigkeitsprüfung ohne Gegenleistung die Krankenhilfe nutzen können. Hier ist die Funktion nicht Sozialhilfe, sondern staatliche Versorgung.[488]

I. Personenkreis der Berechtigten

1. Einteilung der berechtigten Personen nach dem Zweck der Krankenhilfeleistungen

„Berechtigte Person" ist eine Person, die Anspruch auf Krankenhilfeleistungen nach diesem Gesetz hat (§ 2 Abs. 1 Nr. 1 KHG).[489] In § 3 Abs. 1 KHG werden die verschiedenen berechtigten Personen, die nach dem Gesetz Krankenhilfe bekommen können, genannt. Der Hilfegrund ist gewissermaßen der klassische Zuordnungsparameter. Er kann nach dem Leistungszweck in drei Gruppen geteilt werden. Erstens ist es die Gruppe der Mindestsicherung für Bedürftige, die bereits zur Sozialhilfe

---

487 Kapitel 1. II. 7.

488 In Korea erhalten Krankenhilfeleistung nicht nur Personen, die Sozialhilfeempfänger sind, sondern auch eine durch das KHG festgelegte Berechtigtengruppe, die aber bereits durch ein eigenes Versorgungssystem unterstützt wird (*Cheon, Kwangseok*, Korean Social Security Law, Bobmunsa, 2010, S. 523). Das System ist ähnlich wie in Deutschland. Im Rahmen der deutschen Versorgung werden z.B. Kriegsopfer in einem eigenem Versorgungssystem unterstützt. Gleichzeitig gibt es für Kriegsopfer in diesem Versorgungssystem eine Kriegsopferfürsorge, die auch eine Bedürftigkeitsprüfung beinhaltet (*Maydell/Ruland/Becker*, Sozialrechtshandbuch, 4 Aufl., Baden-Baden 2008, S. 1136 ff.).

489 *Ministerium für Gesundheit und Wohlfahrt, Weißbuch über Gesundheit und Wohlfahrt*, 2009, S. 113.

gehören. Diese Personen erfüllen die Voraussetzungen für die Sozialhilfe und ihr Einkommen muss unterhalb der Einkommensgrenze gemäß ESG liegen. Zweitens ist es die Gruppe, für deren Gesundheitsversorgung der Staat eine besondere Verantwortung übernommen hat.[490] Die Mitglieder dieser Gruppe haben auf jeden Fall eine Form von medizinischer Versorgung. Für einige Personen dieser Gruppe ist es eigentlich eine Fürsorge oberhalb der Kriterien des Systems der Mindestsicherung. Die letzte Gruppe ist eine Form der Sozialzielförderung. Es ist in diesem Politikbereich typisch, dass man zur Erreichung eines bestimmten Ziels, eine Sozialleistung anbietet. Beispielsweise ist die Krankenhilfe für adoptierte Kinder eine typische Form der Sozialförderung.

Im KHG werden diese Gruppen unsystematisch geregelt. Dies sind nach § 3 Abs. 1 KHG folgende:

1. Berechtigte Personen gemäß ESG[491],
2. Notleidende[492] im Sinne des Gesetzes für Fürsorge bei Katastrophen,
3. Verletzte[493] oder ihre hinterbliebenen Familienmitglieder gemäß dem Gesetz für respektvollen Umgang und Unterstützung der ehrenvollen Verletzten, die sich zum Wohle der Menschen eingesetzt haben,[494]
4. Adoptivkinder, die unter 18 Jahre sind, gemäß dem Gesetz zur Förderung und zum Verfahren bei Adoptionen,[495]

---

490 Beispielsweise ist die Opferentschädigung eine spezielle Sozialleistung. Die Opferentschädigung gehört zur Versorgung gemäß einem ganz besonderen Zweck. Diese Versorgung erhalten die Berechtigten, da der Staat für sie eine besondere Verantwortung übernimmt (*Cheon, Kwangseok*, Korean Social Security Law, Bobmunsa, 2010, S. 488).

491 Dies betrifft den Personenkreis, dessen Unterhalt unter dem Existenzminimum liegt. Das ist der Fall, wenn eine berechtigte Person keine verpflichteten Familienangehörigen hat oder falls deren Einkommen zur Unterstützung nicht ausreicht (§ 5 Abs. 1 ESG). Wenn eine Person, die zwar dem Personenkreis gemäß § 5 Abs. 1 ESG nicht entspricht, sich aber vorübergehend in einer schwierigen Lebenssituation befindet, kann die nach diesem Gesetz bestimmte Krankenhilfeleistung vom Minister für Gesundheit und Wohlfahrt festgelegt werden, und damit ist die Person krankenhilfeberechtigt (§ 5 Abs. 2 ESG). Dazu ausführlich Kapitel. 4. D.

492 Diese sind nicht unbedingt arm. Es ist eher eine Sozialentschädigung für Menschen, denen man eine Wiedergutmachung für Erlittenes geben will.

493 Eine Person, die bei der Rettung einer anderen Person verletzt wurde, wenn dieses nicht zu den beruflichen Risiken zählt.

494 Diese Gruppe kann auch als ein Fall von Sozialentschädigung anerkannt werden.

495 Das ist gewissermaßen eine Förderung des Adoptionswesens, weil die Adoptiveltern die alleinige Gesundheitsversorgung der Kinder nicht finanzieren könnten und die Kinder dann kein Zuhause hätten.

5. Personen[496], die gemäß dem Gesetz für die ehrenvolle Behandlung von Menschen mit großen Verdiensten für die koreanischen Unabhängigkeit[497] oder dem Gesetz für die ehrenvolle Behandlung und Unterstützung anerkannt sind, und deren Familienangehörig, welche Krankenhilfeleistung erbitten und deren Bedarf vom Minister für Gesundheit und Wohlfahrt anerkannt wird,[498]
6. Inhaber eines vom Gesetz für den Kulturschutz bestimmten wichtigen immateriellen Kulturguts oder deren Familienangehörige, die bei dem Leiter der Kulturgüter den Bedarf an Krankenhilfeleistung geltend machen, sofern, dieser vom Minister für Gesundheit und Wohlfahrt anerkannt wird,[499]
7. Personen, die unter das Gesetz für den Schutz oder die Ansiedlungsunterstützung der nordkoreanischen Überläufer fallen, und auch ihre Familienangehörigen, sofern sie als berechtigte Personen für Krankenhilfeleistungen vom Minister für Gesundheit und Wohlfahrt anerkannt sind,[500]
8. Personen, die nach § 8 des Gesetzes für Entschädigung von Betroffenen bei der 18. Mai Demokratiebewegung[501] Entschädigung erhalten, und ihre Familienangehörigen, sofern sie als berechtigte Personen für Krankenhilfeleistungen vom Minister für Gesundheit und Wohlfahrt anerkannt sind,[502]
9. durch Präsidialverordnung bestimmte sonstige Personen[503], die ihren Lebensunterhalt nicht selbst bestreiten können bzw. in schwierigen Lebenssituationen sind.

Die Kriterien der Krankenhilfeberechtigung nach § 3 Abs. 1 Nr. 2 bzw. Nr. 5 bis Nr. 9 KHG werden durch den Minister für Gesundheit und Wohlfahrt verbindlich

496 Sie haben sich große Verdienste um den Staat erworben oder sind hierdurch gestorben.

497 Im Jahr 1919 gab es eine Unabhängigkeitsbewegung gegen die japanische Kolonialherrschaft. *Ryu, Jinseok, Politk für Armenhilfe in der japanischen Kolonialzeit*, in: *Ha, Sangrak, Geschichte der koreanischen Sozialfürsorge*, Pakyoungsa, 1997, S. 327.

498 Diese Gruppe kann auch als ein Fall von Sozialentschädigung anerkannt werden.

499 Diese Gruppe erhält eine „privilegierte" Versorgung als eine Form der Belohnung.

500 Auch für diese Gruppe eine „privilegierte" Versorgung, die zugleich Elemente einer Belohnung, einer Entschädigung für erlittene schlechte Zeiten und Förderung der Eingliederung enthält.

501 Im Jahr 1980 gab es die *Gwangju*-Demokratiebewegung. Sie entstand aus einer eskalierten Demonstration in der südkoreanischen Stadt *Gwangju* am 27. Mai 1980.

502 Diese Gruppe kann auch als Fall der Sozialentschädigung eingestuft werden.

503 „Sonstige Personen, die durch Präsidialverordnung bestimmt werden", gemäß § 3 Abs. 1 Nr. 9 KHG bedeutet Personen, die analog zu § 3 Abs. 1 Nr. 1 bis Nr. 8 KHG zu beurteilen sind, und folgende Personen, die vom Minister für Gesundheit und Wohlfahrt die Bedürftigkeit für Krankhilfe anerkannt bekommen (§ 2 der Präsidialverordnung zum KHG):
1. Personen gemäß polizeilicher Bestätigung ohne festen Wohnsitz und ohne Familie und Freunde
2. Sonstige Personen, die durch Ministerialverordnung bestimmt werden.

festgelegt (§ 3 Abs. 2 KHG). Die Kriterien oder der Inhalt der Krankenhilfeleistungen für die berechtigten Personen gemäß § 3 Abs. 1 Nr. 1 KHG können durch die Präsidialverordnung zum KHG geändert werden (§ 3 Abs. 3 KHG).

Im Jahre 2003 betrug die Zahl der berechtigten Personen der Krankenhilfe 1,45 Millionen. Nach der Erweiterung des Anwendungsbereichs bis in die nächste bedürftige Klasse wuchs die Zahl der berechtigten Personen für Krankenhilfe in 2005 auf 1,76 Millionen und in 2006 auf 1,82 Millionen und im 2007 auf 1,85 Millionen. Um die Ressourcen der sozialen Fürsorge besser zu verteilen, wurden die berechtigten Personen, die in der nächsten bedürftigen Klasse waren, in 2008 stufenweise wieder als Versicherte in die Krankenversicherung zurückgeführt.[504] Ende 2011 betrug die Zahl der gesamten berechtigten Personen für Krankenhilfe 1,609 Millionen.[505]

< Zahlen der gesamten berechtigten Personen der Krankenhilfe >

Jahr	2003	2004	2005	2006	2007	2008	2009	2010	2011
Mio.	1,454	1,529	1,761	1,828	1,852	1,841	1,677	1,674	1,609
Berechtigte Personen in % von Bevölkerung	3,0 %	3,1 %	3,6 %	3,7 %	3,8 %	3,7 %	3,4 %	3,4 %	3,2 %

Quelle : VKK Hrsg., Statistisches Jahrbuch der Krankenhilfe in 2012, 2012, Kapitel. 1 Tabelle Nr. 1.

2. Unterteilung bestimmter berechtigter Personen nach dem Kriterium der Arbeitszumutbarkeit

Gemäß § 3 Abs. 2 KHG werden die oben genannten berechtigten Personen wiederum in zwei Gruppen, Gruppe 1 und Gruppe 2, untergeteilt (§ 3 Abs. 1 der Präsidialverordnung zum KHG). Eigentlich betrifft diese Unterteilung nur die Sozialhilfeempfänger gemäß § 3 Abs. 1 Nr. 1 KHG.[506] Berechtigte Personen gemäß § 3 Abs. 1 Nr. 2 bis 8 KHG sind die Gruppe 1. Der Grund der Unterteilung der berechtigten Personen hängt von deren Arbeitsfähigkeit ab. Wenn eine Person arbeitsunfähig ist oder man ihr eine Arbeit nicht zumuten will, wird sie der Gruppe 1 zugeordnet. Wenn eine Person dagegen arbeitsfähig ist, gehört sie zur Gruppe 2.[507] Die beiden Gruppen haben unterschiedliche Selbstbeteiligungen bei Krankenhilfeleistungen. Für die

504 *Ministerium für Gesundheit und Wohlfahrt, Weißbuch über Gesundheit und Wohlfahrt,* 2009, S. 113.
505 *VKK, Statistisches Jahrbuch der Krankenhilfe in 2012,* 2012, Kapitel 1 Tabelle Nr. 1.
506 *Cheon, Kwangseok,* Korean Social Security Law, Bobmunsa, 2010, S. 524.
507 *Ministerium für Gesundheit und Wohlfahrt, 2011 Weißbuch über Gesundheit und Wohlfahrt,* 2012, S. 100.

Höhe der Selbstbeteiligung spielt diese Unterteilung der berechtigten Personen eine große Rolle.[508]

Zu der Gruppe 1 gehören die folgenden berechtigten Personen (§ 3 Abs. 2 der Präsidialverordnung zum KHG):

1. Personen, die gemäß § 3 Abs. 1 Nr. 1 ESG berechtigte Personen sind, und auf die einer der folgenden Punkte zutrifft:
   i) Wenn innerhalb der Familie ein Mitglied arbeitsunfähig ist oder es ihm aus den folgenden Gründen schwer fällt zu arbeiten:

   - Wenn die Person unter 18 oder über 65 Jahren ist,
   - Wenn sie Schwerbehinderter gemäß § 2 Abs. 2 des Gesetzes für den Arbeitsplatz und die Rehabilitation der Behinderten ist,
   - Wenn sie unter § 7 Abs. 1 Nr. 2 der Präsidialverordnung zum ESG fällt,
   - Wenn sie schwanger ist oder sich innerhalb von sechs Monaten nach der Entbindung befindet,
   - Wenn sie im Militärdienst im Sinne des Wehrpflichtgesetzes ist,

   ii) Wenn Personen die Leistungen in medizinischen Einrichtungen nach § 38 der Präsidialverordnung zum ESG bekommen,
   iii) Wenn Personen sich auf § 5 Abs. 2 ESG stützen und vom Minister für Gesundheit und Wohlfahrt anerkannt werden,
   iv) Wenn ein Familienangehöriger eine seltene oder unheilbare Erkrankung hat, die vom Minister für Gesundheit und Wohlfahrt amtlich festgestellt ist,
2. Personen, die den Festlegungen des § 3 Abs. 1 Nr. 2 bis Nr. 9 ESG entsprechen,
3. Berechtigte Personen gemäß § 2 Nr. 1 der Präsidialverordnung zum KHG[509],
4. Wenn Personen den Kriterien gemäß § 2 Nr. 2 der Präsidialverordnung zum KHG entsprechen und vom Minister für Gesundheit und Wohlfahrt der Bedarf der Krankenhilfeleistung in der Gruppe 1 anerkannt wird.

Zur Gruppe 2[510] gehören die folgenden Personen (§ 3 Abs. 3 der Präsidialverordnung zum KHG);

1. Diejenigen, die unter § 3 Abs. 1 Nr. 1[511] KHG fallen, aber nicht zu der Gruppe 1 gemäß § 3 Abs. 2 Nr. 1 der Präsidialverordnung zum KHG gehören,
2. ......(zwischenzeitlich gestrichen),

508 Siehe dazu ausführlich unten Kapitel 4. B. III.

509 Siehe dazu oben Kapitel 4. B. I. 1.

510 Diese Gruppe ist eine „privilegierte" Gruppe. Bedürftigkeit heißt, man erhält auch Krankenhilfeleistung, solange Einkommen und Vermögenssituation nicht besser als 120 Prozent vom Existenzminimum sind.

511 Gemäß § 3 Abs. 1 Nr. 1 KHG sind die berechtigten Personen für Krankenhilfe Berechtigte Personen gemäß ESG.

3. Wer durch die Ministerialverordnung zum KHG als berechtigte Person festgestellt wird[512], und vom Minister für Gesundheit und Wohlfahrt den Bedarf der Krankenhilfeleistung in der Gruppe 2 anerkannt bekommt.

< *Zahl der Berechtigten der Krankenhilfe nach Gruppen im Jahr 2009*>

Arten		Zahl der berechtigten Personen
Gruppe 1	Berechtigte Personen der Sozialhilfe	837.297
	Unterstützte Personen in Einrichtungen	85.814
	Große Verdienste um den Staat	86.810
	Nordkoreanische Überläufer	10.377
	Inhaber eines wichtigen immateriellen Kulturgutes	233
	Betroffene der 18. Mai. Demokratiebewegung	10.358
	Notleidende	-
	Bei der Rettung einer anderen Personen verletzt	866
	Inländische Adoptivkinder	4.536
	Unheilbare oder seltene Erkrankungen	-
	Zwischensumme	1.036.291
Gruppe 2		640.946
Summe		1.677.237

Quelle: *Ministerium für Gesundheit und Wohlfahrt*, 2010 Jahrbuch der Statistik in Gesundheit und Wohlfahrt, S. 316–317.

512 Gemäß § 2 Nr. 2 der Präsidialverordnung zum KHG.

II. Die Träger und die Organisation der Krankenhilfe

1. Krankenhilfe als echtes staatliches Krankenhilfesystem

Die Aufgaben der Krankenhilfe werden durch das Ministerium für Gesundheit und Wohlfahrt, Lokalbehörden, die VKK und die VÜBK durchgeführt. Sie haben jeweils definierte Zuständigkeiten.[513]

Die Krankenhilfe einschließlich der Aufsicht über die Leistungsträger wird durch die Behörden unterhalb der Ebene des Gesamtstaates[514] durchgeführt. Das koreanische Krankenhilfesystem ist im Gegensatz zur sozialen Krankenversicherung ein „echtes" staatliches Leistungssystem. Deshalb ist es zum besseren Verständnis dieser Zuständigkeiten für die Krankenhilfe erforderlich, die Grundstrukturen der Verwaltungsorganisation in Koreas zu erläutern.

a. Grundstrukturen der Verwaltungsorganisation in Korea

Gemäß § 2 Abs. 1 des koreanischen Kommunalgesetzes[515] wird Korea unmittelbar unterhalb der Gesamtstaatsebene in Provinzen und selbstständige Städte (auf gleicher Kompetenzebene mit Provinzen) eingeteilt. Innerhalb der selbstständigen Städte ist Seoul eine besondere Stadt und damit auch eine einzigartige Verwaltungseinheit. Gemäß § 2 Abs. 1 Nr. 1 des koreanischen Kommunalgesetzes werden koreanische Verwaltungsbezirke „Teukbyeolsi/Gwangyeoksi/Do"[516] *wörtlich mit* „Besondere Stadt/Großstadt/Provinz" übersetzt.[517] Korea hat nur eine „Teukbyeolsi", die Stadt Seoul, die auch als „besondere Stadt"[518] bezeichnet wird und daneben noch sechs „Gwangyeoksi" [519] auf Provinzebene, die wörtlich als Großstadt[520] übersetzt

513 *Ministerium für Gesundheit und Wohlfahrt, 2011 Weißbuch über Gesundheit und Wohlfahrt,* 2012, S. 104 ff.

514 In Korea wird als Staat nur der Zentralstaat angesehen und die Provinzen werden als eigenständige lokale Körperschaften verstanden.

515 Eine zutreffende, genaue Übersetzung des koreanischen Kommunalgesetzes ist auf Englisch das „Lokal Autonomy Act".

516 Ministry of Public Administration and Security, *Die derzeitige Lage der Verwaltungsbezirke bzw. Bevölkerungszahl von Landgemeinde,* 2012, S. 199 ff.

517 Hier werden nur einige koreanische Verwaltungsbezirke erklärt, die für die Zuständigkeiten für Krankenhilfe relevant sind. Es gibt noch „Special Autonomous Do".

518 In Korea wird das wörtlich als „Special Metropolitan City" übersetzt.

519 Die sechs „*Gwangyeoksi*" sind Busan, Daegu, Incheon, Gwangju, Daejeon und Ulsan.

520 Das wird wörtlich als „Metropolitan City" übersetzt.
Sie werden direkt auf Englisch wörtlich mit „Metropolis/Megalopolis/Province" übersetzt.

werden. Korea hat dann noch neun „Do“[521], die wörtlich als „Provinz“[522] übersetzt werden.[523]

Gemäß § 2 Abs. 1 Nr. 2 des koreanischen Kommunalgesetzes haben diese Verwaltungsbezirke jeweilige Unterteilungen „Si/Gun/Gu“. Diese „Si/Gun/Gu“ können mit Stadt/Kreis/Stadtbezirk übersetzt werden. Gemäß § 2 Abs. 2 des koreanischen Kommunalgesetzes ist die besondere Stadt „Seoul“ in Stadtbezirke „Gu“ unterteilt. Gemäß § 2 Abs. 2 bzw. § 3 Abs. 2 des koreanischen Kommunalgesetzes sind die sechs weiteren Großstädte in Stadtbezirke und in Kreise unterteilt.[524] Innerhalb der Provinzen sind die nächsten Ebenen ebenfalls die Kreise. Einige Städte sind ihrerseits so groß, dass sie ebenfalls in Stadtviertel aufgegliedert werden. Die kleineren Städte und noch weitere kleinere Verwaltungseinheiten liegen unterhalb der Kreisebene.[525]

Die Städte auf Provinzebene – sowohl Seoul als auch die sechs weitere Großstädte – werden durch einen Bürgermeister geführt. In der Verwaltungseinheit Seoul gibt es den Bürgermeister als Leiter der Gesamtverwaltung und dazu noch die Vorsteher der autonomen Stadtbezirke als Leiter der Stadtbezirksverwaltungen. Die sechs anderen Großstädte sind in Stadtbezirke – teilweise auch in Kreise – untergeteilt. Innerhalb der Provinzen sind die Kreise die nächsten nach geordneten Verwaltungsbehörden und werden ihrerseits durch Kreisgouverneure geführt. In den Verwaltungseinheiten der Provinzebene gibt es die Provinzgouverneure als oberste Verwaltungsinstanz. Die acht Provinzen sind ihrerseits in Kreise bzw. sonstige Städte eingeteilt. Diese Kreise werden durch Kreisgouverneure geführt. Die sonstigen Städte innerhalb der Provinzen werden durch den Bürgermeister geführt. Der Kreis wird vom Kreisgouverneur geleitet. Dann gibt es noch das kleine Dorf mit dem Dorfvorsteher.

---

521 Die neun „*Do*“ sind Gyeonggi-do, Gangwon-do, Chungcheongbuk-do, Gyeongsangbuk-do, Gyeongsangnam-do, Chungcheongnam-do, Jeollabuk-do, Jeollanam-do und Jeju-do.

522 Das wird wörtlich als „Province“ übersetzt.

523 Die koreanische primäre Unterteilung „*Teukbyeolsi/Gwangyeoksi/Do*“ wird nachfolgend als „Besondere Stadt/Großstadt/Provinz“ genannt.

524 Gwangju und Daejeon sind nur in Stadtteile „*Gu*“ unterteilt, die übrigen sind sowohl in Stadtbezirke als auch Kreise unterteilt.

525 Die oberste Unterteilung einer Provinz „*Do*“ ist die Stadtbezirk „*Si*“ sowie ihr ländliches Gegenstück, der Kreis „*Gun*“. Ein Stadtbezirk hat mindestens 50.000 Einwohner, sobald ein Kreis diese Marke erreicht, wird er automatisch zum Stadtbezirk. Ein Stadtbezirk mit mehr als 500.000 Einwohnern wird in Bezirke „*Gu*“ unterteilt. Ministry of Public Administration and Security, *Die derzeitige Lage der Verwaltungsbezirk bzw. Bevölkerungszahl von Landgemeinde*, 2012, S. 199 ff.

< *Koreanische Grundstrukturen der Verwaltungsorganisation* >[526]

Provinzebene: (Leiter der Provinzebene)	Besondere Stadt: Seoul (Bürgermeister in besonderer Stadt)	Sechs weiteren Großstädte (Bürgermeister in Großstädten)		Acht Provinzen (Provinzgouverneure)	
Kreisebene: (Leiter der Kreisebene)	Stadtbezirke (Vorsteher der Stadtbezirksverwaltung)	Stadtbezirke (Vorsteher der Stadtbezirksverwaltung)	Kreise (Kreisgouverneure)	Kreise (Kreisgouverneure)	Sonstige Städte (Bürgermeister)
Dorfebene	Stadtviertel „Dong“	Stadtviertel „Dong“	Dorf	Dorf	Stadtviertel „Dong“

b. Zuständigkeiten und Verantwortungen im Krankenhilfesystem

Bürgermeister in Großstädten/Provinzgouverneure und Bürgermeister/Kreisgouverneure/Vorsteher des Stadtbezirks sind zuständig für Entscheidungen über die Verhältnisse der Leistungsempfänger, über den Krankenhilfefond und für die Aufsicht über die Leistungsträger. Sie erteilen jeweils die Berechtigung zum Empfang von Krankenhilfe und führen die Verwaltung der Krankenhilfe durch. Die Angelegenheiten im Zusammenhang mit der Krankenhilfe werden nach diesem Gesetz jeweils von den Bürgermeistern in Großstädten/Provinzgouverneuren und den Bürgermeistern/Kreisgouverneuren/Vorstehern des Stadtbezirks bearbeitet, in denen die Krankenhilfeberechtigten wohnen (§ 5 Abs. 1 KHG). Um die Gesundheit dieses Personenkreises zu erhalten ggfs. zu verbessern, müssen diese jeweiligen zuständigen Verwaltungsleiter die erforderlichen Vorhaben durchführen (§ 5 Abs. 3 KHG).

Zur Beratung von Problemfällen der Krankenhilfe gibt es auf der jeweiligen Ebene den Ausschuss zur Beratung über Krankenhilfeleistungen (§ 6 Abs. 1 KHG).[527] Der Minister für Gesundheit und Wohlfahrt regelt die Kriterien der Kosten für ärztliche Behandlungen und deren Abrechnungsmethode (§ 7 Abs. 2 KHG).

Gemäß § 33 Abs. 1 KHG kann ein Teil der Zuständigkeit des Ministers für Gesundheit und Wohlfahrt, wie durch die Präsidialverordnung zum KHG vorgeschrieben, an die Bürgermeister in Großstädten/Provinzgouverneure delegiert werden. Einige Aufgaben der Bürgermeister/Kreisgouverneure/Vorsteher des Stadtbezirks gemäß KHG in Hinblick auf Krankenhilfeleistungen, wie die Verwaltung der berechtigten Personen, Zahlung der Krankenhilfeleistungsentgelte, die Überprüfung der Krankenhilfeleistungsentgelte und Bewertung der Angemessenheit der Krankenhilfeleistungen, können gemäß der Präsidialverordnung zum KHG „spezialisierten Organisationen“ anvertraut werden (§ 33 Abs. 2 KHG). Praktisch sind hier die Organisationen der Volkskrankenversicherung, nämlich die VKK und die VÜBK

526 Gemäß § 2 bzw. § 3 des koreanischen Kommunalgesetzes.
527 Dazu ausführlich unten 2.

gemeint. Die VKK und die VÜBK handeln bei der Krankenhilfe nicht aus eigener Verantwortung, sondern quasi im Auftrag des Staates.[528] Die VÜBK und die VKK[529] erfüllen die gemäß § 33 Abs. 2 KHG übertragenen Aufgaben.[530] Hierbei handelt es sich letztlich um eine Art gesetzlich vorgesehene Amtshilfe unter der weiter bestehenden Verantwortlichkeit der staatlichen Behörde. Die VKK und die VÜBK führen für den Staat die operativen Aufgaben im Sozialsystem durch.

Die Aufgaben der VÜBK sind wie folgt:

Gemäß § 20 Abs. 1 der Präsidialverordnung zum KHG werden die folgenden Aufgaben der VÜBK anvertraut:

1. Überprüfung und Bewertung der Krankenhilfeleistungsentgelt[531] gemäß § 11 Abs. 2 KHG,
2. Bewertung der Angemessenheit der Krankenhilfeleistungen gemäß § 11 Abs. 4 KHG,
3. Bewertung und Festlegung der Bewertungskriterien in Zusammenhang mit dem oben Nr. 1 und Nr. 2.

Die Aufgaben der VKK sind wie folgt:

Gemäß § 20 Abs. 2 der Präsidialverordnung zum KHG werden die folgenden Aufgaben der VKK anvertraut:

1. Zahlung der Leistungsentgelte für Krankenhilfe gemäß § 11 Abs. 3 bzw. Abs. 6 KHG,
2. ......(zwischenzeitlich gestrichen),
3. EDV-Verwaltung der berechtigten Personen und der persönlichen Einzelheiten der medizinischen Behandlung im Zusammenhang mit oben Nr. 1,
4. Untersuchung über aktuelle Bedingungen bzw. Materialsammlung zur Einschränkung der Krankenhilfe gemäß § 15 KHG.

Die VKK ist eigentlich nur ein „Zahlungsbüro" im Sinne einer Parallel-Struktur. Ein Merkmal der Parallelität des Krankenhilfesystems besteht auch im eigenständigen Sachleistungssystem gegenüber den Sachleistungen der Volkskrankenversicherung. Nicht die VKK und die VÜBK sind zuständig für die Definition und Organisation des Sachleistungssystems der Krankenhilfe, sondern direkt der Staat. In diesem parallelen System verbleiben nur sehr begrenzte Aufgaben für die VKK und die VÜBK.

---

528 Gemäß § 33 Abs. 2 KHG.

529 Früher wurden die Krankenhilfeleistungsentgelte von den Städten/Kreisen/Stadtbezirken gezahlt, jetzt werden die Leistungsentgelte durch die VKK einheitlich gezahlt. *Ministerium für Gesundheit und Wohlfahrt, 2011 Weißbuch über Gesundheit und Wohlfahrt,* 2012, S. 99.

530 *Ministerium für Gesundheit und Wohlfahrt, 2011 Weißbuch über Gesundheit und Wohlfahrt,* 2012, S. 104.

531 Diese Krankenhilfeleistungsentgelte betreffen die Entgelte der Vorsorgeuntersuchungen.

2. *Ausschüsse zur Beratung über die Krankenhilfeleistungen*

Um die Angelegenheit im Zusammenhang mit der Krankenhilfe nach diesem Gesetz zu beraten, werden Ausschüsse zur Beratung über die Krankenhilfeleistungen im Ministerium für Gesundheit und Wohlfahrt, in Großstädten/Provinzen bzw. Städten/Kreisen/Stadtbezirken gebildet (§ 6 Abs. 1 KHG).

Der zentrale Ausschuss zur Beratung über die Krankenhilfeleistungen im Ministerium für Gesundheit und Wohlfahrt berät über die folgenden Angelegenheiten (§ 6 Abs. 2 KHG);

1. Grundsatzangelegenheiten der Ausrichtung und der Maßnahmen für die Krankenhilfe,
2. Angelegenheiten im Zusammenhang mit den Kriterien für die Krankenhilfeleistung und den Kosten für die ärztliche Behandlung
3. Angelegenheiten, die vom Minister für Gesundheit und Wohlfahrt oder vom Vorsitzenden des Ausschusses eingebracht werden.

Der zentrale Ausschuss zur Beratung über Krankenhilfeleistungen besteht aus nicht mehr als zehn Mitgliedern einschließlich des Vorsitzenden, und die Mitglieder werden vom Minister für Gesundheit und Wohlfahrt wie folgt ernannt (§ 6 Abs. 3 KHG)[532];

1. Personen, die öffentliche Interessen vertreten (Experten in der medizinischen Sicherheit, die Assistenten oder höhere Professoren an einer Universität oder Forscher in einem Forschungsinstitut sein sollen),
2. Personen, die medizinische oder pharmazeutische Gesellschaften vertreten, und Personen, die aus Sozialhilfe-Verwaltungen vorgeschlagen werden.
3. Höherrangige (über Klasse III) Beamte der betreffenden Verwaltungsstellen.

Die Mitglieder der Ausschüsse auf regionaler und lokaler Ebene bzw. in den Stadtbezirken werden vom jeweiligen zuständigen Verwaltungsleiter wie folgt ernannt (§ 6 Abs. 4 KHG);

1. Personen, die über Kenntnisse und Erfahrungen in der medizinischen Sicherheit verfügen,
2. Personen, welche die öffentliche Interessen vertreten,
3. Beamte, die in den entsprechenden Verwaltungen arbeiten.

Die Ausschüsse zur Beratung über die Krankenhilfeleistungen, die gemäß § 6 KHG in Großstädten/Provinzen gebildet werden, setzen sich aus nicht mehr als 7 Mitgliedern zusammen; es gibt einen Vorsitzenden und einen stellvertretenden Vorsitzenden. Die Ausschüsse zur Beratung über die Krankenhilfeleistungen, die gemäß § 6 KHG in den Städten/Kreisen/Stadtbezirken gegründet werden, setzen sich aus

532 Der Vizeminister des Ministeriums für Gesundheit und Wohlfahrt wird der Vorsitzende des Ausschusses (§ 6 Abs. 3 KHG).

nicht mehr als 5 Mitgliedern zusammen; es gibt einen Vorsitzenden und einen stellvertretenden Vorsitzenden (§ 7 Abs. 1 der Präsidialverordnung zum KHG).

Die in den Großstädten und Provinzen gebildeten Ausschüsse zur Beratung über die Krankenhilfeleistungen beratschlagen Inhalte der Verwaltung und des Betriebs des Krankenhilfefonds gemäß § 25 KHG, Regulierung der Krankenhilfeleistung in den Städten/Kreisen/Stadtbezirken und sonstige Sachverhalte der Krankenhilfeleistung[533] (§ 7 Abs. 2 der Präsidialverordnung zum KHG). In den Städten/Kreisen/Stadtbezirken gibt es auch die Ausschüsse zur Beratung über Zahlungsprobleme[534] gemäß § 24 KHG, Anerkennung von Verlängerungstagen der Krankenhilfeleistung und sonstige Sachverhalte der Krankenhilfeleistung[535] (§ 7 Abs. 3 der Präsidialverordnung zum KHG).

III. Das Leistungssystem

Der Leistungskatalog der Krankenhilfe entspricht im Wesentlichen dem Leistungskatalog der Volkskrankenversicherung im Sinne der Krankenbehandlung.[536] Alles, was die VKK-Versicherten bekommen, erhält ein Sozialhilfeempfänger auch. Aber die Selbstbeteiligung bei den Leistungen ist sehr unterschiedlich.

1. Die Sach- und Geldleistungen

a. Krankenhilfeleistungen als Sachleistungen

Wenn bei Berechtigten und deren Familienangehörigen Krankheit, Verletzung oder Entbindung eintritt, werden – praktisch ebenso wie in der VKK – folgende ärztliche Behandlungen durchgeführt (§ 7 Abs. 1 KHG):

1. Ärztliche Untersuchungen,
2. Leistungen mit Arznei-, Verbands- und Heilmitteln,
3. Ärztliche Behandlungen und chirurgische Eingriffe,
4. Prävention und Reha-Maßnahmen,
5. Krankenhausaufenthalte,
6. Pflege zur Unterstützung der medizinischen Behandlung,
7. Transport und sonstige Maßnahmen für medizinische Zwecke.

Das Verfahren, der Umfang und die Grenzen der ärztlichen Behandlung werden durch die Präsidialverordnung zum KHG geregelt und der Minister für Gesundheit und Wohlfahrt regelt die Kriterien der Kosten für ärztliche Behandlungen und deren

---

533 Deren Notwendigkeit wurde von den Bürgermeistern in Großstädte/Provinzgouverneuren anerkannt und sie werden in die Beratungskonferenzen eingebracht.

534 Beispielsweise ist dies auch die Forderungsbeitreibung bei ungerechtfertigter Bereicherung.

535 Deren Notwendigkeit wird von den Bürgermeistern/Kreisgouverneuren/Vorstehern des Stadtbezirks vorgeschlagen und in die Beratung eingebracht.

536 *Cheon, Kwangseok*, Korean Social Security Law, Bobmunsa, 2010, S. 533.

Abrechnungsmethode (§ 7 Abs. 2 KHG). In diesen speziellen untergesetzlichen Normen für die Krankenhilfe finden sich einige Unterschiede gegenüber entsprechende Regelungen in der Krankenversicherung und zwar zumeist klarere und strengere Leistungsbeschränkungen.

b. Erstattung von Behandlungsentgelten

Wenn Berechtigte oder deren Familienangehörigen aufgrund von Notfällen oder sonstigen Fällen wegen Krankheit, Verletzung und Mutterschaft die Krankenhilfe außerhalb der medizinischen Einrichtungen für Krankenhilfe bekommen, die gemäß der Verordnung zum KHG festgelegt sind, oder ein Kind nicht in den ärztlichen Einrichtungen entbunden wird, bekommen die krankenhilfeberechtigten Personen einen entsprechenden Geldbetrag für die Behandlungskosten wie in entsprechende Fälle in der Krankenversicherung. Diese Leistungen erhalten sie hier von den Bürgermeistern/Kreisgouverneuren/Vorstehern des Stadtbezirks gemäß der Ministerialverordnung zum KHG (§ 12 Abs. 1 KHG).

c. Leistungen für Behinderte

Die Bürgermeister/Kreisgouverneure/Vorsteher des Stadtbezirks können den Behinderten, die gemäß dem Gesetz für Behindertenfürsorge als Behinderte gemeldet sind, die Leistungen für Prothesen bewilligen (§ 13 Abs. 1 KHG), obwohl hier eigentlich das Leistungssystem für Behindertenfürsorge vorgängig einschlägig wäre. Der Umfang, die Art und das Verfahren dieser Leistungen werden durch die Ministerialverordnung des Ministeriums für Gesundheit und Wohlfahrt geregelt (§ 13 Abs. 3 KHG).

d. Vorsorgeuntersuchungen

Die Bürgermeister/Kreisgouverneure/Vorsteher des Stadtbezirks können die Vorsorgeuntersuchungen zur Früherkennung von Krankheiten und gegebenenfalls zur Empfehlung der angemessenen Krankenbehandlungen bewilligen (§ 14 Abs. 1 KHG).

2. Die „unversicherten" Leistungen[537]

Hierbei gibt es in besonderem Maße die strengeren Regeln in der Ministerialverordnung zu gewissen Unterschieden gegenüber der sozialen Krankenversicherung.

---

537 Es ist ein ähnliches Problem wie bei den unversicherten Leistungen in der Volkskrankenversicherung. Hier passt der Begriff „die unversicherten Leistungen" eigentlich nicht ganz, weil die Krankenhilfe kein Krankenversicherungssystem ist. Es wird aber wegen der Parallelität zum Sozialversicherungssystem an dem Begriff festgehalten. Dazu oben Kapitel 2. C. II. 1. e.

Diese unversicherten" Leistungen haben die feinste Abgrenzung und bilden den wesentlichsten Unterschied zwischen Krankenversicherung und Krankenhilfe.

Gemäß § 7 Abs. 3 KHG kann der Minister für Gesundheit und Wohlfahrt einige Krankheiten, welche die Arbeit oder die Verrichtungen des täglichen Lebens nicht behindern, vom Gegenstand der Krankenhilfeleistung ausschließen. Diese ausgeschlossenen Leistungen (unversicherte Leistungen wie in der Volkskrankenversicherung) werden im Anhang II der Ministerialverordnung über Kriterien der medizinischen Leistung[538] festgesetzt (§ 9 der Ministerialverordnung zum KHG). Diese unversicherten Leistungen werden von den Krankenhilfeberechtigten vollständig selbst getragen. Es gibt zwar ein Unterstützungssystem für Notfälle mit maximal drei Millionen Won,[539] aber es gibt auch unversicherte Leistungen mit höherem Entgelt.

3. Selbstbeteiligung an den Leistungsentgelten

Die Leistungsentgelte der Krankenhilfe werden vom Krankenhilfefonds gemäß § 25 KHG ganz oder teilweise getragen. Dies entspricht grundsätzlich der sozialen Krankenversicherung. Allerdings ist dies im Einzelnen deutlich unterschiedlich geregelt, was der abweichenden Zwecksetzung der Krankenhilfe entspricht. Obwohl es sich überwiegend um Sozialhilfe für Arme handelt, gibt es aber auch hier ein System der Selbstbeteiligung. Wenn der Krankenhilfefonds nur teilweise die Entgelte übernimmt, trägt die berechtigte Person den Rest der Leistungsentgelte (§ 10 KHG). Diese Selbstbeteiligung an den Leistungsentgelten sind unterschiedlich zwischen Gruppe 1 und Gruppe 2 der Krankenhilfeberechtigten.[540]

Der Umfang der Leistungsentgelte, die vom Krankenhilfefonds gemäß § 10 KHG getragen werden, ist im Verordnungsanhang[541] geregelt (§ 13 Abs. 1 der Präsidialverordnung zum KHG). Wenn die Krankenhilfeleistungen gemäß § 15 Abs. 1 KHG eingeschränkt werden, weil es zu erheblichen Belastungen des Krankenhilfefonds führt, oder in Fällen, die von der Ministerialverordnung des Ministeriums für Gesundheit und Wohlfahrt bestimmt werden, tragen die Krankenhilfeberechtigten die vom Ministerium festgesetzten Kosten selbst (§ 13 Abs. 3 der Präsidialverordnung zum KHG). Ein Anteil der Leistungsentgelte, der nach § 13 Abs. 1 der Präsidialverordnung zum KHG nicht vom Krankenhilfefonds getragen wird, ist die Selbstbeteiligung. Krankenhilfeberechtigte bezahlen an die medizinischen Einrichtungen diese Selbstbeteiligung gemäß § 13 Abs. 3 der Präsidialverordnung zum KHG (§ 13 Abs. 4 der Präsidialverordnung zum KHG).

---

538 Dazu ausführlich Kapitel. 2. C. II. 1. e. aa.

539 *Ministerium für Gesundheit und Wohlfahrt, 2011 Weißbuch über Gesundheit und Wohlfahrt,* 2012, S. 93.

540 Siehe dazu ausführlich unten. *Ministerium für Gesundheit und Wohlfahrt, 2011 Weißbuch über Gesundheit und Wohlfahrt,* 2012, S. 101.

541 Siehe dazu ausführlich unten [Anhang I] Selbstbeteiligung nach Gruppen der Krankenhilfeberechtigten.

Wenn die Selbstbeteiligung, welche gemäß § 13 Abs. 4 der Präsidialverordnung zum KHG an die medizinischen Einrichtungen bezahlt wird, in 30 Tagen über einer bestimmten Staffelhöhe liegt[542], erstatten die Bürgermeister/Kreisgouverneure/Vorsteher des Stadtbezirks 50 Prozent des überschießenden Betrages gemäß der Ministerialverordnung zum KHG. Beträge unter 2.000 Won werden nicht berücksichtigt (§ 13 Abs. 5 der Präsidialverordnung KHG).[543] Wenn die Restkosten der Selbstbeteiligung nach § 13 Abs. 5 der Präsidialverordnung zum KHG über den festgelegten Kosten liegen[544], übernimmt der Fonds den übersteigenden Betrag. Aber wenn die Kosten unter 2.000 Won liegen, tragen die berechtigte Personen diese selbst (§ 13 Abs. 6 der Präsidialverordnung zum KHG).[545]

Berechtigte Personen in der Gruppe 1 tragen eine Selbstbeteiligung nur bei der ambulanten Behandlung. Die Kosten der stationären Behandlung mit Ausnahme der Mahlzeiten sind kostenfrei.[546] Die Krankenbehandlungsentgelte sind bei stationären Behandlungen alle kostenfrei, mit Ausnahme von 20 Prozent der Kosten für die Verpflegung.[547] Dem gegenüber hat Gruppe 2 die Selbstbeteiligung nicht nur bei den ambulanten Behandlungen, sondern auch bei stationären Behandlungen.[548] Die Selbstbeteiligung bei der ambulanten Behandlung hängt von der medizinischen Einrichtung ab. Wenn ein Patient zu einer medizinischen Einrichtung der ersten Stufe (z.B. Praxisarzt) geht, bezahlt er 1.000 Won. Wenn er zur medizinischen Einrichtung der zweiten Stufe (z.B. Krankenhaus) erfolgt, bezahlt er 1.500 Won. Wenn er zu der dritten Stufe (z.B. Klinikum) geht, bezahlt er 2.000 Won. Im Gegensatz dazu tragen die berechtigten Personen in der in der Gruppe 2 bei der ambulanten und auch der stationären Behandlung die Selbstbeteiligung. Bei Krankenhausaufenthalt bezahlen sie 10 Prozent der gesamten Behandlungskosten.[549]

---

542 Im Fall der berechtigten Personen in Gruppe 1 sind es 20.000 Won und in Gruppe 2 200.000 Won (§ 13 Abs. 5 der Präsidialverordnung zum KHG).

543 *Ministerium für Gesundheit und Wohlfahrt, 2011 Weißbuch über Gesundheit und Wohlfahrt,* 2012, S. 111.

544 Im Fall der berechtigten Personen in Gruppe 1 sind es 50.000 Won für 30 Tage und 600.000 Won für 6 Monate in der Gruppe 2 (§ 13 Abs. 6 der Präsidialverordnung KHG).

545 *Ministerium für Gesundheit und Wohlfahrt, Weißbuch über Gesundheit und Wohlfahrt,* 2009, S. 108. Dazu ausführlich [Anhang I] Selbstbeteiligung nach der Gruppen der Berechtigten der Krankenhilfe.

546 Siehe dazu ausführlich unten. *Ministerium für Gesundheit und Wohlfahrt, 2011 Weißbuch über Gesundheit und Wohlfahrt,* 2012, S. 101.

547 Siehe dazu ausführlich unten. *Ministerium für Gesundheit und Wohlfahrt, 2011 Weißbuch über Gesundheit und Wohlfahrt,* 2012, S. 102.

548 Der Staat unterstützt die ärztlichen Behandlungskosten der berechtigten Personen der Krankenhilfe mit Ausnahme der gesetzlichen Selbstbeteiligungskosten. Die gesetzlichen Selbstbeteiligungskosten hängen von der Eingruppierung der berechtigten Person ab.

549 *Ministerium für Gesundheit und Wohlfahrt, 2011 Weißbuch über Gesundheit und Wohlfahrt,* 2012, S. 102.

<Anteil der Selbstbeteiligung der Krankenhilfeberechtigten >[550]

Leistungserbringer bzw. Behandlung		Erster Leistungs-erbringer	Zweiter Leistungs-erbringer	Dritter Leistungs-erbringer	Apotheke	Bei Nutzung CT, MRT PET* und und Ähnliche
Gruppe 1	stationäre Behandlungen	–	–	–	–	–
	ambulante Behandlungen	1.000 Won	1.500 Won	2.000 Won	500 Won	5% der gesamten Entgelte
Gruppe 2	stationäre Behandlungen	10% der gesamten Entgelte	10% der gesamten Entgelte	10% der gesamten Entgelte	–	10% der gesamten Entgelte
	ambulante Behandlungen	1.000 Won	15% der gesamten Entgelte	15% der gesamten Entgelte	500 Won	15% der gesamten Entgelte

* CT :Computertomographie, MRT: Magnetresonanztomographie, PET: Positronen-Emissions-Tomographie
** Diese Selbstbeteiligung bezieht sich nur auf Krankenhilfeleistungen. Unversicherte Leistungen in der Volkskrankenversicherung werden vollständig selbst getragen.

Berechtigte Personen sind überwiegend Einkommensschwache. Daher ist diese Selbstbeteiligung ein Hindernis, medizinische Hilfe zu erhalten.[551] Im KHG gibt es dafür eine Regelung. Gemäß § 20 Abs. 1 KHG kann die Selbstbeteiligung des Krankenhilfeempfängers bzw. seiner Unterhaltsverpflichteten bei Krankenhilfeleistung vom Krankenhilfefond vorgestreckt werden. Dafür müssen der Krankenhilfeempfänger bzw. seiner Unterhaltsverpflichten einen Antrag stellen (§ 20 KHG).[552]

4. Leistungsausschlüsse und Ruhen der Leistungsansprüche

Gemäß § 15 Abs. 1 KHG versagen die Bürgermeister/Kreisgouverneure/Vorsteher des Stadtbezirks die Krankenhilfeleistung in folgenden Fällen:

550 *Ministerium für Gesundheit und Wohlfahrt, 2011 Weißbuch über Gesundheit und Wohlfahrt,* 2012, S. 111. Dazu noch ausführlich unten [Anhang I] Selbstbeteiligung nach der Gruppen der Berechtigten der Krankenhilfe.

551 *Cheon, Kwangseok*, Korean Social Security Law, Bobmunsa, 2010, S. 534.

552 Aber es gibt keine Regelung für oben genannte unversicherte Leistungen. Für Krankenhilfeempfänger ist das Entgelt der unversicherten Leistungen sehr schwer zu tragen.

1. Wenn eine berechtigte Person mit Vorsatz oder grober Fahrlässigkeit eine Straftat begeht oder vorsätzlich einen Unfall verursacht und sie aus diesem Grund die Leistung gemäß § 7 KHG beansprucht,
2. ......(zwischenzeitlich gestrichen),
3. Wenn eine Person ohne einen berechtigten Grund eine Anweisung der medizinischen Einrichtung für Krankenhilfe oder Versorgungseinrichtung nicht befolgt.

Wenn einer berechtigten Person gemäß § 15 Abs. 1 KHG die Leistung versagt wird, müssen die medizinischen Einrichtungen für Krankenhilfe die Vorsteher der Stadtbezirke, die für den Wohnsitz der berechtigten Personen zuständig sind, darüber informieren (§ 15 Abs. 2 KHG).

Wenn es Änderungen beim Einkommen, Vermögen oder der Arbeitsfähigkeit der berechtigten Personen gibt, können die Bürgermeister/Kreisgouverneure/Vorsteher des Stadtbezirks von Amts wegen oder auf Antrag[553] den Leistungsinhalt verändern (§ 16 Abs. 1 KHG). Wenn der Leistungsinhalt verändert wird, muss den berechtigten Personen eine Begründung ausdrücklich schriftlich mitgeteilt werden (§ 16 Abs. 2 KHG).

Wenn die Voraussetzungen für die Krankenhilfeleistung nicht mehr vorliegen oder die berechtigte Person solche Leistungen ablehnt, dann entscheiden die jeweiligen zuständigen Verwaltungsleiter über dem Abbruch der Leistung (§ 17 Abs. 1 KHG).

IV. Besonderheiten der Leistungserbringung für die Krankenhilfe

Wenn Leistungserbringer nicht im öffentlichen Interesse handeln und nicht die nationalen Regelungen befolgen, kann der Minister für Gesundheit und Wohlfahrt entsprechende Leistungserbringer nach der Präsidialverordnung zum VKG von der Anerkennungsliste der Leistungserbringer ausschließen. Definierte Leistungserbringer sind folgende (§ 9 Abs. 1 KHG):

1. Einrichtungen für die medizinische Versorgung gemäß dem Medizingesetz,
2. Öffentliche Gesundheitszentren[554] gemäß dem Gesetz für regional öffentliche Gesundheit,
3. Öffentliche Gesundheitszentren gemäß dem besonderen Gesetz für landwirtschaftliche Gebiete und
4. Gemäß dem Arzneimittelgesetz angemeldete Apotheken und das gemäß § 91 des Arzneimittelgesetzes eingerichtete Koreanische Zentrum für seltene Medikamente.

553 Der Antrag kann neben dem Berechtigten auch vom Unterhaltspflichtigen gestellt werden.

554 In Korea ist es ein staatliches System.

Die Leistungserbringer unterteilen sich in erste, zweite und dritte Leistungserbringer. Die Reihenfolge und die Prioritäten der Gesundheitsleistungen werden durch Ministerialverordnung[555] bestimmt (§ 9 Abs. 2 KHG). Hierdurch wird ein Stufensystem der Leistungserbringung geschaffen, nach welchem die Berechtigten die nächste höhere Stufe nur nach Durchlaufen der jeweils niedrigeren Stufe in Anspruch nehmen können.[556] Diese Stufenordnung ist folgende:

1. Erste Leistungserbringer[557]:
   a. Einrichtungen für die medizinische Versorgung, die ihre Eröffnung bei den Bürgermeistern/Kreisgouverneuren/Vorstehern des Stadtbezirks gemäß § 33 Abs. 3 des Medizingesetzes angemeldet haben,[558]
   b. Öffentliche Gesundheitszentren[559] auf der Ebene der Provinz gemäß dem Gesetz für regional öffentliche Gesundheit,
   c. Öffentliches Gesundheitszentren auf der Ebene der Kreise oder darunter gemäß dem besonderen Gesetz für landwirtschaftliche Gebiete,
   d. Gemäß dem Arzneimittelgesetz angemeldete Apotheken und das gemäß § 91 des Arzneimittelgesetzes eingerichtete Koreanische Zentrum für seltene Medikamente.
2. Zweite Leistungserbringer: Medizinische Einrichtungen, deren Eröffnung von den Bürgermeistern in Großstädte/Provinzgouverneuren gemäß § 33 Abs. 3 des Medizingesetzes anerkannt wurden.
3. Dritte Leistungserbringer: Medizinische Einrichtungen, die in der zweiten Leistungserbringern als Dritte Leistungserbringer vom Minister für Gesundheit und Wohlfahrt festgesetzt werden.[560]

Diese Stufenordnung zur Beanspruchung von Krankenleistungen ist ein System primärärztlicher Versorgung.[561] Wenn ein Berechtigter Krankenhilfeleistungen erhalten möchte, muss er den ersten Leistungserbringer gemäß § 9 Abs. 2 Nr. 1 KHG kontaktieren und einen Antrag für die Krankenhilfeleistungen stellen (§ 3 Abs. 1 der Ministerialverordnung zum KHG). Es gibt aber mehrere Ausnahmen. Beispielsweise

---

555 § 3 Abs. 1 der Ministerialverordnung zum KHG.

556 Dies ist geregelt im § 3 Abs. 1 der Ministerialverordnung zum KHG. Dazu ausführlich im nächsten Abschnitt.

557 Diese ersten Leistungserbringer haben typischerweise die Funktion, die in einem anderen System der Hausarzt hat. Es ist die primärärztliche Versorgung.

558 Dies ist die normale privatunternehmerische medizinische Einrichtung. Parallel dazu dürfen von den staatlichen Stellen selber öffentliche Gesundheitszentren wie b und c. als erste Leistungserbringer errichtet werden.

559 Diese öffentlichen Gesundheitszentren bieten eine medizinische Behandlung an, die man ähnlich beim Hausarzt erhält.

560 Es ist die höchste Stufe in der Stufenordnung zur Beanspruchung von Krankenleistungen.

561 *Ministerium für Gesundheit und Wohlfahrt, 2011 Weißbuch über Gesundheit und Wohlfahrt,* 2012, S. 103.

kann ein Obdachloser dem ersten Leistungserbringer, dem zweiten Leistungserbringer bzw. dem dritten Leistungserbringer die erforderlichen Krankenhilfeleistungen melden, wenn der Obdachlose Notfallpatient gemäß § 2 Nr. 1 des Rettungsdienstgesetzes ist oder eine Obdachlose eine Geburt hat (§ 3 Abs. 2 der Ministerialverordnung zum KHG).

Ein Leistungserbringer der Krankenhilfe kann die Zahlung der Krankenhilfeleistungsentgelte, die gemäß § 10 KHG vom Krankenhilfefonds getragen wird, bei den Bürgermeistern/Kreisgouverneuren/Vorstehern des Stadtbezirks einfordern. In diesem Fall stellt die Einforderung der Krankenhilfeentgelte einen Prüfungsantrag auf Krankenhilfeleistungsentgelt gemäß § 11 Abs. 2 KHG dar (§ 11 Abs. 1 KHG). Wenn ein Leistungserbringer gemäß § 11 Abs. 1 KHG Krankenhilfeleistungsentgelt einfordern möchte, muss er beim Organ für die Überprüfung und Bewertung von Krankenhilfeentgelt (VÜBK) einen Prüfungsantrag stellen. Wenn die VÜBK die Anforderung erhält, muss sie nach Prüfung unverzüglich das Prüfungsergebnis dem Bürgermeister/Kreisgouverneur/Vorsteher des Stadtbezirks bzw. dem Leistungserbringer der Krankenhilfe anzeigen (§ 11 Abs. 2 KHG). Wenn dem Bürgermeister/Kreisgouverneur/Vorsteher des Stadtbezirks der Inhalt der Prüfung nach § 11 Abs. 2 angezeigt wird, überweist dieser gemäß Prüfungsinhalt unverzüglich das Krankenhilfeentgelt dem Leistungserbringer. Wenn eine berechtigte Person bereits eine höhere Selbstbeteiligung geleistet hat, als sich nach den Vorschriften ergibt, müssen ihr die überschießenden Kosten[562] zurück bezahlt werden (§ 11 Abs. 3 KHG).

Bis zum Jahr 1998 konnten Berechtigte der Krankenhilfe nur von bestimmten Leistungserbringern in definierten Orten, welche vom Minister für Gesundheit und Wohlfahrt bzw. Bürgermeister festgesetzt wurden, die Krankenhilfeleistungen erhalten. Ab 1999 entfiel diese Begrenzung der Nutzung von Leistungserbringern.[563]

V. Finanzierung

Die Mittel für die Krankenhilfeleistungen werden ganz oder teilweise durch den Krankenhilfefonds gemäß § 25 KHG getragen. Wenn jedoch eine Krankenhilfeleistung von dem Krankenhilfefonds nur teilweise getragen wird, muss die berechtigte Person das restliche Leistungsentgelt selbst tragen (§ 10 KHG).

Jede Großstadt/ Provinz gründet zur Sicherung der Finanzierung für Krankenhilfeleistungen einen Krankenhilfefonds (§ 25 Abs. 1 KHG). Dieser wird in erster

562 Nur wenn die überschießenden Kosten unter 1.000 Won sind, werden sie nicht zurückgezahlt (§ 11 Abs. 3 KHG).

563 *Ministerium für Gesundheit und Wohlfahrt, 2011 Weißbuch über Gesundheit und Wohlfahrt*, 2012, S. 98.

Linie aus Zuschüssen vom Staat[564], und entweder der Provinz oder einer der sechs großen Städte gespeist (§ 25 Abs. 2 KHG). Der Staat und jede Lokalbehörde sollen ein ausreichendes Budget für den Betrieb des Fonds (§ 25 Abs. 3 KHG) zur Verfügung stellen. Der Anteil der Staatsfinanzierung bzw. der Anteil der lokalen Stellen im Krankenhilfefonds ist unterschiedlich. Der Anteil der Zuschüsse vom Staat ist in Seoul 50 Prozent und in den übrigen Großstädten 80 Prozent.

Die Finanzierung findet nicht nur auf der Provinzebene statt, sondern wird durch die unterschiedlichen regionalen bzw. lokalen Ebenen getragen. Hinzu kommt immer eine Subvention durch den Zentralstaat. Auf der Provinzebene wird der Fonds gebildet. Deswegen ist der Fonds ein Sondervermögen der Provinz. Dieser wird finanziert aus Steuermitteln des zentralen Staates, der Provinz sowie der nachgeordneten lokalen Einheiten.[565]

C. Rechtschutz

Wenn eine berechtigte Person einen Einspruch gegen eine Maßnahme des Bürgermeisters/Kreisgouverneurs/Vorstehers des Stadtbezirks bezüglich der Qualifizierung als berechtigte Person oder Krankenhilfeleistungen bzw. Erstattung von Leistungsentgelten einlegen will, kann man bei diesen Einspruch einlegen (§ 30 Abs. 1 KHG). Wenn Leistungserbringer der Krankenhilfe Einwände gegen eine Stellungnahme der VÜBK haben, kann bei diesem Organ Einspruch eingelegt werden (§ 30 Abs. 2 KHG). Ein Einspruch im Sinne des § 30 Abs. 1 bzw. Abs. 2 KHG muss grundsätzlich schriftlich innerhalb von 90 Tagen nach der Mitteilung der entsprechenden Maßnahme erfolgen (§ 30 Abs. 3 KHG).

564 <Finanzhaushalt für Krankenhilfe>

Jahr	2004	2005	2006	2007	2008	2009	2010	2011
100 Mio. Won	18.807	22.145	26.621	36.051	37.901	35.098	34.995	36.718

Quelle: *Ministerium für Gesundheit und Wohlfahrt, 2010 Weißbuch über Gesundheit und Wohlfahrt*, 2011, S. 110; *Ministerium für Gesundheit und Wohlfahrt, 2011 Weißbuch über Gesundheit und Wohlfahrt*, 2012, S. 109.

565 <Der Anteil der Staatsfinanzierung bzw. der lokale Anteil im Krankenhilfefonds>

	Seoul	Großstadt	Provinzen		
			Provinzen	Stadt	Landkreis
Lokal	50 %	20 %	14–16 %	6%	4%
Staatlich	50 %	80 %	80%		
Summe	100%	100 %	100%		

Quelle: *Ministerium für Gesundheit und Wohlfahrt, 2011 Weißbuch über Gesundheit und Wohlfahrt*, 2012, S. 105.

Wenn ein Antrag gemäß § 30 KHG gestellt wird, muss die jeweilige Stelle, deren Maßnahme angegriffen wird, innerhalb von 60 Tagen eine Entscheidung treffen. [566] Nur wenn es berechtigte Gründe gibt, kann der festgesetzte Zeitraum um bis zu 30 Tage verlängert werden (§ 17 Abs. 1 Präsidialverordnung zum KHG).[567]

D. Exkurs: Allgemeines Sozialhilfesystem

Der Personenkreis der Krankenhilfe bezieht sich auf die Anspruchsberechtigten der Sozialhilfe. Zum besseren Verständnis dieses Krankenhilfesystems soll das koreanische Sozialhilfesystem kurz dargestellt werden. Da aber die Inhalte für die Sozialhilfe, der Finanzierung bzw. des Rechtsschutzes fast gleich sind, werden hier nur die Voraussetzungen für berechtigte Personen der Sozialhilfe und der Leistungskatalog der Sozialhilfe behandelt.

I. Voraussetzung für Sozialhilfeberechtigung

„Berechtigte Person" ist eine Person, die einen Anspruch auf Sozialhilfe nach dem Gesetz zur Sicherung des Existenzminimums hat (§ 2 Nr. 1 ESG). Berechtigte Personen der Sozialhilfe bekommen die Leistung gemäß dem ESG (§ 2 Nr. 2 ESG). Um eine Person als berechtigte Person der Sozialhilfe nach dem ESG anzuerkennen, müssen Einkommen und Vermögen[568] unter dem Existenzminimum liegen und diese Voraussetzungen auch bei den Unterhaltsverpflichteten gemäß § 5 Abs. 1 ESG[569] erfüllt sein.

1. Kriterien hinsichtlich Einkommen und Vermögen

Wenn eine Person die Voraussetzungen bei der Höhe von Einkommen und Vermögen erfüllt, kann sie ohne Rücksicht auf Alter bzw. Gesundheit als berechtigte Person anerkannt werden.[570] Allerdings muss eine berechtigte Person[571] nachweisen,

566 *Die öffentliche Körperschaft für Überprüfung und Bewertung der Volkskrankenversicherung, 2012 Handbuch für Krankenhilfe,* 2012, S. 48.

567 Der Rechtsschutz entspricht im Übrigen dem bereits oben (Kapitel 2. F) Dargelegten.

568 Gemäß diesem Gesetz werden die Höhe von Einkommen und Vermögen nach bestimmten Kriterien berechnet und als „angesetzter Betrag von Einkommen und Vermögen" benannt. Dazu ausführlich unten.

569 Eine Person mit Sozialhilfeberechtigung, deren Einkommen unter dem Existenzminimum liegt, hat also keine Unterhaltsverpflichteten in ihrem Familienkreis, oder es gibt zwar unterhaltsverpflichtete Familienangehörige, deren Unterstützung ist aber nicht ausreichend (§ 5 Abs. 1 ESG).

570 *Cheon, Kwangseok*, Korean Social Security Law, Bobmunsa, 2010, S. 516.

571 Die arbeitsfähigen berechtigten Personen gemäß § 9 Abs. 5 ESG sind zwischen 18 und 64 Jahre alt. Hiervon sind die folgenden Fälle ausgenommen (§ 7 Abs. 1 der Präsidialverordnung zum ESG):

dass sie nicht in der Lage ist, durch eigene Arbeit ihren Unterhalt zu bestreiten (als Arbeitsnehmer bzw. Selbständiger) (§ 9 Abs. 5 ESG).

In diesem Gesetz basieren die Kriterien zur Berechnung der Höhe von Einkommen und Vermögen auf einen „angesetzten Betrag von Einkommen und Vermögen". Der „angesetzte Betrag von Einkommen und Vermögen"[572] wird durch einen „bewerteten Betrag der Einkünfte des Einzelhaushalts[573]" und einen „in Einkommen umgerechneten Vermögensbetrag des Einzelhaushalts"[574] berechnet (§ 2 Nr. 8 ESG). Der „bewertete Betrag der Einkünfte des Einzelhaushalts" ist nicht das tatsächliche Einkommen, sondern das vom Träger der Sozialhilfeentscheidung zu Grunde gelegte errechnete Einkommen. Die tatsächlichen Einkünfte gemäß § 2 Nr. 9 ESG sind die Beträge, die das Arbeitseinkommen[575], die Einkünfte aus Gewerbebetrieb[576], das Vermögenseinkommen[577] und sonstige Einkommen enthalten (§ 3 Abs. 1 der Präsidialverordnung zum ESG). Wenn eine Person als berechtigte Person der Sozialhilfe

---

- Schwerbehinderte gemäß § 2 Abs. 2 des Gesetzes für Arbeitsplätze und Rehabilitation der Behinderten,
- Personen mit Krankheiten und Verletzungen, die eine medizinische Behandlung oder Pflegeleistung über 3 Monate benötigen, wenn ihre Arbeitsunfähigkeit vom Bürgermeister/Kreisgouverneur/Vorsteher des Stadtbezirks anerkannt ist,
- Derjenige, dessen Arbeitsunfähigkeit vom Minister für Gesundheit und Wohlfahrt anerkannt ist.

572 Der „angesetzte Betrag von Einkommen und Vermögen" entspricht nicht den tatsächlichen Einkünften, sondern ist ein von der Sozialhilfebehörde nach einem vorgegebenen Programm errechneter Betrag, um über die Berechtigung für Sozialhilfeleistung zu entscheiden und diese durchzuführen (§ 2 Nr. 9 ESG). In diesem Fall berücksichtigt dieser Betrag den Aufwandsfaktor und die Arbeitszumutbarkeit des Einzelhaushalts. Die konkrete Berechnungsmethode wird durch die Ministerialverordnung zum ESG festgelegt.

573 Der Begriff „Einzelhaushalt" ist die Grundeinheit, um die Sozialhilfeleistung zu erhalten bzw. um Berechtigung der Sozialhilfe gemäß ESG zu überprüfen. „Einzelhaushalt" besteht aus der berechtigten Person für die Sozialhilfe und gegebenenfalls ihren ihren Familienangehörigen. In diesem Fall werden dei konkreten Einzelheiten wie z.B. die zum des Einzelhaushalt gehörenden Personen durch die Präsidialverordnung zum ESG geregelt (§ 2 Nr. 7 ESG).

574 Der Begriff „in Einkommen umgerechneter Vermögensbetrag" ist der Betrag, der von der Sozialhilfebehörde errechnet wird, um über die Berechtigung zum Sozialhilfebezug zu entscheiden (§ 2 Nr. 10 ESG). Es ist eine Umrechnung von Vermögenswerten in Einkommensgrößenordnungen.

575 Es ist der ermittelte Gewinn aus einer selbständigen Tätigkeit (§ 3 Abs. 1 Nr. 1 der Präsidialverordnung zum ESG).

576 Es ist der ermittelte Gewinn aus der Landwirtschaft, Forstwirtschaft, Fischerei, Großhandel, Kleinhandel bzw. sonstige Herstellung (§ 3 Abs. 1 Nr. 2 der Präsidialverordnung zum ESG).

577 Das Vermögenseinkommen enthält Einkünfte aus Mieten und Pachten, Einkünfte aus Zinsen und Pension (§ 3 Abs. 1 Nr. 3 der Präsidialverordnung zum ESG).

anerkannt wird, muss die „errechnete Höhe von Einkommen und Vermögen“ unter dem Existenzminimum[578] liegen (§ 5 Abs. 1 ESG).

Das „Existenzminimum“ entspricht dem Betrag, der benötigt wird, um ein gesundes und sozial integriertes Leben als Staatsbürger zu führen. Öffentlich bekannt gemacht wird das Existenzminimum vom Minister für Gesundheit und Wohlfahrt (§ 2 Nr. 6 ESG). Dieses Existenzminimum zur Entscheidung über die Qualifikation als berechtigte Person der Sozialhilfe wird vom Minister für Gesundheit und Wohlfahrt unter Berücksichtigung des Volkseinkommens und Ausgabenniveaus der Bürger, Haushaltstypen, Lebensbedingungen und der Inflationsrate festgelegt (§ 6 Abs. 1 ESG).[579]

2. *Unterhaltsverpflichtete*

Unterhaltsverpflichtet[580] ist die Person, die kraft Gesetz den Familienangehörigen Unterhalt zu leisten hat. Sie ist verantwortlich für die Unterstützung der berechtigten Person nach § 5 ESG. Das ist entweder ein Elternteil oder ein Nachkomme ersten Grades bzw. Ehegatte der berechtigten Person (§ 2 Nr. 5 ESG).

a. Keine Unterhaltsverpflichteten

Wenn eine Person weder einen Ehegatten noch einen Elternteil oder Nachkommen ersten Grades, oder deren Ehepartner und im selben Haushalt lebende Geschwister hat, so bestehen keine Unterhaltsverpflichtungen.

578 < Existenzminimum pro Haushalt in 2011 (Einheit: Won) >

Haushaltsgröße	Ein-Personenhaushalt	Zwei-Personenhaushalt	Drei-Personenhaushalt	Vier-Personenhaushalt	Fünf-Personenhaushalt	Sechs-Personenhaushalt	Sieben-Personenhaushalt
Existenzminimum	532.583	906.830	1.173.121	1.439.413	1.705.704	1.971.995	2.238.287

Über Acht-Personenhaushalt: Zunahme 266.291 Won pro Person (z.B. Achtpersonenhaushalt : 2.504.578 Won).
Quelle : *Ministerium für Gesundheit und Wohlfahrt, Die Kriterien zur Auswahl der Sozialhilfe,* 2011.

579 Dies Existenzminimum wird jedes Jahr bis zum 1. September durch Beratung und Beschlussfassung des zentralen Ausschusses für die Gewährleistung des Lebensunterhalts öffentlich bekannt gegeben (§ 6 Abs. 2 ESG). Die Prüfung über die Höhe des Existenzminimums wird alle drei Jahre vorgelegt (§ 6 Abs. 3 ESG).

580 Der Personenkreis der Unterhaltsverpflichteten gemäß ESG ist enger als Kreis der Unterhaltsverpflichteten gemäß § 974 des Zivilgesetzbuchs.

b. Keine Unterhaltsfähigkeit von Unterhaltsverpflichteten

Wenn der Unterhaltsverpflichtete keine Unterhaltsfähigkeit besitzt, wird er nicht zur Leistung herangezogen. „Trotz Vorhandensein von Unterhaltsverpflichteten keine Unterhaltsfähigkeit" heißt folgendes (§ 5 Abs. 3 ESG und § 4 Abs. 1 der Präsidialverordnung zum ESG):

1. Wenn der Unterhaltsverpflichtete selber Sozialhilfe empfängt;
2. Wenn der Unterhaltsverpflichtete ein Familienmitglied ersten Grades ist und im selben Haushalt mit einem eigenen Kind zusammenlebt, das schwerstbehindert ist;
3. Wenn der Betrag seines Vermögenseinkommens unter dem festgesetzten Minimum des Ministers für Gesundheit und Wohlfahrt liegt;[581]
4. Wenn eine Person alle drei in der Fußnote genannten Bedingungen[582] erfüllt;
5. Wenn die Unterhaltsunfähigkeit der Unterhaltsverpflichteten wegen Krankheit, Erziehung oder sonstiger Fälle vom Minister für Gesundheit und Wohlfahrt anerkannt wird.

c. Keine Berücksichtigung der Unterhaltsverpflichtung

Obwohl grundsätzlich unterhaltsfähige Unterhaltsverpflichtete existieren, wird in folgenden Fällen von ihnen keine Unterstützung abgefordert (§ 5 der Präsidialverordnung zum ESG):

1. Wenn der Unterhaltsverpflichtete nach dem Wehrpflichtgesetz eingezogen oder einberufen wird,
2. Wenn der Unterhaltsverpflichtete im Ausland gemäß § 2 des Gesetzes für Auswanderung wohnt,

---

581 Vom Nettoeinkommen des Unterhaltsverpflichteten werden bestimmte Beiträge, die vom Minister für Gesundheit und Wohlfahrt amtlich festgesetzt und mitgeteilt werden (das ist das sogenannte „reale Nettoeinkommen"), für die Deckung von Kosten für Krankheit, Erziehung oder sonstigen Fällen, abgezogen. Wenn diese Summe kleiner ist als 130 Prozent vom Existenzminimum, ist der Unterhaltsverpflichtete von seiner Zahlungspflicht befreit. Ebenfalls ist der Unterhaltsverpflichtete befreit, wenn er ein Tagelöhner ist und sein Arbeitsvertrag eine geringere Dauer als einen Monat hat.

582 So etwa, wenn das reale Nettoeinkommen unter 130 Prozent des Existenzminimums liegt (ausnahmsweise bei älterem Haushalt, behindertem Haushalt bzw. Alleinerziehenden-Haushalt ist die Grenze des realen Nettoeinkommens unter 185 Prozent des Existenzminimums) und der Betrag des Vermögenseinkommens kleiner ist als die vom Minister für Gesundheit und Wohlfahrt amtlich mitgeteilten Beiträge. Gegebenenenfalls muss der Unterhaltsverpflichtete einen bestimmten Betrag seines realen Nettoeinkommens oberhalb der 130 Prozent des Existenzminimums an die berechtigte Person zahlen.

3. Wenn der Unterhaltsverpflichtete die Bestimmungen § 2 Abs. 2 Nr. 3 bis Nr. 6 der Präsidialverordnung zum ESG erfüllt,[583]
4. Wenn der Unterhaltsverpflichtete Betreuung und Unterstützung vermeidet oder versagt,[584]
5. Wenn einer berechtigten Person von den Bürgermeistern in Großstädten/Provinzgouverneuren bestätigt wird, keinen Unterhalt durch Unterhaltsverpflichtete zu erhalten.

II. Leistungskatalog

Wie oben ausgeführt[585] sollen Sozialhilfeleistungen nach diesem Gesetz grundsätzlich davon abhängen und dazu bestimmt sein, dass die Empfänger der Hilfeleistungen möglichst eigene Bemühungen zur Verbesserung und Erhaltung ihres Lebensunterhalts anstellen und weiterentwickeln (§ 3 Abs. 1 ESG). Die Sozialhilfeleistung gemäß ESG ist ein ergänzender Schutz. Wenn es eine Regelung zum Schutz in anderem Gesetz gibt, ist dieser Schutz vorrangig (§ 3 Abs. 2 ESG). Die Sozialhilfeleistung gemäß ESG soll der Erhaltung des Mindestniveaus eines gesunden und zivilisierten Leben dienen (§ 4 Abs. 1 ESG).

Die Arten der Sozialhilfeleistung sind wie folgt (§ 7 Abs. 1 ESG):

1. Lebenshaltungskosten,
2. Wohngeld,
3. Krankenhilfe[586],
4. Hilfeleistung für Ausbildung,
5. Hilfeleistung für Entbindung,
6. Bestattungshilfe,
7. Hilfeleistung für Selbständige.

---

583 – Wenn der Unterhaltsverpflichtete im Gefängnis, in Gewahrsam oder in geschlossener psychiatrischer Unterbringung ist (§ 2 Abs. 2 Nr. 3 der Präsidialverordnung zum ESG),
– Wenn der Unterhaltsverpflichtete eine Sozialhilfeleistung in der Sozialeinrichtung gemäß § 38 der Präsidialverordnung zum ESG (§ 2 Abs. 2 Nr. 4 der Präsidialverordnung zum ESG) erhält,
– Wenn über den Unterhaltsverpflichteten ein Verfahren der Verschollenheit anhängig ist (§ 2 Abs. 2 Nr. 5 der Präsidialverordnung zum ESG),
– Wenn der Unterhaltsverpflichtete verschollen ist (§ 2 Abs. 2 Nr. 6 der Präsidialverordnung zum ESG).

584 Wenn der Unterhaltsverpflichtete seine Pflicht nicht erfüllt, geht diese Unterhaltsverpflichtung auf den Staat über. In diesem Fall geht auch der direkte Unterhaltsanspruch auf den Staat über (§ 5 Abs. 1 ESG).

585 Kapitel 1. B. II. 2.

586 Diese Leistungen werden vom Krankenhilfegesetz festgestellt und durchgeführt.

Über die Sozialhilfeleistung für Personen, die zur „nächst bedürftigen Klassen"[587] zählen, kann unter Berücksichtigung der Lebensbedingungen dieser Person im Rahmen des Budgets durch die zuständige Instanz entschieden werden (§ 7 Abs. 3 ESG). In diesem Fall können die Sozialhilfeleistungen gemäß § 7 Abs. 1 Nr. 2, 3, 4, 6 bzw. 7 ESG vollständig oder teilweise gewährt werden.

Die berechtigte Person gemäß § 5 ESG, ihre Verwandten und auch sonstige Personen können den Antrag auf Sozialhilfeleistung an den Bürgermeister in der Großstadt/Provinzgouverneur/Kreisvorsteher/Vorsteher des Stadtbezirks stellen oder ein Handeln von Amts wegen anlegen (§ 21 Abs. 1 ESG).

E. Sozialpolitische bzw. verfassungsrechtliche Würdigung

I. Probleme bei den Kriterien der berechtigten Personen

Das Recht auf Krankenhilfe folgt für die meisten Personen dem Recht auf Sozialhilfe und das ergibt sich aus dem Existenzminimum als Abgrenzungskriterium. Diese Grenze Existenzminimum ist erforderlich um über Anrechnungen von Unterhaltsverpflichtungen zu entscheiden. Hier gibt es ein schwieriges Dilemma. Wer unter dieser Grenze liegt ist arm, aber muss sich keine Gedanken um seine Gesundheitsversorgung machen. Die oberhalb dieser Grenze liegenden Personen müssen volle Beiträge zur Krankenversicherung bezahlen. Diese Auswirkung der Armutsgrenze ist immer ein sozialpolitisches Problem. Immerhin führt der gerade geschilderte Spielraum im Hinblick auf die „nächst bedürftigen Klassen" zu einer gewissen Flexibilisierung.

II. Problem der unversicherten Leistung bei Krankenhilfebedürftigen

Der Leistungskatalog der Krankenhilfe wird von der Ministerialverordnung über Kriterien der medizinischen Leistung abgeleitet. Das bedeutet, der Leistungskatalog der Krankenhilfe ist ganz ähnlich wie der Leistungskatalog der Volkskrankenversicherung. Obwohl die Krankenhilfe eine öffentliche Fürsorge ist, kann der Leistungskatalog der Krankenhilfe das Recht auf Gesundheitsschutz nicht gewährleisten, weil er die unversicherten Leistungen der VKK für die erforderlichen Behandlungen nicht gewährt. Um die Gesundheit der einkommensschwachen Personen zu gewährleisten, müssten die „unversicherten Leistungen" ebenfalls deutlich flexibilisiert werden.

587 Mit dem Begriff der „nächst bedürftigen Klassen" sind Personen gemeint, die zwar keine berechtigten Personen gemäß § 5 Abs. 2 ESG sind (§ 2 Nr. 11 ESG) aber deren anerkannte Einkommenshöhe unter 120 Prozent des Existenzminimums liegt (§ 3–2 der Präsidialverordnung zum ESG).

Für unversicherte Leistungen gibt es zwei Gründe. Erster Grund ist, dass diese Leistungen für die Gesundheitsversorgung eigentlich nicht unbedingt erforderlich sind und von daher entbehrlich sind. Der zweite Grund ist, dass diese Leistung eigentlich jeder Anspruch nehmen können sollte, man diese aber im Normalfall selbst bezahlen sollte. Dann kann es sein, dass der Krankenhilfebedürftige nicht selbst bezahlen kann. Dies gilt insbesondere, wenn für die Bestimmung des Existenzminimums zwar der Bedarf für Essen und Wohnen, aber nicht die durchschnittlich zu erwartenden Kosten für „unversicherte Leistungen" berücksichtigt werden. Bei Krankenhilfebedürftigen ist eine unversicherte Leistung dann eigentlich eine Einschränkung der Krankenhilfe. Obwohl es wie oben erwähnt[588] ein Zahlungssystem durch Forderungsübergang[589] für Krankenhilfebedürftige bzw. eine Obergrenze für die Selbstbeteiligung[590] gibt, kann die Finanzierung „unversicherter", aber erforderlicher Leistungen immer noch eine zu große Belastung bei Krankenhilfebedürftigen sein.

Wenn Krankenhilfebedürftige derartige Leistungen nicht erhalten können, ist es nicht nur ein sozialpolitisches, sondern auch ein verfassungsrechtliches Problem, da ein Sozialstaat notwendige Behandlungen nicht verweigern kann. Alle Krankenhilfebedürftigen haben auch das Recht auf Gesundheit gemäß Art. 36 Abs. 3 KV[591]. Aber dieses spezifische Thema wird in Korea – im Gegensatz zu Deutschland[592] – verfassungsrechtlich noch nicht stark diskutiert.

III. Probleme bei den Kriterien der Unterhaltsverpflichteten

Es gibt im Krankenhilfesystem die Kriterien für Unterhaltspflicht gemäß dem Subsidiaritätsprinzip. Es ist eigentlich kein Problem der Krankenhilfe sondern ein Dilemma des familiären Unterhaltsrechts in einer modernen Gesellschaft.

Die unbedingten Unterhaltsverpflichtungen bestehen bei Ehepaaren, Eltern und Kindern und deren Ehepartnern. Bei der Beurteilung der Unterhaltsfähigkeit fordern die geltenden Kriterien die Erhaltung des Existenzminimums wie bei berechtigten Personen für Sozialhilfe.[593] In der Sozialhilfe kann der Begriff des Existenzminimums

588 Kapitel 4. B. III. 3.

589 Gemäß § 20 bzw. § 21 KHG, und § 27 der Ministerialverordnung zum KHG.

590 Die „Obergrenze für die Selbstbeteiligung am medizinischen Versorgungsentgelt gemäß § 22 Abs. 2 der Präsidialverordnung zum VKG" (Anhang III der Präsidialverordnung zum VKG).

591 Dazu ausführlich oben Kapitel 1. B.

592 Dazu ausführlich mit Nachweisen *Neumann, Volker,* Das medizinische Existenzminimum, in: NZS 2006, 393–397; *ders.*, Das medizinische Existenzminimum zwischen Sozialhilfe und Krankenversicherung, in: RsDE Heft 68, 2009, S. 1–16; *ders.*, Ein neues Grundrecht für die Armen, in: Vorgänge. Zeitschrift für Bürgerrechte und Gesellschaftspolitik 49 Heft 3, 2010, S. 102–110.

593 *Shin, Youngseok/Kim, Migon/Lee, Taejin,* A Study to Improve the Benefit Structure of the Basic Social Security, Korea Institute for Health and Social Affairs, 2005, S. 103.

für eine berechtigte Person der Sozialhilfe zwar angewendet werden, aber bei Unterhaltsverpflichteten ist dies nicht sachgemäß.

Wie oben ausgeführt, verursachen diese Kriterien der Unterhaltsverpflichteten einen „blinden Fleck“ der Grundsicherung, weil der Zugang zur Sozialhilfe trotz tatsächlicher Armut ausgeschlossen wird.[594] Dies ist ein Problem, weil es nicht dem Charakter der Sozialhilfe entspricht. Um das Existenzminimum der Bürgers in einem letzten sozialen Netz abzusichern existiert die Sozialhilfe. Daneben ist das Subsidiaritätsprinzip zu beachten, nachdem die Sozialhilfe nur nach der Nutzung aller eigenen Fähigkeiten und aller sonstigen Ressourcen gewährt werden soll.

Die Verbesserung dieser Unterhaltsverpflichtungsregeln spielt eine große Rolle, um den blinden Fleck der Grundsicherung zu vermeiden. Um diesen blinden Fleck schnell zu eliminieren werden jedoch entsprechende Haushaltsmittel benötigt.[595] Deswegen muss man einen mittel- bis langfristigen Verbesserungsplan erstellen. Als eine Lösungsmöglichkeit können die Einkommenskriterien zur Beurteilung der Unterhaltsfähigkeit von 130 Prozent auf 150 Prozent oder 180 Prozent des Existenzminimums angepasst werden.[596] Diese Veränderung könnte die Entfernung des blinden Flecks der Sozialhilfe, die Stabilität der Familienstrukturen und die finanzielle Stabilität fördern.

IV. Beziehungen zwischen der Krankenversicherung und der Krankenhilfe

Im Korea gibt es zwei unterschiedliche Systeme für Gesundheitsgewährleistungen. Eine ist die Volkskrankenversicherung als Sozialversicherung und andere ist das Krankenhilfesystem als Sozialhilfe. Am Anfang der Einführung des koreanischen Systems für Gesundheitsgewährleistungen war zwar dies Dualsystem (nämlich Krankenversicherungssystem und Krankenhilfesystem) unter Berücksichtigung der damalig sozialen und wirtschaftlichen Lage unvermeidlich. Jetzt aber sollte es zu einem einheitlichen Gesundheitsgewährleistungssystem integriert werden. Unter dem koreanischen Volkskrankenversicherungssystem sollen alle Bürger theoretisch

---

594 *Lee, Jungsik,* The Problem of Legal the Condition of Origination the Duty of Support National Basic Livelihood Guarantee Law for Security the Right of Life, in: World Constitutional Law Review, Korean Branch of International Association of Constitutional Law Vol. 9, 2004, S. 126.

595 *Eu, Youjin u.a, Die Verbesserung der Kriterien der Unterhaltsverpflichteten im Sozialhilfesystem,* Korea Institute for Health and Social Affairs, 2009, S. 104.

596 *Lee, Jungsik,* The Problem of Legal the Condition of Origination the Duty of Support National Basic Livelihood Guarantee Law for Security the Right of Life, in: World Constitutional Law Review, Korean Branch of International Association of Constitutional Law Vol. 9, 2004, S. 128.

Versicherte der Volkskrankenversicherung sein. Ein vereinheitlichen Krankenversicherungssystem kann sozialen Diskriminierung[597] im Gesundheitswesen vermeiden.

Die Leistungen der Krankenhilfe sind auch zur Erfüllung des Rechts auf ein menschenwürdiges Leben gemäß Art. 34 Abs. 1 KV erforderlich. Dafür braucht es keinen Unterschied zwischen dem Leistungsanspruch nach dem Volkskrankenversicherungsgesetz und dem Krankenhilfegesetz.[598] Die Leistungen nach den beiden Gesetzen sind faktisch ganz ähnlich. Es gibt aber immer noch finanzielle Probleme bei der Verwaltung der Krankenhilfe. Um die beiden Systeme zu integrieren, könnten zunächst die Verwaltungssysteme zusammengestellt werden und danach das Finanzwesen der beiden Systeme vereinigt werden.

---

597 Es gibt eine Diskriminierung der Patienten, die wegen ihrer Einkommensschwäche Krankenhilfe empfangen, weil die hohe Selbstbeteiligung von Krankenhilfeempfänger nicht getragen werden kann und der Anteil des Entgeltes der Behandlung der Krankenhilfeempfänger durch den Staat bzw. die Lokalbehörde häufig erst mit Verspätung bezahlt wird. Solche Patienten sind für die Leistungserbringer nicht attraktiv.

598 *Park, Jiyong*, Poverty and Health Insurance Law, Korean Social Security Law Association Vol. 2–1, 2013, S. 95.

5. Kapitel. Ausgewählte Elemente der sozialen Krankenversicherung im deutsch-koreanischen Vergleich

A. Die gewählte Methode und die gewählten Elemente

Der Aufbau dieses Kapitels ist wesentlich durch die rechtsvergleichende Methodik bestimmt. Es behandelt den Rechtsvergleich zwischen Korea und Deutschland in Bezug auf bestimmte Kernpunkte der gesetzlichen Krankenversicherung. Es handelt hier um einen Rechtsvergleich und sozialpolitischer Vergleich. Der Vergleich ist einerseits ein Vergleich der Gesetzesziele, die die Gesetzgeber verfolgt, andererseits soll sich der Vergleich auf die Funktionalität der Instrumente mit Bezug auf diese Ziele beziehen. In diesem Kapitel 5 werden in erster Linie in vergleichender Perspektive auf das deutsche Recht die gesetzgeberische Konzeption und die Ziele des VKG sowie die Zielerreichung erörtert.

In dem Vergleich wird man in diesem Kapitel auf einen oder anderen Punkt zurück greifen, der in den Kapitel 1 bis 4 behandelt wird, und dabei nicht einfach das wiederholen, was an anderen Stellen schon steht, sondern auf eine höhere Abstraktionsebene gehen. Diese Abstraktionsebene ist diejenige des Strukturvergleichs, bei dem von den eher technischen Einzelheiten der vorherigen Kapitel abgesehen wird. Es geht insofern vor allem um die sozial- und organisationspolitischen Grundentscheidungen. Die Auswahl der Schwerpunkte erfolgt unter dem Gesichtspunkt der Unterschiedlichkeit einiger zentraler sozialpolitischer und organisatorischer Grundentscheidungen trotz der prinzipiellen Orientierung der koreanischen Reform am deutschen Modell.

Ein Vergleich der großen Strukturen zeigt, dass die Gesundheitssysteme Koreas und Deutschlands sehr ähnlich sind. Die Systeme Koreas und Deutschlands sind auch ähnlicher im Vergleich zu vielen anderen europäischen Ländern. Dies ist ein bemerkenswertes Phänomen. Faktisch haben Korea und Japan die deutsche gesetzliche Krankenversicherung rezipiert.[599] Eigentlich hat Japan die deutsche gesetzliche Krankenversicherung kopiert und Korea hat dieses japanische System rezipiert.[600]

Die Einführung und die Erweiterung der koreanischen Volkskrankenversicherung wurden durch das jeweilige Politiksystem initiiert. Hierbei kommt dem japanischen Krankenversicherungssystem auch eine große Bedeutung bei der Erstellung des ersten Entwurfs zu. Das japanische System ist ähnlich bezüglich des Gesetzsystems und des kulturellem Hintergrunds und fußt ebenfalls auf den Bismarckschen

599 *Kwon, Soonman,* Globalization and Health Policy in Korea, Global Social Policy Vol. 2(3), 2002, S. 290.

600 *Yoon, Chanyoung*, Introduction to Social Welfare Law, Nanam, 2010, S. 86.

Ideen.[601] Daher war es bei der Einführung der koreanischen Krankenversicherung eine gute Basis, um Fehlversuche und Irrtümer möglichst zu vermeiden.[602] Aber das japanische System war nicht in jeder Hinsicht passend.[603] Korea hat sich von dem unpassenden Modell entfernt und besitzt eine eigene Einheitskrankenversicherung.[604] Im Weiteren werden die Vergleichbarkeiten und die Unterschiede beider Systeme aufgezeigt.

Dabei wird gegebenenfalls auf aktuelle sozialpolitische Reformdiskussionen eingegangen. Unter diesen Aspekten sind die folgenden sechs Elemente besonders interessant:

- Umfassende Volkskrankenversicherung in Korea versus schrittweise ausgeweitete Arbeitnehmerversicherung in Deutschland,
- Das unterschiedliche Niveau sozialer Absicherung im Zusammenwirken von Leistungsniveau und Zuzahlungen,
- Der Umgang mit dem sozialstaatlichen Gebot der Beitragsfinanzierung nach der Leistungsfähigkeit,
- Die Einbindung der Leistungserbringer in das jeweils ähnliche System der Sachleistungserbringung,
- Das unterschiedliche Verhältnis von Staatsverwaltung, sozialen Interessengruppen und rechtlich verselbständigten Verwaltungsträgern bei auf den ersten Blick ähnlichen formalen Strukturen,
- Die Sicherung einer regional gerechten Versorgungsstruktur.

B. Der Versichertenkreis in der sozialen Krankenversicherung und die Bedeutung der privaten Krankenversicherung (PKV) in Korea und Deutschland

I. Der Versichertenkreis in der sozialen Krankenversicherung

Im Hinblick auf den versicherten Personenkreis in der sozialen Krankenversicherung sind das koreanische und das deutsche System zum Teil ähnlich, aber in einigen Bereichen auch unterschiedlich. In der koreanischen Volkskrankenversicherung wird auch die Familienversicherung des Ehegatten, der Eltern und der Kinder von

601 *Lee, Sanglee/Lee, Yonggab/Cheon, Changbae/Seo, Namkyu, Zur Studie der Begriffsbestimmung und Entwicklungsmodell des Krankenversicherungssystems, Forschungszentrum für Krankenversicherung in der VKK*, 2006, S. 1.

602 *Korea institute for Health and Social Affairs, Das Sozialversicherungssystem in vielen Ländern – Korea-*, 2012, S. 297 ff.

603 *Lee, Sanglee/Lee, Yonggab/Cheon, Changbae/Seo, Namkyu, Zur Studie der Begriffsbestimmung und Entwicklungsmodell des Krankenversicherungssystems, Forschungszentrum für Krankenversicherung in der VKK*, 2006, S. 1.

604 *Kwon, Soonman,* Globalization and Health Policy in Korea, Global Social Policy Vol. 2(3), 2002, S. 290.

Mitgliedern nach § 5 Abs. 2 VKG geregelt[605] und es gibt auch versicherungsfreie Personengruppen, aber nur wenn deren Verdienst die monatliche Geringfügigkeitsgrenze des Existenzminimums unterschreitet.[606] Der bedeutende Unterschied liegt darin, dass in Korea der Personenkreis der gesetzlichen Krankenversicherung alle Bürger umfasst, während sich der Personenkreis in Deutschland lediglich auf die als schutzbedürftig definierten Personen bezieht.[607] In Deutschland war es ursprünglich eine Arbeitnehmerversicherung,[608] aber es gibt inzwischen darüber hinausgehende Tatbestände der Versicherungspflicht nach dem § 5 SGB V. Die deutsche gesetzliche Krankenversicherung war in der Anfangsphase gemäß diesem Prinzip auch nur für die sozial schwächste Gruppe (industrielle Arbeiter) eingeführt worden. Wenn eine Person in Deutschland selbst das Krankheitsrisiko finanziell tragen kann, wird sie von der Versicherungspflicht befreit.[609] Arbeitnehmer, deren regelmäßiges Jahreseinkommen die Jahresarbeitsentgeltgrenze überschreitet, sind in der gesetzlichen Krankenversicherung versicherungsfrei. Personen, die ein Arbeitsentgelt oberhalb der Pflichtversicherungsgrenze beziehen, erhalten unter weiteren Voraussetzungen ein Recht zur freiwilligen Versicherung nach § 9 Abs. 1 SGB V. Die Jahresarbeitsentgeltgrenze in der Krankenversicherung wird jährlich in der Sozialversicherungsrechengrößen-Verordnung neu festgesetzt. Gemäß § 4 Abs. 1 der Verordnung über maßgebende Rechengrößen der Sozialversicherung für 2014 beträgt die Jahresarbeitsentgeltgrenze 53.550 Euro (monatlich 4.462,50 Euro).[610] 87,6 Prozent aller Bürger werden in der gesetzlichen Krankenversicherung abgesichert.[611]

---

605 Dazu ausführlich Kapitel 2. A. I.

606 Gemäß § 5 Abs. 1 ESG. Dazu ausführlich Kapitel 4. D. I.

607 Mit dem GKV-Wettbewerbsstärkungsgesetz vom 26. März 2007 wurde zum 1. April 2007 in der gesetzlichen Krankenversicherung für alle Personen eine Versicherungspflicht eingeführt. Seit 1. Januar 2009 besteht die Krankenversicherungspflicht gemäß § 193 Abs. 3 VVG. Jede Person mit Wohnsitz in Deutschland ist verpflichtet, bei einem in Deutschland zum Geschäftsbetrieb zugelassenen Versicherungsunternehmen für sich selbst und für die von ihr gesetzlich vertretenen Personen, soweit diese nicht selbst Verträge abschließen können, eine Versicherung abzuschließen. Obwohl also jede Person mit Wohnsitz in Deutschland versicherungspflichtig ist, besteht keine Pflicht für die gesetzliche Krankenversicherung. Das heißt, dass Versicherungspflicht in der gesetzlichen Krankenversicherung nur für bestimmte Personengruppen unter der festgesetzten Einkommensgrenze gilt.

608 *Ebsen, Ingwer,* Krankenversicherung, in: *Maydell/Ruland/Becker* (Hrsg.), Sozialrechtshandbuch, 5. Aufl., Baden-Baden 2012, S. 725 ff.

609 *Ebsen, Ingwer,* Krankenversicherung, in: *Maydell/Ruland/Becker* (Hrsg.), Sozialrechtshandbuch, 5. Aufl., Baden-Baden 2012, S. 756 ff.

610 Gemäß § 4 Abs. 2 der Verordnung über maßgebende Rechengrößen der Sozialversicherung für 2014 beträgt die Jahresarbeitsentgeltgrenze für Personen, die am 31. 12. 2002 privat versichert waren, jährlich 48.600,00 Euro.

611 *Rosenbrock/Gerlinger,* Gesundheitspolitik: eine systematische Einführung, 3. Aufl., Bern 2014, S. 126.

Es gibt zwar die Versicherungspflichtgrenze für die Arbeitsnehmer, die die Aspekte der Schutzbedürftigkeit haben, aber es gibt noch den Ausschluss sog. der Kleinselbstständigen, ohne dass gefragt wurde, ob sie schutzbedürftig sind oder nicht. Schließlich kann man in diesem Bereich sagen, dass es in Deutschland zwar eine Differenzierung nach dem Maß der Schutzbedürftigkeit gibt. Obwohl die Abgrenzung der Versichertenkreise ein schlüssiges sozialpolitisches Konzept braucht, ist sie aber nicht stimmig, weil sie sich nicht an sozialer Schutzbedürftigkeit orientiert, die ferner ohnedies kein angemessenes Kriterium für die Abgrenzung der Versichertenkreise bildet.[612] Im Hinblick auf das Risiko der Krankheit kann man sogar zwischen Schutzbedürftigen und Nichtschutzbedürftigen praktisch nicht einfach unterscheiden.

Die umfassende Krankenversicherung Koreas realisiert ein im Ansatz überzeugendes Konzept der Sozialversicherung. Das Grundprinzip der gesetzlichen Krankenversicherung besteht im Solidarausgleich[613] nicht nur zwischen Gesunden und Kranken, sondern auch zwischen einkommensstarken und einkommensschwachen Versicherten. Die einheitliche koreanische Krankenversicherung ist konzeptionell wegen des auch Gutverdienende einschließenden Versicherungszwangs eine besonders solidarische Form der Sozialversicherung.

Obwohl nur etwa elf Prozent der Bevölkerung in Deutschland ihr individuelles Krankheitsrisiko privat versichern, verlässt die Trennung in GKV und PKV das Solidarausgleich in der Finanzierung.[614] Deswegen gibt es in Deutschland eine Debatte[615] über eine Integration von GKV und PKV in einer einheitlichen sozialen Krankenversicherung.[616] Für diese Diskussion sollte auch das koreanische Modell betrachtet werden. Bestimmte Personengruppen und Berufsgruppen mit hohem Einkommen sollten von der Versicherungspflicht nicht ausgeschlossen werden. Je weiter der versicherte Personenkreis der Krankenversicherung gefasst ist, desto größer wird der Effekt der Risikostreuung. Insbesondere wenn die höheren Einkommen auch versicherungspflichtig sind, wird der Effekt einer sozial gerechtfertigten

---

612 *Kingreen/ Kühling*, Monistische Einwohnerversicherung, Baden-Baden 2013, S. 19.

613 *Bieback, Karl-Jürgen*, Sozial- und verfassungsrechtliche Aspekte der Bürgerversicherung, Baden-Baden 2014, S. 57.

614 *Rosenbrock/Gerlinger*, Gesundheitspolitik: eine systematische Einführung, 3. Aufl., Bern 2014, S. 162.

615 Dazu ausführlich, *Wallrabenstein, Astrid*, Gestaltungs- und Verfassungsfragen eines Übergangs zu einem einheitlichen Krankenversicherungsmarkt im Hinblick auf die PKV, in: *Wallrabenstein, Astrid/Ebsen, Ingwer* (Hrsg.), Stand und Perspektiven der Gesundheitsversorgung: Optionen und Probleme rechtlicher Gestaltung, Frankfurt am Main 2014, S. 37 ff.; *Kingreen/ Kühling*, Monistische Einwohnerversicherung, Baden-Baden 2013, S. 18 ff.; *Bieback, Karl-Jürgen*, Sozial- und verfassungsrechtliche Aspekte der Bürgerversicherung, Baden-Baden 2014, S. 57 ff.

616 *Ebsen, Ingwer*, Einführung, in: *Wallrabenstein, Astrid/Ebsen, Ingwer* (Hrsg.), Stand und Perspektiven der Gesundheitsversorgung: Optionen und Probleme rechtlicher Gestaltung, Frankfurt am Main 2014, S. 9.

Umverteilung der Lasten größer. Damit stabilisiert eine Versicherungspflicht für alle Bürger auch die Finanzierung der Krankenversicherung.

II. Die Bedeutung der PKV in Korea und Deutschland

Wie oben erwähnt, gibt es auch in Korea die PKV, aber ihre Bedeutung ist anders als die der deutschen PKV. In Deutschland gibt es die schrittweise erweiterte Arbeitnehmerversicherung. Darum gibt es das duale System von GKV und PKV. Im deutschen Modell werden diejenigen, die nicht in der GKV sind, in der privaten Vollversicherung versichert.[617] Neben der gesetzlichen Krankenversicherung gibt es mit der privaten Krankenversicherung ein eigenständiges Vollversicherungssystem, das für Beamte teilweise durch das Beihilfesystem substituiert wird.[618]

Alle Bürger in Korea werden zwar faktisch durch die Volkskrankenversicherung versichert, aber es gibt den relativ eingeschränkten Leistungskatalog, die erhebliche Selbstbeteiligung und kein Krankengeld. Deswegen spielt die PKV als ergänzende Versicherung für diejenigen, die es sich leisten können, eine große Rolle. Im Jahr 1996 wurde die zusätzliche private Krankenversicherung durch den Ausschuss für Gesundheitsreform vorgeschlagen.[619] Sie dient der Abdeckung der Kostenanteile der Leistungen, die nicht von der sozialen Krankenversicherung abgesichert sind, und der von der VKK nicht getragenen Leistungen und Risiken. Die PKV versichert nicht nur das Erfordernis einer Zuzahlung, sondern auch einen Einkommensausfall.[620] Die Zahl der Haushalte, die eine private Zusatzkrankenversicherung abgeschlossen haben, ist von 70,96 Prozent im Jahr 2008 auf 76,86 Prozent im Jahr 2011 gestiegen.[621] Künftig dürfte sich dieser Trend fortsetzen, weil der relative Anteil der älteren Menschen an der Gesamtbevölkerung beständig zunimmt und dieser demografische Wandel einen steigenden Versorgungsbedarf bewirkt.

Für Besserverdienende dient die private Versicherung als Ergänzungsversicherung aber diejenigen, die sich diese nicht leisten können, haben keine Möglichkeit einer ergänzenden Versicherung im Krankenfall. Reiche sind die stärksten Befürworter der ergänzenden privaten Krankenversicherung, weil für sie die risikobasierte Prämie der privaten Krankenversicherung gegenüber dem einkommensabhängigen

---

617 *Wallrabenstein, Astrid,* Soziale Gesundheitsversorgung durch die PKV, in: Ebsen, Ingwer (Hrsg.), Handbuch Gesundheitsrecht, Frankfurt am Main 2015, S. 215 f.

618 *Wallrabenstein, Astrid,* Soziale Gesundheitsversorgung durch die private Krankenversicherung, in: Ebsen (Hrsg.), Handbuch Gesundheitsrecht, 2015, S. 216 f.

619 *Huh, Soonim/Lee, Sangyi,* Impact of Complementary Private Health Insurance on Public Health Spending in Korea, in: Health Policy and Managemnet Vol. 17 No. 2, 2007, S. 3.

620 *Shin, Keechul,* The Role of the Private Health Insurance in Korea, in: Korean Social Security Studies, Korean Social Security Association Vol. 26 No. 1, 2010, S. 133.

621 *Lee, Hyunboc/Hwang, Younhee,* A Study identifying the factors determining private health insurance claims paid, in: Korean Social Security Studies, Korean Social Security Association Vol. 30 No. 4, S. 172.

Beitrag der sozialen Krankenversicherung günstiger ist.[622] Als Grundversicherung aller Bürger wäre diese private Ergänzungsversicherung aber nicht brauchbar, weil sie nur finanziell Leistungsfähigen offen steht. Stattdessen sollten bei Wahrung des Charakters der Volkskrankenversicherung als Einheitsversicherung die jetzigen Probleme (z.B. relativ eingeschränkten Leistungskatalog, die erhebliche Selbstbeteiligung und kein Krankengeld) innerhalb derselben gelöst werden.

C. Leistungskatalog und Zuzahlungssystem

Beide Länder folgen ähnlichen allgemeinen Grundsätzen, aber sie haben ein unterschiedliches Niveau beim Leistungskatalog und bei der Selbstbeteiligung. Das Leistungsniveau und die Frage der Zuzahlung werden in Kapitel 3 getrennt behandelt, hier sollen sie aber als Elemente des Schutzniveaus zusammen erörtert werden.

I. Leistungskatalog

1. *Allgemeines*

Beide Länder folgen dem Sach- und Dienstleistungsprinzip[623] in den gesetzlichen Krankenversicherungen und haben im Ausnahmefall Gelderstattungen. Im § 12 SGB V gibt es das Wirtschaftlichkeitsgebot. Das gilt für alle Leistungen. Die Leistungen müssen ausreichend, zweckmäßig und wirtschaftlich sein und dürfen das Maß des Notwendigen nicht überschreiten. In Korea gibt es auch das Wirtschaftlichkeitsgebot, aber nicht im Gesetz sondern in der Ministerialverordnung.[624]

Der Leistungskatalog und der Risikoschutz sind in beiden Ländern sehr ähnlich. Aber im SGB V in Deutschland wird es konkreter geregelt. Gemäß § 26 Abs. 7 Präsidialverordnung zum VKG in Korea werden Art und Weise der Untersuchung vom Minister festgesetzt und öffentlich bekannt gegeben, während die Gegenstände der ärztlichen Untersuchung im § 26 Abs. 1 SGB V in Deutschland ausgeführt werden.

In beiden Ländern spielen die Leistungen der Krankheitsprävention, Verhütung und Früherkennung von Krankheiten[625] eine große Rolle, um die heutigen typischen Krankheiten (Erkrankung des Herz-Kreislauf-System, Krebs und Diabetes)

---

622 *Kwon, Soonman,* Globalization and Health Policy in Korea, Global Social Policy Vol. 2(3), 2002, S. 285.

623 Die Leistungen der deutschen gesetzlichen Krankenversicherung sind durch das Sach- und Dienstleistungsprinzip gemäß § 2 Abs. 2 SGB V geprägt.

624 Die medizinischen Leistungen sollen so kostengünstig und wirtschaftlich effektiv wie möglich erfolgen (Anhang I Nr. 1 c der Ministerialverordnung über Kriterien der medizinischen Leistung). Die allgemeinen Grundsätze der medizinischen Leistung werden in Korea durch Anhang I der Ministerialverordnung über Kriterien der medizinischen Leistung geregelt. Dazu ausführlich Kapitel 2. C. II. 1. b.

625 Die Leistungsarten sind wie folgt beschrieben: Leistungen zur Verhütung und zur Früherkennung von Krankheiten (§§ 20–26 SGB V).

zu vermeiden bzw. frühzeitig zu erkennen.[626] Beispielsweise können nicht nur bei typischen Krankheiten, sondern auch bei Zahnerkrankungen diese Leistungen zur Verhütung eine große Rolle spielen. In Korea gibt es keine bestimmte Regelung für die Verhütung von Zahnerkrankungen.

Die deutsche gesetzliche Krankenversicherung legt nach der Reform von 1989 das Hauptgewicht nicht nur auf medizinische Behandlung der Erkrankung, sondern auch auf Prävention und Rehabilitation. Damals wurde die Pflegebedürftigkeit im SBG V aufgenommen und wurde ab dem Jahr 1995 durch ein Elftes Buch Sozialgesetzbuch – Soziale Pflegeversicherung (SGB XI) – gesichert. Die koreanische Pflegeversicherung trat im Jahr 2008 in Kraft mit dem Titel des Langzeitpflegeversicherungsgesetzes für ältere Menschen. Für Altersbeeinträchtigungen oder langfristige Erkrankungen besteht die deutsche Pflegeversicherung,[627] während die Zielgruppe der koreanischen Pflegeversicherung[628] restriktiver als die deutsche ist.

Vorher wurden in Deutschland die Leistungen bei Schwangerschaft und Mutterschaft im §§ 195–200 Reichsversicherungsordnung (RVO) geregelt. Aber mit dem Gesetz zur Neuausrichtung der Pflege (PNG) vom 30. Oktober 2012 wurde das neu gefasst.[629] Damit sind die Vorschriften über Leistungen bei Schwangerschaft und Mutterschaft von den §§ 195–200 RVO in die §§ 24c bis 24i SGB V überführt worden. Die Leistungen bei Schwangerschaft und Mutterschaft werden in Korea immer noch nicht im VKG sondern im MKG[630] festgelegt. Aber diese Leistungen sollen zukünftig ins VKG integriert werden. Obwohl Schwangerschaft und Mutterschaft keine Krankheit sind, sind die Maßnahmen doch ähnlich wie bei Krankheit, nämlich ärztliche Betreuung, Untersuchung und Versorgung mit Arznei-, Verband-, Heil- und Hilfsmitteln und Behandlung in medizinischen Einrichtungen. Um wirksame Leistungen bei Schwangerschaft und Mutterschaft zu gewährleisten, wäre ein einheitlicher Leistungskatalog im VKG für Versicherte bzw. Versicherer besser.

2. *Betrachtungen zum Krankengeld*

Im Hinblick auf die Absicherung gegen Einkommensausfall wegen krankheitsbedingter Arbeitsunfähigkeit gibt es große Unterschiede zwischen Deutschland und Korea. In Deutschland ist das Krankengeld im Leistungskatalog der §§ 44–51 SGB V enthalten. Im deutschen System sind alle Situationen, die wegen Krankheit entstehen, Gegenstand des gesetzlichen Krankenversicherungsschutzes. Das deutsche SGB V regelt nicht nur das Krankengeld, sondern auch Krankengeld bei Erkrankung des Kindes gemäß § 45 SGB V. Die Höhe des Anspruchs auf das Krankengeld beträgt

626 *Waltermann, Raimund*, Sozialrecht, 10. Aufl., Heidelberg 2012, S. 91.
627 Die deutsche Pflegeversicherung hat die Aufgabe, Pflegebedürftigen Hilfe zu leisten, die wegen der Schwere der Pflegebedürftigkeit auf solidarische Unterstützung angewiesen sind (§ 1 Abs. 4 SGB XI).
628 Dazu ausführlich oben Kapitel. 3.
629 BT-Drucksache 17/10157.
630 Dazu ausführlich oben Kapitel 2. C. II. 3. b.

70 Prozent des Regelentgelts gemäß § 47 Abs. 1 SGB V.[631] Der Krankengeldbezug ist dann auf längstens 78 Wochen innerhalb von drei Jahren beschränkt (§ 48 SGB V). Dieses Krankengeldsystem ist im Zusammenhang mit der Entgeltfortzahlung gemäß § 3 des Gesetzes über die Zahlung des Arbeitsentgelts an Feiertagen und im Krankheitsfall (Entgeltfortzahlungsgesetz: EntgFG) zu sehen, weil die Arbeitnehmer durch dieses Gesetz die ersten sechs Wochen lang ihr Gehalt weiter erhalten. Das Risiko wird also in Deutschland zunächst durch die Arbeitsgeber getragen. Deswegen braucht die Krankenkasse für die Arbeitnehmer für die ersten sechs Wochen kaum Krankengeld zu bezahlen. Erst danach trägt die Krankenkasse das Risiko. Deswegen spielt in Deutschland das Krankengeld keine große Rolle für die Krankenkassen.

In Korea ist das Fehlen des Krankengeldes bemerkenswert. Die koreanische Debatte über die tatsächliche Einführung des Krankengeldes wird seit langem geführt,[632] aber es gibt derzeit noch kein Krankengeld im Leistungskatalog. Wie oben erwähnt[633] gibt es, obwohl es eine Krankengeldregelung in § 45 VKG gibt, bislang lediglich eine Ermessensvorschrift in der Präsidialverordnung zum VKG. Der Gesetzgeber hatte den Bedarf zwar erkannt, aber es liegt immer noch kein konkretes Gesetz vor. Es gibt mehrere unterschiedliche Meinungen[634] über die Einführung des Krankengeldes und die Debatte über die im Falle der Einführung erforderliche Finanzquelle des Krankengeldes hält noch an. Ein Bedarf für Krankengeld ist aber grundsätzlich anerkannt.

Das Krankengeld ist eine Geldleistung zur Absicherungsleistung für den Lohnausfall bei Krankheit. Wegen Arbeitsunfähigkeit aufgrund von Krankheit hat man wirtschaftliche Nachteile. Dies ist ein soziales Risiko, das der Abdeckung bedarf. In Korea werden zwar die Einkommensausfälle wegen Arbeitsunfähigkeit in einer Berufsausübungszeit durch § 78 und § 79 des Gesetzes für Arbeitsbedingungen ergänzt, aber dies bezieht sich nur auf ein Arbeitsunfall oder eine Berufskrankheit.[635] Es bedarf in Korea noch der Diskussion, wer das Risiko des krankheitsbedingten Arbeitsausfalls trägt. Auch bei Einführung des Krankengeldes trifft die Finanzierungslast auch die Arbeitgeber. Wenn das Krankengeld durch Änderung der

631 Dazu ausführlich *Eichenhofer, Eberhard*, Sozialrecht, 8. Aufl., Tübingen 2012, S. 208.

632 *Choi, Induck/Kim, Jinsoo*, Introduction of Sickness Benefit Program in Health Insurance – Focus on the System Design and Estimation Finances, in: Korean Social Security Studies, The Korean Social Security Association Vol. 23–2, 2007, S. 222.

633 Dazu ausführlich Kapitel 2. C.

634 *Choi, Induck/Kim, Jinsoo*, Introduction of Sickness Benefit Program in Health Insurance – Focus on the System Design and Estimation Finances, in: Korean Social Security Studies, The Korean Social Security Association Vol. 23–2, 2007, S. 221; *Shin, Keechul*, Policy Measures for consolidating Sickness Benefits, in: Korean Social Security Studies, Korean Social Security Association Vol. 27 No. 1, 2011, S. 133 ff.

635 Zur Einführung des Krankengeldes sollen das Gesetz für Arbeitsbedingungen und die Präsidialverordnung zum VKG parallel revidiert werden. Es ist aber eine schwierige Arbeit. Hier wird nur im Hinblick auf das VKG konzentriert.

Präsidialverordnung zum VKG als eine Leistung im Leistungskatalog der Volkskrankenversicherung eingeführt würde, würde es die dann wohl erforderliche Erhöhung der Beiträge[636] auch durch die Arbeitgeberbeiträge finanziert. Die Höhe und Dauer des Krankengeldes könnten je nach der Lage der Finanzierung der Krankenversicherung stufenweise erhöht werden.

3. *Diskussion um Rationierung*

In keinem Gesundheitssystem können die Gesundheitsgüter gemäß den subjektiven Bedürfnissen zur Verfügung gestellt werden.[637] Insofern ist die Knappheit der Gesundheitsgüter ein wichtiges Thema. Die zur Verfügung stehenden finanziellen Ressourcen sind niemals geeignet, um die im Prinzip unbegrenzte Nachfrage nach Gesundheitsleistungen zu decken.[638] Diese Phänomene werden wegen des demografischen Wandels bzw. wegen des medizinischen Fortschrittes stets steigen. Es geht um Rationierung und damit um Verteilungsgerechtigkeit.[639]

Im Vergleich zum koreanischen Leistungsniveau ist das deutsche Niveau zwar besonders hoch, aber auch dieses stößt an seine finanziellen Grenzen. Deswegen werden Diskussionen um versteckte Rationierung geführt.[640] In Deutschland galt

---

636 Darüber gäbe es immer noch die entgegengesetzten Meinungen, weil eine Erhöhung der Beiträge immer schwer ist. Um Krankengeld als eine Krankenversicherungsleistung anzubieten, braucht es immer zusätzliche Finanzquellen als die eigentlichen Beiträge. Obwohl die Versicherten die Begünstigten sind, möchten Sie als Beitrag nicht viel zahlen.

637 *Park, Sanghyuk,* Macro-allocation of Health Care Resources and Democratic Legitimacy, in: Korean Journal of Medical Ethics, The Korean Society for Medical Ethics Vol. 14 No. 2, 2011, S. 145.

638 Dazu ausführlich *Ebsen, Ingwer,* Ressourcenknappheit im Gesundheitswesen – verfassungsrechtliche Implikationen, in: *Arbeitsgemeinschaft Rechtsanwälte im Medizinrecht e.V.* (Hrsg.), Die Budgetierung des Gesundheitswesens. Wo bleibt der medizinische Standard? Berlin/Heidelberg 1997, S. 109 ff.

639 *Park, Sanghyuk,* Macro-allocation of Health Care Resources and Democratic Legitimacy, Korean J Med Ethics No. 14–2, June 2011, S. 145.

640 *Strech, Danielin,* Rationalisierung und Rationierung am Krankenbett, Medizinische Klinik – Intensivmedizin und Notfallmedizin, Band 109, Heidelberg 2014, S. 27; *Duttge, Gunnar,* Rationierung im Gesundheitswesen: Auf der Suche nach der Verteilungsgerechtigkeit, in: *Duttge/Dochow/Waschkewitz/Weber,* Recht am Krankenbett – Zur Kommerzialisierung des Gesundheitssystems, Göttingen 2009, S. 139.

Rationierung zwar meist als ein politisches Tabuwort,[641] aber seit den 1990er Jahren wurde das Problem der Rationierung im Gesundheitswesen öffentlich diskutiert.[642]

Rationierungen werden im Falle von augenscheinlichen Knappheiten weitgehend akzeptiert. Diese ärztliche Rationalisierung kann mit den begrenzten finanziellen Ressourcen im Gesundheitswesen ökonomisch umgehen und dadurch wird Überversorgung reduziert. Es könnte zu einer gerechteren Versorgung beitragen.[643] Eine versteckte Rationierung verstößt dagegen sowohl gegen die Rechtsstaatsgarantie als auch gegen Menschenwürde, Gerechtigkeitsprinzip und Solidarität.

Obwohl es in Korea auch ein ähnliches Dilemma zwischen Leistungsansprüchen der Versicherten und begrenzten Finanzen gibt, ist es noch kaum ein Thema der Sozialpolitik oder der Rechtswissenschaft. Es finden sich aber einschlägige Überlegungen in der Ethik.[644] In Korea wird zwar schon über einzelne Probleme (z.B. das Leistungsniveau, Zuzahlung bzw. finanzielle Stabilisierung in Gesundheitswesen), aber noch nicht über das allgemeine Problem, nämlich Rationierung, diskutiert.

II. Zuzahlungen

Beide Länder haben trotz äußerer Ähnlichkeit ein sehr unterschiedliches Zuzahlungssystem. Die Zuzahlungen sind immer wieder Gegenstand öffentlicher und gesundheitspolitischer Debatten. In Deutschland müssen sich die Versicherten ebenfalls an den Kosten der erbrachten Leistungen beteiligen, aber nicht so hoch wie in Korea. Die Zuzahlungen in Deutschland in vielen Leistungsbereichen sind durch das Gesetz zur Modernisierung der gesetzlichen Krankenversicherung vom 14. November 2003[645] erhöht bzw. neu eingeführt worden. Die von Versicherten gesetzlicher Krankenkassen zu leistende Zuzahlung beträgt grundsätzlich 10 Prozent des Abgabepreises,[646] mindestens jedoch 5 Euro und höchstens 10 Euro

---

641 *Diederich/Koch/Kray/Sibbel*, Die evidenzbasierte Medizin ist kein Priorisierungsinstrument, in: Priorisierte Medizin, Wiesbaden 2011, S. 155; *Rixen, Stephan*, Rationierungen im Leistungsrecht, in: *Fischer/Meyer*, Gesundheit und Wirtschaftswachstum, Berlin 2010, S. 51.

642 *Reiners, Hartmut*, Mythen der Gesundheitspolitik , Bern 2009, S. 83 ff. Dazu ausführlich *Ulrich Wenner*, Rationierung, Priorisierung, Budgetierung: verfassungsrechtliche Vorgaben für die Begrenzung und Steuerung von Leistungen der Gesundheitsversorgung, Gesundheitsrecht (GesR) 2009, S. 169 ff.; *Reiners, Hartmut*, Mythen der Gesundheitspolitik , Bern 2009, S. 83 ff.

643 *Strech, Danielin*, Rationalisierung und Rationierung am Krankenbett, in: Medizinische Klinik – Intensivmedizin und Notfallmedizin, Band 109, Heidelberg 2014, S. 27.

644 *Park, Sanghyuk*, Macro-allocation of Health Care Resources and Democratic Legitimacy, Korean J Med Ethics No. 14–2, June 2011, S. 145.

645 BGBl I S. 2190.

646 Dazu ausführlich Rosenbrock/Gerlinger, Gesundheitspolitik: eine systematische Einführung, 3. Aufl., Bern 2014, S. 140.

(§ 61 Satz 1 SGB V).[647] Mit dem Bezug auf den Abgabepreis in Deutschland ist die Zuzahlung überwiegend auf vom Arzt verordnete Leistungen beschränkt. Also ist die ambulante Leistung des Arztes selbst zuzahlungsfrei. Bei Heilmitteln und häuslicher Krankenpflege beträgt die Belastung 10 Prozent der Kosten sowie 10 Euro je Verordnung (§ 61 Satz 3 SGB V).[648] Es gab für einige Jahre eine viel diskutierte Praxisgebühr[649] nach § 28 Abs. 4 SGB V, aber dieser Absatz wurde im Jahr 2013 aufgehoben. Das deutsche Zuzahlungssystem bezieht sich vor allem auf die vom Arzt verordnete Leistungen (praktisch Arznei- bzw. Hilfsmittel). Demgegenüber spielen substanzielle Zuzahlungen im koreanischen System eine wichtige Rolle bei der ärztlichen Behandlung (neben den Arzneimitteln). Wie oben erwähnt[650] hat Korea ein auch in Höhe relativ hartes Selbstbeteiligungssystem. Die Höhe der Selbstbeteiligung hängt von den ärztlichen Behandlungsarten und von Art der medizinischen Leistungserbringer ab und beträgt 30 bis 70 Prozent der Gesamtkosten (Anhang II der Präsidialverordnung zum VKG).

In beiden Länder gibt es noch unterschiedlich definierte Belastungsgrenzen. Die deutsche Belastungsgrenze wird nach dem Bruttoeinkommen zum Lebensunterhalt relativ einfach berechnet,[651] während die koreanischen Belastungsgrenze[652] unterschiedlich nach der Stufe der Krankenversicherungsbeiträge und nach dem versicherten Personenkreis[653] kalkuliert wird. Das heißt, die koreanischen Belastungsgrenzen hängen von den kalkulierten Einnahmen ab.[654] Wenn man in mehreren medizinischen Einrichtungen behandelt wird und bereits anfänglich gezahlt hat, kann man die Beträge, die oberhalb der Belastungsgrenze sind, zurückerstattet bekommen. Aber alle Behandlungskosten mit den unversicherten bzw. möglicherweise unversicherten Leistungen müssen zunächst selber gezahlt werden[655] und

647 *Eichenhofer, Eberhard*, Sozialrecht, 8. Aufl., Tübingen 2012, S. 200.

648 *Muckel/Ogorek*, Sozialrecht, 4. Aufl., München 2011, S. 134.

649 Dies betrug 10 Euro pro Kalendervierteljahr. Dazu ausführlich *Muckel/Ogorek*, Sozialrecht, 4. Aufl., München 2011, S. 135 ff.

650 Kapitel 2. C. III und C. V. 2.

651 Für chronisch kranke Menschen mit dauerndem Behandlungsbedarf für eine schwere Krankheit beträgt die Belastungsgrenze in Deutschland nach § 62 Abs. 1 SGB V nur ein Prozent der jährlichen Bruttoeinnahmen zum Lebensunterhalt.

652 Nach dem Anhang II der Präsidialverordnung zum VKG gibt es sieben Stufen der Belastungsgrenze der Versicherten. Die Belastungsgrenze werden nach der Stufe der Krankenversicherungsbeiträge jeweils jährlich als 12 Million Won, 15 Million Won, 20 Million Won, 25 Million Won, 30 Million Won, 40 Million Won und 50 Million Won festgelegt (Anhang III der Präsidialverordnung zum VKG).

653 Es ist unterschiedlich zwischen Ort- und Betriebsversicherte (§ 19 Abs. 2 VKG und Anhang III der Präsidialverordnung zum VKG).

654 Mit dieser Berechnung der Belastungsgrenze im Zusammenhang steht der nationale Verbraucherpreisindex.

655 Nur Krankenhilfeempfänger tragen die Behandlungskosten nicht selbst.

werden dann durch die VKK erst eventuell nachträglich zurückerstattet.[656] Im diesem Fall sind jedoch die unversicherten Leistungen ausgeschlossen. Das schafft zusätzliche Unsicherheit. Es sollte daher in Korea eine Obergrenze der Selbstbeteiligung für die Gesamtheit der anerkannten Leistungen eingeführt werden. Bei leichter Krankheit ist die bestehende Kostenbeteiligung der Versicherten vertretbar, aber in schweren Fällen (z.B. schwere bzw. chronische Krankheit) sollte sie gesenkt werden. Bei schwerer Krankheit, die mit kostenintensiver Medizintechnik diagnostiziert oder behandelt wird, gibt es aber wie schon beschrieben sehr viele unversicherte Leistungen. Obwohl es bestimme Regelungen für geringe Einkommen (unter dem Existenzminimum bzw. die nächste bedürftige Klasse) in Korea gibt, ist die Kostenbeteiligung für normale Orts- bzw. Betriebsversicherte immer noch sehr hoch. Insbesondere tragen in Korea schwerwiegend chronisch Kranke hohe Kostenbeteiligungen, während in Deutschland der schwerwiegend chronisch Kranke nur bis zum einem Prozent des Bruttoeinkommens leistet (§ 62 Abs. 1 SGB V). In Deutschland werden finanziell Schwache durch soziale Begrenzung geschützt.[657]

In Korea liegt der Zweck des Selbstbeteiligungssystems zwar offiziell grundsätzlich ebenso wie in Deutschland darin, die überflüssige Inanspruchnahme von Gesundheitsleistungen durch Versicherte zu vermeiden.[658] Zugleich ist es aber wegen der Höhe und des umfassenden Charakters der Selbstbeteiligungen faktisch eine Beschränkung des Krankenversicherungsschutzes auf eine Teilabsicherung. Es kann erwartet werden, dass das Zuzahlungssystem zu einer Erhöhung der ökonomischen Effizienz führt. Für finanzielle Schwache insbesondere im Fall der chronisch Kranken ist das Zuzahlungssystem aber eine Zugangsbarriere bei der notwendigen medizinischen Versorgung. In Korea kann es dann zu verschleppten Erkrankungen führen.[659] Dieses System sollte für finanziell Schwache wieder verbessert werden.

---

656 Es gibt zwar eine Möglichkeit: Wenn man nur in einer medizinischen Einrichtung behandelt wird und die Behandlungskosten über 50 Million Won liegen, bezahlt man nur 50 Million Won und die medizinische Einrichtung stellt einen Antrag an die VKK für den restlichen Betrag.

657 BSG, 22.04.2008 – B 1 KR 10/07 R; *Böttiger, Walter*, Ärztlich verordnete Verhütungsmittel als GKV-ergänzende Sozialhilfeleistungen?, in: Sozialrecht aktuell (SRa), Baden-Baden 2008, S. 205.

658 *Kim, Hakju*, How Much should the Poor Pay for their Health Care Services under the National Health Insurance System?, in: Korean Journal of Social Welfare, Korean Academy of Social Welfare Vol. 56 No. 3, 2004, S. 113 ff.; *No, Incheol/Kim, Suchun/Lee, Chungseop/Han, Hyekyeong, Eine Studie über Selbstbeteiligung in der Krankenversicherung*, Korea Institute für Bevölkerung und Gesundheit, 1989, S. 5.

659 *Bremer/Sauerland/Wübker*, Zuzahlungen im deutschen Gesundheitssystem: Ausmaß, Determinanten und Konsequenzen für die Medikamenteninanspruchnahme, in: von *Böcken/Braun/Repschläger* (Hrsg.), Gesundheitsmonitor 2013, 2013, S. 167 ff.

III. Würdigung unter dem Aspekt sozialer Gerechtigkeit

Unter dem Aspekt sozialer Gerechtigkeit ist das Zuzahlungssystem in Deutschland kein Problem, aber in Korea ist es anders. Wie oben dargelegt, braucht man wegen der großen Selbstbeteiligung in Korea die private Zusatzversicherung. Dies ist für lediglich durchschnittlich Verdienende oberhalb der Belastungsgrenze eine erhebliche Last. Umgekehrt ist sie für diejenigen, die genügend verdienen, um die Zusatzversicherung problemlos zu tragen, von Vorteil, da hierdurch die Umverteilung durch den Sozialversicherungsbeitrag gemindert wird. Unter dem Aspekt sozialer Gerechtigkeit ist das in Deutschland realisierte System insofern eine soziale gerechtere Lösung, denn in der Kombination des Leistungskatalogs und des Maßes der Selbstbeteiligung ist das Leistungsniveau deutlich höher.

Zum Thema Rationierung gibt es Probleme in beiden Länder. In Deutschland sind die „Schwächeren" eher von der versteckten Rationierung durch ärztliche Therapieentscheidung betroffen als die besser gebildeten und durchsetzungsstärkeren Versicherten. Insofern gibt es auch in Deutschland Probleme der sozialen Ungerechtigkeit zwischen den Versicherten. In Korea betreffen die Zusatzversicherungen besonders die Einkommensschwächeren. Wegen des in der Krankenhilfe noch einmal abgesenkten Leistungsniveaus sind die Sozialhilfeempfänger in Korea besonders hart betroffen. Obwohl es in Korea Volkskrankenversicherung gibt, bestehen in der Hinsicht der Gerechtigkeit viel mehr Probleme als im deutschen System, was keine Volksversicherung hat. Das sollte in Korea noch mehr thematisiert werden.

D. Bemessung der Beiträge

Wie oben erwähnt[660], wurden in Korea die Betriebs- und Ortskrankenkassen im Jahr 2003 in die Volkskrankenversicherung integriert, aber es gibt weiterhin unterschiedliche Bemessungskriterien[661] für beide Gruppen. Die ungleichen Bemessungskriterien zwischen Orts- und Betriebsversicherten werden immer noch intensiv diskutiert.[662]

Um eine ausgewogene Beitragsbelastung zu erreichen, ist ein sozialgerechtes Beitragsbemessungssystem für die beiden Gruppen erforderlich. Der Kernpunkt für ein adäquates Beitragsbemessungssystem wäre die zutreffende Wertung des Einkommens wie im deutschen System der Bemessungskriterien. Die Bemessung der Beiträge bei Betriebsversicherten ist sehr ähnlich wie in Deutschland. Die Beiträge der Betriebsversicherten in Korea werden nach dem Lohneinkommen veranlagt. In Deutschland orientiert sich die Beitragshöhe der gesetzlich Versicherten nach

---

660 Siehe oben Kapitel 1. A. II.

661 Siehe oben Kapitel 2. E. III. 1. a).

662 Ein Grund ist die mangelnde Erfassung bestimmter Einkommen der Selbständigen (Dazu siehe oben Kapitel 2. E. III. 1. b). *Cha, Jina*, The constitutional meaning and structure of realization of the public health insurance, in: Korea Law Review Vol. 57, 2010, S. 266 ff.

§§ 241 und 242 SGB V an den beitragspflichtigen Einnahmen und evtl. weiterem Einkommen der Versicherten. Bei den Ortsversicherten ist es in Korea ein bisschen anders. Die Beiträge der Ortsversicherten in Korea werden nach ihren Einkünften, Vermögen, Auto, Alter der Familienangehörige etc. als Indikatoren für die Leistungsfähigkeit bemessen. Es gibt eine Diskussion, dass die Ortsversicherten beim Einkommen betrügen können. In Deutschland gibt es auch ein Problem korrekter Einkommensbestimmung, wenn es um die Beitragsbemessung für freiwillig versicherte Selbstständige geht. Gemäß § 240 Abs. 4 SGB V berechnen sich bis zum Nachweis niedrigerer Einkünfte die Beiträge für hauptberuflich Selbstständige nach der Beitragsbemessungsgrenze.

Bei einkommensbezogenen Beiträgen gibt es unvermeidbare Probleme, die sich bei den unterschiedlichen Einkommensarten daraus ergeben, dass bei anderen Einkunftsarten als Arbeitsentgelt die Ermittlung ihrer Höhe schwieriger ist und zumeist von der Qualität der Steuerverwaltung abhängt. Davon zu trennen ist die Gerechtigkeitsfrage, welche Kriterien finanzieller Leistungsfähigkeit herangezogen werden (Arbeitsentgelt, andere Einkunftsarten oder Vermögen). Bei Zugrundelegung des Einkommens bei den Betriebsversicherten gibt es keinen plausiblen Grund für eine andere Bewertung bei den Ortsversicherten. Es spricht viel dafür, dass man in Korea auch für die Ortsversicherten in Kern auf das erzielte Einkommen abstellt und genauere Bestimmungen über dessen Ermittlung trifft. Es gibt aber auch eine Diskussion in Korea, ob bei der Beitragsbemessung der Betriebsversicherten das Vermögen berücksichtigt werden soll.[663]

E. Verhältnis von Staatsverwaltung und verselbständigten Verwaltungsträgern

Die Krankenkassen haben eine wichtige operative Funktion in der koreanischen und der deutschen gesetzlichen Krankenversicherung. In Korea gibt es den einheitlichen gesetzlichen Krankenversicherungsträger VKK, während es im deutschen System zahlreiche Krankenkassen gibt. Die beiden Länder haben sehr unterschiedliche Befugnisse in den Selbstverwaltungsorganen der gesetzlichen Krankenversicherung.

Die deutschen Krankenkassen haben einen höheren Grad an echter Selbstverwaltung im Rahmen der Gesetze.[664] Es gibt eine sehr starke Struktur der Selbstverwaltung in den Kassen mit starker Stellung der Gewerkschaften und Arbeitgeber. Dies ist allerdings in jüngerer Zeit wegen der wettbewerblichen Stellung der Kassen zugunsten der Notwendigkeit unternehmerischer Orientierung abgeschwächt, was

---

663 *Lee, Eunkyung, Ein Verbesserungsplan des Systems der Auferlegung der Krankenversicherungsbeiträge und Finanzierungsquellen,* in: Monthly Public Finance Forum, Korea Intitute of Public Finance Vol. 198, 2012, S. 12 ff.; *Ryu, Keonshik, Verbesserung der Bemessungskriterien für die Krankenversicherungsbeiträge,* in: KIRI Weekly Vol. 152, Korea Insurance Research Institute, 2011, S. 8.

664 *Reiners, Hartmut,* Mythen der Gesundheitspolitik, Bern 2009, S. 189.

aber die Selbstständigkeit gegenüber dem Staat nicht mindert. Die deutschen Krankenkassen als Träger der gesetzlichen Krankenversicherung sind gemäß Artikel 87 Absatz 2 des Grundgesetzes rechtsfähige Körperschaften des öffentlichen Rechts und damit eigenständige Verwaltungsträger des Bundes und der Länder (sog. mittelbare Staatsverwaltung). Soweit ihre Selbstverwaltung reicht, prüft der Staat nur, ob sie rechtmäßig handeln.[665] Das gilt auch für die „gemeinsame" Selbstverwaltung von Kassen, Vertragsärzten und Krankenhäusern in öffentlich-rechtlichen Regulierungsinstitutionen.

Obwohl das koreanische System das deutsche Modell kopiert hat, ist es in Korea anders. Gemäß § 2 VKG ist das koreanische Volkskrankenversicherungsprogramm eine staatliche Aufgabe, die durch den Minister für Gesundheit und Wohlfahrt verantwortet wird. Der Staat lässt diese Aufgabe durch die VKK wahrnehmen (§§ 13 ff. VKG). Die VKK ist eine juristische Person (§ 15 Abs. 1 VKG). Zur Durchführung der gesetzlichen Krankenversicherung werden der VKK viele Befugnisse übertragen. Obwohl die VKK als unabhängige Verwaltungseinheit gebildet wurde, ist sie faktisch vom Minister für Gesundheit und Wohlfahrt abhängig. In Korea gibt es zwar eine formale Verselbständigung unter Einbeziehung sozialer Interessen und externen Sachverstands in Entscheidungs- und Beratungsgremien, aber es bleibt in der Sache eine hierarchische Führung durch die staatliche Administration, deren exekutive Rechtssetzung und den Einfluss vom Staat entsandter Personen in den Entscheidungsgremien. In Korea gibt es zwar dezentrale Strukturen mit dem Krankenversicherungsträger,[666] aber der Staat behält durch die Bedeutung administrativer Normen und seinen Einfluss in den Gremien letztlich alles in seiner Hand. Das Gesetz regelt nämlich relativ wenig, dann steht in der Präsidialverordnung etwas mehr und dann in der Ministerialverordnung ganz viel. Und für den verbleibenden Selbstverwaltungsspielraum wirkt der Staat in den Gremien noch mit. Insofern hat Korea in Wahrheit ein starkes zentralisiertes Führungssystem. Die äußeren Strukturen erscheinen zwar nicht so wie eine hierarchische Bürokratie, aber praktisch funktionieren sie doch weitgehend so.

Andererseits ist das deutsche Modell politikwissenschaftlich gesehen sehr korporatistisch. Die großen Interessengruppen regeln ihre Angelegenheit selber. Eine echte Selbstverwaltung der Versicherten ist dies kaum.[667] Dies betrifft auch die Steuerung der Leistungserbringung und die Einzelheiten des Leistungskatalogs in der „gemeinsamen Selbstverwaltung" von Kassen und ärztlichen Leistungserbringern (Verbänden der Vertragsärzte und Krankenhäusern),[668] wie sie sich vor allem im

665 *Waltermann, Raimund*, Sozialrecht, 10. Aufl., Heidelberg 2012, S. 76; *Igl/Welti*, Sozialrecht, 8 Aufl., Neuwied 2007, S. 75 ff.

666 *Cho, Hyongwon*, The Task and Solutions of Health Insurance Law System in Korea, in: Journal of Law and Politics research Vol. 14 No. 3, 2014. S. 845 ff.

667 Dazu ausführlich *Ebsen, Ingwer*, Patientenpartizipation in der gemeinsamen Selbstverwaltung der GKV: Ein Irrweg oder ein Desiderat?, in: MedR 2006, Heft 9, S. 528 f.

668 *Zimmermann, Christian*, Der Gemeinsame Bundesausschuss, Springer Berlin Heidelberg, 2012, S. 9.

Gemeinsamen Bundesausschuss darstellt.[669] Korea hat die gleichen Organisationen, aber diese Organisationen sind weitgehend auf beratende Funktion beschränkt.[670] Zusammenfassend: In Deutschland ist die Selbstverwaltung der Verwaltungsträger der Krankenversicherung gegenüber der Staatsverwaltung sehr ausgeprägt, aber in der Sache weniger eine solche der Versicherten als der sozialen und beruflichen Interessengruppen. Hingegen gibt es in Korea eine intensivere Steuerung durch die Staatsverwaltung und eine Beschränkung der beteiligten sozialen Interessen auf eine Beratungsfunktion. Hinzu kommt die Besonderheit, dass die deutschen Kassen durch den Wettbewerb zu unternehmerischer Kalkulation gezwungen sind, wenn Sie nicht untergehen wollen.

Praktisch ist der Unterschied der beiden Länder tatsächlich deutlich. In Deutschland wird die Staatsverwaltung von der Feinsteuerung im Rahmen der Gesetze zugunsten der Verbände entlastet, während es in Korea eine Einbeziehung der Verbände bei letztlich verbleibender Dominanz der Staatsverwaltung gibt. In Deutschland wird das korporatistische Modell unter Legitimationsgesichtspunkten auch kritisiert.[671] In Korea entspricht die Art der Führung durch die Staatsverwaltung möglicherweise insgesamt dem koreanischen Politikmodell: hierarchische Führung an einem Zügel, der je nach Bedarf locker bleiben, aber auch wieder stärker angezogen werden kann. Beide Modelle haben eigene Vorteile. Einerseits ist es staatsentlastend und administrativ einfacher, wenn die Organisationen mit Selbstverwaltung eigenverantwortlich handeln. Andererseits sind die sachlichen Entscheidungen aber besser demokratisch legitimiert, wenn sie von der Staatsverwaltung verantwortet werden.

F. Einbindung der Leistungserbringer in das System sozialer Krankenversicherung

In der Hinsicht, dass sie dem Sachleistungsprinzip folgen, sind sich die beiden Länder ähnlich. Sowohl in Korea als auch in Deutschland besteht demnach – in vereinfachter Modellbetrachtung – eine Dreiecksbeziehung zwischen drei Beteiligten (Versichertem, Krankenversicherungsträger und Leistungserbringer). Versicherte haben gegenüber der Krankenkasse einen Anspruch auf Behandlung von einem zugelassenen Leistungserbringer.[672] Auf der Seite der Versicherten zur Krankenkasse

---

669 Dazu ausführlich *Ebsen, Ingwer*, Krankenversicherung, in: *Maydell/Ruland/Becker* (Hrsg.), Sozialrechtshandbuch, 5. Aufl., Baden-Baden 2012, S. 780 ff.

670 Dazu siehe oben Kapitel 2. B. *Lee, Yuri/Kim, Soyoon/Kim, Ganglip*, Ethical Assessment of National Health Insurance System of Korea, Asia-Pacific Journal of Public Health Vol. 24 -5, S. 876.

671 Dazu ausführlich *Gerlinger, Thomas*, Die Bedeutung der gemeinsamen Selbstverwaltung im Steuerungssystem der gesetzlichen Krankenversicherung, in: Jahrbuch für Kritische Medizin und Gesundheitswissenschaften 47, 2012, S. 141 ff.

672 *Muckel/Ogorek*, Sozialrecht, 4. Aufl., München 2011, S. 163.

ist es in beiden Ländern eine öffentlich-rechtliche Beziehung mit den entsprechen Instrumenten. Auch auf der Seite der Krankenkasse zum Leistungserbringer ist es eine öffentlich-rechtliche Beziehung. Die Beziehung zwischen Versichertem und Leistungserbringer wird in Korea zwar als durchgängig privatrechtliche angesehen, aber es gibt in einigen Fällen auch eine öffentlich-rechtliche Beziehung. in Deutschland ist die rechtliche Einordnung strittig, aber ohne praktische Bedeutung. In beiden Systemen zeigt sich, dass die Ausgestaltung als öffentlich-rechtlich oder privatrechtlich nicht sehr relevant ist.

Es gibt aber Unterschiede beim Anteil der öffentlichen Leistungserbringer und beim Leistungserbringersystem. Die Regelungen des deutschen Leistungserbringersystems nach dem SGB V sind erheblich stärker detailliert. Das betrifft vor allem die ambulante und stationäre ärztliche Versorgung und dort sowohl das Zulassungssystem als auch die Regulierung der Leistungserbringung selbst. Hinzuweisen ist auf die einigermaßen detaillierten gesetzlichen Vorgaben und die Ermächtigung zur untergesetzlichen Rechtssetzung vor allem durch den Gemeinsamen Bundesausschuss. In Korea folgt sowohl die Zulassung der Leistungserbringer als auch die Regulierung der Leistungserbringung selbst weitgehend allein aus den berufsrechtlichen Gesetzesregelungen. Insofern gibt es zwar eine staatliche Kontrolle der der Leistungserbringer, aber keine Steuerung. Die medizinische Leistungserbringung ist eine privatwirtschaftliche Aktivität im Rahmen der Gesetze. Zu diesen gehört die generelle Pflicht, sozial krankenversicherte Patienten zu behandeln. Als Folge gibt es in Korea viel mehr private Krankenhäuser als öffentliche Krankenhäuser.[673] Im Jahr 2011 wurden in Korea nur 5,87 Prozent der gesamten Einrichtungen von den öffentlichen Trägern[674] betrieben,[675] während Kliniken in Deutschland im Jahr 2011 30,4 Prozent[676] von öffentlichen Trägern betrieben wurden.[677] Nach der Statistik wurden im Jahr 2013 in Deutschland 29,9 Prozent von öffentlichen Trägern[678], 35,4 Prozent von freigemeinnützigen Trägern und 34,8 Prozent von privaten Unternehmen[679]

673 *Roh, Hochang,* Justification of the Limitation on Individual Freedom in the Public Health Care System, in: Social Security Law Review, Seoul National University Society of Social Security Law Vol. 3 No. 1, 2014, S. 141.

674 Nur 11,79 Prozent der Krankenhausbetten gehört zu den öffentlichen medizinischen Einrichtungen.

675 KVerfGE 2014. 4. 24. 2012Hun-Ma865.

676 Im selben Zeitraum nahm der Anteil öffentlicher Einrichtungen (von 46 Prozent auf 30,5 Prozent) stark ab. Statistisches Bundesamt, Gesundheit -Grunddaten der Krankenhäuser, Fachserie 12, Reihe 6.1.1, 2013, S. 13.

677 Statistisches Bundesamt, Gesundheit -Grunddaten der Krankenhäuser, Fachserie 12, Reihe 6.1.1, 2013, S. 13.

678 Im Jahr 1991 lag der Anteil öffentlicher Krankenhäuser bei 46 Prozent.

679 In Vergleich zu den öffentlichen Krankenhäusern steigt der Anteil der Krankenhäuser in privater Trägerschaft seit Jahren kontinuierlich an. Im Jahr 1991 betrug der Anteil der Krankenhäuser in privater Trägerschaft nur 14,8 Prozent.

betrieben.[680] In Deutschland hat sich gezeigt, dass die privaten Krankenhäuser in letzten Jahren zugenommen haben,[681] weil Krankenhäuser auch unter starkem Kostendruck stehen. Die privaten Krankenhäuser haben gezeigt, dass sie bei dem wenigen Geld, was die Krankenkassen bezahlen, besser arbeiten können.[682] Die koreanische Antwort auf die weitgehende Liberalisierung der Gründung und des Betriebs von Gesundheitseinrichtungen ist das Zwangszulassungssystem. Nach der Entscheidung des koreanischen Verfassungsgerichtes[683] sollte zur Sicherstellung der Anzahl der Krankenbetten das Zwangszulassungssystem bei den Leistungserbringern weiterhin erhalten bleiben, weil die Anzahl der öffentlichen medizinischen Einrichtungen in Korea nur 10 Prozent der gesamten Einrichtungen beträgt. Gemäß dem Verfassungsgericht verletzt das Zwangszulassungssystem den wesentlichen Kern der Berufsfreiheit von Leistungserbringer nicht und ist somit nicht rechtswidrig. In Korea ist das Zwangszulassungssystem zur Sicherstellung von ausreichenden Krankenbetten bisher noch erforderlich, weil es in Korea ganz wenige öffentliche medizinische Einrichtungen gibt und eine Erweiterung der öffentlichen medizinischen Einrichtungen durch die beschränkten Budgetressourcen in kurzer Zeit nicht möglich ist.

Das deutsche Gesundheitssystem kennt einerseits keine Zwangszulassung der Leistungserbringer. Folglich ist es diesen möglich, sich auf Privatpatienten zu beschränken. Andererseits gibt es sowohl für die Vertragsärzte als auch für die Versorgung der gesetzlich Krankenversicherten ein besonderes Zulassungssystem, das zugleich mit vielen Steuerungsmöglichkeiten verbunden ist. Insofern haben die Länder unterschiedliche Ansätze: In Korea ein Kontrahierungszwang aller medizinischen Leistungserbringer im Rahmen des Leistungskatalogs der sozialen Krankenversicherung, in Deutschland die Alternative, ganz auf gesetzlich Versicherte zu verzichten oder sich für die Behandlung dieser Versicherten einer intensiven Steuerung zu unterwerfen. Die Verknüpfung des deutschen Zulassungssystems mit dem koreanischen Prinzip würde in Korea zu schärferen verfassungsrechtlichen Problemen führen, da dem – etwa aus Gründen der Bedarfsplanung – nicht zugelassenen Leistungserbringer insgesamt die Berufsausübung verboten wäre.

---

680 Statistisches Bundesamt, Gesundheit – Grunddaten der Krankenhäuser, Fachserie 12, Reihe 6.1.1, 2014, S. 7.

681 Statistisches Bundesamt, Gesundheit – Grunddaten der Krankenhäuser, Fachserie 12, Reihe 6.1.1, 2014, S. 7.

682 *Augurzky, Boris/Beivers, Andreas/Gülker, Rosemarie,* Bedeutung der Krankenhäuser in privater Trägerschaft, Rheinisch-Westfälisches Institut für Wirtschaftsforschung, 2012, S. 13 ff.

683 KVerfGE 2002. 10. 31. 99Hun-Ma76.

G. Sicherung angemessener regionaler Versorgungsstrukturen

I. Die gegenwärtige Lage von Ungleichverteilungen der Leistungserbringer

Wie oben erwähnt[684], gibt es in Korea eine mangelhafte Versorgung durch Leistungserbringer in den ländlichen Regionen. Um die Rentabilität zu erhöhen, vergrößern sich die medizinischen Versorgungseinrichtungen[685] in großen Städten, während die Leistungserbringer in den Provinzen oder Dörfern kaum zu unterhalten sind. Es gibt keine wesentliche Steuerung für die regionale Verteilung der Leistungserbringer. Wenn eine Versorgungseinrichtung errichtet wird, soll gemäß § 33 MG eine Anmeldung und Genehmigung erfolgen. In diesem Zusammenhang wird nur die Befähigung der Leistungserbringer als Voraussetzung überprüft, aber nicht der Bedarf hinsichtlich der regionalen Versorgung in Form einer Bedarfsplanung. Daher gibt es in den Provinzen eine ungleiche Gesundheitsversorgung. In ländlichen Provinzen und Dörfern gibt es zunehmend Schließungen von medizinischen Versorgungseinrichtungen. Dies führt in diesen Regionen zur Unterversorgung. Insbesondere haben Bauern- und Fischerdörfer überwiegend kein Notfallzentrum für medizinische Dienste. Obwohl es in Deutschland auch in einigen Fachgebieten eine ungleiche Versorgung gibt, existiert eine Bedarfsplanung zu vertragsärztlichen Versorgungen und es gibt die aktuelle Debatte über die Herausforderung der regionalen Versorgung nach dem Versorgungsstrukturgesetz.[686] Hier wird das Problem thematisiert, wie eine angemessene regionale Verteilung der Leistungserbringer zu sichern ist.[687]

II. Erweiterung der öffentlichen medizinischen Einrichtungen durch das Gesetz über öffentliche Gesundheit und medizinische Versorgung

Obwohl es, wie oben erwähnt,[688] zahlreiche Regelungen über medizinische Einrichtungen in ländlichen Gebieten gibt, ist die tatsächliche Versorgungsdichte

---

684 Siehe oben Kapitel 2. D. IV.

685 Die Leistungen werden meistens von den privaten Leistungserbringern angeboten. Die privaten Leistungserbringer verzichten noch mehr als öffentlichen Leistungserbringern aus ökonomischen Gründen darauf, in Gebieten mit geringen Einwohnerzahlen oder unzureichender Kaufkraft Versorgungsangebote zu schaffen

686 Dazu ausführlich *Bloch, Eckhard*, Herausforderungen der regionalen Versorgung nach dem Versorgungsstrukturgesetz, Berlin 2013, S. 5 ff.

687 Siehe zur weiteren Diskussion um eine Verbesserung auch der regionalen Versorgungsstruktur den Entwurf eines Versorgungsstärkungsgesetzes; BT-Drs. 18/4095 (Regierungsentwurf) und BT-Drs. 18/5123 (Ausschussempfehlung und bericht).

688 Siehe oben Kapitel 2. D. IV. 1.

unzulänglich. Im Gesetz über regionale öffentliche Gesundheit gibt es zwar Vorschriften für die Errichtung des öffentlichen Gesundheitszentrums[689], aber die Rolle des öffentlichen Gesundheitszentrums konzentriert sich nicht auf eine medizinische Behandlung bzw. Rehabilitation, sondern im Zentrum steht Prävention bzw. Hygienekontrolle.[690] Im § 13 des Gesetzes für regional öffentliche Gesundheit und § 27 des Rahmengesetzes für Gesundheitswesen und die medizinischen Versorgungen[691] gibt es zwar Regelungen über eine Zusammenarbeit staatlicher Stellen mit privaten medizinischen Einrichtungen und auch deren finanzielle Unterstützung, aber es gibt in unterversorgten Regionen ganz wenige private medizinische Einrichtungen.

Allerdings gibt es im Gesetz über öffentliche Gesundheit und medizinische Versorgung und im Gesetz über die Errichtung und den Betrieb der regionalen medizinischen Einrichtungen Vorschriften über die Schaffung öffentlicher medizinischen Einrichtungen. Jedoch sind die Voraussetzungen einer entsprechenden Verpflichtung undeutlich geregelt und meistens fehlt den lokalen Stellen das Geld für die teuren öffentlichen medizinischen Einrichtungen.[692] Und im Gesetz über die Errichtung und den Betrieb der regionalen medizinischen Einrichtungen gibt es keine zwingende Vorschrift, und die Lokalbehörde kann ihren Plan zur Errichtung von öffentlichen medizinischen Einrichtungen jeweils gemäß der aktuellen Finanzlage verändern. In §§ 12 bis 19 des Gesetzes über öffentliche Gesundheit und medizinische Versorgung gibt es Regelungen über die Unterversorgung bei medizinischen Leistungen (z.B. Feststellung und öffentliche Bekanntmachung der Unterversorgung). Aber die Definition der Unterversorgung der medizinischen Leistung ist unklar und ihre Feststellung führt nicht zu entsprechenden Pflichten der lokalen Behörden.

III. Einführungsmöglichkeit der Bedarfsplanung in Korea

In Deutschland gibt es die Bedarfsplanung im SGB V. Um den Bedarf an vertragsärztlichen Leistungen in einem Planungsbereich festzustellen und zu überwachen ist der Bedarfsplan für die vertragsärztliche Versorgung erforderlich.[693] Er wurde mit Geltung zum 01.01.1989 durch das Gesundheitsstrukturgesetz (GSG) in das SGB

---

689 Die Errichtung des öffentlichen Gesundheitszentrums wird durch die Satzung der Lokalbehörden festgesetzt (§ 7 des Gesetzes für regional öffentliche Gesundheit).

690 Gemäß § 9 des Gesetzes für regional öffentliche Gesundheit.

691 Der Staat und Lokalbehörde sollen ein System zur Rollenverteilung zwischen öffentlichen und privaten medizinischen Einrichtungen und deren Zusammenarbeit untereinander bereitstellen (§ 27 Abs. 1 des Rahmengesetzes für Gesundheitswesen und die medizinischen Versorgungen).

692 Beispielsweise wurde im Jahr 2013 eine regional medizinische Einrichtung wegen der Finanzkrise in Korea (genau genommen in Jinju) geschlossen.

693 *Ebsen, Ingwer*, Krankenversicherung, in: *Maydell/Ruland/Becker* (Hrsg.), Sozialrechtshandbuch, 5. Aufl., Baden-Baden 2012, S. 781 ff.

V eingeführt.[694] Die Entscheidung der Zulassung der Ärzte zur vertragsärztlichen Versorgung[695] werden gemäß § 96 Abs. 1 SGB V durch Zulassungsausschuss getroffen. Die Zulassungsverordnungen regeln näher die Zulassung zur vertragsärztlichen Versorgung sowie die zu ihrer Sicherstellung erforderliche Bedarfsplanung (§ 99 SGB V) und die Beschränkung von Zulassungen (§ 98 Abs. 1 SGB V). Diese Bedarfsplanung findet zwar konkret regional im Zusammenwirken von Krankenkassen und Kassenärztlichen Vereinigungen statt, ist aber gesetzlich und durch Regelungen des Gemeinsamen Bundesausschusses stark zentral vorstrukturiert.[696] Entsprechend setzt auch § 108 SGB V für Krankenhäuser eine Krankenhausplanung des Landes nach § 6 des Krankenhausfinanzierungsgesetzes und die Aufnahme in den Krankenhausplan als Zulassungsvoraussetzung voraus.[697] Die wesentlichen Entscheidungen treffen hier aber die Länder ohne zentrale Steuerung. Damit sind auch für die Bedarfsplanung in Deutschland die stationären und ambulanten Versorgungsbereiche relativ strikt getrennt.[698] Auch wenn es Probleme und weiteren Gesetzgebungsbedarf für die vertragsärztliche Bedarfsplanung gibt und die Kompetenz der Länder für die Planung und Investitionsfinanzierung der Krankenhäuser politisch diskutiert wird,[699] geht es in Deutschland um Fragen der Feinsteuerung innerhalb eines vorhandenen rechtlichen Rahmens der Bedarfsplanung.

Korea steht hingegen zur Planung einer angemessenen regionalen Verteilung der medizinischen Leistungserbringer noch ganz am Anfang. In Korea gibt es noch keine Instanz und keinen funktionierenden Ansatz für eine regionale Bedarfsplanung. Der zentrale Staat schiebt alles für die regionale Verteilung auf die Region. In Korea gibt es zwar auch ein zentrales Steuerungssystem für die Verteilung der Staatseinnahmen, durch welches Finanzmittel sowohl in die wirtschaftlich starken als auch in die wirtschaftlich schwächeren Regionen fließen. Nur gibt es keine zentrale Lenkung, dass die Finanzmittel in den Regionen auch zugunsten einer angemessenen medizinischen Infrastruktur eingesetzt werden. Es ist gewissermaßen für die gesamte medizinische Versorgung noch kritischer, als es in Deutschland für die Krankenhausinvestitionen diskutiert wird.

---

694 *Eichenhofer/Wenner*, SGB V Kommentar, 1. Aufl., Köln 2012, S. 899.

695 *Fuchs/Preis*, Sozialversicherungsrecht, 2. Aufl., Köln 2009, S. 357.

696 *Ebsen, Ingwer*, Zur Rolle der Länder bei der Sicherstellung bedarfsgerechter medizinischer Versorgung in der GKV, in: Gesundheits- und Sozialpolitik (GSP), 2011 Heft 1, S. 50 f.

697 Zur Krankenhausplanung siehe etwa *Quaas, Michael*, Krankenhausplan als Qualitätssicherungsinstrument?, GesR 2014, 129 ff.

698 *Wenner, Ulrich*, Schwachstellen und Reformbedarf im Leistungs- und Leistungserbringerrecht der Krankenversicherung: Trennung der Versorgungsbereiche und Leistungsansprüche der Versicherten, in: GesR 2003, S. 129.

699 Zu aktuellen Reformbemühungen siehe den Regierungsentwurf eines Gesetzes zur Reform der Strukturen der Krankenhausversorgung (einzusehen unter www.bmg.bund.de).

Dies ist in Korea wegen des großen Ungleichgewichts zwischen wenigen Großstädten und dem übrigen Land viel dramatischer.[700] Das koreanische Krankenversicherungssystem benötigt mindestens eine vergleichbare Bedarfsplanung hinsichtlich der Leistungserbringer, um eine ausreichende Versorgung auch in ländlichen Gebieten anzustreben, und um diese durchzusetzen, dürfte es auch in Korea – wie in Deutschland – unvermeidbar sein, Zulassungsbeschränkungen bei Überversorgung vorzusehen. Allerdings müsste für die gesperrten Bereiche wohl dann eine Öffnung für allein privatärztliche Behandlung vorgesehen werden, damit der Eingriff in die Berufsfreiheit verfassungsgemäß bleibt. Es ist zu erwarten, dass die Bedarfsplanung in Korea für lange Zeit ein schwieriges politisches Problem bleiben wird.

H. Gesamtfazit: Eine Lücke zwischen wirtschaftlicher und gesundheitspolitischer Entwicklung in Korea

Die vielfältigen komplizierten Probleme des Gesundheitswesens in modernen Wohlfahrtstaaten dürften überall immer wieder neue Fragestellungen und gesundheitspolitische Diskussionen hervorbringen. Das hat Korea mit den hochentwickelten Ländern wie Deutschland gemeinsam. Korea gehört nach den Standards der OECD, deren Mitglied es seit 1996 ist, inzwischen zu den wirtschaftlich weit entwickelten Ländern.[701] Hingegen sind seine Gesundheitsausgaben im Vergleich zu wirtschaftlich entsprechenden Ländern eher niedrig.[702] Wenn man dann noch die große Bedeutung der durch Privatversicherung abzudeckenden Selbstbehalte berücksichtigt, ist die soziale Gesundheitspolitik für ein Land, welches das Sozialstaatsprinzip als Verfassungsprinzip anerkennt,[703] gegenüber den sozial schwächeren Bürgern sehr rigide.

Man wird dies kaum als bewusste Entscheidung gegen sozialstaatliche Bevormundung ansehen können, wie dies etwa in den USA der sozialpolitische Hintergrund der Kämpfe um mehr oder weniger staatlich organisierte Krankenversicherung

---

700 Dazu ausführlich *Cho, Hongjun,* Equity in health care: current situation in South Korea, in: Journal Korean Med Assoc Vol. 56(3), 2013, S. 184 ff.; *Yoon, Taeho,* Regional Health Inequalities in Korea The Status and Policy Tasks, in: Journal of Situation and Welfare Vol. 30, 2010, S. 49 ff.

701 http://www.mofa.go.kr/trade/oecd/overview/index.jsp?menu=m_30_110_10; *Witherell, William,* Korea in The OECD: REALISING THE PROMISE, 2001. S. 4 (http://www.oecd.org/korea/2698284.pdf).

702 Dazu ausführlich *Chun, Seunghun,* International Comparison of Public Social Expenditure and Its Effect on Economic Growth, in: Economic Analysis of Korean Economy Vol. 20 No.1, 2014, S. 166 ff.; *Yun, Sukmyung,* The Development of Social Security Budget Model in Korea -With Special Reference to the ILO Social Budget Model-, in: Health and welfare policy forum, Korea Institute for Health and Social Affairs Vol. 133, 2007, S. 61 ff.

703 Siehe dazu oben Kapitel 1. B. I. 3.

ist.[704] Es spricht mehr dafür, dass einfach eine Tendenz der in den wirtschaftlichen Zentren lebenden Mittelschichten besteht, die Probleme von Randgruppen und von strukturschwachen Regionen nicht zur Kenntnis nehmen. In diesem Sinne lässt sich von einer Ungleichzeitigkeit der wirtschaftlichen und sozialen Entwicklung sprechen. Dem dürfte sich auch im heutigen demokratischen Korea nur schwer begegnen lassen, solange sich der Trend der Auseinanderentwicklung zwischen den prosperierenden Großregionen mit inzwischen der Mehrheit der Wähler und den abgehängten ländlichen Regionen fortsetzt.

Die daraus zu ziehenden Konsequenzen überschreiten den Rahmen einer Arbeit, die sich mit dem Gesundheitssystem befasst. Jedenfalls spricht viel dafür, dass den aufgezeigten Ungerechtigkeiten im Gesundheitssystem nur durch eine integrierte politische Strategie entgegengewirkt werden kann.

---

704 Dazu ausführlich *Cho, Hyongwon,* The Task and Solutions of Health Insurance Law System in Korea, in: Journal of Law and Politics research Vol. 14 No.3, 2014. S. 845 ff.; *Nam, Seonmo,* A Study on the system improvement and the revision of the National Health Insurance Act, in: Law Review Vol. 53, Korean Law Association, 2014, S. 125 ff.; *Cha, Seonghwan/Mun, Hyeyoung,* The Integration of Health Insurance Policy and Its Distortion of Social Resources in Korea, in: Discourse 201 Vol. 18 No.1, 2015, S. 5 ff.

Literaturverzeichnis

A. Verzeichnis der koreanischsprachigen Literatur

Ahn, Sanghoon/Cho, Sungeun/Kil, Hyeonjong, Hanguk Geundaeui Sahoebokji (Social Welfare in Modern Korea), Seoul National University Press, 2005.

Cha, Jina, Gukmingeongangboheomui Heonbeobsangui Uimiwa Silhyeongujo (The constitutional meaning and structure of realization of the public health insurance), in: Korea Law Review Vol. 57, 2010, S. 245 ff.

Cha, Heungbong, Geongangbojangui Inyeomjeok Jihyanggwa Miraebaljeon Jeollyak (*Die ideologische Orientierung und zukünftige Entwicklungsstrategie der Gesundheitssicherung*), in: Forum für Gesundheitssicherung Band 6–2, 2007, S. 22 ff.

Cha, Heungbong, Hanguk Uiryoboheomjeongchaekui Hyeongseong Mit Byeonhwae Gwanhan Ironjeok Gochal (*Die theoretische Betrachtung der Bildung und Änderung der koreanischen Krankenversicherungspolitik*), in: Comparative Social Welfare, Hallym University Research Institute of Social Welfare, 1991, S. 47 ff.

Cha, Seonghwan/Lee, Soonok, Hanguk Sahoeboheomui Teuksuseonggwa Gwaje (A Discussion on Particularities and Problems of the Korean Social Insurance), in: Discourse 201 Vol. 11 No.4, 2009, S. 5 ff.

Cha, Seonghwan/Mun, Hyeyoung, Hanguk Geongangboheomtonghabui Jeongchaeksilpaewa Geu Sahoejeok Pageuphyogwa (The Integration of Health Insurance Policy and Its Distortion of Social Resources in Korea), in: Discourse 201 Vol. 18 No.1, 2015, S. 5 ff.

Cheon, Kwangseok, Heonbeopjaepansoga Barabon Bokjigukgawolli (The principle of the welfare state in the decisions of the constitutional court), in: Public Law, Korean Public Law Association Vol. 34–4 (1), Juni 2006, S. 221 ff.

Cheon, Kwangseok, Hanguk Sahoebojangbeopron (Korean Social Security Law), Bobmunsa, 2010.

Cheon, Kwaungseok, Sahoejeok Gibonkwonui Heonbeopjeok Silhyeongujo (*Soziale Grundrechte in der Verfassungsordnung*), in: World Constitutional Law Review, Korean Branch of International Association of Constitutional Law Vol. 12–1, Juni 2006, S. 271 ff.

Cheon, Kwangseok, Hangugui Noinjanggiyoyang Gwallyeon Beopjedoui Hyeonhwanggwa Gwaje (The Long-term Care Insurance Act of Korea and its Some Issues), in: Social Security Law, Korean Social Security Law Association Vol. 2 No. 1, 2013, S. 103 ff.

Cheon, Kwangseok, Heonbeopgwa Munhwa (*Verfassung und Kultur*), in: Public Law, Korean Public Law Association, Vol. 18, 1990, S. 161 ff.

Cheon, Unceon, Geongangboheomsimsapyeonggawonui Yeokhal (*Die Rolle des Beratungsausschusses für gesundheitspolitische Entscheidungen*), in: Schulungsvortrag, The Korean Association of Obstetricians and Gynecologists Vol. 39, 2008, S. 61 ff.

Choi, Cheonsong, Hanguksahoebojangyeongusa (*Forschung der koreanischen sozialen Sicherheit*), Institut für koreanische soziale Sicherheitsprobleme, 1991.

Choi, Gyun/Kwon, Jaeyeol/Nam, Hyunjoo/Seok, Jaeeun/Lee, Hoyong/Bae, Doh/Lee, Eunhwa, Noinjanggiyoyangboheombeomnyeong Jeongbibangan Yeongu (*Studie zur Verbesserung des Langzeitpflegeversicherungsgesetzes*), Korea National Council on Social Welfare, 2012.

Choi, Heekyung, Geongangboheomsuga Gyeoljeonggwajeongui Jeongchigyeongjehak (An Analysis of the Dynamic Process of Setting Fees for Medical Services), in: Health and Medical Sociology, Korean Association of Health and Medical Sociology Vol. 22, 2007, S. 67 ff.

Cho, Hongjun, Bogenuiryoeseoui Hyeongpyeongseong: Urinaraui Hyeonhwang (Equity in health care: current situation in South Korea), in: Journal Korean Med Assoc Vol. 56(3), 2013, S. 184 ff.

Cho, Hyongwon, Geongangboheombeopjeui Gwajewa Haegyeolbangan (The Task and Solutions of Health Insurance Law System in Korea), in: Journal of Law and Politics research Vol. 14 No. 3, 2014. S. 827 ff.

Choi, Induck/Kim, Jinsoo, Sangbyeongsudangjedo Doipbangan Yeongu – Jedo Seolgyewa Jaejeongyosoreul Jungsimeuro – (Introduction of Sickness Benefit Program in Health Insurance – Focus on the System Design and Estimation Finances), in: Korean Social Security Studies, The Korean Social Security Association Vol. 23–2, 2007, S. 221 ff.

Choi, Kyujin, Gungmingeongangboheombeop Jeosibijo Jeilhangui Haeseoge Gwanhan Pallye Donghyang (Judicial precedents on National Health Insurance Act Article 52 (1)), in: Lawyers Association journal Vol. 60 No. 1, 2011, S. 223 ff.

Chong, Sangwoo, Gonggongbogeonuiryo Seonjinhwareul Wihan Beopje Yeongu (A Study on Improvement of the Laws Related to National Health Service), Korea Legislation Research Institute, 2009.

Chosunilbo (Zeitung), 17. 3. 2011.

Cho, Youngsun/Kim, Junghee/Lee, Hoyong/Han, Juntae, Bigeubyeo Jillyobi Siltaewa Gwalli Bangan (Status und Verwaltungsplan über unversicherten Leistungsentgelte), Forschungszentrum für Krankenversicherung in der VKK, 2007.

Chun, Seunghun, Bokjijichul Gukje Bigyo Mit Gyeongjejeok Hyogwa Bunseok (International Comparison of Public Social Expenditure and Its Effect on Economic Growth), in: Economic Analysis of Korean Economy Vol. 20 No. 1, 2014, S. 165 ff.

Die öffentliche Körperschaft für Überprüfung und Bewertung der Volkskrankenversicherung, Yicheonsibinyeondo Euiryogeubyeo Silmupyeollam (*2012 Handbuch für Krankenhilfe*), 2012.

Eu, Youjin u.a., Gungmingichosaenghwalbojangjedo Buyangeuimuja Gijun Gaeseonbangane Daehan Yeongu (*Die Verbesserung der Kriterien der Unterhaltsverpflichteten im Sozialhilfesystem*), Korea Institute for Health and Social Affairs, 2009.

Geun, Munil, Cheongubaekyuksimnyeondaeui Sahoeboheom (*Sozialversicherung im 1960er*), in: *Ha, Sangrak, Geschichte der koreanischen Sozialfürsorge*, Pakyoungsa, 1997.

Han, Dalsun, Geongangboheomjedoui Baljeonbanghyang (*Entwicklungsrichtung des Krankenversicherungssystems*), in: Health Insurance Forum Vol. 8 No.1, 2009, S. 12 ff.

Han, Taeyeon, Heonbeophak (*Verfassungsrechtslehre*), Beobmunsa, 1983.

Hong, Joonhyung, Haengjeongbeopchongnon (Treatise on administrative law (Part II)), Hanul Publishing Company, 2001.

Hong, Jungsun, Haengjeongbeopwonron (*Verwaltungsrecht*), Pakyoungsa, 2009.

Hong, Seongbang, Sahoegukgaui Gaenyeomgwa Hangye (Begriff und Grenzen des Sozialstaates), in: Sogang Law Review, Insitute for Legal Studies of Sogang University Vol. 9–2, 2007, S. 135 ff.

Hong, Seongbang, Heonbeopjaepansogyeljeongnyee Natanan Sahoejeok Gibongwon (Sozialen Grundrechte in der Rechtsprechung des Verfassungsgerichts), in: Sogang Law Review, Insitute for Legal Studies of Sogang University Vol. 4, 2002, S. 35 ff.

Hong, Wansik, Geongangboheombeopjeui Hyeonhwanggwa Gwaje (Current Status and Problems of the National Health Insurance Act), in: Legal Studies, Korea Legislation Research Institute Vol. 27, 2004, S. 53 ff.

Hong, Wansik, Sahoeboheomryo Gwallyeonipbeope Isseoseo Heonbeopwonchikui Jeogyonge Gwanhan Yeongu (Verfassungskriterien bei der Sozialversicherungsgesetzgebung), Korea Legislation Research Institute, 2005.

Hong, Wansik, Sahoeboheomryo Bugwaui Heonbeopjeok Jehan (Verfassungsrechtliche Beschränkung der Auferlegung der Sozialversicherungsbeiträge), in: Public Law, Korean Public Law Association Vol. 28 No 4–2, 2000, S. 173 ff.

Huh, Soonim, Geongangboheom Bojangseong Hwakboreul Wihan Jeongchaekgwaje (Policy Issues on the Limited Coverage of the National Health Insurance), in: Health and welfare policy forum Vol. 140, 2008, S. 22 ff.

Huh, Soonim/Lee, Sangyi, Silsonhyeong Minganeuryoboheomeui Doibi Gungmingeongangboheom Jaejeonge Michineun Yeonghyang (Impact of Complementary Private Health Insurance on Public Health Spending in Korea), in: Health Policy and Mangemnet Vol. 17 No. 2, 2007, S. 1 ff.

Hwang, Inok/Nam, Iljae/Yang, Jungha, Hyeondaesahoebokjibeopjeron (*Rechtstheorie der modernen Sozialfürsorge*), Press of Sharing House, 2002.

Hyun, Doorhyun, Geongangboheome Isseoseoui Uisawa Hwanjaganui Beopryulgwangye (Legal Standings of the Patient and the Doctor within the National Health Insurance – With its focus on the issue of arbitrary medical charge cover), in: Medical Law, The Korean Society of Law and Medicine Vol. 8 No.2, 2007, S. 69 ff.

Jang, Teju, Haengjeongbeop Gaeron (*Verwaltungsrechtslehre*), Hyeonamsa, 2008.

Jeon, Byungmok/Lee, Eunkyung, Sahoeboheomui Jaejeongjeonmanggwa Jeongchaek Gwaje (Long-term projection of social insurances and policy reforms), Korea Institute of Public Finance, 2010.

Jeong, Hongki/Cho, Jeongchan, Gungmingeongangboheombeop (*Volkskrankenversicherungsgesetz*), Korea Legislation Research Institute, 2005.

Jeong, Kukwon, Heonbeopjaepaneseoui Sahoejeok Gibongwonui Simsagijungwa Geu Jeogyong (Der Prüfungsmaβstab der sozialen Grundrechten und ihrer Anwendung in Verfassungsgerichtsbarkeit), in: World Constitutional Law Review, Korean Branch of International Association of Constitutional Law Vol. 17–2, 2011, S. 154 ff.

Ji, Jaekeun, Uihaknyong Keunsajeon (*Wörterbuch von medizinischer Terminologie*), Academya, 2004.

Jo, Jaeguk/Kim, Hyeongho/Jeong, Minsu, Geongangboheom Bunjaengjojeongwiwonhoe Unyeonggaeseon Bangan Yeongu (*Forschung zur Verbesserung der Führung des Streitschlichtungsausschusses der Volkskrankenversicherung*), Korea Institute for Health and Social Affairs, 2010.

Joung, Wonoh/Lee, Hyewon/Lee, Younghwan, Hangukgwa Ilbonui Migunjeonggi Sahoebokjijeongchaek Bigyoyeongu – Bingongjeongchaekeul Jungsimeuro (*Eine vergleichende Studie der Wohlfahrtspolitik in Korea und Japan während der amerikanischen Militärbesatzung*), in: Korean Journal of Social Welfare, Korean Academy of Social Welfare Vol. 36, 1998, S. 309 ff.

Jueng, Soonbang/ Choi, Hongyop, Gungmingeongangboheombeopsang Geongangboheomsugeupgwonui Jehan (The limitation of the right on the heal th insurance in the National Health Insurance Act – The focus on limited system of insurance benefits caused by an individual wrong), in: Chosun law journal, The Legal studies institute of Chosun University Vol. 16 No.2, 2009, S. 1 ff.

Jung, Chul, Geongangboheomsang Imuibigeubyeo Heoyongui Munjejeom (The Possibility of Out-of-Pocket Payment in the National Health Insurance System), in: Law Journal, Legal Research Institute Kookmin University Vol. 24 No. 1, 2011, S. 305 ff.

Jung, Youngchul, Gongbeopjeok Sigageseo Bon Imuibigeubyeoui Jehanjeok Heoyongui Munjejeom (Die Problematik der vorbehaltlichen Zulassung der außergesetzlich-individuellen Gesundheitsleistung aus öffentlich-rechtlicher Sicht), in: Kyungpook Natl. Univ. Law Journal, 2012, S. 245 ff.

Jung, Youngchul, Geongangboheomjaejeong Anjeonghwareul Wihan Haengjeongbeopjeok Gwajewa Ipbeopjeongchaekjeok Jeeon (Die verwaltungsrechtlichen Aufgaben und rechtspolitischen Vorschläge zur Stabilität der Krankenversicherungsfinanzierung) in: Administrative Law Journal, Korea Administrative Law Theory Practice Association Vol. 32, 2012, S. 249 ff.

Jung, Wankyo/Jin, Yangsoo, Noinjanggiyoyangboheomjedoeui Munjejeomgwa *Gaeseonbanghyang* (*Probleme und Verbesserung des Langzeitpflegeversicherungssystems*), in: KDI Policy Forum, Korea Development Institute (KDI) Nr. 202, 2008, S. 1 ff.

Kim, Choulyoung, Haengjeongbeop (*Verwaltungsrecht*), Pakyoungsa, 2011.

Kim, Dochang, Haengjeongbeop 2(i) (*Verwaltungsrechtslehre II*), Cheongunsa, 1993.

Kim, Donghee, Haengjeongbeop 1(il) (*Verwaltungsrecht I*), Pakyoungsa, 2005.

Kim, Donghee, Haengjeongbeop 2(i) (*Verwaltungsrecht II*), Pakyoungsa, 2000.

Kim, Gyesuk, Euryoeui Jil Hyangsangeul Wihan Geongangboheom Jeokjeongseongpyeongga Baljeonbangan (Future Directions for the Healthcare Quality Assessment in NHI) in: Health and welfare policy forum, Korea Institute for Health and Social Affairs Vol. 202, 2013, S. 48 ff.

Kim, Hakju, Gyecheunggan Jillyobi Boninbudameui Hyeonpyeongseonge Gwanhan Yeongu (How Much should the Poor Pay for their Health Care Services under the National Health Insurance System?), in: Korean Journal of Social Welfare, Korean Academy of Social Welfare Vol. 56 No. 3, 2004, S. 113 ff.

Kim, Hanna/ Kim, Gyehyun, Uiryogigwan Hyeonjijosae Daehan Beopjeok Geomtowa Gaeseonbangbeop (*Die rechtliche Bewertung und Verbesserungsmethode bei der Vorortbefragung der medizinischen Leistungserbringer*), Research Institute of Healthcare Policy, 2011.

Kim, Injae, Sahoeboheomui Tonghapjeok Hyoyuljeok Gwalliunyeongeul Wihan Beopjegaeseonbangan (*Ein Verbesserungsplan des Gesetzes zum integrierten und effizienten Betrieb und Verwaltung bei Sozialversicherung*), Korea Legislation Research Institute, 1995.

Kim, Jingu, Gukmingeongangboheomryo Budamui Hyeongpyeongseonge Gwanhan Yeongu (Equity of National Health Insurance Contribution), in: Korean Journal of Social Welfare, Korean Academy of Social Welfare Vol. 25, 2004, S. 39 ff.

Kim, Namjin, Haengjeongbeop 2(i) (*Verwaltungsrecht II*), Beobmunsa, 2000.

Kim, Kyongsoo, Heonbeopsang Gukgaui Geongangbohouimuwa Geu Silhyeonbangane Gwanhan Yeongu (Eine studie zur verfassungsrechtlicher volksgesundheitsschutzpflicht des staates und zur verwirklichungsmassnahmen), Diss.jur.Seoul (Doktor der Rechtswissenschaften an der Seoul Universität), 2002.

Kim, Sungtae, Boheombeopgangnon (*Versicherungsgesetz*), Beobmunsa, 2001.

Kim, Tcholsu, Heonbeophakgaeron (*Verfassungslehre*), Pakyoungsa, 1996.

Kim, Unmook, Geongangboheom Gwolligujejedoeui Gaeseonbanghyang Yeongu (A Study on a Direction of Improving the Health Insurance Appeal System in Korea), in: Medical Law, The Korean Society of Law and Medicine Vol. 7 No.2, 2006, S. 219 ff.

Kim, Wook, Noinjanggiyoyangboheomui Chimaenoinjiwonyeongu (A Study on Benefits Support for the Elderly with Dementia in National Long-term Care Insurance), in: Mental Health & Social Work, The Korean Academy of Mental Health Social Work Vol. 35, 2010, S. 295 ff.

Kim, Yangkyun, Haengwibyeol Sugajedoui Munjejeomgwa Jillyobi Jibuljedoui Daeanmosaek (*Das Problem des Entgeltsystems nach einzelen Behandlungsleistung (Fee-For-Service: FFS) und die Suche nach Alternativen im Zahlungssystem*), in: Health Insurance & Policy Vol. 9 No.1, 2010, S. 8 ff.

Kim, Yousung, Hanguk Sahoebojangbeopron (*Koreanisches Sozialrecht*), Beobmunsa, 2002.

Korea institute for Health and Social Affairs, Juyogugeui Sahoebojanggedo – Hanguk (Das Sozialversicherungssystem in vielen Ländern – Korea-), 2012.

Kong, Insik, Geongangboheom Jibuljedo Gaepyeongwa Sinpogwalsugajedo Baljeonbanghyang (*Reorganisation des Zahlungssystems in der Krankenverischerung und eine Entwicklungsrichtung neues Fallpauschale-Systems*), in: HIRA Poilcy Brief, Health Insurance Review & Assessment Service (HIRA) Vol. 5 No. 5, 2011, S. 5 ff.

Gu, Jaheon, Hanguksahoebokjisa (*Geschichte der koreanischen Sozialfürsorge*), Hongikjae, 1984.

Jung, Youngho, Hangukuiryopaeneollo Bon Minganuiryoboheom Gaipsiltae (*The status of private health insurance in view of medical panel*), in: Issue & Focus, Korea institute for Health and Social Affairs Vol. 70, 2011, S. 1 ff.

Kwon, Soonman, Gonggonguiryojegongchegyeui Hyeonhwanggwa Jeongchaekgwaje (Role of Public Sector in Health Care Delivery: Policy Options in Korea), in: Journal of Governmental Studies Vol. 10 No. 2, 2004, S. 8 ff.

Kwon, Youngsung, Heonbeophakwollon (*Lehrbuch Verfassungsrecht*), Beobmunsa, 2006.

Lee, Dalhue, Sahoeboheomui Wolli (The Principle of Social Insurance), in: The Journal of Pubic Welfare Admimistration, Korean Association for Public Welfare Administration Vol. 10, 2000, S. 271 ff.

Lee, Dukyeon, „Ingandaun Saenghwaleul Hal Gwolli"ui Bonjilgwa Beopjeok Seonggyeok (*Wesen und rechtlicher Charakter des Rechts auf menschenwürdiges Leben*), in: Public Law, Korean Public Law Association Vol. 27 No. 2, 1999, S. 235 ff.

Lee, Eunkyung, Geongangboheomyeongue Daehan Gukgojiwon Banghyang (*Ein Unterstützungsprogramm der Staatskasse bei Krankenversicherung*), in: Monthly Public Finance Forum, Korea Intitute of Public Finance Vol. 187, 2012, S. 29 ff.

Lee, Eunkyung, Geongangboheom Boheomryo Bugwachegye Mit Jaewonjodalbangsik Gaeseonbangan (*Ein Verbesserungsplan des Systems der Auferlegung der Krankenversicherungsbeiträge und Finanzierungsquellen*), in: Monthly Public Finance Forum, Korea Intitute of Public Finance Vol. 198, 2012, S. 6.

Lee, Heungjae/Cheon, Kwangseok/Park, Jisoon, Sahoebojangbeop (Social Security Law), Sinjosa, 2011.

Lee, Hyunboc/Hwang, Younhee, Minyeonggeongangboheom Gaipjaeui Boheomgeum Suryeong Gyeoljeongyoine Daehan Yeongu (A Study identifying the factors determining private health insurance claims paid), in: Korean Social Security Studies, Korean Social Security Association Vol. 30 No. 4, 2014, S. 171 ff.

Lee, Joonbok, Noinjanggiyoyangboheome Gwanhan Yeongu (A Legal Study on the Leong Term Care Insurance), in: World Constitutional Law Review, Korean Branch of International Association of Constitutional Law Vol. 14 No. 3, 2008, S. 329 ff.

Lee, Jungsik, Choehueui Anjeonmangeuroseo Gongjeokbujoeui Buyangeuimuyogeone Gwanhan Beopjeok Gwaje (The Problem of Legal the Condition of Origination the Duty of Support National Basic Livelihood Guarantee Law for Security the Right of Life), in: World Constitutional Law Review, Korean Branch of International Association of Constitutional Law Vol. 9, 2004, S. 77 ff.

Lee, Junyoung, Uiryoboheom Minyeonghwae Gwanhan Bipanjeok Gochal (Critical Evaluation of Privatization of the Korean National Health Insurance), in: Korean Social Security Studies, Korean Social Security Association Vol. 19 No. 2, 2003, S. 137 ff.

Lee, Jongchan, Geongangboheom Jaejeongwigie Daehan Bunseok – Uiryojeongchaeksajeok Gwanjeom (Financial Crisis and Structural Risk in Korean National Health Insurance – A History of Health Care Policy Perspective-), in: Health and Social Science, Korean Association of Health and Medical Sociology Vol. 22, 2007, S. 37 ff.

Lee, Sanglee/Lee, Yonggab/Cheon, Changbae/Seo, Namkyu, Gungmingeonggangboheomchegyeui Gaenyeomjeongripgwa Baljeonmodere Gwanhanyeongu (*Zur Studie der Begriffsbestimmung und Entwicklungsmodell des Krankenversicherungssystems), Forschungszentrum für Krankenversicherung in der VKK*, 2006.

Lee, Sangyoung/Shin, Hyunwooung, Geongangbojangjeongchaekui Baljeonbanghyanggwa Gwaje (The Issues and Directions of the Health Security Policies in Korea), in: Health and welfare policy forum, Korea Institute for Health and Social Affairs Vol. 195, 2013, S. 5 ff.

Lee, Taesoo, Geongangboheomjeongchaeksimuiwiwonhoe, Idaero Dul Geosinga? (*Soll Beratungsausschuss für gesundheitspolitische Entscheidungen unverändert beibehalten werden?*), People's Solidarity for Participatory Democracy, in: Trend of Welfare Vol. 137, 2010, S. 41 ff.

Lee, Yoonkyoung, Baeksesidae Daeeung Noinjanggiyoyang Chegye Gaeseonbangan (Living to One Hundred: How to Improve Elderly Long-term Care), in: Health and welfare policy forum, Korea Institute for Health and Social Affairs Vol. 180, 2011, S. 28 ff.

Ministerium für Gesundheit und Wohlfahrt, Geongangboheombaekseo (*Weißbuch über Gesundheit und Wohlfahrt*), 2009.

Ministerium für Gesundheit und Wohlfahrt, Yicheonsip Bogeonbokjibaekseo (*2010 Weißbuch über Gesundheit und Wohlfahrt*), 2011.

Ministerium für Gesundheit und Wohlfahrt, Yicheonsibil Bogeonbokjibaekseo (*2011 Weißbuch über Gesundheit und Wohlfahrt*), 2012.

Ministerium für Gesundheit und Wohlfahrt, Yoyanggeubyeoeui Jeogyonggijun (*Kostenkriterien bei ärztlicher Behandlung*), 2010.

Ministerium für Gesundheit und Wohlfahrt/Korea Institute for Health and Social Affairs, Icheonsibillyeon Hwanjajosa Simcheungbunseok (*Eine vertiefende Analyse der Untersuchung über Patienten im Jahr 2011*), 2013.

Ministry of Public Administration and Security, Jibangjachidanche Haengjeongguyeok Mit Ingu Hyeonhwang (*Die derzeitige Lage der Verwaltungsbezirk bzw. Bevölkerungszahl von Landgemeinde*), 2012.

Min, Kyoungsik, Hyeondaegukgaeseoui Sahoebojangkwonui Boho (*Schutz des Rechtes der sozialen Sicherheit im modernen Staat*), in: Public Law, Korean Public Law Association Vol. 20, 1992, S. 47 ff.

Mun, Oklun, Hangukuiryoboheomron (*Koreanische Krankenversicherung*), Shinkwang, 1997.

Nationales Amt für Statistik, Icheonpallyeon Goryeongja Tonggye (2008 Statistik über Alten), 2008.

Nam, Seonmo, Gungmingeongangboheombeopui Gaejeong Mit Jedogaeseone Gwanhan Yeongu (A Study on the system improvement and the revision of the National Health Insurance Act), in: Law Review Vol. 53, Korean Law Association, 2014, S. 109 ff.

No, Incheol/Kim, Suchun/Lee, Chungseop/Han, Hyekyeong, Euiryoboheom Boninbidamjee Gwanhan Yeongu (*Eine Studie über Selbstbeteiligung in der Krankenversicherung*), Korea Institute für Bevölkerung und Gesundheit, 1989.

Oh, Youngsoo, Gungmingeongangboheome Daehan Jeongbujiwon Gaeseonbangan (*Ein Verbesserungsplan des Staatszuschusses für* Krankenverischerung), in: KIRI Weekly, Korea Insurance Research Institute (KIRI) Vol. 130, 2011, S. 2 ff.

Park, Chongyon/Kim, Kyoungha/Kim, Changbo/Shin, Soohee, Minyeonggeongangboheom Doibe Daebihan Gongboheomui Daeeungbangan (*Gegenmaßnahmen der öffentlichen Krankenversicherung gegen Einführung der privaten Krankenversicherung*), *Forschungszentrum für Krankenversicherung in der VKK*, 2002.

Park, Sanghyuk, Bogeoneuiryojawoneui Geosijeok Baebungwa Minjujueuijeok Jeongdangseong (Macro-allocation of Health Care Resources and Democratic Legitimacy), in: Korean Journal of Medical Ethics, The Korean Society for Medical Ethics Vol. 14 No. 2, 2011, S. 145 ff.

Pressemitteilungen des Ministeriums für Gesundheit und Wohlfahrt, Ilgobgae Jilbyeonggun Pogwalsuggaje Olhae Chilwol Byeonuiwongeup Uimujeogyong Hwakdae (*Erweiterung der obligatorischen Durchführung des DRG-Systems bei sieben Krankheitsgruppen*), 2012, S. 1 ff.

Roh, Hochang, Gongjeok Geongangbojange Isseoseoeui Jayujehangwa Geu Jeongdangseong (Justification of the Limitation on Individual Freedom in the Public Health Care System), in: Social Security Law Review, Seoul National University Society of Social Security Law Vol. 3 No. 1, 2014, S. 139 ff.

Ryu, Jinseok, Iljesidaeui Bingonjeongchaek (*Politk für Armenhilfe in der japanischen Kolonialzeit*), in: *Ha, Sangrak, Geschichte der koreanischen Sozialfürsorge,* Pakyoungsa, 1997.

Ryu, Keonshik, Gungmingeongangboheomui Boheomnyo Bugwachegye Gaeseongwaje (*Verbesserung der Bemessungskriterien für die Krankenversicherungsbeiträge*), in: KIRI Weekly Vol. 152, Korea Insurance Research Institute, 2011, S. 1 ff.

Shin, Keechul, Euiryobojangchegye Chungsilhawreul Wihan Minyeonggeongangboheom Jedo Gaeseonbanghyang (The Role of the Private Health Insurance in Korea), in: Korean Social Security Studies, Korean Social Security Association Vol. 26 No. 1, 2010, S. 121 ff.

Shin, Keechul, Sangbyeongsodeukbojangjedo Chungsilhwa Bangan Yeongu (Policy Measures for consolidating Sickness Benefits) in: Korean Social Security Studies, Korean Social Security Association Vol. 27 No. 1, 2011, S. 133 ff.

Shin, Hyunwooung/Shin, Youngseok, Jiyeokgaipja Boheomnyo Bugwachegye Gaeseonbangan (Ways to Improve Premium Setting for Residencebased participants in the National Health Insurance), in: Health and welfare policy forum Vol. 140, 2008, S. 39 ff.

Shin, Youngseok, Gungmingichosaenghwalbojangjedowa Uiryogeubyeo (National Basic Livelihood Security System and Medical Aid), in: Health and welfare policy forum Vol. 108, 2005, S. 43 ff.

Shin, Youngseok, Uiryogeubyeojedoui Senggwawa Baljeon Banghyang (Direction to go for Medical Aid), in: Health and welfare policy forum Vol. 167, 2010, S. 28 ff.

Shin, Youngseok/Kim, Migon/Lee, Taejin, Gichobojangjedo Geongangseong Jegoreul Wihan Geubyeochegye Gaeseon Bangan (A Study to Improve the Benefit Structure of the Basic Social Security), Korea Institute for Health and Social Affairs, 2005.

Statistics Korea, Jangnaeinguchugye (Population Projections for Korea: 2010–2060 (Based on the 2010 Census)), 2012.

Sunwoo, Duk, Han.Dok.Il Noinjanggiyoyangboheomjedoeui Bigyobunseokgwa Sisajeom (Korea·Germany·Japan comparative analysis of the Long Term Care Insurance System and Its Implications – long-term care sector recognized system -), in: Hanyang University Journal of Aging Society Vol. 1 No. 1, 2010, S. 41 ff.

Tchoe, Byongho/Lee, Suehyung, Seonggwayeondongjibuljedoui Hwakdaeganeungseong Gochal (The Possibility of Expanding Pay-for-Performance Program as a Provider Payment System), in: Health Policy and Management Vol. 23 No.1, S. 3 ff.

Tchoe, Byongho/Shin, Hyunwooung, Gungmingeongangboheomui Sodeukgyecheungbyeol Budamgwa Hyetaegui Hyeonpyeongseong (*Eine Belastung nach Einkommensniveau und Fairness bei der Leistung der Krankenversicherung*), in: Health and welfare policy forum Vol. 104, 2005, S. 87 ff.

VKK, Yicheonsibinyeondo Euiryogeubyeotonggyeyeonbo (*Statistisches Jahrbuch der Krankenhilfe in 2012*), 2012, Kapitel. 1 Tabelle Nr. 1.

VÜBK, Yoyanggeubyeo Jeokjeongseong Pyeonggabanghyang (*Bewertung für Angemessenheit der Leistungen*), 2014.

Yoon, Heesook, Noinjanggiyoyangboheomui Hyeonhwanggwa Gwaje (*Die gegenwärtige Lage und Aufgabe der Pflegeversicherung*), Korea Development Institute (KDI), 2010.

Yoon, Chanyoung, Sahoebokjibeopjeron (Introduction to Social Welfare Law), Nanam, 2010.

Yoon, Taeho, Jiyeok Gan Geongang Bulpyeongdeungui Hyeonhwanggwa Jeonchaekgwaje (Regional Health Inequalities in Korea The Status and Policy Tasks), in: Journal of Situation and Welfare Vol. 30, 2010, S. 49 ff.

Yun, Sukmyung, Hangugui Sahoebojangbi Jichuljeonmang Mit Sisajeom – Sahoeboheom Jungsimeuro (The Development of Social Security Budget Model in Korea -With Special Reference to the ILO Social Budget Model-), in: Health and welfare policy forum, Korea Institute for Health and Social Affairs Vol. 133, 2007, S. 59 ff.

Health Insurance Review & Assessment Service (HIRA), http://www.hira.or.kr/eng/.

http://www.index.go.kr.

http://minwon.nhic.or.kr/portal/site/minwon.

http://www.mofa.go.kr/trade/oecd/overview/index.jsp?menu=m_30_110_10.

Ministerium für Gesundheit und Wohlfahrt, www.mohw.go.kr.

National Health Insurance Corporation (NHIC), http://www.nhic.or.kr/english/main.html.

http://www.nhimc.or.kr/info/info_01.htm.

B. Verzeichnis der deutsch- und englischsprachigen Literatur

Augurzky, Boris/Beivers, Andreas/Gülker, Rosemarie, Bedeutung der Krankenhäuser in privater Trägerschaft, Rheinisch-Westfälisches Institut für Wirtschaftsforschung, 2012.

Bieback, Karl-Jürgen, Sozial- und verfassungsrechtliche Aspekte der Bürgerversicherung, Baden-Baden 2014.

Bloch, Eckhard , Herausforderungen der regionalen Versorgung nach dem Versorgungsstrukturgesetz, Berlin 2013.

Böttiger, Walter, Ärztlich verordnete Verhütungsmittel als GKV-ergänzende Sozialhilfeleistungen?, in: Sozialrecht aktuell (SRa), Baden-Baden 2008.

Bremer/Sauerland/Wübker, Zuzahlungen im deutschen Gesundheitssystem: Ausmaß, Determinanten und Konsequenzen für die Medikamenteninanspruchnahme, in: von *Böcken/Braun/Repschläger* (Hrsg.), Gesundheitsmonitor 2013, 2013.

Cheon, Kwangseok, Das Recht der sozialen Sicherheit und seine verfassungsrechtlichen Rahmenbedingungen in der Bundesrepublik Deutschland und in der Republik Korea, Studien aus dem Max-Planck-Institut für Ausländisches und Internationales Sozialrecht, 1990.

Diederich/Koch/Kray/Sibbel, Die evidenzbasierte Medizin ist kein Priorisierungsinstrument, in: Priorisierte Medizin, Wiesbaden 2011.

Duttge, Gunnar, Rationierung im Gesundheitswesen: Auf der Suche nach der Verteilungsgerechtigkeit, in: von *Duttge/Dochow/Waschkewitz/Weber,* Recht am Krankenbett – Zur Kommerzialisierung des Gesundheitssystems, Göttingen 2009.

Ebsen, Ingwer, Einführung, in: von *Wallrabenstein, Astrid/Ebsen, Ingwer* (Hrsg.), Stand und Perspektiven der Gesundheitsversorgung: Optionen und Probleme rechtlicher Gestaltung, Frankfurt am Main 2014.

Ebsen, Ingwer, Krankenversicherung, in: von *Maydell/Ruland/Becker* (Hrsg.), Sozialrechtshandbuch, 5. Aufl., Baden-Baden 2012.

Ebsen, Ingwer, Patientenpartizipation in der gemeinsamen Selbstverwaltung der GKV: Ein Irrweg oder ein Desiderat?, in: MedR 2006, Heft 9, S. 528 f.

Ebsen, Ingwer: Ressourcenknappheit im Gesundheitswesen – verfassungrechtliche Implikationen, in: *Arbeitsgemeinschaft Rechtsanwälte im Medizinrecht e.V.* (Hrsg.), Die Budgetierung des Gesundheitswesens. Wo bleibt der medizinische Standard?, Berlin/Heidelberg 1997.

Ebsen, Ingwer, Zur Rolle der Lander bei der Sicherstellung bedarfsgerechter medizinischer Versorgung in der GKV, in: Gesundheits- und Sozialpolitik (GSP), 2011 Heft 1, S. 46 ff.

Eichenhofer/Wenner, SGB V Kommentar, 1. Aufl., Köln 2012.

Eichenhofer, Eberhard, Sozialrecht, 8. Aufl., Tübingen 2012.

Erlenkämper/Fichte, Sozialrecht, 6. Aufl., Köln 2008.

Frotscher/Pieroth, Verfassungsgeschichte, 10. Aufl., München 2011.

Fuchs/Preis, Sozialversicherungsrecht, 2. Aufl., Köln 2009.

Gerlinger, Thomas, Die Bedeutung der gemeinsamen Selbstverwaltung im Steuerungssystem der gesetzlichen Krankenversicherung, in: Jahrbuch für Kritische Medizin und Gesundheitswissenschaften 47, 2012, 141 ff.

Hong, Seong-Bang, Soziale Rechte auf der Verfassungsebene und auf der gesetzlichen Ebene : unter besonderer Berücksichtigung der sozialen Rechte im Grundgesetz der Bundesrepublik Deutschland, in der Verfassung der Republik Korea und im deutschen Sozialgesetzbuch, Diss.jur.Köln, 1986.

Heo, Wan-Jung, Umfang und Grenzen der gesetzgeberischen Bindung durch verfassungsgerichtliche Entscheidung: Versuch einer Lösung südkoreanischer verfassungsgerichtlicher Probleme, Diss.jur.München, 2008.

Igl/Welti, Sozialrecht, 8 Aufl., Neuwied 2007.

Kim, Hyojeon, Hundert Jahre Verfassungsgerichtsbarkeit in Korea und Deutschland. Ein Beitrag zur Rezeptionsgeschichte deutschen Rechts in Korea, Das öffentliche Recht der Gegenwart, 1986.

Kim, Seontaek, Die Interpretation der Grundrechte nach dem Grundgesetz der Bundesrepublik Deutschland und nach der Verfassung der Republik Korea, Diss. jur.Köln, 1992.

Kingreen/ Kühling, Monistische Einwohnerversicherung, Baden-Baden 2013.

Kwon, Soonman, Globalization and Health Policy in Korea, Global Social Policy Vol. 2(3), 2002.

Lee, Shinyoung, Südkoreanische Sozialpolitik im Politischen Systemwechsel vom bürokratischen Autoritarismus zur delegativen Demokratie, Diss. soziologie. Bremen 2007.

Lee, Yuri/Kim, Soyoon/Kim, Ganglip, Ethical Assessment of National Health Insurance System of Korea, Asia-Pacific Journal of Public Health Vol. 24 -5, 2012.

Muckel/Ogorek, Sozialrecht, 4. Aufl., München 2011.

Nam, Hyunjoo, Die Zukunft der Pflegesicherung in Südkorea – Möglichkeiten und Grenzen des Transfers europäischer Wohlfahrtssysteme-, 2005.

Neumann, Volker, Das medizinische Existenzminimum, in: NZS 2006.

Neumann, Volker, Das medizinische Existenzminimum zwischen Sozialhilfe und Krankenversicherung, in: RsDE Heft 68, 2009.

Neumann, Volker, Ein neues Grundrecht für die Armen, in: Vorgänge. Zeitschrift für Bürgerrechte und Gesellschaftspolitik 49 Heft 3, 2010.

Pitschas, Rainer, Verfassungsrechtliche Zentralfragen der Neuordnung ambulanter Krankenversorgung und § 116b SGB V, in: GesR 2010, S. 513 ff.

Reiners, Hartmut, Mythen der Gesundheitspolitik , Bern 2009.

Rixen, Stephan, Rationierungen im Leistungsrecht, in: *Fischer/Meyer,* Gesundheit und Wirtschaftswachstum, Berlin 2010.

Rosenbrock/Gerlinger, Gesundheitspolitik: eine systematische Einführung, 3. Aufl., Bern 2014.

Strech, Danielin, Rationalisierung und Rationierung am Krankenbett, Medizinische Klinik – Intensivmedizin und Notfallmedizin, Band 109, Heidelberg 2014.

Ulrich Wenner, Rationierung, Priorisierung, Budgetierung: verfassungsrechtliche Vorgaben für die Begrenzung und Steuerung von Leistungen der Gesundheitsversorgung, Gesundheitsrecht (GesR) 2009.

Wallrabenstein, Astrid, Gestaltungs- und Verfassungsfragen eines Übergangs zu einem einheitlichen Krankenversicherungsmarkt im Hinblick auf die PKV, in: von *Wallrabenstein, Astrid/Ebsen, Ingwer* (Hrsg.), Stand und Perspektiven der Gesundheitsversorgung: Optionen und Probleme rechtlicher Gestaltung, Frankfurt am Main 2014.

Wallrabenstein, Astrid, Soziale Gesundheitsversorgung durch die PKV, in; von *Ebsen, Ingwer* (Hrsg.), Handbuch Gesundheitsrecht, Frankfurt am Main 2014.

Waltermann, Raimund, Sozialrecht, 10. Aufl., Heidelberg 2012.

Wenner, Ulrich, Schwachstellen und Reformbedarf im Leistungs- und Leistungserbringerrecht der Krankenversicherung: Trennung der Versorgungsbereiche und Leistungsansprüche der Versicherten, in: GesR 2003, S. 129 ff.

Witherell, William, Korea in The OECD: REALISING THE PROMISE, 2001. S. 4.

BT-Drucksache 17/10157.

BT-Drucksache 18/4095 (Regierungsentwurf).

BT-Drucksache 18/5123 (Ausschussempfehlung und -bericht).

Statistisches Bundesamt, Gesundheit – Grunddaten der Krankenhäuser, Fachserie 12, Reihe 6.1.1, 2014.

Statistisches Bundesamt, Gesundheit -Grunddaten der Krankenhäuser, Fachserie 12, Reihe 6.1.1, 2013.

www.bmg.bund.de.

https://www.g-ba.de/institution/themenschwerpunkte/bedarfsplanung/.

http://www.oecd.org/korea/2698284.pdf.

Anhang I. Selbstbeteiligung nach Gruppen der Krankenhilfeberechtigten[705]

Leistungserbringer /Leistungen der Krankenhilfe			Krankenhilfeleistungsgruppen		
			Gruppe 1[706]	Gruppe 2	
				Nicht behinderte	Behinderte
Ambulante Behandlungen	Öffentlichen Gesundheits-Zentrum		kostenfrei	Kostenfrei	kostenfrei
	Die ersten medizinischen Einrichtungen bzw. öffentliche Anstalten gemäß § 9 Abs. 2 Nr. 1 a KHG	– Wenn Arzt/Zahnarzt Medikamente gemäß § 23 Abs. 4 Arzneimittelgesetz unmittelbar verabreichen, – Wenn traditioneller fernöstlicher Medizinarzt gemäß Zusatzbestimmung des Arzneimittelgesetz (Gesetz Nr. 8365) unmittelbar verabreichen.	1.500 Won[707]	1.500 Won	750 Won
		Sonstige ambulante Behandlungen	1.000 Won	1.000 Won	250 Won

705 *Ministerium für Gesundheit und Wohlfahrt, Kostenkriterien bei ärztlicher Behandlung*, 2010; *Shin, Youngseok*, Direction to go for Medical Aid, in: Health and welfare policy forum Vol. 167, 2010, S. 34.
706 Die Selbstbeteiligung bei ambulanter Behandlung in der Gruppe 1 gilt ab 1. Jul. 2007.
707 Ca. 1 Euro.

Leistungserbringer /Leistungen der Krankenhilfe				Krankenhilfeleistungsgruppen		
				Gruppe 1[706]	Gruppe 2	
					Nicht behinderte	Behinderte
		Computertomographie (CT) Magnetresonanztomographie (MRT), Positronen-Emissions-Tomographie (PET) und Behandlungen, die vom Minister für Gesundheit und Wohlfahrt festgelegt und veröffentlicht sind.		5 % der gesamten Leistungs-entgelte	15 % der gesamten Leistungsentgelte	15 % der gesaten Leistungs-entgelte
	Die zweiten medizinischen Einrichtungen gemäß § 9 Abs. 2 Nr. 2 KHG	Sonstige ambulante Behandlungen		1.500 Won	15% der gesamten Leistungs-entgelte	kostenfrei
		– Wenn Arzt /Zahnarzt Medikamente gemäß § 23 Abs. 4 des Arzneimittelgesetz unmittelbar verabreichen, – Wenn traditioneller fernöstlicher Medizinarzt gemäß Zusatzbestimmung des Arzneimittelgesetzes (Gesetz Nr. 8365) unmittelbar verabreicht.		2.000 Won	15% der gesamten Leistungsentgelte	kostenfrei
		Computertomographie CT), Magnetresonanztomographie (MRT), Positronen-Emissions-Tomographie (PET) und Behandlungen, die vom Minister für Gesundheit und Wohlfahrt festgelegt und veröffentlicht sind.		5 % der gesamten Leistungs-entgelte	15 % der gesamten Leistungsentgelte	kostenfrei
		Bei chronischer Krankheit	Bei Ausstellung des Rezeptes	kostenfrei	1.000 Won	
			Ohne Rezept	kostenfrei	1.500 Won	

Leistungserbringer /Leistungen der Krankenhilfe			Krankenhilfeleistungsgruppen		
			Gruppe 1[706]	Gruppe 2	
				Nicht behinderte	Behinderte
		Computertomographie (CT), Magnetresonanztomographie (MRT), Positronen-Emissions-Tomographie (PET) und Behandlungen, die vom Minister für Gesundheit und Wohlfahrt festge-legt und veröffentlicht sind.	kostenfrei	15 % der gesamten Leistungsentgelte	kostenfrei
	Die dritten medizinischen Einrichtungen gemäß § 9 Abs. 2 Nr. 3 KHG	Sonstige ambulante Behandlungen	2.000 Won	15 % der gesamten Leistungsentgelte	kostenfrei
		– Wenn Arzt /Zahnarzt Medikamente gemäß § 23 Abs. 4 des Arzneimittelgesetz unmittelbar verabreichen, – Wenn traditioneller fernöstlicher Medizinarzt gemäß Zusatzbestimmung des Arzneimittelgesetzes (Gesetz Nr. 8365) unmittelbar verabreicht	2.500 Won	15 % der gesamten Leistungsentgelte	kostenfrei
		Computertomographie (CT), Magnetresonanztomographie (MRT), Positronen-Emissions-Tomographie (PET) und Behandlungen, die vom Minister für Gesundheit und Wohlfahrt festgelegt und veröffentlicht sind	5 % der gesamten Leistungsentgelte	15 % der gesamten Leistungsentgelte	kostenfrei

Leistungserbringer /Leistungen der Krankenhilfe			Krankenhilfeleistungsgruppen		
			Gruppe 1[706]	Gruppe 2	
				Nicht behinderte	Behinderte
	Apotheke bzw. Zentrum für Arzneimittel für seltene Leiden in der gemäß § 9 Abs. 2 Nr. 1 KHG	Wenn ein Medikament gemäß Rezept einer medizinischen Einrichtung verabreicht wird,	500 Won pro Rezept	500 Won pro Rezept	500 Won pro Rezept
		Wenn Apotheken ein Medikament ausnahmsweise nicht nach Rezept, sondern direkt ausgeben.	900 Won pro Besuch	900 Won pro Besuch	900 Won pro Besuch
		Wenn ein Medikament nach einem vom Arzt des öffentlichen Gesundheits-Zentrums ausgestellten Rezept verabreicht wird.	kostenfrei	kostenfrei	kostenfrei
stationäre Behandlungen	Leistungs-entgelte in der ersten, zweiten und dritten medizinischen Einrichtungen	Leistungen bei natürlichen Geburten, Frühgeburten sowie Behandlungen von Kindern unter 6 Jahren	kostenfrei	kostenfrei	kostenfrei
		Intensiv-Patienten	kostenfrei	10 % der gesamten Leistungsentgelte	kostenfrei
		Sonstige stationäre Behandlungen	kostenfrei	10 % der gesamten Leistungsentgelte	kostenfrei

Leistungserbringer /Leistungen der Krankenhilfe			Krankenhilfeleistungsgruppen		
			Gruppe 1[706]	Gruppe 2	
				Nicht behinderte	Behinderte
		Computertomographie (CT), Magnetresonanztomographie (MRT), Positronen-Emissions-Tomographie (PET) und Behandlungen, die vom Minister für Gesundheit und Wohlfahrt festgelegt und veröf-fentlicht sind	kostenfrei	10 % der gesamten Leistungsentgelte	kostenfrei
	Kosten für die Mahlzeiten	Leistungen bei natürlichen Geburten, Frühgeburten sowie Behandlungen von Kindern unter 6 Jahren	kostenfrei	kostenfrei	kostenfrei
		Intensiv-Patienten	10 % der Kostensätze	10 % der Kostensätze	10 % der Kostensätze
		Sonstige Patienten	20 % der Kostensätze	20 % der Kostensätze	20 % der Kostensätze

– Die Restkosten neben der Selbstbeteiligung werden vom Leistungsfonds getragen (im Zusammenhang des § 13 KHG).

Anhang II. Englische Fassungen zentraler Gesetze

A. Vorwort

Diese folgenden englischen Fassungen werden aus der Webseite (http://elaw.klri.re.kr/eng_service/main.do) von der „Korea Legislation Research Institute" wörtlich übernommen. Es ist die amtliche Übersetzung.

In den Gesetzen entspricht der englische „Artikel" dem deutschen „Paragraph". Nur bei der koreanischen Verfassung entspricht der englische „Artikel" dem deutschen „Artikel".

< Tabelle der Gesetze >

Deutscher Titel des Gesetzes	Englischer Titel des Gesetzes
koreanische Volkskrankenversicherungsgesetz	NATIONAL HEALTH INSURANCE ACT
Krankenhilfegesetz	MEDICAL CARE ASSISTANCE ACT
Langzeitpflegeversicherungsgesetz für ältere Menschen	ACT ON LONG-TERM CARE INSURANCE FOR THE AGED
Arzneimittelgesetz	PHARMACEUTICAL AFFAIRS ACT
Basisgesetz für Soziale Sicherheit	FRAMEWORK ACT ON SOCIAL SECURITY
Gesetz für die Gesundheit von Mutter und Kind	MOTHER AND CHILD HEALTH ACT
Gesetz über angemessene Arbeitsbedingungen	LABOR STANDARDS ACT
Gesetz zur Sicherung des Existenzminimums	NATIONAL BASIC LIVING SECURITY ACT
Koreanische Verfassung	CONSTITUTION OF THE REPUBLIC OF KOREA
Medizingesetz	MEDICAL SERVICE ACT

B. Das koreanische Volkskrankenversicherungsgesetz

NATIONAL HEALTH INSURANCE ACT

Amended by Act No. 11787, May 22, 2013

Article 1 (Purpose)

The purpose of this Act is to improve citizens' health and promote social security by providing citizens with insurance benefits for the prevention, medical examination, medical treatment of and rehabilitation from diseases and injury, for childbirth and death, and for improvement of health.

Article 2 (Supervison)

The Minister of Health and Welfare shall administer the national health insurance program prescribed by this Act.

Article 3 (Definitions)

The definitions of the terms used in this Act shall be as follows:

1. The term "worker" means a person who, regardless of the type of his/her occupation, lives on remuneration received as compensation for his/her work (including a director or other executive officers of a corporation), except for a public official or a school employee;
2. The term "employer" means any of the following persons:
   (a) The owner of the workplace at which a worker is employed;
   (b) The head of the organ at which a public official is employed, who is determined by Presidential Decree;
   (c) The person who establishes and operates a private school (referring to a private school referred to in Article 3 of the Pension for Private School Teachers and Staff Act; hereafter the same shall apply in this Article) at which a school employee is employed;
3. The term "workplace" means a place of business or office;
4. The term "public official" means a person who is a regular employee of the State or a local government providing civil service;
5. The term "school employee" means a teacher at, or an employee of, a private school or an organization that manages the school.

Article 4 (Health Insurance Policy Deliberative Committee)

(1) The Health Insurance Policy Deliberative Committee (hereinafter referred to as the "Deliberative Committee") mandated to deliberate and vote on matters concerning health insurance policies, which fall under each of the following subparagraphs, shall be established under the Minister of Health and Welfare:

1. The criteria for insurance benefits provided for in Article 41 (2);
2. Matters concerning insurance benefit costs provided for in Articles 45 (3) and 46;
3. The contributionpremium rates of employer-provided policyholders provided for in Article 73 (1);
4. The monetary value per contribution point of locally provided policyholders provided for in Article 73 (3);

5. Other important matters prescribed by Presidential Decree concerning health insurance.

(2) The Deliberative Committee shall be comprised of 25 members, including one chairperson and one vice chairperson.

(3) The chairperson of the Deliberative Committee shall be the Vice Minister of Health and Welfare and the vice chairperson shall be nominated by the chairperson from among the members referred to in paragraph (4) 4.

(4) The following persons shall be appointed or commissioned by the Minister of Health and Welfare as members of the Deliberative Committee:

1. Persons, two of whom are recommended respectively by a workers' organization and an employers' organization;
2. Persons, each one of whom is recommended respectively by a civil organization (referring to a non-profit civil organization provided for in Article 2 of the Assistance for Non-Profit, Non-Governmental Organizations Act; hereinafter the same shall apply), a consumer organization, an organization of farmers and fishermen, and a self-employed persons' organization;
3. Eight persons who are recommended by organizations representing the medical profession and organizations representing the medicine manufacturers;
4. Eight persons falling under each of the following:
   (a) Two public officials who belong to central administrative agencies prescribed by Presidential Decree;
   (b) Persons, each one of whom is recommended respectively by the president of the National Health Insurance Service Service and the president of the Health Insurance Review and Assessment Service;
   (c) Four persons of profound learning and experiences in health insurance.

(5) The tenure of the members of the Deliberative Committee shall be three years: Provided, That the tenure of office for any member newly appointed, filling a vacancy of a resigned member, etc. shall be the remainder of the term of office for his/her predecessor.

(6) Matters necessary for the operation, etc. of the Deliberative Committee shall be prescribed by Presidential Decree.

Article 5 (qualification, etc.)

(1) Korean nationals who reside within Korea shall become policyholders (hereinafter referred to as "policyholder") of the health insurance referred to in this Act (hereinafter referred to as "health insurance") or their dependents: Provided, That this shall not apply to any of the following persons:

1. Persons who receive medical benefits under the provisions of the Medical Care Assistance Act (hereinafter referred to as "persons eligible for medical care");
2. Persons who receive medical care under the provisions of the Act on the Honorable Treatment of Persons of Distinguished Services to Independence and the Act on the Honorable Treatment and Support of Persons, etc. of Distinguished Services to the State (hereinafter referred to as "persons eligible for medical care for distinguished services"): Provided, That any of the following persons shall be a the insuredpolicyholder or a dependent:

(a) A person from among persons eligible for medical care for distinguished services, who requests the insurer to provide him/her with health insurance cover;

(b) A person who does not request the insurer that he/she be excluded from health insurance cover, despite of change of his/her status from a person under the coverage of the health insurance to persons eligible for medical care for distinguished services.

(2) Dependents of policyholders referred to in paragraph (1) refer to any of the following persons who are supported mainly by employer-provided policyholders and do not have other remuneration or income:

1. Spouses of employer-provided policyholders;
2. Lineal ascendants of employer-provided policyholders (including lineal ascendants of their spouses);
3. Lineal descendants (including lineal descendants of their spouses) and their spouses of employer-provided policyholders;
4. Brothers/sisters of employer-provided policyholders.

(3) The criteria criteria for determination of the dependent eligibility referred to in paragraph (2), date of acquisition or loss of such eligibility, and other necessary matters shall be prescribed by Ordinance of the Ministry of Health and Welfare.

Article 6 (Categories of Policyholders)

(1) insured the insured shall be divided into employer-provided policyholders and locally provided policyholders.

(2) Workers and employers of all workplaces, public officials and school employees shall become employer-provided policyholders: Provided, That any of the following persons shall be excluded herefrom:

1. Daily-paid workers who are employed for a period of less than one month;
2. Soldiers in active service under the Military Service Act (including staff sergeants appointed without volunteering), secondment personnel and candidates for military officers;
3. Public officials who are inaugurated by winning an election, and who do not receive monthly remuneration or salary equivalent thereto;
4. Workers and employers of workplaces prescribed by Presidential Decree, in light of the characteristics of workplace, forms of employment and kinds of business, and public officials and school employees.

(3) Locally provided policyholders refer to policyholders, except for employer-provided policyholders and their dependents.

(4) Workers and employers under paragraph (2) 4 may either become employer-provided policyholdersor withdraw from such status, according to the procedures prescribed by Presidential Decree.

Article 7 (Reporting on Workplace)

Where an employer of a workplace falls under any of the following subparagraphs, he/she shall report such fact to an insurer, as prescribed by Ordinance of the Ministry of Health and Welfare within 14 days thereafter. This shall also apply where any matter reported to the insurer is changed as he/she falls under subparagraph 1:

1. Where his/her workplace becomes a workplace employing workers, public officials and school employees who become employer-provided policyholders pursuant to Article 6 (2) (hereinafter referred to as "workplace of eligible persons");
2. Where a cause prescribed by Ordinance of the Ministry of Health and Welfare exists, such as suspension of business and closure of business.

Article 8 (Date Date, etc. of Acquisition of Qualification)

(1) A policyholder shall become eligible as an employer-provided policyholderor a locally provided policyholder on the day he/she takes residence in the country: Provided, That a person who falls under any of the following subparagraphs shall become eligible for each on the applicable day:
1. For a former person eligible for medical care, on the day when he/she becomes excluded from such qualification;
2. The day on which a former dependent of an employer-provided policyholder loses his/her qualification;
3. For a former person eligible for medical care for distinguished services, on the day when he/she is excluded from such qualification;
4. For a person eligible for medical care for distinguished services who requests the insurer for coverage under the health insurance under Article 5 (1) 2 (a), on the day when the request is made.

(2) If a person becomes eligible under paragraph (1), the employer of the employer-provided policyholderor the head of the household of the locally provided policyholder shall report the particulars to the insurer as prescribed by Ordinance of the Ministry of Health and Welfare within 14 days after the date of acquisition of the qualification.

Article 9 (DateDate, etc. of Change in qualification)

(1) The qualification of a policyholder shall change on the date when he/she falls under any of the following subparagraphs:
1. When a locally provided policyholder becomes an employer of a workplace of eligible persons or is employed as a worker, public official or school employee (hereinafter referred to as "worker, or such");
2. When an employer-provided policyholderbecomes an employer of another workplace of eligible persons or is employed as a worker, or such;
3. On the date immediately following the date of expiration of employment relationship of a worker, or such who is an employer-provided policyholder;
4. On the date immediately following the date on which any cause under subparagraph 2 of Article 7 occurs at the workplace of eligible persons;
5. On the date on which a locally provided policyholder moves into another household.

(2) Where the qualification of the insured a policyholder changes under paragraph (1), the employer of an employer-provided policyholderor a householder of a locally provided policyholder shall report the particulars to the insurer according to the following classifications as prescribed by Ordinance of the Ministry of Health and Welfare within 14 days from the date on which the qualification changes:
1. Cases where qualification changes pursuant to paragraph (1) 1 and 2: Employer of the employer-provided policyholder;

2. Cases where there is a change in qualification pursuant to paragraph (1) 3 through 5: Householder of a locally provided policyholder.

(3) Where an employer-provided policyholderor locally provided policyholder falls under subparagraph 3 or 4 of Article 54, the Minister of National Defense and the Minister of Justice shall notify the insurer as provided by Ordinance of the Ministry of Health and Welfare within one month from the date of such change.

Article 10 (Date Date, etc. of Loss of qualification)

(1) A policyholder shall lose his/her qualification on the day he/she falls under any of the following subparagraphs:

1. Day after the day he/she dies;
2. Day after the day he/she loses his/her nationality;
3. Day after the day he/she ceases to reside within the country;
4. The day he/she becomes a dependent of an employer-provided policyholder;
5. The day he/she becomes a person eligible for medical care;
6. The day a request for exclusion from coverage of the health insurance is made by a person formerly covered by health insurance but became a person eligible for medical care for distinguished services.

(2) If qualification is lost under paragraph (1), the employer of the employer-provided policyholderor the head of the household of the locally provided policyholder shall report the particulars to the insurer as prescribed by Ordinance of the Ministry of Health and Welfare within 14 days after the date of loss of the entitlement.

Article 11 (Confirmation of Acquisition, etc. of qualification)

(1) Acquisition, change, or loss of the entitlement of a policyholdershall take effect retrospectively from the date of acquisition, change or loss of the qualification under Articles 8 through 10. In such cases, the insurer may confirm the fact thereof.

(2) A policyholder or a former policyholder, or a dependent or a former dependent may request the confirmation referred to in paragraph (1).

Article 12 (Health Insurance Certificate Certificates)

(1) The National Health Insurance ServiceService shall issue health insurance certificates to the policyholders.

(2) When a policyholder or his/her dependent receives a medical care benefit, he/she shall present his/her health insurance certificatecertificate referred to in paragraph (1) to a medical care institution referred to in Article 42 (1) (hereinafter referred to as "medical care institution"): Provided, That this shall not apply if an unavoidable circumstance such as a natural disaster exists.

(3) Notwithstanding the main sentence of paragraph (2), a policyholder or a dependent may choose not to submit his/her health insurance certificate, if it is possible for a health care institution to ascertain his/her qualification using his/her resident registration certificate, driver's license, passport or other identification prescribed by Ordinance of the Ministry of Health and Welfare to confirm himself/herself.

(4) Neither a policyholder nor his/her dependent may receive insurance benefits after losing his/her qualification under Article 10 (1) by a document that had been used to certify his/her qualification before. <Newly Inserted by Act No. 11787, May 22, 2013>

(5) No person is allowed to arrange another person to receive insurance benefits by transferring or lending his/her health insurance certificatecertificate or identification. <Newly Inserted by Act No. 11787, May 22, 2013>
(6) No person is allowed to receive insurance benefits by taking over, borrowing, or fraudulently using, another person's health insurance certificate certificate or identification. <Amended by Act No. 11787, May 22, 2013>
(7) Matters necessary with regard to the form of the health insurance certificatecertificate referred to in paragraph (1) and issuing and using it shall be prescribed by Ordinance of the Ministry of Health and Welfare. <Amended by Act No. 11787, May 22, 2013>

Article 13 (Insurer)

The insurer of national health insurance shall be the National Health Insurance Service-Service (hereinafter referred to as the " ServiceNHIS").

Article 14 (Affairs, etc.)

(1) The ServiceNHIS shall administer the following affairs:
1. Supervision of the qualification of policyholders and their dependents;
2. Imposition and collection of insurance contributions premiums and other fees provided for in this Act;
3. Administration of insurance benefits;
4. Preventive programs necessary for maintenance and improvement of health of policyholders and their dependents;
5. Payment of insurance benefit costs;
6. Programs for managing, employing and increasing its assets;
7. Operation of medical facilities;
8. Educational training and publicity in connection with health insurance;
9. Investigative research and international cooperation in connection with health insurance;
10. Matters prescribed by this Act as the duties of the ServiceNHIS;
11. Operations delegated under the National Pension Act, the Act on the Collection of Insurance contributionsPremiums, etc. for Employment Insurance and Industrial Accident Compensation Insurance, the Wage Claim Guarantee Act, and the Asbestos Injury Relief Act (hereinafter referred to as "law applicable to the entrustment of collection");
12. Other operations delegated under this Act or other Acts and subordinate statutes;
13. Other operations determined by the Minister of Health and Welfare as being necessary in connection with health insurance.

(2) Programs for managing, employing, and increasing assets under paragraph (1) 6 shall be carried out in accordance with each of the following methods taking the stability and profitability into consideration:
1. Making deposits or setting up trust at offices of communication or banks established under the Banking Act;
2. Purchase of securities for which the issuance is made directly, or the fulfillment of the obligation is guaranteed, by the State, local governments, or banks established under the Banking Act;
3. Purchase of securities issued by a corporation established under any Special Act;

4. Purchase of securities issued by trust business entities established under the Financial Investment Services and Capital Markets Act or collective investment business entities established under the same Act;
5. Acquisition of real estates for use in operating the ServiceNHIS or partial lease thereof;
6. Other programs prescribed by Presidential Decree as necessary to increase the assets of the ServiceNHIS.

(3) If a service is provided, or the use of the facilities of the ServiceNHIS is allowed to, a specific person, the ServiceNHIS may collect a service charge or a use fee for the provision of the service or the use of the facilities, as prescribed by the ServiceNHIS's articles of the Service.

(4) The ServiceNHIS shall disclose to the public, the information that it maintains and manages in connection with health insurance as prescribed by the Official Information Disclosure Act.

Article 15 (Legal Entity of the ServiceNHIS, etc.)

(1) The ServiceNHIS shall be a juristic person.

(2) The ServiceNHIS shall come into existence upon registering its establishment at the seat of its principal office.

Article 16 (Office)

(1) Location of the principal office of the ServiceNHIS shall be determined by its articles of the Service.

(2) If necessary, the ServiceNHIS may establish branch offices as prescribed by its articles of the Service.

Article 17 (Articles of the Service)

(1) The articles of the Service of the ServiceNHIS shall state the following matters:

1. Objectives;
2. Its name;
3. Seat of office;
4. Matters concerning its executive officers and employees;
5. Management of board of directors;
6. Matters concerning its financial operation committee;
7. Matters concerning insurance contributionspremiums and insurance benefits;
8. Matters concerning its budget and settlement of accounts;
9. Matters concerning its assets and accounting;
10. Services and provision thereof;
11. Matters concerning amendment of the articles of the Service;
12. Matters concerning public announcements.

(2) When the ServiceNHIS intends to modify its articles of the Service, it shall obtain authorization of the Minister of Health and Welfare.

Article 18 (Registration)

The registration of the Service of the NHIS shall include the following matters:

1. Objectives;
2. Its name;

3. Seat of the principal office and branch offices;
4. Name, address and resident registration number of the president.

Article 19 (Dissolution)

Matters regarding the dissolution of the ServiceNHIS shall be prescribed by Acts.

Article 20 (Executive Officers)

(1) The ServiceNHIS shall have, as its executive officers, one president, fourteen directors and one auditor. In such cases, the president, five directors and the auditor shall be standing.

(2) The president shall be appointed by the President of the Republic of Korea upon recommendation of the Minister of Health and Welfare from among several persons recommended by the executive officer recommendation committee established under Article 29 of the Act on the Management of Public Institutions (hereinafter referred to as "executive officer recommendation committee").

(3) Full-time directors shall be appointed by the president following the recommendation procedures prescribed by Ordinance of the Ministry of Health and Welfare.

(4) As part-time directors, following persons shall be appointed by the Minister of Health and Welfare:

1. Persons, each one of whom is recommended respectively by a labor union, an employers' organization, a civil organization, a consumer organization, an organizations of farmers and fishermen, and a senior citizens' organization;
2. Three relevant public officials recommended as prescribed by Presidential Decree.

(5) The auditor shall be appointed by the President of the Republic of Korea upon recommendation by the Minister of Strategy and Finance from among several persons recommended by the executive officer recommendation committee.

(6) Part-time directors prescribed in paragraph (4) may receive reimbursement for actual expenses, as prescribed by the articles of the Service.

(7) The tenure of the president shall be three years, and that of directors (excluding directors who are public officials) and auditor shall be two years respectively.

Article 21 (Collection Director)

(1) Among standing directors, a director who has extensive knowledge and experience in management, economy and social insurance and who meets the qualification determined by Ordinance of the Ministry of Health and Welfare shall be appointed as a director in charge of the operations under Article 14 (1) 2 and 11.

(2) The ServiceNHIS shall have a committee for nominating collection directors (hereinafter referred to as the "Nomination Committee") in order to nominate candidates for a collection director, having directors as its members. In such cases, a director nominated by the president shall be the chairperson of the Nomination Committee.

(3) The Nomination Committee shall publish recruitment advertisement for a collection director on major daily newspapers, and in addition, may verify a candidate who is regarded as qualified, or request a specialized organization to verify such candidate.

(4) The Nomination Committee shall screen persons recruited pursuant to paragraph (3) according to the candidate screen criteria for a collection director determined by Ordinance of the Ministry of Health and Welfare, and consult on the contract terms with the collection director nominee.

(5) The president shall conclude a contract with the candidate for a collection director in accordance with the result of screening and consultation conducted under paragraph (4), and in such cases, a standing director shall be deemed appointed under Article 20 (3).
(6) Matters necessary for the consultation on contract terms under paragraph (4), contract conclusion, etc. under paragraph (5) shall be prescribed by Ordinance of the Ministry of Health and Welfare.

Article 22 (Duties of Executive Officers)

(1) The president shall represent the ServiceNHIS, exercise overall control over its affairs, and take responsibility for the management performance of the ServiceNHIS.
(2) The standing directors shall conduct the affairs of the ServiceNHIS under the order of the president.
(3) Where the president is unable to perform his/her duties due to an unavoidable circumstance, a standing director determined by the articles of the Service shall act on behalf of the president, and where no standing director exists or a standing director is unable to perform such duties, an executive officer determined by articles of the Service shall act on behalf of the president.
(4) The auditor shall audit the status of the ServiceNHIS, its accounting and assets status.

Article 23 (Disqualification of Executive Officers)

None of the following persons may become an executive officer of the ServiceNHIS:

1. A person who is not a national of the Republic of Korea;
2. A person falling under any subparagraph of Article 34 (1) of the Act on the Management of Public Institutions.

Article 24 (Obligatory Retirement and Dismissal of Executive Officers)

(1) If an executive officer falls under any subparagraph of Article 23, or is confirmed to fall thereunder at the time of his/her appointment, he/she shall be obligated to retire.
(2) If an executive officer falls under any of the following subparagraphs, the person with the power to appoint him/her may dismiss him/her:
   1. Where he/she is deemed unable to perform his/her duties due to a physical disability or mental disorder;
   2. Where he/she breaches an official duty;
   3. Where he/she causes loss to the ServiceNHIS, either intentionally or through gross negligence;
   4. Where he/she commits an act that damages his/her dignity, regardless of whether while on duty or off duty;
   5. Where he/she violates an order of the Minister of Health and Welfare issued under this Act.

Article 26 (Board of Directors)

(1) The ServiceNHIS shall have a board of directors in order to deliberate on and resolve important matters (referring to matters prescribed in Article 17 (1) of the Act on the Management of Public Institutions) of the ServiceNHIS.
(2) The board of directors shall be comprised of the president and directors.
(3) The auditor may appear before the board of directors to speak.
(4) Matters necessary with regard to the issues to be resolved by the board of directors and the operation of the board of directors shall be prescribed by Presidential Decree.

Article 27 (Appointment and Dismissal of Employees)

The president shall appoint and dismiss employees as prescribed by the articles of inservice.

Article 28 (Legal Fiction of Public Officials in Application of Penal Provisions)

The executive officers and the employees of the serviceNHIS shall be deemed public officials for the purposes of Articles 129 through 132 of the Criminal Act.

Article 29 (Rules, etc.)

Rules relevant to the organization, human resource related affairs, remunerations, and accounting of the serviceNHIS shall be determined with approval from the Minister of Health and Welfare after undergoing a resolution of the board of directors.

Article 30 (Selection and Appointment of Agent)

The president may select and appoint an agent from among the directors or employees of the serviceNHIS in order to have the agent act on behalf of him/her in all judicial or extra-judicial acts relevant to the affairs of the serviceNHIS.

Article 31 (Limitation on Representative Powers)

(1) In connection with the matters with regard to which the interests of the serviceNHIS and the interests of the president are in conflict, the president is not allowed to represent the serviceNHIS. In such cases, the auditor shall represent the serviceNHIS.

(2) Paragraph (1) shall apply mutatis mutandis to any litigation between the serviceNHIS and the president.

Article 32 (Delegation of Powers of Chairperson of Board of Directors)

From among the powers of the president referred to in this Act, those prescribed by Presidential Decree, such as restriction of benefits and notice to pay insurance contributionspremiums, may be delegated to the heads of the branch offices pursuant to the articles of inservice.

Article 33 (Financial Operation Committee)

(1) The serviceNHIS shall have a financial operation committee to deliberate and resolve on the matters related to insurance finance, such as contracts of medical care benefit costs provided for in Article 45 (1) and the deficit disposal provided for in Article 84.

(2) The chairperson of the financial operation committee shall be elected by the committee from among the committee members referred to in Article 34 (1) 3.

Article 34 (Composition, etc. of Financial Operation Committee)

(1) The financial operation committee shall be comprised of the following members:
   1. Ten members representing the employer-provided policyholders;
   2. Ten members representing the locally provided policyholders;
   3. Ten members representing the public interest.

(2) As the members referred to in paragraph (1), the Minister of Health and Welfare shall appoint or commission the following persons:
   1. As the committee members referred to in paragraph (1) 1, persons, five of whom are recommended respectively by a labor union and an employers' organization;
   2. As the committee members referred to in paragraph (1) 2, persons recommended by organizations of farmers and fishermen, urban self-employed persons' organizations and civil organizations as prescribed by Presidential Decree;

3. As the committee members referred to in paragraph (1) 3, relevant public officials and persons with extensive knowledge on and experience in health insurance who are determined by Presidential Decree.

(3) The term of the office of the members of the financial operation committee (excluding the members who are public officials) shall be two years: Provided, That the term of the office of any member newly appointed to fill a vacancy of a resigned member, etc. shall be the remaining term of his/her predecessor.

(4) Matters necessary for the operation, etc. of the financial operation committee shall be prescribed by Presidential Decree.

Article 35 (Accounting)

(1) The fiscal year of the serviceNHIS shall be based on the fiscal year of the Government.

(2) The serviceNHIS shall administer the financial affairs of employer-provided policyholders and locally provided policyholders in an integrated manner.

(3) The serviceNHIS shall keep separate accounting for the health insurance program, and the national pension program, employment insurance program, industrial accident compensation insurance program, and wage claim guarantee program entrusted under the law applicable to the entrustment of collection.

Article 36 (Budget)

The serviceNHIS shall compile a proposed budget for each fiscal year with separate contents thereof based on the nature thereof, and obtain approval from the Minister of Health and Welfare. This shall also apply where it intends to modify the budget.

Article 37 (Loans)

The serviceNHIS may borrow funds where a shortage of cash exists in making disbursements: Provided, That approval from the Minister of Health and Welfare is necessary for any long-term loan with a term of at least one year.

Article 38 (Reserve Funds)

(1) Out of the funds remaining after the settlement of accounts for each fiscal year, the serviceNHIS shall accumulate as its reserve funds an amount equivalent to at least 5/100 of the expenses required for payment of insurance benefits for that fiscal year until the funds reach 50/100 of the expenses required for that fiscal year.

(2) The reserve funds referred to in paragraph (1) may not be used except to meet shortages in the expenses incurred in paying insurance benefits or where a shortage of cash exists in making disbursements, and where the shortage of cash in making disbursements is met out of the reserve funds, the amount shall be made up for within the fiscal year concerned.

(3) Matters necessary for the method of managing, operating, etc. the reserve funds referred to in paragraph (1) shall be prescribed by the Minister of Health and Welfare.

Article 39 (Settlement of Accounts)

(1) The serviceNHIS shall prepare a statement of accounts and a report on business performance for each fiscal year and report to the Minister of Health and Welfare thereon by the end of February in the following year.

(2) When the serviceNHIS reports to the Minister of Health and Welfare on its statement of accounts and business report under paragraph (1), it shall publicly announce the contents thereof as prescribed by Ordinance of the Ministry of Health and Welfare.

Article 40 (Mutatis Mutandis Application of Civil Act)

Unless otherwise prescribed by this Act and the Act on the Management of Public Institutions, the provisions of the Civil Act that are relevant to an incorporated foundation shall apply mutatis mutandis to the serviceNHIS.

Article 41 (Medical Care Benefits)

(1) Medical care benefits referred to in the following subparagraphs shall be provided for diseases, injuries, childbirths, etc. of the policyholders and their dependents:

1. Diagnosis and medical examinations;
2. Supply of medicines and materials for medical treatment;
3. Emergency aid, operation and other types of medical treatments;
4. Prevention and rehabilitation;
5. Hospitalization;
6. Nursing;
7. Transfers.

(2) Criteria for medical care benefits referred to in paragraph (1) (hereinafter referred to as "medical care benefits"), such as the method, procedure, scope, and upper limit on medical care benefits shall be prescribed by Ordinance of the Ministry of Health and Welfare.

(3) In prescribing the criteria for medical care benefits under paragraph (2), the Minister of Health and Welfare may exclude ailments that do not cause difficulties at work or in daily life and other items determined by Ordinance of the Ministry of Health and Welfare, from items eligible for medical care benefits.

Article 42 (Medical Care Institution)

(1) Medical care benefits (excluding nursing and transfers) shall be provided by the medical care institutions referred to in the following subparagraphs. In such cases, the Minister of Health and Welfare may exclude, medical facilities, etc. determined by Presidential Decree, such as those unfit as medical care institutions, in the public interest or for national policy reasons, from among medical care institutions:

1. Medical facilities established under the Medical Service Act;
2. Pharmacies registered under the Pharmaceutical Affairs Act;
3. The Korea Orphan Drug Center established under Article 91 of the Pharmaceutical Affairs Act;
4. Public health clinics, public health and medical care centers, and branches of public health clinics referred to in the Regional Public Health Act;
5. Public health clinics established under the Act on the Special Measures for Public Health and Medical Services in Agricultural and Fishing Villages, etc.

(2) If necessary for efficiently providing medical care benefits, the Minister of Health and Welfare may recognize medical care institutions meeting the criteria prescribed by Ordinance of the Ministry of Health and Welfare, such as facilities, equipment, human resources, and areas of specialization, as specialized medical care institutions, as prescribed by Ordinance of the Ministry of Health and Welfare. In such cases, he/she shall issue a written recognition for each of the relevant specialized medical care institutions.

(3) If a medical care institution recognized under paragraph (2) falls under any of the following cases, the Minister of Health and Welfare shall revoke such recognition:
   1. Where it fails to meet the criteria for recognition referred to in the former part of paragraph (2);
   2. Where it returns the written recognition received under the latter part of paragraph (2).

(4) Medical care institutions recognized to be specialized medical care institutions under paragraph (2) or superior general hospitals under Article 3-4 of the Medical Service Act may set the medical care benefit procedure referred to in Article 41 (2) and medical care benefit costs referred to in Article 45 differently from other medical care institutions.

(5) Medical care institutions referred to in paragraphs (1), (2) and (4) may not refuse to provide medical care benefits without any justifiable ground.

Article 43 (Reports on Current Status of Medical Care Institutions)

(1) A medical care institution shall, at the time it claims reimbursement of its first medical care benefit costs under Article 47, report on the current status of its facilities, equipment, manpower, etc. to the Health Insurance Review and Assessment Service (hereinafter referred to as the "HIRA") established under Article 62.

(2) Where any matter reported under paragraph (1) (limited to any matter related to the increase or reduction of medical care benefit costs under Article 45) is changed, the medical care institution shall report thereon to the HIRA within 15 days from the date on which such change is made, as prescribed by Ordinance of the Ministry of Health and Welfare.

(3) Matters necessary for the scope of reporting, matters subject to reporting, and methods and procedures, etc. for the reporting prescribed in paragraphs (1) and (2) shall be prescribed by Ordinance of the Ministry of Health and Welfare.

Article 44 (Partial Defrayment of Expenses)

A person who receives medical care benefits shall personally partially defray such expenses (hereinafter referred to as "individual co-payment") as prescribed by Presidential Decree.

Article 45 (Calculation, etc. of Medical Care Benefit Costs)

(1) The costs of medical care benefits shall be determined by contract between the president of the serviceNHIS and persons determined by Presidential Decree who represent the medical and pharmaceutical communities. In such cases, the term of the contract shall be one year.

(2) If a contract is concluded under paragraph (1), it shall be deemed concluded between the serviceNHIS and each individual medical care institution.

(3) A contract under paragraph (1) shall be concluded by May 31 of the year in which the expiration date of the term of the immediately preceding contract falls, and if no contract is concluded within that period, the costs of medical care benefits shall be determined by the Minister of Health and Welfare by no later than June 30 of the year in which the expiration date of the term of the immediately preceding contract falls after reaching a resolution thereon by the Deliberative Committee. In such cases, the costs of medical care benefits determined by the Minister of Health and Welfare shall

be deemed the medical care benefit costs determined by contract under paragraphs (1) and (2). <Amended by Act No. 11787, May 22, 2013>

(4) If the medical care benefit costs are determined under paragraph (1) or (3), the Minister of Health and Welfare shall publicly notify the particulars of the medical care benefit costs without delay.

(5) The president of the serviceNHIS shall enter into a contract under paragraph (1), subject to the deliberation and resolution of the financial operation committee under Article 33.

(6) When the president of the serviceNHIS requests for materials necessary to conclude a contract under paragraph (1), the HIRA shall sincerely comply therewith.

(7) Details of a contract concluded under paragraph (1) and other necessary matters shall be prescribed by Presidential Decree.

Article 46 (Calculation, etc. Medical Care Benefit Costs for Medicines and Materials for Medical Treatment)

Notwithstanding Article 45, the medical care benefit costs for medicines and materials for medical treatment referred to in Article 41 (1) 2 (hereinafter referred to as "medicines and materials for medical treatment") may be calculated as prescribed by Presidential Decree, taking the purchase prices, etc. of the medicines and materials for medical treatment paid by the medical care institutions into consideration.

Article 47 (Claims for and Payment, etc. of Medical Care Benefit Costs)

(1) A medical care institution may claim the medical care benefit costs from the service-NHIS. In such cases, a request for review referred to in paragraph (2) shall be deemed a claim to the serviceNHIS for the medical care benefit costs.

(2) A medical care institution which intends to claim the medical care benefit costs under paragraph (1) shall request the HIRA for a review of the medical care benefit costs, and the HIRA, in receipt of the request, shall review the matter and immediately notify the serviceNHIS and the medical care institution of the details of its review.

(3) In receipt of the notification of the review details under paragraph (2), the serviceNHIS shall immediately pay the medical care benefit costs to the medical care institution in accordance with such details. In such cases, where the individual co-payment already paid is in excess of the amount notified under paragraph (2), the difference of the excess payment shall be subtracted from the amount to be paid to the medical care institution and paid to the relevant policyholder.

(4) The serviceNHIS may, for accounting purposes, offset the amount to be paid to a policyholder under paragraph (3) against the insurance premiums and other collections under this Act which the relevant policyholder should pay (hereinafter referred to as "insurance contributionspremiums, etc.").

(5) Where the HIRA evaluates the reasonableness of a medical care benefit referred to in Article 63 and notifies it to the serviceNHIS, the serviceNHIS shall adjust the payment by increasing or reducing the medical care benefit costs in accordance with the results of the evaluation. In such cases, the criteria for increased or reduced payment of medical care benefit costs shall be prescribed by Ordinance of the Ministry of Health and Welfare.

(6) A medical care institution may allow any of the following organizations to claim for a review referred to in paragraph (2) on its behalf:

1. The association of medical doctors, the association of dentists, the association of oriental medical doctors and the association of midwives provided for in Article 28 (1) of the Medical Service Act or a branch office or a branch of each of those associations, each of which files a report pursuant to paragraph (6) of the same Article;
2. The organization of medical institutions provided for in Article 52 of the Medical Service Act;
3. The association of pharmacists provided for in Article 11 of the Pharmaceutical Affairs Act or a branch office or a branch of the association, which files a report pursuant to Article 14 of the same Act.

(7) Matters necessary for the method and procedure for making the claim, review, payment, etc. of the medical care benefit costs referred to in paragraphs (1) through (6) shall be prescribed by Ordinance of the Ministry of Health and Welfare.

Article 48 (Verification of Entitlement to Medical Care Benefits, etc.)

(1) Any policyholder or any dependent may request the HIRA to verify whether part of the medical expenses he/she has borne, other than individual co-payment is excluded from his/her entitlement to medical care benefits in accordance with Article 41 (3).

(2) The HIRA in receipt of a request for verification under paragraph (1) shall notify the person who requested the verification of its result. In such cases, if part of the medical expenses for which the verification is requested is verified to be entitled to medical care benefits, the HIRA shall notify the serviceNHIS and the relevant medical care institution of such facts.

(3) A medical care institution in receipt of a notice under the latter part of paragraph (2) shall refund, without delay, the amount it has collected in excess of the amount it should have received to the person who requested the verification (hereinafter referred to as "over-collected medical expenses"): Provided, That where the relevant medical care institution fails to refund the over-collected medical expenses, the serviceNHIS may refund such over-collected medical expenses to the person who requested for verification after deducting them from the medical care benefit costs it is liable to pay such medical care institution.

Article 49 (Medical Care Costs)

(1) Any policyholder or his/her dependent, due to emergency or other unavoidable circumstances determined by Ordinance of the Ministry of Health and Welfare, receives medical care for a disease, injury, childbirth, etc. at an institution which is determined by Ordinance of the Ministry of Health and Welfare and performs functions similar to those of a medical care institution (including a medical care institution placed under a period of suspension of operation under Article 98 (1)) or undergoes a childbirth at a place other than a medical care institution, the serviceNHIS shall disburse an amount equivalent to the medical care benefit concerned to the policyholder or his/her dependent as the medical care costs, as prescribed by Ordinance of the Ministry of Health and Welfare.

(2) An institution that has provided medical care under paragraph (1) shall issue to the recipient of medical care a detailed medical care cost statement or a receipt stating the particulars of the medical care, as prescribed by the Minister of Health and Welfare, and the person who has received the medical care shall submit such statement or receipt to the serviceNHIS.

Article 50 (Additional Benefits)

In addition to the medical care benefits prescribed in this Act, the serviceNHIS may subsidize medical expenses for pregnancy and childbirth, funeral costs, sickness allowances, and other benefits, as prescribed by Presidential Decree. <Amended by Act No. 11787, May 22, 2013>

Article 51 (Special Cases for Disabled Person)

(1) The serviceNHIS may provide insurance benefits of supportive equipment for a disabled policyholder registered under the Welfare of Disabled Persons Act and his/her dependents.

(2) The scope, method, and procedure of the insurance benefits for supportive equipment referred to in paragraph (1) and other necessary matters shall be prescribed by Ordinance of the Ministry of Health and Welfare.

Article 52 (Health Checkups)

(1) The serviceNHIS shall provide health checkups for policyholders and their dependents in order to facilitate early detection of diseases and subsequent medical care benefits.

(2) Candidates for, frequency of, and procedures for the health checkup referred to in paragraph (1) and other necessary matters shall be prescribed by Presidential Decree.

Article 53 (Restriction of Benefits)

(1) If a person who is eligible to receive insurance benefits falls under any of the following subparagraphs, the serviceNHIS shall not provide any insurance benefit:

1. Where he/she has intentionally, or through gross negligence, caused criminal conduct or intentionally contributed to the occurrence of an accident;
2. Where he/she has intentionally or through gross negligence failed to follow medical care-related instructions of the serviceNHIS or the medical care institution;
3. Where he/she has intentionally, or through gross negligence, refused to submit the documents referred to in Article 55 or other items or evaded questions or medical checkups;
4. Where he/she receives or is eligible to receive insurance benefits or compensations under other Acts and subordinate statutes due to a disease, an injury or a disaster incurred relating to his/her business or in the line of duty.

(2) When a person who is eligible to receive a medical care benefit has received from the State or a local government a benefit equivalent to the medical care benefit or expenses equivalent to the medical care benefit costs under the provisions of other Acts and subordinate statutes, the NHIS shall withhold the insurance benefit up to the limit of such amount.

(3) The serviceNHIS may withhold insurance benefits from a policyholder delinquent in paying the insurance contributionspremiums falling under any of the following subparagraphs for a period prescribed by Presidential Decree or his/her dependants until the delinquent insurance premium is paid in full: Provided, That this shall not apply

where gross frequency of delinquency in paying monthly insurance contributionspremiums is below the number of times prescribed by Presidential Decree (delinquent insurance contributionspremiums which have already been paid shall be excluded in calculating the frequency of delinquency), regardless of the period of delinquency in paying insurance contributionspremiums:

1. Insurance contributionspremiums based on monthly income referred to in Article 69 (4) 2;
2. Per household insurance contributionspremiums referred to in Article 69 (5).

(4) Paragraph (3) shall apply to an employer liable to pay insurancecontributions premiums under Article 77 (1) 1 who is delinquent in paying the insurancecontributions premiums based on the amount of monthly remuneration referred to in Article 69 (4) 1, only where such delinquency is attributable to the employer-provided policyholder himself/herself. In such cases, the dependants of the relevant employer-provided policyholder shall also be subject to paragraph (3).

(5) Notwithstanding the provisions of paragraphs (3) and (4), where the approved insurance premiums are provided on not less than one occasion after obtaining approval for the installment payment from the serviceNHIS pursuant to the provisions of Article 82, the insurance benefits may be paid: Provided, That the same shall not apply where anyone who has obtained approval for the installment payment provided for in the provisions of Article 82 fails to pay the approved insurance contributionspremiums not less than two times without any justifiable grounds therefor.

(6) The insurance benefits received in the period during which no insurance benefits are to be provided pursuant to paragraphs (3) and (4) (hereafter referred to as "benefit suspension period" in this paragraph) shall be recognized as insurance benefits only in the following cases:

1. Where the insurance contributionspremiums in arrears are fully paid by the deadline for its payment in the month to which the date on which two months elapse from the date when the serviceNHIS has served a notice that insurance benefits were received during the benefit suspension period belongs;
2. Where the insurance premium for which installment payment is approved pursuant to Article 82 is paid not less than once by the deadline for its payment in the month to which the date on which two months elapse from the date when the serviceNHIS has served a notice that insurance benefits were paid during the benefit suspension period belongs: Provided, That where anyone who has obtained approval for the installment payment pursuant to Article 82 fails to pay the approved insurance contributionspremiums on at least two occasions without justifiable grounds therefor, his/her entitlement to insurance benefits shall be denied.

Article 54 (Suspension of Benefits)

When a person eligible to receive insurance benefits falls under any of the following subparagraphs, no insurance benefit shall be provided during that period: Provided, That in the cases of subparagraphs 3 and 4, the medical care benefits under the provisions of Article 60 shall be provided:

1. When he/she is travelling abroad;
2. When he/she is engaged in business abroad;

3. When he/she falls under Article 6 (2) 2;
4. When he/she is committed to a correctional institution or equivalent facilities.

Article 55 (Verification of Benefits)

If determined to be necessary when providing insurance benefits, the serviceNHIS may demand a person who receives insurance benefits to submit documents and other items or be subject to questioning or diagnosis by relevant personnel.

Article 56 (Disbursement of Medical Care Costs, etc.)

When there is a claim for disbursement of medical care costs or for additional benefits the serviceNHIS is obligated to provide under this Act, the NHIS shall pay or provide them without delay.

Article 57 (Collection of Unjust Gains)

(1) The serviceNHIS shall collect all or part of an amount equivalent to the insurance benefits or the insurance benefit costs from a person who has received insurance benefits or a medical care institution that has received insurance benefit costs by deceit or other unjust means.

(2) Where a medical care institution that has received insurance benefit costs by deceit or other unjust means under paragraph (1) falls under any of the following subparagraphs, the serviceNHIS may require the person who has established such medical care institution to pay the money collectable under paragraph (1), severally or jointly with such medical care institution: <Newly Inserted by Act No. 11787, May 22, 2013>

1. A medical care institution established and operated by a person who is not eligible to establish the institution due to the violation of Article 33 (2) of the Medical Service Act, by borrowing the license of a medical person or the name of a medical service, etc.;
2. A pharmacy established and operated by a person who is not eligible to establish the pharmacy due to the violation of Article 20 (1) of the Pharmaceutical Affairs Act, by borrowing the license of a pharmacist, etc.

(3) Where insurance benefits have been provided based on a false report or false testimony of the employer or the policyholder, or false diagnosis by a medical care institution, the serviceNHIS may require payment of the money collectable under paragraph (1) from such person or institution jointly with the person who received the insurance benefits. <Amended by Act No. 11787, May 22, 2013>

(4) The serviceNHIS may require payment of the money collectable under paragraph (1) from a policyholder who belongs to the same household as the person who has received insurance benefits by deceit or other unjust means (referring to an employer-provided policyholder if the person who has received the insurance benefits by deceit or other unjust means is a dependent) severally or jointly with the person who has received the insurance benefits by deceit or other unjust means. <Amended by Act No. 11787, May 22, 2013>

(5) Where a medical care institution has received medical care benefit costs from a policyholder or his/her dependent by deceit or other unjust means, the serviceNHIS shall collect the amount thereof from the medical care institution concerned and disburse it to the policyholder or his/her dependent without delay. In such cases, the serviceNHIS may offset the amount payable to the policyholder or his/her dependent

against the insurance premiums, etc. to be paid by such policyholder or his/her dependent. <Amended by Act No. 11787, May 22, 2013>

Article 58 (Rights to Indemnity)

(1) When the serviceNHIS has provided an insurance benefit to a policyholder or dependent because the grounds for the insurance benefit have arisen due to the act of a third party, the serviceNHIS shall have the right to claim compensation from the third party up to the amount of the expenses incurred for the benefit concerned.

(2) Where the person who receives the insurance benefit has already received compensation for the loss from the third party under paragraph (1), the serviceNHIS shall withhold the insurance benefit, up to the amount of such compensation.

Article 59 (Protection of Entitlement to Benefits)

Entitlement to receive insurance benefits shall be unalienable and unseizable.

Article 60 (Provision of Medical Care Benefit Costs to Soldiers, etc. in Active Service)

(1) Where any person who falls under subparagraphs 3 and 4 of Article 54 has received medical care, etc. prescribed by Presidential Decree (hereafter referred to as "medical care benefits" in this Article) at the medical care institution, the serviceNHIS may pay the costs necessary therefor (hereafter referred to as "medical care benefit costs" in this Article) to be borne by it, after receiving a deposition from the Minister of Justice, Minister of National Defense, Administrator of the National Emergency Management Agency, Commissioner General of the National Police Agency or Commissioner General of the Korea Coast Guard. In such cases, the Minister of Justice, Minister of National Defense, Administrator of the National Emergency Management Agency, Commissioner General of the National Police Agency or Commissioner General of the Korea Coast Guard shall, as prescribed by Presidential Decree, deposit in advance the annual medical care benefit costs anticipated, except for the inevitable cases in their budgets.

(2) Articles 41, 42, 44 through 48, 55 and 56 shall apply mutatis mutandis to the matters concerning the medical care benefits and medical care benefit costs.

Article 61 (Settlement of Medical Care Benefit Costs)

Where the Korea Workers' Compensation and Welfare Service under Article 10 of the Industrial Accident Compensation Insurance Act claims medical care benefit costs for the medical care benefits already paid pursuant to Article 40 of the Industrial Accident Compensation Insurance Act to a person eligible to receive the medical care benefits pursuant to this Act because of the cancellation of the decision to pay the medical care benefits, the serviceNHIS may pay an amount equivalent to the medical care benefits on the condition that the medical care benefits are recognized to be an amount equivalent to a medical care benefit providable pursuant to this Act.

Article 62 (Establishment)

In order to review the costs of medical care benefits and evaluate the reasonableness of medical care benefits, the Health Insurance Review and Assessment Service shall be established.

Article 63 (Services, etc.)

(1) The HIRA shall be in charge of the services referred to in the following subparagraphs:
1. Review of the costs of medical care benefits;
2. Evaluation of the reasonableness of medical care benefits;
3. Development of criteria for review and evaluation;
4. Investigative research and international cooperation related to the operations referred to in subparagraphs 1 through 3;
5. Services delegated to it in connection with review of the costs of benefits that are provided for under the provisions of other Acts or evaluation of the reasonableness of medical care;
6. Services determined by the Minister of Health and Welfare to be necessary in connection with the health insurance program;
7. Other services prescribed by Presidential Decree in connection with review of the costs of insurance benefits and evaluation of the reasonableness of insurance benefits.

(2) The criteria, procedures, methods, etc. relevant to the evaluation of the reasonableness of medical care benefits referred to in paragraph (1) 2 and 7, and other necessary matters shall be prescribed by Ordinance of the Ministry of Health and Welfare.

Article 64 (Legal Personality, etc.)

(1) The HIRA shall be a juristic person.

(2) The HIRA shall come into existence with the registration of its establishment at the seat of its principal office.

Article 65 (Executive Officers)

(1) The HIRA shall have, as its executive officers, the president, fourteen directors and one auditor. In this case, the president, three trustees, and the auditor shall be standing.

(2) The president shall be appointed by the President of the Republic of Korea from among the plural number of persons recommended by the Minister of Health and Welfare.

(3) Standing directors shall be appointed by the president following the recommendation procedures prescribed by Ordinance of the Ministry of Health and Welfare.

(4) As non-standing directors, ten persons from among the following persons and one relevant public official recommended as prescribed by Presidential Decree shall be appointed by the Minister of Health and Welfare:
1. One person recommended by the serviceNHIS;
2. Five persons recommended by a medicine related organization;
3. Persons, each one of whom is recommended respectively by a labor union, an employers' organization, a consumer organization, and an organizations of farmers and fishermen.

(5) The auditor shall be appointed by the President upon recommendation of the Minister of Strategy and Finance from among the plural number of persons recommended by executive officer recommendation committee.

(6) Non-standing directors prescribed in paragraph (4) may receive reimbursement for actual expenses, as prescribed by the articles of inservice.

(7) The term of office of the president shall be three years, and that of directors (excluding the director who is a public official) and the auditor shall be two years, respectively.

Article 66 (Medical Treatment Review Committee)

(1) In order to efficiently conduct the operations of the HIRA, a medical treatment review committee (hereinafter referred to as the "Review Committee") shall be established under the HIRA.

(2) The Review Committee shall be comprised of no more than 50 full-time review members, including the chairperson of the committee, and no more than 1,000 part-time review members, and it may establish a subcommittee for each area of medical specialization.

(3) Full-time review members referred to in paragraph (2) shall be appointed by the president of the HIRA from among the persons prescribed by Ordinance of the Ministry of Health and Welfare.

(4) Part-time review members referred to in paragraph (2) shall be commissioned by the president of the HIRA from among the persons prescribed by Ordinance of the Ministry of Health and Welfare.

(5) If a review member falls under any of the following subparagraphs, the president of the HIRA may dismiss or discommission him/her:

1. Where he/she is deemed incapable of performing his/her duties due to a physical disability or mental disorder;
2. Where he/she breaches or neglects an official duty;
3. Where he/she causes loss to the HIRA, either intentionally or through gross negligence;
4. Where he/she does an act that causes damage to his/her dignity, regardless of whether while on duty or off duty;

(6) Necessary matters concerning the qualifications and the term of office of the members of the Review Committee, the organization and operation of the committee, etc. other than those prescribed in paragraphs (1) through (5) shall be prescribed by Ordinance of the Ministry of Health and Welfare.

Article 67 (Raising, etc. of Funds)

(1) The HIRA may collect contributions from the serviceNHIS to conduct the operations referred to in Article 63 (1) (excluding the operations referred to in Article 63 (1) 5).

(2) Where affairs related to review of the costs of benefits or evaluation of the reasonableness of medical care are entrusted to the HIRA under Article 63 (1) 5, the HIRA may collect a fee from the delegator.

(3) The amount and collection method of the special assessment and fee referred to in paragraphs (1) and (2) and other necessary matters shall be prescribed by Ordinance of the Ministry of Health and Welfare.

Article 68 (Provisions Applied Mutatis Mutandis)

Articles 14 (3) and (4), 16, 17 (excluding Article 17 (1) 6 and 7), 18, 19, 22 through 32, 35 (1), 36, 37, 39 and 40 shall apply mutatis mutandis to the HIRA. In this case, the "serviceNHIS" shall be deemed the "HIRA" and the "president of the serviceNHIS" shall be deemed the "president of the HIRA," respectively. <Amended by Act No. 11787, May 22, 2013>

Article 69 (Insurance contributionsPremiums)

(1) To meet the expenses incurred for the health insurance program, theservice NHIS shall collect insurance contributionspremiums from the persons obligated to pay insurance contributionspremiums referred to in Article 77.

(2) The insurance contributionspremiums referred to in paragraph (1) shall be collected from the month following a month in which the date the policyholder becomes eligible falls until the month in which the day preceding a day on which the policyholder loses his/her qualification falls: Provided, That where the qualification of the policyholder is obtained on the first day of any month, it shall be collected from the relevant month.

(3) In collecting insurance contributionspremiums under paragraphs (1) and (2), where the qualification of a policyholder has been altered, the insurance premium of the month whereto belongs the altered day shall be collected on the basis of qualification prior to such alteration: Provided, That where the qualification of the policyholder is altered on the first day of any month, it shall be collected on the basis of the altered qualification.

(4) The amount of the monthly insurance premium for an employer-provided policyholder shall be the amount calculated as follows:

1. The amount of insurance premium based on monthly remuneration: The amount obtained by multiplying the amount of monthly remuneration calculated under Article 70 by the insurance premium rate under Article 73 (1) or (2);
2. The amount of insurance premium based on the monthly income: The amount obtained by multiplying the amount of monthly income calculated under Article 71 by 50/100 of the insurance premium rate under Article 73 (1) or (2).

(5) The amount of the monthly insurance premium per month for a locally provided policyholder shall be calculated per unit of household, but the insurance premium per month for the household to which a locally provided policyholder belongs shall be the amount obtained by multiplying the monetary value per contribution point under Article 73 (3) by the contribution points calculated under Article 72.

Article 70 (Amount of Monthly Remuneration)

(1) The amount of monthly remuneration of an employer-provided policyholder provided for in Article 69 (4) 1 shall be calculated on the basis of the amount of remuneration received by each of the employer-provided policyholders and the upper limit and the lowest limit thereof may be set according to the criteria prescribed by Presidential Decree.

(2) Insurance contributionspremiums based on monthly remuneration for a policyholder to whom all or part of his/her remuneration is not paid due to temporary retirement from office or other circumstances (hereinafter referred to as "person temporarily retiring from office, etc.") shall be calculated on the basis of the monthly remuneration amount for the month before the occurrence of the circumstance in question.

(3) Remunerations provided in paragraph (1) refer to money and other valuables (excluding anything in the nature of reimbursement for expenses) that workers, or such receive from employers, the State or local governments for providing their labor, which are determined by Presidential Decree. In this case, if it falls under the cases prescribed by Presidential Decree, such as there are no data relating to the remunerations or they

are indistinct, the amount determined and publicly notified by the Minister of Health and Welfare shall be regarded as the remunerations.

(4) Matters necessary for the calculation, etc. of the amount of monthly remuneration referred to in paragraph (1) and the calculation, etc. of the amount of monthly remuneration for unremunerated employers shall be prescribed by Presidential Decree.

Article 71 (Amount of Monthly Income)

(1) Where the amount of income of an employer-provided policyholder excluding the amount of remuneration included in the calculation of the amount of monthly remuneration under Article 70 (hereinafter referred to as "extra income other than remuneration") exceeds the amount prescribed by Presidential Decree, the amount of monthly income shall be calculated on the basis of the amount of the extra income other than remuneration, and the upper limit thereof may be set according to the criteria prescribed by Presidential Decree.

(2) Matters necessary for the calculation of the amount of monthly income, including the criteria for and method of the calculation, shall be prescribed by Presidential Decree.

Article 72 (Contribution Point)

(1) The contribution point provided in Article 69 (5) shall be set taking into account the income, property, standard of living and the participation rate in economic activities, etc. of each of the locally provided policyholders and the upper limit and the lowest limit thereof may be set according to the criteria prescribed by Presidential Decree.

(2) In determining the method and criteria for calculating the contribution point under paragraph (1), assets in relation to which excercise of property rights is restricted under Acts and subordinate statutes may be treated differently from other assets.

(3) Methods and criteria for calculating contribution points and other necessary matters shall be prescribed by Presidential Decree.

Article 73 (Insurance Premium Rate, etc.)

(1) Insurance premium rates for an employer-provided policyholder shall be determined by Presidential Decree, within the limit of 80/100 after undergoing a resolution of the Deliberative Committee.

(2) Insurance premium rate for an employer-provided policyholder who is engaged outside of Korea for business operations shall be 50/100 of the insurance premium rate determined under paragraph (1).

(3) The monetary value per contribution point for each of the locally provided policyholders shall be determined by Presidential Decree after undergoing deliberation by the Deliberative Committee.

Article 74 (Exemption from Insurance Premiums)

(1) Where an employer-provided policyholder falls under any of subparagraphs 2 through 4 of Article 54, the serviceNHIS shall exempt him/her from payment of insurance contributionspremiums: Provided, That an employer-provided policyholder falling under subparagraph 2 of Article 54 shall be exempted from paying insurance contributionspremiums only if he/she does not have any dependent who resides within Korea.

(2) Where a locally provided policyholder falls under any of subparagraphs 2 through 4 of Article 54, contribution points referred to in Article 72 shall be excluded from

calculation of the insurance contributionspremiums for the household to which such policyholder belong.

(3) For the exemption of insurance contributionspremiums under paragraph (1) or the contribution point to be exempted from the computation of insurance contributionspremiums under paragraph (2), it shall apply from the month following the month whereto belongs the day on which the reasons for allowance suspension falling under any of subparagraphs 2 through 4 of Article 54 have occurred to the month whereto belongs the day on which the reasons have been settled: Provided, That where the reasons for allowance suspension have been resolved on the first day of each month, the insurance contributionspremiums of the relevant month shall not be exempted, or the contribution point shall not be exempted from the computation of insurance contributionspremiums.

Article 75 (Reduction, etc. of Insurance contributionsPremiums)

(1) With respect to the policyholders prescribed by Ordinance of the Ministry of Health and Welfare from among the following policyholders, part of the insurance contributionspremiums of the policyholders or the households to which the policyholders belong may be reduced:

1. Persons who reside on islands, in remote areas and agricultural and fishery communities, etc. prescribed by Presidential Decree;
2. Persons who are at least 65 years old;
3. Disabled persons who are registered pursuant to the Act on Welfare of Persons with Disabilities;
4. Persons who have rendered distinguished services for the State, provided for in Article 4 (1) 4, 6, 12, 15 or 17 of the Act on the Honorable Treatment and Support of Persons, etc. of Distinguished Services to the State;
5. Persons temporarily retiring from office;
6. Other persons designated and publicly announced by the Minister of Health and Welfare as the persons whose insurance contributionspremiums need to be reduced on the grounds of the difficult lifehood and natural disaster, etc.

(2) Where a person obligated to pay insurance contributionspremiums under Article 77 falls under any of the following, he/she may be granted such financial gains as reduction of insurance contributionspremiums, etc. as prescribed by Presidential Decree: <Newly Inserted by Act No. 11787, May 22, 2013>

1. Where he/she receives a notice to pay insurance contributionspremiums by means of an electronic document under Article 79 (2);
2. Where he/she pays insurance contributionspremiums by means of automatic account transfer.

(3) Methods and procedures for reducing insurance contributionspremiums under paragraph (1) and other necessary matters shall be determined and publicly notified by the Minister of Health and Welfare. <Amended by Act No. 11787, May 22, 2013>

Article 76 (Burden of Insurance Premiums)

(1) The insurance contributionspremiums for an employer-provided policyholder shall be borne, 50/100 each, by the employer-provided policyholder and the person referred to in the following classifications: Provided, That where an employer-provided

policyholder is a school employee, 50/100, 30/100, and 20/100 of the amount of the insurance premiums shall be borne by the said employer-provided policyholder, the person prescribed in subparagraph 2 (c) of Article 3, and the State, respectively, but where the person prescribed in subparagraph 2 (c) of Article 3 lacks the means to meet all obligation, the amount of shortfall may be borne by the accounts of a school:

1. Cases where the employer-provided policyholder is a worker: The employer prescribed in subparagraph 2 (a) of Article 3;
2. Cases where the employer-provided policyholder is a public official: The State or the local government to which the public official belongs.

(2) Insurance contributionspremiums based on monthly income of an employer-provided policyholder shall be borne by the employer-provided policyholder.

(3) The insurance contributionspremiums for a locally provided policyholder shall be borne jointly by all locally provided policyholders who reside in the same household as that of the said policyholder.

Article 77 (Responsibility for Payment of Insurance contributionsPremiums)

(1) Insurance contributionspremiums of an employer-provided policyholder shall be paid by the person prescribed as follows pursuant to the following classifications:

1. Insurance contributionspremiums based on monthly remuneration: Employer. In such cases, where the workplace has more than two employers, the employers of the workplace shall jointly pay the insurance contributionspremiums of the relevant employer-provided policyholder;
2. Insurance contributionspremiums based on monthly income: Employer-provided policyholder.

(2) Insurance contributionspremiums of a locally provided policyholder shall be paid jointly by all locally provided policyholders of a household to which the policyholder belong: Provided, That minors who meet the criteria prescribed by Presidential Decree in consideration of income, property, standard of living, the rate of participation in economic activities, etc. shall not be liable to pay insurance contributionspremiums.

(3) An employer shall pay the portion of the insurance premium for the month to be borne by an employer-provided policyholder out of the insurance premium based on monthly remuneration by deducting it from his/her remunerations. In such cases, the employer shall notify the employer-provided policyholder of the amount of deduction.

Article 78 (Deadline for Payment of Insurance contributionsPremiums)

(1) A person who is liable to pay insurance contributionspremiums under Article 77 (1) and (2) shall pay the policyholder's insurance contributionspremiums for the applicable month by the tenth day of the following month: Provided, That insurance contributionspremiums based on monthly income of employer-provided policyholders and insurance contributionspremiums of locally provided policyholders may be paid quarterly, as prescribed by Ordinance of the Ministry of Health and Welfare. <Amended by Act No. 11787, May 22, 2013>

(2) Where any cause or event prescribed by Ordinance of the Ministry of Health and Welfare, such as delay in the delivery of notice of payment, occurs, the serviceNHIS may extend the payment deadline up to one month from the payment deadline under paragraph (1) at the request of the person obligated to make such payment,

notwithstanding paragraph (1). In such cases, matters relating to the method and procedures for applying for the extension of payment deadline and other relevant matters shall be prescribed by Ordinance of the Ministry of Health and Welfare. <Newly Inserted by Act No. 11787, May 22, 2013>

Article 79 (Notice to Pay Insurance Premiums, etc.)

(1) When the serviceNHIS intends to collect insurance contributionspremiums, etc., it shall determine the amount thereof and make a payment notice to each person who is obligated pay it by means of a written notice wherein following matters are stated:
1. Types of insurance premiums, etc. to be collected;
2. Amount subject to be paid;
3. Deadline for and place of payment.

(2) If requested by a person obligated to pay the insurance premium, the serviceNHIS may, when a payment notice is to be issued under paragraph (1), notify it by means of an electronic document, such as exchange of electronic messages.

(3) Where the serviceNHIS makes a payment notice by means of an electronic document under paragraph (2), it shall be deemed received by the person obligated to make payment at the time it is saved in the information and communications network prescribed by Ordinance of the Ministry of Health and Welfare or entered into the address of an electronic mail designated by the person obligated to make payment.

(4) Where the employers of an employer-provided policyholder are two or more persons or where a household of a locally provided policyholder consists of two or more persons, a notice made to any one of them shall be deemed to take its effect to all other employers of the relevant workplace or all other locally provided policyholders who are the relevant household members.

(5) A payment notice issued to a person temporarily retiring from office, etc. may be postponed until the time the reason for temporary retirement, etc. disappears, as prescribed by Ordinance of the Ministry of Health and Welfare.

(6) Matters necessary for the method, procedures, etc. for applying for notice by means of an electronic document under paragraph (2) shall be prescribed by Ordinance of the Ministry of Health and Welfare.

Article 80 (Arrears)

(1) If a person obligated to pay insurance premium, etc. fails to make payment of insurance premium, etc. by the payment deadline, the serviceNHIS shall collect arrears equivalent to 3/100 of the insurance premium, etc. in arrears from the date the payment thereof becomes overdue.

(2) If a person obligated to pay insurance premium, etc. fails to pay an insurance premium, etc. in arrears, the serviceNHIS shall collect another additional charge equivalent to 1/100 of the insurance premium, etc. in arrears in addition to the arrears under paragraph (1) at the end of each month from the date the payment thereof becomes overdue. In such cases, the arrears shall not exceed 9/100 of the insurance premium, etc. in arrears.

(3) If any natural disaster occurs or any other extenuating circumstances prescribed by Ordinance of Ministry of Health and Welfare exist, the collection of arrears referred to paragraphs (1) and (2) may be forgone, notwithstanding paragraphs (1) and (2).

Article 81 (Demands for Insurance contributionsPremiums, etc. and Dispositions on Default)

(1) Where a person who is liable to pay insurance contributionspremiums as referred to in Articles 57 and 77 fails to pay the insurance contributionspremiums, etc., the serviceNHIS may demand payment by the specified period. In such cases, where the number of employers of an employer-provided policyholder is at least two, or the household of a locally provided policyholder consists of two or more members, a notice or demand made to any of the employers or any of the household members shall be deemed effective regarding the other employers of the relevant workplace or the other locally provided policyholders who are the members of the household.

(2) Where a demand is being made under paragraph (1), a payment period of at least 10 days, but no more than 15 days shall be determined and a letter of demand issued.

(3) Where a person who receives a demand referred to in paragraph (1) fails to pay the insurance contributionspremiums, etc. by the payment deadline, the serviceNHIS may collect it in the same manner as national taxes in arrears are collected, after obtaining approval from the Minister of Health and Welfare.

(4) Where the serviceNHIS determines that an asset seized in the same manner as national taxes in arrears are collected under paragraph (3) is not appropriate to be auctioned directly by it because expert knowledge is necessary for the public auction or because of other special circumstances, the serviceNHIS may have the Korea Asset Management service established under the Act on the Efficient Disposal of Non-Performing Assets, etc. of Financial Companies and the Establishment of Korea Asset Management service (hereinafter referred to as the "Korea Asset Management service") conduct the auction on behalf of the serviceNHIS, and in which case the auction shall be deemed to have been conducted by the serviceNHIS.

(5) Where the Korea Asset Management service conducts an auction on behalf of the serviceNHIS under paragraph (4), the serviceNHIS may pay a fee, as prescribed by Ordinance of the Ministry of Health and Welfare.

Article 81-2 (Provision of Data concerning Default or Disposition on Deficits)

(1) Where any centralized credit information collection agency provided for in Article 25 (2) 1 of the Use and Protection of Credit Information Act requests data concerning the personal information, amount in arrears, or amount written off, of any of the following defaulters or persons whose amount in arrears is written off (hereafter referred to as "data concerning default, etc." in this Article), the serviceNHIS may provide such data, if necessary for the collection of insurance contributionspremiums or for public interest: Provided, That this shall not apply where any administrative appeal or administrative litigation is pending in connection with the insurance premiums in arrears or any other amount collectable under this Act, or where any other cause or event prescribed by Presidential Decree occurs:

1. A person in whose case the total amount of the insurance contributionspremiums remaining unpaid for a period exceeding one year from the following day of the time limit for payment under this Act, other amount to be paid, and the disposition fee for arrears under this Act is not less than five million won;

2. A person in whose case the total amount written off under Article 84 is not less than five million won.

(2) Matters relating to the procedures for the provision of data concerning default, etc. shall be prescribed by Presidential Decree.

(3) No person who is provided with data concerning default, etc. under paragraph (1) shall divulge or use them for any purpose other than for performing his/her official duties.

Article 82 (Installment Payments of Insurance contributionsPremiums in Arrears)

(1) With respect to a person who has defaulted in the payment of insurance contributionspremiums on at least three occasions, the serviceNHIS may grant approval for his/her payment of insurance contributionspremiums in installments, as prescribed by Ordinance of the Ministry of Health and Welfare.

(2) Where a person who is approved to pay insurance contributionspremiums in installments pursuant to paragraph (1) fails to pay the approved insurance contributionspremiums on at least two occasions without any justifiable grounds therefor, the serviceNHIS shall revoke its approval for payment of his/her insurance contributionspremiums in installments.

(3) Necessary matters concerning procedures, methods and criteria, etc. for approval and the revocation of approval to pay insurance contributionspremiums in installments shall be prescribed by Ordinance of the Ministry of Health and Welfare.

Article 83 (Disclosure of Personal Information of Persons who are Defaulters of Large Amount or who Habitually Fall into Arrears)

(1) Where a person who has defaulted in the payment of insurance contributionspremiums, arrears and expenses for disposition on default (including insurancecontributions premiums, arrears and expenses for disposition on default which has been written off under Article 84 but the extinctive prescription for which has not run out) which have been in arrears for more than two years from the day following the payment deadline under this Act in the amount of not less ten million won in total despite the fact that he/she has the ability to pay them, the serviceNHIS may disclose his/her personal information, amount in arrears, etc. (hereafter referred to as "personal information, etc." in this Article): Provided, That, this shall not apply where any administrative appeal or administrative litigation is pending or where any cause prescribed by Presidential Decree, such as partial payment of the amount in arrears, exists.

(2) The Deliberative Committee on Disclosure of Insurance Premium Information shall be established in the serviceNHIS in order to deliberate on whether to disclose personal information, etc. under paragraph (1) of persons in default.

(3) The Deliberative Committee on Disclosure of Insurance Premium Information shall provide persons who are subject matter of disclosure of personal information, etc. an opportunity to defence themselves by notifying in writing that they shall be subject to the disclosure, and select the persons subject to the disclosure after six months elapse from the date of such notification taking into consideration the fulfillment, etc. of their obligation to pay the amount in arrears.

(4) Personal information, etc. of persons in default under paragraph (1) shall be disclosed by means of publication in the official gazette or posting on the Internet website of the serviceNHIS.

(5) Matters necessary for the criteria for the ability to make payment, procedures for disclosure, organization and operation of the committee, etc. concerning the disclosure of personal information, etc. of persons in default under paragraphs (1) through (4) shall be prescribed by Presidential Decree.

Article 84 (Dispositions as Losses)

(1) Where any of the following grounds occurs, the serviceNHIS may write off insurance contributionspremiums, etc. as loss after obtaining a resolution of the financial operation committee:

1. Where the disposition on default is concluded and the portion to be appropriated for the amount in arrears is insufficient for meeting the amount in arrears;
2. Where the extinctive prescription for the claim concerned has run out;
3. Cases determined by Presidential Decree where the possibility of collection is recognized nonexistent.

(2) Where the serviceNHIS discovers the existence of other seizable assets after the disposition on loss under paragraph (1) 3, it shall immediately cancel the disposition and effect a default disposition.

Article 85 (Precedence of Collection of Insurance Premiums, etc.)

Insurance contributionspremiums, etc. shall be collected before other claims except for national taxes and local taxes: Provided, That this shall not apply to the claims secured by a lease on a deposit basis, the right of pledge or a mortgage where the insurance premium is assessed against the proceeds from the sale of an asset for which entering into a lease on a deposit basis, the right of pledge or a mortgage having been registered prior to the payment period for the insurance contributionspremiums, etc. is proved.

Article 86 (Appropriation for and Return of Insurance Premiums, etc.)

(1) Where any payment of the insurance contributionspremiums, etc., arrears or expenses for disposition on default is erroneously made by a person liable to make such payment, the serviceNHIS shall immediately determine the erroneous payment as a refund.

(2) The refund referred to in paragraph (1) shall be appropriated for any insurance contributionspremiums, etc., arrears or expenses for disposition on default yet to be paid as prescribed by Presidential Decree, and any balance remaining after the appropriation shall be disbursed to the payer within 30 days after the date of the determination referred to in paragraph (1). In such cases, when the serviceNHIS appropriates or disburses a refund, it shall add interest prescribed by Presidential Decree to the refund.

Article 87 (Filing of Objection)

(1) A person who has an objection to the decisions of the serviceNHIS on the qualification, insurance premium, etc., insurance benefits, and insurance benefit costs for a policyholder or his/her dependents, may formally raise such objection to the serviceNHIS.

(2) The serviceNHIS, a medical care institution, or other entity that has an objection to the decisions of the HIRA on evaluation, etc. of the reasonableness of the medical care benefit costs and medical care benefits may formally raise the objection to the HIRA.

(3) Any objection referred to in paragraphs (1) and (2) (hereinafter referred to as "filing of objection") shall be filed in writing within 90 days after the date the person became aware of such decision and shall not be filed after 180 days from the date on which the decision is made: Provided, That this shall not apply where an explanation is made that the objection within the relevant period could not be raised due to a legitimate reason.

(4) Notwithstanding the main sentence of paragraph (3), where a medical care institution intends to file an objection to the verification of the HIRA referred to in Article 48, it shall do so within 30 days from the date on which it receives notice referred to in paragraph (2) of the same Article.

(5) Matters necessary for the method of filing an objection and decision thereon, and notice of the decision, etc. other than those prescribed in paragraphs (1) through (4) shall be prescribed by Presidential Decree.

Article 88 (Requests for Trial)

(1) A person who appeals against a decision on an objection filed may request the Health Insurance Dispute Mediation Committee for a trial pursuant to Article 89. In such cases, Article 87 (3) shall apply mutatis mutandis to a request for trial.

(2) A person who intends to request a trial pursuant to paragraph (1) shall submit a request for trial prescribed by Presidential Decree to the serviceNHIS or the HIRA, whichever of the two made a decision pursuant to Article 76 (1) or (2), or to the Health Insurance Dispute Mediation Committee under Article 89.

(3) Matters necessary for the procedure and method for filing a request for trial, decision, notification of such decision, etc. other than those prescribed in paragraphs (1) and (2) shall be prescribed by Presidential Decree.

Article 89 (Health Insurance Dispute Mediation Committee)

(1) The Health Insurance Dispute Mediation Committee (hereinafter referred to as the "Dispute Mediation Committee") shall be established under the Ministry of Health and Welfare to deliberate and resolve on requests for trial pursuant to Article 88.

(2) The Dispute Mediation Committee shall be comprised of 35 or fewer committee members including a chairperson, from which one committee member excluding the chairperson shall be an ex officio member.

(3) The meeting of the Dispute Mediation Committee shall have a total of nine members, being the chairperson, one ex officio member and seven committee members designated by the chairperson each time a meeting is held.

(4) Resolutions of the Dispute Mediation Committee shall be passed by the attendance of the majority of committee members under paragraph (3) and affirmative voting of the majority of those present.

(5) Matters necessary for the organization, operation, etc. of the Dispute Mediation Committee, other than those prescribed in paragraphs (1) through (4), shall be prescribed by Presidential Decree.

Article 90 (Administrative Litigation)

A person who has an objection to a decision of the serviceNHIS or the HIRA or a person who protests against a decision on the objection filed under Article 87 or a request for trial made under Article 88 may institute an administrative action pursuant to the Administrative Litigation Act.

Article 91 (Prescription)

(1) The following rights shall be barred by prescription if not exercised within three years:
1. Entitlement to collect insurance contributionspremiums and arrears;
2. Entitlement to be refunded any excessive or mistaken amount paid as insurance premiums and arrears;
3. Entitlement to receive an insurance benefit;
4. Entitlement to receive reimbursement of insurance benefit costs;
5. Entitlement to receive a refund of excess individual co-payment under the latter part of Article 47 (3);
6. A right of the Korea Workers' Compensation and Welfare Service under Article 61.

(2) The prescription referred to in paragraph (1) shall be interrupted by an occurrence of any of the following events:
1. A notice of or demand for insurance contributionspremiums;
2. A claim for insurance benefit or insurance benefit costs.

(3) The extinctive prescription of the right to collect insurance contributionspremiums from a person temporarily retiring from office, etc. shall not, if notification is suspended pursuant to Article 79 (5), proceed until the reason for temporary retirement from office, etc. ceases to exist.

(4) Except for matters prescribed in this Act, the term of extinctive prescription pursuant to paragraph (1), interruption of prescription pursuant to paragraph (2) and suspension of prescription pursuant to paragraph (3) shall be in accordance with the Civil Act.

Article 92 (Calculation of Periods)

Except as otherwise provided for in this Act, the provisions of the Civil Act that are relevant to periods shall apply mutatis mutandis to the calculation of the periods prescribed by this Act or by orders under this Act.

Article 93 (Protection of Rights and Interests of Workers)

An employer who employs the workers at all places of business who do not fall under any subparagraph of Article 6 (2) shall neither prevent the workers he/she has employed from becoming employer-provided policyholders under this Act nor take a measure that is injurious to the workers, such as denial of a worker's promotion or wage increase or the dismissal of a worker, for the purpose of evading an increase of the employer's share to be borne by the employer in question and without any justifiable ground therefor.

Article 94 (Reporting, etc.)

(1) The serviceNHIS may require an employer, employer-provided policyholder or the head of a household to report the following matters or to submit relevant documents (including those recorded by an electronic method): <Amended by Act No. 11787, May 22, 2013>
1. A policyholder's change of residence;
2. A policyholder's remuneration and income;
3. Other matters necessary for the health insurance program.

(2) Where the serviceNHIS recognizes a necessity for factual verification of the materials reported or submitted under paragraph (1), the serviceNHIS may require employees under its charge to investigate the matters in question.
(3) The serviceNHIS's employees who conduct an investigation under paragraph (2) shall carry documents indicating their authority and produce them to related persons.

Article 95 (Forwarding, etc. of Data on Reduction or Omission of Income)

(1) Where the serviceNHIS recognizes that remuneration, income, or such reported under Article 94 (1) is reduced or omitted, it may forward in writing the matters on income reduction or omission to the Commissioner of the National Tax Service through the Minister of Health and Welfare.
(2) Where the Commissioner of the National Tax Service conducts any tax investigation under related Acts, such as the Framework Act on National Taxes, on the matters forwarded under paragraph (1), he/she shall forward the matters on the remuneration or income from among the results of relevant investigation to the serviceNHIS.
(3) Matters necessary for forwarding procedures under paragraphs (1) and (2) and other necessary matters shall be prescribed by Presidential Decree.

Article 96 (Furnishing of Materials)

(1) The serviceNHIS and the HIRA may request the State, local governments, medical care institutions, insurance companies and actuarial organizations under the Insurance Business Act, and other public organizations to furnish the materials necessary for the health insurance program.
(2) The serviceNHIS may request the State, local governments, and other public institutions and public organizations to furnish the materials necessary to conduct services under Article 14 (1) 11.
(3) Those that have received request to furnish materials under paragraphs (1) and (2) shall sincerely comply therewith.
(4) Fees, commissions, etc. shall be exempted for the materials furnished to the serviceNHIS or the HIRA by the State, local governments, medical care institutions, insurance rate computing organizations under the Insurance Business Act and other public institutions and public organizations under paragraphs (1) and (2).

Article 96-2 (Preservation of Documents)

(1) Each medical care institution shall keep the documents related to any claim for medical care benefit costs under Article 47 for five years from the date of end of provision of such medical care benefit, as prescribed by Ordinance of the Ministry of Health and Welfare: Provided, That pharmacies and other medical care institutions prescribed by Ordinance of the Ministry of Health and Welfare shall keep prescriptions for three years from the day the relevant medical care benefit costs are claimed.
(2) Each employer shall keep documents related to health insurance including management of the qualification requirements and calculation of insurancecontributions premiums for three years, as prescribed by Ordinance of the Ministry of Health and Welfare.

Article 97 (Reports and Inspections)

(1) The Minister of Health and Welfare may order an employer, an employer-provided policyholder or the head of a household to report or submit materials on a policyholder's

relocation, remuneration, income and other necessary matters or require public officials under his/her charge to question relevant persons or inspect relevant documents.

(2) The Minister of Health and Welfare may require a medical care institution (including any institution that has provided medical care under Article 49) to report on the matters relevant to insurance benefits, such as the provision of medical care and medicine, or submit relevant documents or require public officials under his/her charge to question relevant persons or inspect relevant documents.

(3) The Minister of Health and Welfare may require a person who has received an insurance benefit to report on the details of the insurance benefit concerned or require public officials under his/her charge to question the person.

(4) The Minister of Health and Welfare may order an organization that is assigned to vicariously file claims for examining medical care benefit costs pursuant to Article 47 (6) (hereinafter referred to as "vicarious claim organization") to submit necessary materials or require public officials under his/her charge to investigate and verify the materials, etc. pertaining to the vicarious claims.

(5) Public officials who conduct an investigation under any of paragraphs (1) through (4) shall carry documents indicating their authority and produce them to related persons.

Article 98 (Suspension of Operation)

(1) Where a medical care institution falls under any of the following subparagraphs, the Minister of Health and Welfare may order the medical care institution to suspend its operation by specifying a period of within one year:

1. Where it places the burden of medical care benefit costs on an insurer, policyholder, or dependent by deceit or other illegitimate means;
2. Where it violates the order referred to in Article 97 (2), files a false report, or rejects, interferes with or evades an inspection or questioning by a public official belonging to competent authorities.

(2) A person who has been ordered to suspend operation under paragraph (1) shall not provide medical care benefits during the period of suspension of the operations in question.

(3) The effect of the disposition of suspension of operation under paragraph (1) shall be succeeded by a person who takes over the medical care institution for which such disposition has been made, a service which survives after a merger, or a service established by a merger, and in cases where any procedure of the disposition of suspension of operation is pending, it may proceed with respect to the transferee, the service which continues to exist after a merger or the service established by a merger: Provided, That the same shall not apply to a transferee or service surviving a merger in cases where he/she or it proves that he/she or it was unaware of such disposition or the fact of violation.

(4) A person who is subject to the disposition of the suspension of operation under paragraph (1) or a person for whom the procedure of the disposition of suspension of operation is under way shall notify, without delay, a transferee, a service surviving a merger or a service incorporated in the course of a merger, of the fact that it is subject to an administrative disposition or the fact that the procedure of an administrative

disposition is under way, as prescribed by Ordinance of the Ministry of Health and Welfare.

(5) The criteria for administrative disposition by the kind, degree, etc. of violating acts which are subject to the suspension of operation under paragraph (1) and other necessary matters shall be prescribed by Presidential Decree.

Article 99 (Penalty Surcharge)

(1) Where a medical care institution is subject to the disposition of suspension of operation by falling under Article 98 (1) 1, if such disposition causes a serious inconvenience to persons who use a medical care institution or if any special causes prescribed by the Minister of Health and Welfare are deemed to exist, the Minister of Health and Welfare may impose and collect a penalty surcharge in the amount not exceeding five times of the amount to be imposed on conducts by deceit or other illegitimate methods in lieu of the disposition of suspension of operation. In such cases, the Minister of Health and Welfare may permit such payment to be made in installments within 12 months.

(2) Where a person responsible for the payment of a penalty surcharge under paragraph (1) fails to make such payment by the deadline thereof, it shall be collected in accordance with the examples of disposition on national taxes in arrears.

(3) If necessary for collecting a penalty surcharge, the Minister of Health and Welfare may file a written request to furnish tax information with the head of the tax office or the head of the local government concerned wherein following matters are stated:

1. Personal information of a taxpayer;
2. Purpose of use;
3. Grounds and criteria for imposition of penalty surcharge.

(4) The penalty surcharges collected pursuant to paragraph (1) shall not be used for any purposes other than the following:

1. Funds the NHIS provides as medical care benefit costs pursuant to Article 47 (3);
2. Support for the emergency medical service fund referred to in the Emergency Medical Service Act.

(5) The amount of penalty surcharge according to the number of days for business suspension pursuant to paragraph (1), necessary matters for the payment thereof, the amount of support from penalty surcharges referred to in paragraph (4) by uses, procedure of use, and other necessary matters shall be prescribed by Presidential Decree.

Article 100 (Publication of Fact of Violation)

(1) If a medical care institution which has received an administrative disposition under Article 98 or 99 because of claims for medical care benefit costs in falsehood by falsifying or forging relevant documents falls under any of the following subparagraphs, the Minister of Health and Welfare may publish the act of violation, details of disposition, the name, address and name of a representative of the relevant medical care institution, and other matters prescribed by Presidential Decree which are necessary to distinguish it from other medical care institutions. In such cases, the motive, degree, frequency, results, etc. of the violation shall be taken into consideration in deciding whether to make such publication:

1. Where the amount claimed in falsehood exceeds fifteen million won;

2. Where the rate of amount claimed in falsehood exceeds 20/100 of the total amount of medical care benefit costs.

(2) The Minister of Health and Welfare shall establish and operate the Health Insurance Publication Deliberation Committee (hereafter referred to as the "Publication Deliberation Committee" in this Article) to deliberate on whether to make a publication, etc. under paragraph (1).

(3) The Minister of Health and Welfare shall notify a medical care institution which becomes subject to publication, undergoing the deliberation by the Publication Deliberation Committee of the fact that it is subject to publication, in order to provide it with an opportunity to submit explanatory materials or appear to make a statement of opinion.

(4) The Minister of Health and Welfare shall select medical care institutions to become subject to publication after the Publication Deliberation Committee redeliberates medical care institutions to be subject to publication, taking into account explanatory materials or statements of opinion referred to in paragraph (3).

(5) Matters necessary for the procedure for and method of publication, organization and operation, etc. of the Publication Deliberation Committee other than those prescribed in paragraphs (1) through (4) shall be prescribed by Presidential Decree.

Article 101 (Prohibited Acts of Manufacturers, etc.)

(1) In assessing the scope of medical care benefits under Article 41 (2) or in calculating the medical care benefit costs under Article 46 with respect to the medicines and materials for medical treatment, a manufacturer, operator of a manufacture by entrustment and sale business, importer and exporter of drugs under the Pharmaceutical Affairs Act and a manufacturer, importer, repairer, distributor and lessor of medical devices under the Medical Devices Act (hereinafter referred to as "manufacturer, etc.") shall not cause any loss to the financial standing of the health insurance by involving in an offense of a medical care institution referred to in Article 98 (1) 1 or by a deceit including the raise of the maximum prices or sale prices of medicines or materials for medical treatment by submitting false data, or by other unjust methods prescribed by Ordinance of the Ministry of Health and Welfare.

(2) In order to ascertain whether a manufacturer, etc. have committed any violation of paragraph (1), the Minister of Health and Welfare may conduct a necessary investigation, such as issuing an order to the relevant manufacturer, etc. to submit the documents concerned or assigning public officials under his/her control to ask questions to the related persons or inspect the documents concerned. In such cases, the competent public officials shall carry documents indicating their authority and produce them to related persons.

Article 102 (Maintaining Confidentiality)

No person who has been or is engaged in the services of the serviceNHIS, the HIRA, or the vicarious claim organization shall divulge any confidential information which he/she has learned in the course of carrying out his/her duties.

Article 103 (Supervision of serviceNHIS, etc.)

(1) In order for the serviceNHIS and the HIRA to achieve their management goals, the Minister of Health and Welfare may supervise them, such as ordering them to report

on the following programs or business or inspecting the conditions of their programs, affairs or property:

1. Services of the serviceNHIS set forth in Article 14 (1) 1 through 13, and services of the HIRA set forth in Article 63 (1) 1 through 7;
2. Business related to satisfying the guidelines for management prescribed in Article 50 of the Act on the Management of Public Institutions;
3. Services entrusted to the serviceNHIS and the HIRA under this Act or other Acts and subordinate statutes;
4. Other business related to the matters prescribed by related Acts and subordinate statutes.

(2) The Minister of Health and Welfare may, where necessary for supervision under paragraph (1), order to amend the articles of inservice or regulations, or order other necessary dispositions.

Article 104 (Payment of Monetary Rewards, etc.)

(1) The serviceNHIS may pay a reward to a person who reports a medical care institution that has been paid medical care benefit costs by deceit or other unjust means.

(2) The serviceNHIS may give an incentive to a medical care institution that has contributed to the efficient financial management of health insurance. <Newly Inserted by Act No. 11787, May 22, 2013>

(3) Matters necessary for the criteria for and scope of payment of a reward and incentive, procedure and method of payment, and other necessary matters pertaining to paragraphs (1) and (2) shall be prescribed by Ordinance of the Ministry of Health and Welfare. <Amended by Act No. 11787, May 22, 2013>

Article 105 (Prohibition from Use of Similar Names)

(1) No person, other than the serviceNHIS or the HIRA, shall use such names as the National Health Insurance serviceService, Health Insurance Review and Assessment Service or other names similar thereto.

(2) A person, other than one who carries out health insurance business prescribed by this Act, shall be prohibited from using the term, "national health insurance" in an insurance contract or in the name of an insurance contract.

Article 106 (Disposal of Small Sums)

Where an amount to be collected or returned is less than 2,000 won in one case (excluding any individual co-payment refund and any amount to be paid to a policyholder or his/her dependent, which may be disposed of by offsetting under Article 47 (4) and the latter part of Article 57 (5)), theservice NHIS shall neither collect nor return such amount. <Amended by Act No. 11787, May 22, 2013>

Article 107 (Disposal of Fractional Sum)

In calculating the expenses related to insurance contributionspremiums, etc. and insurance benefits, fractional sums under Article 47 of the Management of the National Funds Act shall be excluded from the calculation.

Article 109 (Special Cases for Foreigners, etc.)

(1) The Government may arrange for separate health insurance for the workers at a workplace where a foreign government is the employer, in consultation with the foreign government.

(2) Overseas Korean nationals or foreigners who live in the Republic of Korea and who are prescribed by Presidential Decree shall become policyholders or dependents under the application of this Act, notwithstanding Article 5.

Article 110 (Special Cases for Unemployed Persons)

(1) Any person prescribed by Ordinance of the Ministry of Health and Welfare, among the employer-provided policyholders whose employment relationship has expired, may file an application with the serviceNHIS for retaining his/her qualification as an employer-provided policyholder by the date two months elapse after the deadline for the payment of the insurance premium stated in the first notice he/she receives as a locally provided policyholder under Article 79. <Amended by Act No. 11787, May 22, 2013>

(2) Notwithstanding Article 9, a policyholder who files an application with the service-NHIS under paragraph (1) (hereinafter referred to as "voluntarily and continuously policyholder") shall retain his/her qualification during the period prescribed by Presidential Decree: Provided, That where he/she fails to pay the first insurance premium of an employer-provided policyholder to be paid after the filing of an application under paragraph (1) until two months elapse after the deadline therefor, his/her qualification shall be suspended. <Newly Inserted by Act No. 11787, May 22, 2013>

(3) A voluntarily and continuously policyholder's amount of monthly wage shall be the average amount of his/her wages paid for immediately preceding three months with the exception of the month in which the date on which the employment relationship expires falls, notwithstanding Article 70. <Amended by Act No. 11787, May 22, 2013>

(4) Part of the insurance contributionspremiums of a voluntarily and continuously policyholder may be reduced, as publicly announced by the Minister of Health and Welfare. <Amended by Act No. 11787, May 22, 2013>

(5) Total amount of the insurance contributionspremiums of voluntarily and continuously policyholders shall be borne and paid by them notwithstanding Articles 76 (1) and 77 (1) 1. <Amended by Act No. 11787, May 22, 2013>

(6) Where a voluntarily and continuously policyholder fails to pay the insurance premium by a payment deadline, Article 53 (3), (5) and (6) shall apply mutatis mutandis. In such cases, "per household insurance contributionspremiums referred to in Article 69 (5)" shall be construed as "insurance contributionspremiums pursuant to Article 110 (5)". <Amended by Act No. 11787, May 22, 2013>

(7) Matters relating to the methods and procedures for filing applications to become a voluntarily and continuously policyholder and other relevant matters shall be prescribed by Ordinance of the Ministry of Health and Welfare. <Amended by Act No. 11787, May 22, 2013>

Article 111 (Assignment and Entrustment of Authority)

(1) Part of the authority of the Minister of Health and Welfare under this Act may be delegated to the Special Metropolitan City Mayor, Metropolitan City Mayors, Do Governors, or the Governor of a Special Self-Governing Province as prescribed by Presidential Decree.

(2) The authority of the Minister of Health and Welfare under Article 97 (2) may be entrusted to the serviceNHIS or the HIRA, as prescribed by Presidential Decree.

Article 112 (Entrustment of Services)

(1) The serviceNHIS may entrust each of the following services to postal service agencies, financial institutions or other persons prescribed by Presidential Decree:

1. Receipt of insurance contributionspremiums and verifying payment of insurance contributionspremiums;
2. Payment of insurance benefit costs;
3. Receipt of pension insurance contributionspremiums, employment insurance contributionspremiums, employment insurance and industrial accident compensation insurance contributionspremiums, contributions and other charges (hereinafter referred to as "insurance contributionspremiums, etc. entrusted for collection") collected according to the entrustment of the law applicable to the entrustment of collection, or verification of payment of insurance contributionspremiums.

(2) The serviceNHIS may entrust part of its services to state agencies, local governments, services that conduct social insurance affairs under other Acts and subordinate statutes, or other persons.

(3) The scope of the operations the serviceNHIS may entrust under paragraph (2) and of the persons to whom they may be entrusted shall be prescribed by Ordinance of the Ministry of Health and Welfare.

Article 113 (Allocation, Payment, etc. of Insurance contributionsPremiums, etc. Entrusted for Collection)

(1) Where the amount of insurance contributionspremiums collected by the serviceNHIS, subsequent fees or insurance contributionspremiums, etc. entrusted with collection is smaller than the amount the serviceNHIS has to collect, it shall collect the payment in installments according to the criteria and means prescribed by Presidential Decree: Provided, That where a person liable to make such payment states otherwise, the serviceNHIS shall comply therewith.

(2) Where the serviceNHIS has collected insurance contributionspremiums, etc. entrusted for collection, it shall immediately pay such to the relevant funds by insurance.

Article 114 (Purpose, etc. of Contributions)

(1) For the expenses incurred in conducting services under Article 14 (1) 11, the serviceNHIS shall use contributions received respectively from the National Pension Fund, Industrial Accident Compensation Insurance Fund, Employment Insurance Fund, and Wage Claim Guarantee Fund under the National Pension Act, Industrial Accident Compensation Insurance Act, and Employment Insurance Act.

(2) Matters necessary for management, operation, etc. of contributions received under paragraph (1) shall be prescribed by Presidential Decree.

Article 115 (Penal Provisions)

(1) A person who works for a claim processing agency and files a claim for medical care benefit costs by false or illegal means shall be punished by imprisonment with prison labor for not more than three years, or by a fine not exceeding 30 million won.

(2) Any of the following persons shall be punished by imprisonment with prison labor for not more than one year, or by a fine not exceeding ten million won: <Amended by Act No. 11787, May 22, 2013>

1. A person who allows any other person who is not a claim processing agency to vicariously examine such claims, in violation of Article 47 (6);
2. An employer who violates Article 93;
3. A founder of any medical care institution, who violates Article 98 (2);
4. A person who violates Article 102;
5. A person who receives insurance benefits or arranges another person to receive insurance benefits, by deceit or other unjust means.

Article 116 (Penal Provisions)

A person who fails to report or submit documents, a person who files a false report or submits false documents, or a person who refuses, interferes with or evades inspection or questioning in violation of Article 97 (2) shall be punished by a fine not exceeding ten million won.

Article 117 (Penal Provisions)

A person who violates Article 40 (4) or a person who fails to issue a detailed statement of medical care costs or a receipt stating the particulars of the medical care in violation of Article 49 (2) shall be punished by a fine not exceeding five million won.

Article 118 (Joint Penal Provisions)

Where the representative of a service, or an agent, employee or any other person working for a service or an individual commits any act which violates Articles 115 through 117 in connection with the business of the service or the individual, not only shall such violator be punished accordingly, but the service or the individual shall be punished by a fine prescribed in the relevant provisions: Provided, That the same shall not apply where the service or the individual has not been negligent in paying due attention and supervision to the relevant business in order to prevent such violation.

Article 119 (Fines for Negligence)

(1) Deleted. <by Act No. 11787, May 22, 2013>

(2) Deleted. <by Act No. 11787, May 22, 2013>

(3) A person who violates Article 98 (4) shall be punished by a fine for negligence not exceeding five million won.

(4) Any of the following persons shall be punished by a fine for negligence not exceeding one million won: <Amended by Act No. 11787, May 22, 2013>

1. A person who fails to make a report or makes a false report, in violation of Article 7;
2. A person who fails to make a report or makes a false report, in violation of Article 43 (1) or (2);
3. A person who fails to submit documents, to state his/her opinion or to make a report, a person who makes a false statement or false report, or a person who refuses, interferes with or evades investigation or inspection, in violation of Article 94 (1) or (2), 97 (1), (3) or (4), or 101 (2);
4. A person who fails to preserve documents in violation of Article 96-2;
5. A person who violates an order issued under Article 103;
6. A person who violates Article 105.

(5) Fines for negligence under paragraphs (3) and (4) shall be imposed and collected by the Minister of Health and Welfare, as prescribed by Presidential Decree. <Amended by Act No. 11787, May 22, 2013>

ADDENDA

Article 1 (Enforcement Date)

This Act shall enter into force on September 1, 2012: Provided, That the amended provisions of Articles 98 (2), 108, and 115 (2) 3 shall enter into force on the date of its promulgation.

Article 2 (Term of Validity)

Article 108 shall remain in force until December 31, 2016.

Article 3 (Succession of Rights by Universal Title, etc.)

The serviceNHIS shall succeed, by universal title, to the rights and duties of the Medical Insurance Association and the Medical Insurance Federation referred to in the former Medical Insurance Act existing as of July 1, 2000 on which date the National Health Insurance Act (Act No. 5854) entered into force: Provided, That the HIRA shall succeed, by universal title, to the rights and duties of the Medical Insurance Federation related with its review operations.

Article 4 (Applicable Example concerning Collection and Exemption of Insurance contributionsPremiums)

The amended provisions of Articles 69 (2) and 74 (3) shall apply from the case where a person obtains qualifications or becomes disqualified for a policyholder or where a ground for suspension of benefits occurs or ceases to exist for the first time on or after November 1, 2006, on which date the partially amended National Health Insurance Act (Act No. 8034) entered into force.

Article 5 (Applicable Example concerning Insurance contributionsPremiums)

The amended provisions of Article 69 (4) 1 and (5) shall apply from the first insurance premium notified on or after January 1, 2007, on which date the partially amended National Health Insurance Act (Act No. 8153) entered into force.

Article 6 (Applicable Example concerning Exemption of Minors from Obligation of Joint Payment of Locally Provided Policyholder's Insurance Premiums and Collection of Additional Amount Added to Additional Dues)

(1) The amended provisions of the proviso to Article 77 (2) shall apply from the first insurance premium, etc. notified on or after September 29, 2008, on which date they entered into force under the proviso to Article 1 of the Addenda of the partially amended National Health Insurance Act (Act No. 9022).

(2) The amended provisions of Article 80 shall apply from the first insurance premium, etc. notified on or after July 1, 2008, the date on which they entered into force under the proviso to Article 1 of the Addenda of the partially amended National Health Insurance Act (Act No. 9022).

Article 7 (Applicable Example concerning Addition of Interests to Refunds)

The amended provisions of the latter part of Article 86 (2) shall apply from the first refund made on or after September 29, 2008, the date on which they entered into force under the proviso to Article 1 of the Addenda of the partially amended National Health Insurance Act (Act No. 9022).

Article 8 (Applicable Example concerning Prescription)

The amended provisions of Article 91 (1) 6 shall also apply to the rights of the Korea Workers' Compensation and Welfare Service whose prescription is not completed as at the time this Act enters into force.

Article 9 (Applicable Example concerning Fact of Violation)

The amended provisions of Article 100 shall apply from the first violation that occurs on or after September 29, 2008, the date on which they entered into force under the proviso to Article 1 of the Addenda of the partially amended National Health Insurance Act (Act No. 9022).

Article 10 (Applicable Example concerning Government's Subsidies for Insurance Finance)

The amended provisions of Article 108 shall apply from the budget of fiscal year 2012.

Article 11 (Special Cases concerning Retirement Age of Employees Consequential to Integrating Collection Services of Social Insurance contributionsPremiums)

The retirement age of an employee who was transferred from the National Pension Service or the Korea Workers' Compensation and Welfare Service to the serviceNHIS on January 1, 2011, the date on which the partially amended National Health Insurance Act (Act No. 9690) entered into force shall conform to the retirement age of the relevant National Pension Service or Korea Workers' Compensation and Welfare Service at the time he/she was transferred to the serviceNHIS: Provided, That this shall not apply where the retirement age of an employee of the serviceNHIS is higher than that of the relevant Service.

Article 12 (Transitional Measures concerning Deliberative Committee and Financial Operation Committee)

(1) Members of the Deliberative Committee and the Financial Operation Committee appointed or commissioned under the former provisions existing at the time this Act enters into force, shall be deemed appointed or commissioned under this Act, and the their term of office shall be the period remaining pursuant to the former provisions.

(2) Matters which have undergone the deliberation and resolution of the Deliberative Committee and the Financial Operation Committee at the time this Act enters into force shall be deemed to have undergone the deliberation and resolution under this Act.

Article 13 (Transitional Measures concerning the serviceNHIS)

The National Health Insurance Management service under the former National Medical Insurance Act existing as of July 1, 2000 on which date the National Health Insurance Act (Act No. 5854) entered into force shall be deemed the NHIS established under this Act.

Article 14 (Transitional Measures concerning Executive Officers)

Notwithstanding the amended provisions of Articles 20 and 65, the term of office of executive officers of the serviceNHIS and the HIRA appointed under the former provisions at the time this Act enters into force shall continue until the date of completion of their term of office fixed at the time they were appointed.

Article 15 (Transitional Measures concerning Permission for Executive Officers, etc. of the serviceNHIS for Holding Concurrent Offices)

In cases where an executive officer or an employee of the serviceNHIS or the HIRA has obtained permission from the person with the power to appoint him/her to hold concurrent office under Article 37 (2) of the Act on the Management of Public Institutions at the time this Act enters into force, he/she shall be deemed to have obtained permission for holding concurrent offices under the amended provisions of Article 25 (2) (including the cases of application mutatis mutandis under Article 68).

Article 16 (Transitional Measures concerning Report on Current Status of Medical Care Institutions)

A medical care institution which has filed a report on the current status of its manpower, facilities, equipment, etc. to the HIRA at the time this Act enters into force shall be deemed to have filed such report under the amended provisions of Article 43.

Article 17 (Transitional Measures concerning Collection of Insurance Premiums, etc.)

Collection of insurance premiums, etc. the payment deadline of which has passed under the former Medical Insurance Act and National Medical Insurance Act as of July 1, 2000 on which date the National Health Insurance Act (Act No. 5854) entered into force shall be governed by the former provisions.

Article 18 (Transitional Measures concerning Extinctive Prescription of Previous Insurance Premiums, etc.)

The extinctive prescription of any of the rights to collect insurance contributionspremiums, to receive a refund, to receive a insurance benefit and to receive a refund of duplicated overpayment which has occurred on or before July 1, 2000, on which date the National Health Insurance Act (Act No. 5854) entered into force shall be governed by the former Medical Insurance Act and the former National Medical Insurance Act.

Article 19 (General Transitional Measures concerning Disposition, etc.)

Any act of the serviceNHIS, HIRA, Minister of Health and Welfare (hereafter referred to as the "serviceNHIS, etc." in this Article) or any act against the serviceNHIS, etc. done under the former provisions at the time this Act enters into force shall be deemed an act corresponding thereto committed by or against the serviceNHIS, etc. under this Act.

Article 20 (Transitional Measures concerning Disposition against Previous Offense)

(1) The disposition against an act in violation of the former Medical Insurance Act or the former National Medical Insurance Act committed on or before July 1, 2000 on which date the National Health Insurance Act (Act No. 5854) entered into force shall be governed by the former Medical Insurance Act and the former National Medical Insurance Act.

(2) The application of penal provisions and fines for negligence against an act committed before this Act enters into force shall be governed by the former provisions.

Article 21 Omitted.

Article 22 (Relationship to other Acts and Subordinate Statutes)

Where any other Act or subordinate statute cites the former provisions of the National Medical Insurance Act at the time this Act enters into force, it shall be deemed to have cited the relevant provisions of this Act in lieu of the former provisions, if any provisions corresponding thereto exist in this Act.

ADDENDA <Act No. 11787, May 22, 2013>

Article 1 (Enforcement Date)

This Act shall enter into force on the date of its promulgation: Provided, That the amended provisions of Articles 78, 81-2 and 104 shall enter into force six months after the date of its promulgation.

Article 2 (Applicable Example concerning Collection of Unjust Gains Obtained by Medical Care Institutions)

The amended provisions of Article 57 (2) shall apply where unjust gains are collected on or after the date this Act enters into force.

Article 3 (Applicable Example concerning Extension, etc. of Period for Application for Special Cases for Unemployed Persons)

(1) The amended provisions of Article 110 (1) and (3) shall apply to persons notified of an insurance premium as a locally provided policyholder on or after the date this Act enters into force (including persons notified of an insurance premium as a locally provided policyholder before this Act enters into force and the payment deadline has not elapsed as of the date this Act enters into force).

(2) The amended provisions of Article 110 (2) shall also apply to voluntarily and continuously policyholders in whose case two months have not elapsed since the deadline for payment of the first insurance premium of employer-provided policyholders.

Article 4 (Transitional Measures concerning Penal Provisions or Fines for Negligence)

The application of penal provisions or fines for negligence against an act committed before this Act enters into force shall be governed by the former provisions.

C. Das koreanische Krankenhilfegesetz

MEDICAL CARE ASSISTANCE ACT

Amended by Act No. 11042, Sep. 15, 2011

Article 1 (Purpose)

The purpose of this Act is to contribute to the improvement of citizens' health and the enhancement of social welfare by providing indigent citizens with medical care.

Article 2 (Definitions)

The terms used in this Act shall be defined as follows: *<Amended by Act No. 8114, Dec. 28, 2006>*

1. The term "beneficiary" means a person entitled to medical care pursuant to this Act;
2. The term "medical care institution" means a medical institution, pharmacy, or a similar institution that provides beneficiaries with medical treatment, preparation of medicine, or medication;

3. The term "obligatory provider" means a person who is responsible for supporting a beneficiary and who is one of a beneficiary's lineal relatives by blood in the first degree or such person's spouse.

Article 3 (Beneficiaries)

(1) Beneficiaries under this Act shall be as follows: <*Amended by Act No. 6875, May 15, 2003; Act No. 7182, Mar. 5, 2004; Act No. 8114, Dec. 28, 2006; Act No. 8609, Aug. 3, 2007; Act No. 8852, Feb. 29, 2008; Act No. 9932, Jan. 18, 2010; Act No. 10784, Jun. 7, 2011; Act No. 11007, Aug. 4, 2011; Act No. 11042, Sep. 15, 2011*>
1. Beneficiaries prescribed in the National Basic Living Security Act;
2. Disaster victims prescribed in the Disaster Relief Act;
3. Persons wounded for a righteous cause and their bereaved family members as prescribed in the Honorable Treatment and Support of Persons Wounded or Killed for a Righteous Cause Act;
4. Children under 18 years of age who are adopted into a domestic family under the Act on Special Cases concerning Adoption;
5. Persons recognized by the Minister of Health and Welfare as those who need medical care among persons who are subject to the Act on the Honorable Treatment of Persons of Distinguished Services to Independence, the Act on the Honorable Treatment and Support of Persons, etc. of Distinguished Services to the State, and the Act on Support for Persons Eligible for Veteran's Compensation, and their family members, to whom the Minister of Patriots and Veterans Affairs requests to provide medical care;
6. Persons recognized by the Minister of Health and Welfare as those who need medical care among holders (including honorary holders) of any outstanding intangible cultural heritage designated pursuant to the Cultural Heritage Protection Act and their family members, to whom the Administrator of the Cultural Heritage Administration requests to provide medical care;
7. Persons recognized by the Minister of Health and Welfare as those who need medical care among persons who are subject to the Act on the Protection and Settlement Support of North Korean Refugees and their family members;
8. Persons recognized by the Minister of Health and Welfare as those who need medical care among persons who received compensation pursuant to Article 8 of the Act on Compensation to Persons Associated with to the May 18th Democratization Movement and Similar Matters and their family members;
9. Homeless persons, etc. prescribed in the Act on Support for Welfare and Self-Reliance of the Homeless, etc.;
10. Other persons specified by Presidential Decree as those who are unable to support their own living or who are indigent.

(2) The details of, and standards for, medical care provided to the beneficiaries referred to in paragraph (1) may vary according to the category into which each of them is classified, as prescribed by Presidential Decree.

(3) Matters necessary for the commencement date of medical care to the beneficiaries under paragraph (1) and procedures for selection of such beneficiaries shall be prescribed by Presidential Decree.

Article 3-2 (Special Exception to Refugees)

A person recognized as refuge pursuant to Article 76-2 of the Immigration Control Act who falls under the scope of the beneficiaries prescribed in Article 5 of the National Basic Living Security Act shall be deemed a beneficiary hereunder.

Article 4 (Exclusion from Application)

No person who receives medical care pursuant to any other Act and subordinate statutes shall be entitled to medical care under this Act.

Article 5 (Administrators)

(1) Affairs related to the medical care provided under this Act shall be administered by the Special Metropolitan City Mayor, Metropolitan City Mayor, Do Governor, or Governor of a Special Self-Governing Province (hereinafter referred to as "Mayor/Do Governor"), and the head of a Si/Gun/Gu (the head of a Gu means the head of an autonomous Gu; the same shall apply hereinafter) who has jurisdiction over a beneficiary's domicile. *<Amended by Act No. 10514, Mar. 30, 2011>*

(2) Notwithstanding paragraph (1), if a beneficiary has no fixed domicile, affairs related to the medical care for such beneficiary shall be administered by the head of a Si/Gun/Gu who has jurisdiction over the area in which the beneficiary actually resides.

(3) Each Mayor/Do Governor and the head of a Si/Gun/Gu shall implement programs necessary for maintaining and promoting beneficiaries' health. *<Newly Inserted by Act No. 10514, Mar. 30, 2011>*

Article 5-2 (Case Management)

(1) The Minister of Health and Welfare, each Mayor/Do Governor, and the head of a Si/Gun/Gu may conduct case management to strengthen the health care ability of beneficiaries and encourage rational use of medical services, etc.

(2) For case management under paragraph (1), the Special Metropolitan City, each Metropolitan City, Do and Special Self-Governing Province (hereinafter referred to as "City/Do") and each Si/Gun/Gu (referring to an autonomous Gu; the same shall apply hereinafter) shall have a medical care manager.

(3) To provide expert support to the case management program under paragraph (1), the Minister of Health and Welfare may entrust the relevant affairs to a public or private institution, entity, etc.

(4) Matters necessary for administration, including qualifications of and standards for assignment of medical care managers under paragraph (2) and the entrustment of supporting affairs for the case management program under paragraph (3) shall be prescribed by Ordinance of the Ministry of Health and Welfare.

Article 6 (Medical Care Deliberation Committee)

(1) There is hereby established a medical care deliberation committee within the Ministry of Health and Welfare, each City/Do, and Si/Gun/Gu to deliberate on matters concerning the administration of the medical care program under this Act: Provided, That if another committee appropriate for carrying out the functions of a medical care deliberation committee exists in any City/Do or Si/Gun/Gu that shall have a medical care deliberation committee otherwise and if members of such existing committee meet the qualification requirements prescribed in paragraph (4), the existing committee may be authorized to carry out the functions of a medical care deliberation committee, as

prescribed by ordinance of the City/Do or Si/Gun/Gu. *<Amended by Act No. 8852, Feb. 29, 2008; Act No. 9332, Jan. 18, 2010; Act No. 10514, Mar. 30, 2011>*

(2) The medical care deliberation committee established within the Ministry of Health and Welfare (hereinafter referred to as the "Central Medical Care Deliberation Committee") shall deliberate on the following: *<Amended by Act No. 8852, Feb. 29, 2008; Act No. 9332, Jan. 18, 2010>*

1. Matters concerning basic direction-setting for and establishment of measures for the medical care program;
2. Matters concerning standards for medical care and medical fees;
3. Other matters referred by the Minister of Health and Welfare or the Chairperson of the Committee.

(3) The Central Medical Care Deliberation Committee shall be comprised of no more than ten members, including the Chairperson, and committee members shall be commissioned or appointed by the Minister of Health and Welfare from among the following persons, while the Vice Minister of Health and Welfare shall take the chair of the committee: *<Amended by Act No. 8852, Feb. 29, 2008; Act No. 9932, Jan. 18, 2010>*

1. Persons who represent public interests (experts in medical security, each of whom shall be an assistant or higher professor in a university or a researcher in a research institute);
2. Persons who represent medical or pharmaceutical circles and persons who represent social welfare circles;
3. Class-III or higher-ranking public officials of appropriate administrative agencies.

(4) Members of the medical care deliberation committee in each City/Do or Si/Gun/Gu established under paragraph (1) shall be commissioned or appointed by the Special Metropolitan City Mayor, the competent Metropolitan City Mayor or Do Governor (hereinafter referred to as "Mayor/Do Governor"), or the head of the competent Si/Gun/Gu from among the following persons, while the competent Mayor/Do Governor or the head of the competent Si/Gun/Gu shall take the chair of the committee: Provided, That if any other committee carries out the functions of the medical care deliberation committee pursuant to the proviso to paragraph (1), the appointment of the Chairperson shall be prescribed by municipal ordinance:

1. Persons who have knowledge and experience relating to medical security;
2. Persons who represent public interests;
3. Public officials of appropriate administrative agencies.

(5) If necessary for deliberation, medical care deliberation committees referred to in paragraph (1) may request an administrator to order public officials under his/her jurisdiction to appear or to submit data. In such cases, the administrator shall comply with such request, unless he/she has justifiable grounds to the contrary.

(6) Matters necessary for the functions of each medical care deliberation committee established within the Ministry of Health and Welfare, each City/Do, and each Si/Gun/Gu and the composition and operation of each medical care deliberation committee shall be prescribed by Presidential Decree. *<Amended by Act No. 8852, Feb. 29, 2008; Act No. 9332, Jan. 18, 2010>*

Article 7 (Details, etc. of Medical Care)

(1) Details of medical care for beneficiaries' illness, injuries, childbirth, and other treatments under this Act shall be as follows:

1. Diagnoses and examinations;
2. Dispensing of medicine and materials for medical treatment;
3. Treatment, surgeries, and other remedies;
4. Inoculation and rehabilitation;
5. Hospitalization;
6. Nursing;
7. Transfer to other hospitals and other measures for accomplishing purposes of medical treatment.

(2) Standards for medical care, including the method of, procedures for, scope of, and the maximum limit on, medical care referred to in paragraph (1), shall be prescribed by Ordinance of the Ministry of Health and Welfare, and standards for, and the method of calculating medical fees shall be determined by the Minister of Health and Welfare. *<Amended by Act No. 8852, Feb. 29, 2008; Act No. 9332, Jan. 18, 2010>*

(3) In prescribing standards for medical care pursuant to paragraph (2), the Minister of Health and Welfare may exclude diseases that do not hinder business activities or daily living and other matters specified by Ordinance of the Ministry of Health and Welfare from matters eligible for medical care. *<Amended by Act No. 8852, Feb. 29, 2008; Act No. 9332, Jan. 18, 2010>*

Article 8 (Medical Care Card)

(1) The head of a Si/Gun/Gu shall issue a medical care card to each beneficiary: Provided, That he/she may issue a medical care certificate instead of a medical care card if extenuating circumstances exist.

(2) The period of validity of each medical care card shall be from January 1 until December 31 each year: Provided, That if the period of medical care is otherwise prescribed by any other Act or subordinate statute, the period so prescribed shall be the period of validity of the relevant medical care card.

(3) Where a person to whom a medical care card was issued pursuant to paragraph (1) is re-selected as a beneficiary in the following year, he/she may continue using the medical care card issued upon obtaining confirmation for re-sue by the head of the competent Si/Gun/Gu.

(4) Matters necessary for the form and use of a medical care card and a medical care certificate referred to in paragraph (1) shall be prescribed by Ordinance of the Ministry of Health and Welfare. *<Amended by Act No. 8852, Feb. 29, 2008; Act No. 9332, Jan. 18, 2010>*

Article 9 (Medical Care Institutions)

(1) Medical care shall be provided by the following medical care institutions. In such cases, if the Minister of Health and Welfare finds that any of the following institutions is not competent as a medical care institution for public interests or national policies, he/she may exclude such institution from medical care institutions, as prescribed by Presidential Decree: *<Amended by Act No. 8114, Dec. 28, 2006; Act No. 8852, Feb. 29, 2008; Act No. 9332, Jan. 18, 2010; Act No. 10788, Jun. 7, 2011>*

1. A medical institution established pursuant to the Medical Service Act;
2. A community health center, community medical center or branch of any community health center established pursuant to the Regional Public Health Act;
3. A public dispensary established pursuant to the Act on the Special Measures for Public Health and Medical Services in Agricultural and Fishing Villages, etc.;
4. A pharmacy registered pursuant to the Pharmaceutical Affairs Act or the Korea Orphan Drug Center established pursuant to Article 91 of the aforesaid Act.

(2) Medical care institutions shall be classified into any of the following categories, and the scope of medical treatment each medical care institution shall provide shall be prescribed by Ordinance of the Ministry of Health and Welfare: *<Amended by Act No. 8114, Dec. 28, 2006; Act No. 8852, Feb. 29, 2008; Act No. 9332, Jan. 18, 2010; Act No. 10788, Jun. 7, 2011>*
1. Primary medical care institutions:
   (a) A medical institution that has reported on establishment with the head of the competent Si/Gun/Gu pursuant to the Medical Service Act;
   (b) A community health center, community medical center, or branch of any community health center established pursuant to the Regional Public Health Act;
   (c) A public dispensary established pursuant to the Act on the Special Measures for Public Health and Medical Services in Agricultural and Fishing Villages, etc.;
   (d) A pharmacy registered pursuant to the Pharmaceutical Affairs Act or the Korea Orphan Drug Center established pursuant to Article 91 of the aforesaid Act;
2. Secondary medical care institutions: Medical institutions established with permission of the competent Mayor/Do Governor pursuant to the Medical Service Act;
3. Tertiary medical care institutions: Medical institutions designated by the Minister of Health and Welfare among secondary medical care institutions.

(3) No medical care institution under any subparagraph of paragraph (1) shall refuse to provide medical care under this Act without justifiable grounds.

(4) When a medical care institution referred to in any subparagraph of paragraph (1) is opened or established or any revision is made to a report on, permission for, or registration of a medical care institution opened or established, each Mayor/Do Governor and the head of each Si/Gun/Gu shall notify the following specialized institutions of the details thereof, as prescribed by Ordinance of the Ministry of Health and Welfare: *<Amended by Act No. 8852, Feb. 29, 2008; Act No. 9332, Jan. 18, 2010>*
1. A specialized institution to which the examination and adjustment of costs incurred in providing medical care (hereinafter referred to as "care costs") is entrusted pursuant to Article 33 (2) (hereinafter referred to as "care costs examination institution");
2. A specialized institution to which the disbursement of care costs is entrusted pursuant to Article 33 (2) (hereinafter referred to as "care costs disbursement institution").

(5) Matters necessary for standards and procedures for designation of tertiary medical care institutions under paragraph (2) 3 shall be prescribed by Ordinance of the Ministry

of Health and Welfare. *<Amended by Act No. 8852, Feb. 29, 2008; Act No. 9332, Jan. 18, 2010>*

Article 10 (Apportionment of Care Costs)

Care costs shall be borne, fully or partially, by the Medical Care Fund established under Article 25, as prescribed by Presidential Decree, but if the Medical Care Fund bears some of such costs, the remainder thereof shall be borne by each beneficiary. *<Amended by Act No. 8114, Dec. 28, 2006>*

Article 11 (Claims for and Payment of Care Costs)

(1) Each medical care institution may claim the head of the competent Si/Gun/Gu to pay the care costs that shall be borne by the Medical Care Fund pursuant to Article 10. In such cases, a request for examination filed under paragraph (2) shall be deemed a claim for care costs to the head of a Si/Gun/Gu. *<Amended by Act No. 8114, Dec. 28, 2006>*

(2) A medical care institution that intends to claim care costs under paragraph (1) shall file a request for examination of care costs to a care costs examination institution, and upon receiving a request for examination, the care costs examination institution shall examine it without delay and notify the head of the competent Si/Gun/Gu and the medical care institution of the details thereof.

(3) The head of a Si/Gun/Gu, in receipt of notification on details of examination pursuant to paragraph (2), shall pay care costs without delay to the relevant medical care institution in accordance with the details. In such cases, if a beneficiary has overpaid beneficiary charges (referring to the care costs that shall be borne by a beneficiary pursuant to Article 10; the same shall apply hereinafter), an amount calculated by deducting the amount overpaid from the amount payable to the relevant medical care institution shall be returned to the beneficiary: Provided, That the foregoing shall not apply if the amount to be refunded is less than 1,000 won. *<Amended by Act No. 8114, Dec. 28, 2006>*

(4) In disbursing care costs, if a care costs examination institution evaluates the appropriateness of medical care pursuant to paragraph (2) and notifies the head of a Si/Gun/Gu the results of such evaluation, the head of the Si/Gun/Gu shall adjust care costs by either increasing or reducing care costs according to the results of the evaluation for payment. In such cases, standards for increase and reduction of care costs according to results of evaluation for payment shall be prescribed by Ordinance of the Ministry of Health and Welfare. *<Amended by Act No. 8852, Feb. 29, 2008; Act No. 9332, Jan. 18, 2010>*

(5) Matters necessary for the methods of, and procedures for, claims, examinations, and disbursement of care costs under paragraphs (1) through (4) shall be prescribed by Ordinance of the Ministry of Health and Welfare. *<Amended by Act No. 6758, Dec. 5, 2002; Act No. 8852, Feb. 29, 2008; Act No. 9332, Jan. 18, 2010>*

(6) and (7) Deleted. *<by Act No. 6758, Dec. 5, 2002>*

(8) If the Korea Worker's Compensation and Welfare Service established under Article 10 of the Industrial Accident Compensation Insurance Act has paid medical treatment benefits prescribed in Article 40 of the aforesaid Act to a person entitled to medical care under this Act, but subsequently revokes the decision on payment and claims

the head of a Si/Gun/Gu to pay costs incurred in providing such medical treatment benefits, the head of the Si/Gun/Gu may pay an amount equivalent to the medical care, if the medical treatment benefits are found equivalent to the medical care that may be provided pursuant to this Act. *<Newly Inserted by Act No. 8694, Dec. 14, 2007>*

Article 11-2 (Preservation of Documents)

(1) Each medical care institution shall preserve documents relevant to each claim for care costs filed under Article 11 for five years from the day on which the corresponding medical care terminates, as prescribed by Ordinance of the Ministry of Health and Welfare. *<Amended by Act No. 8852, Feb. 29, 2008; Act No. 9932, Jan. 18, 2010>*

(2) Notwithstanding paragraph (1), pharmacies and other medical care institutions specified by Ordinance of the Ministry of Health and Welfare shall preserve each prescription for three years from the day on which a claim for care costs is filed. *<Amended by Act No. 8852, Feb. 29, 2008; Act No. 9932, Jan. 18, 2010>*

Article 11-3 (Verification, etc. of Eligibility for Care)

(1) A beneficiary may request a care costs examination institution to verify whether any cost borne by the beneficiary in addition to beneficiary charges constitutes the costs incurred in providing treatments beyond the scope of medical care under Article 7 (3) (hereinafter referred to as "non-care costs").

(2) A care costs examination institution in receipt of a request for verification pursuant to paragraph (1) shall notify the person requesting verification of the results of verification, and shall, if the cost regarding which a request for verification was made is verified to constitute a care cost, notify the care costs disbursement institution and the relevant medical care institution of the results, respectively.

(3) A medical care institution shall, upon receiving a notice under paragraph (2), return the over-collected amount to the relevant beneficiary without delay.

(4) If a medical care institution fails to make a refund under paragraph (3), the relevant care costs disbursement institution may deduct the over-collected amount from care costs payable to the medical care institution and return it to the relevant beneficiary.

Article 11-4 (Prohibited Acts in Relation to Cost Claims by Medical Care Institutions)

No medical care institution shall claim a beneficiary to pay beneficiary charges before providing medical treatment or other medical care, or demand a beneficiary to pay any expense, regardless of the title, in addition to the costs that shall be borne by the beneficiary pursuant to this Act and non-care costs.

Article 12 (Recuperation Expenses)

(1) Where a beneficiary receives medical care in relation to a disease, an injury, or childbirth in an institution specified by Ordinance of the Ministry of Health and Welfare as an institution that carries out the same functions as a medical care institution does (including a medical care institution under the suspension of business pursuant to Article 28 (1)), due to an emergency or any other inevitable cause or event specified by Ordinance of the Ministry of Health and Welfare, or where a beneficiary delivers a baby in any place other than a medical care institution, the head of the competent Si/Gun/Gu shall reimburse the beneficiary for an amount equivalent to such medical

care, as a recuperation expense, as prescribed by Ordinance of the Ministry of Health and Welfare. *<Amended by Act No. 8852, Feb. 29, 2008; Act No. 9332, Jan. 18, 2010>*

(2) An institution that has provided medical care pursuant to paragraph (1) shall issue a recuperation expense statement in the form prescribed by the Minister of Health and Welfare or a receipt with descriptions of recuperation provided to a person to whom it has provided recuperation, and the person who has received such recuperation shall submit the statement or receipt to the head of the competent Si/Gun/Gu. *<Amended by Act No. 8852, Feb. 29, 2008; Act No. 9332, Jan. 18, 2010>*

(3) Matters necessary for the method of paying recuperation expenses pursuant to paragraph (1) shall be prescribed by Ordinance of the Ministry of Health and Welfare. *<Amended by Act No. 8852, Feb. 29, 2008; Act No. 9332, Jan. 18, 2010>*

Article 13 (Special Exception to Persons with Disabilities)

(1) The head of a Si/Gun/Gu may provide beneficiaries with disabilities, who are registered pursuant to the Act on Welfare of Persons with Disabilities, with medical care for orthoses. *<Amended by Act No. 8114, Dec. 28, 2006>*

(2) Matters necessary for the method of, procedures for, and the scope and maximum limit of medical care in relation to orthoses under paragraph (1) shall be prescribed by Ordinance of the Ministry of Health and Welfare. *<Amended by Act No. 8852, Feb. 29, 2008; Act No. 9332, Jan. 18, 2010>*

Article 14 (Health Examinations)

(1) The head of a Si/Gun/Gu may conduct health examinations on beneficiaries under this Act to early detect diseases and provide medical care therefor.

(2) Beneficiaries subject to health examinations under paragraph (1), the frequency of, and procedures for such health examinations, and other necessary matters shall be prescribed by the Minister of Health and Welfare. *<Amended by Act No. 8852, Feb. 29, 2008; Act No. 9332, Jan. 18, 2010>*

Article 15 (Limitations on Benefits)

(1) No head of a Si/Gun/Gu shall provide a beneficiary with medical care under this Act, if the beneficiary falls under any of the following subparagraphs: Provided, That the foregoing shall not apply if the Minister of Health and Welfare deems it necessary to provide medical care: *<Amended by Act No. 8852, Feb. 29, 2008; Act No. 9332, Jan. 18, 2010>*

1. If a beneficiary needs medical care prescribed in Article 7 because of a criminal act caused by him/her intentionally or by gross negligence or because of an accident caused by his/her intentionally;
2. Deleted; *<by Act No. 8114, Dec. 28, 2006>*
3. If a beneficiary fails to comply with any provision of this Act or an instruction given by a medical care institution in relation to medical treatment without justifiable grounds.

(2) If a beneficiary falls under any subparagraph of paragraph (1), a medical care institution shall notify the head of a Si/Gun/Gu who has jurisdiction over the beneficiary's domicile thereof, as prescribed by Presidential Decree.

Article 16 (Change of Benefits)

(1) If the status of a beneficiary's income or property or a beneficiary's ability to work is changed, the head of a Si/Gun/Gu may change the details of benefits either ex officio or at the request of the beneficiary or his/her relative or other interested person.

(2) When the head of a Si/Gun/Gu changes the details of benefits pursuant to paragraph (1), he/she shall notify the beneficiary thereof in writing, clearly stating the grounds therefor.

Article 17 (Discontinuance, etc. of Benefits)

(1) The head of a Si/Gun/Gu shall discontinue medical care for a beneficiary if the beneficiary falls under any of the following subparagraphs:

1. If medical care for a beneficiary is no longer required;
2. If a beneficiary refuses medical care.

(2) In cases falling under paragraph (1) 2, medical care for all members of the household to which a beneficiary who refuses medical care belongs shall be discontinued, and no medical care shall be re-provided to any household for which medical care is discontinued during the relevant year.

(3) When the head of a Si/Gun/Gu discontinue medical care pursuant to paragraph (1), he/she shall notify the relevant beneficiary thereof in writing, clearly stating the grounds therefor.

Article 18 (Protection of Entitlement to Medical Care)

No entitlement to medical care shall be transferred nor be subject to seizure.

Article 19 (Right to Reimbursement)

(1) When the head of a Si/Gun/Gu provides a beneficiary medical care due to a third party's act, he/she acquire a right to claim damages against the third party within the maximum costs of the medical care.

(2) In cases falling under paragraph (1), if a person to whom medical care provided has already received damages from a third party, the head of a Si/Gun/Gu shall not provide the beneficiary with medical care within the maximum damages he/she has received.

Article 20 (Payment of Care Costs by Subrogation)

(1) Where some care costs shall be borne by the Medical Care Fund pursuant to Article 10, the remainder of such care costs (limited to an amount determined by the Minister of Health and Welfare) may be paid by subrogation from the Medical Care Fund pursuant to Article 25 at the request of the beneficiary or his/her obligatory provider. *<Amended by Act No. 8852, Feb. 29, 2008; Act No. 9332, Jan. 18, 2010>*

(2) Matters necessary for the method of applying for payment by subrogation and the method of such payment under paragraph (1) shall be prescribed by Ordinance of the Ministry of Health and Welfare. *<Amended by Act No. 8852, Feb. 29, 2008; Act No. 9332, Jan. 18, 2010>*

Article 21 (Reimbursement of Payment by Subrogation)

(1) A person for whom payment by subrogation is made pursuant to Article 20 (including his/her obligatory provider; hereinafter referred to as "person obligated to reimburse payment by subrogation") shall reimburse the payment by subrogation to the head of a Si/Gun/Gu who has jurisdiction over his/her domicile, as prescribed by Ordinance of the Ministry of Health and Welfare. In such cases, reimbursement of payment by

subrogation shall bear no interest. <*Amended by Act No. 8852, Feb. 29, 2008; Act No. 9332, Jan. 18, 2010*>

(2) If a person obligated to reimburse payment by subrogation under paragraph (1) moves his/her domicile to another Si/Gun/Gu, he/she shall reimburse the payment by subrogation to the head of a Si/Gun/Gu who has jurisdiction over his/her new domicile.

(3) The head of a Si/Gun/Gu who receives reimbursement of payment by subrogation pursuant to paragraph (1) or (2) shall transfer the payment to the Medical Care Fund under Article 25.

Article 22 (Demands, etc. for Payment)

(1) If a person obligated to reimburse payment by subrogation fails to reimburse it by the deadline, the head of the competent Si/Gun/Gu shall, without delay, issue a demand notice fixing a period up to six months from the expiration of the deadline for payment.

(2) If a person obligated to reimburse payment by subrogation fails to do so even after receiving a demand notice pursuant to paragraph (1), the head of a Si/Gun/Gu may collect it in the same manner as delinquent local taxes are collected.

Article 23 (Recovery of Unjust Enrichment)

(1) The head of a Si/Gun/Gu shall recover benefits or an amount equivalent to care costs, fully or partially, from a person who has received medical care, or a medical care institution that received care costs, by fraud or other wrongful means (including a provider prescribed in Article 11 (5)) as unjust enrichment.

(2) In cases falling under paragraph (1), if medical care has been provided by a medical care institution in collusion with a person who intended to receive medical care, the head of a Si/Gun/Gu may require the medical care institution to return the unjust enrichment under paragraph (1) jointly with the person who has received medical care.

(3) In cases falling under paragraph (1), if a medical care institution has received care costs from a beneficiary by fraud or other wrongful means, the head of a Si/Gun/Gu shall collect such costs from the relevant medical care institution and pay them to the beneficiary without delay: Provided, That the foregoing shall not apply if the amount payable is less than 1,000 won.

(4) If a medical care institution or other person fails to return unjust enrichment, the head of a Si/Gun/Gu may demand the return of such unjust enrichment within a prescribed period.

(5) When the head of a Si/Gun/Gu makes a demand of return pursuant to paragraph (4), he/she shall issue a demand notice to return within a prescribed period of not less than 10 days but not more than 15 days.

(6) If a person in receipt of demand notice under paragraph (4) fails to return unjust enrichment within the prescribed period, the head of a Si/Gun/Gu may collect it in the same manner as delinquent local taxes are collected.

(7) Article 21 (2) and (3) shall apply mutatis mutandis to the recovery, etc. of unjust enrichment.

Article 24 (Disposition of Deficits)

Where any of the following events occurs, the head of a Si/Gun/Gu may dispose of a payment by subrogation or unjust enrichment as deficit, subject to deliberation by the competent Si/Gun/Gu Medical Care Deliberation Committee:

1. Where the disposition of delinquency is closed but the amount allocated for the amount in arrears is less than the amount in arrears;
2. Where extinctive prescription for the relevant right is completed;
3. Where it is determined unlikely to recover it in any case specified by Presidential Decree.

Article 25 (Establishment and Raising of Medical Care Fund)

(1) A Medical Care Fund (hereinafter referred to as the "Fund") shall be established within each City/Do to appropriate it for finances for care costs under this Act.

(2) The Fund shall be raised from the following finances:

1. Subsidies from the National Treasury;
2. Contributions from a local government;
3. Payments by subrogation reimbursed pursuant to Article 21;
4. Unjust enrichment recovered pursuant to Article 23;
5. Penalty surcharges collected pursuant to Article 29;
6. Surplus following the settlement of accounts of the Fund and other revenue.

(3) The State and each local government shall secure sufficient budget necessary for the operation of the Fund.

(4) The ratio of subsidies from the National Treasury under paragraph (2) 1 shall be prescribed by the Act on the Budgeting and Management of Subsidies and its subordinate statutes.

Article 26 (Management and Operation of Fund)

(1) A special account shall be created, separately from general accounts, to manage the Fund.

(2) The Fund shall be used only for care costs, expenses incurred in paying care costs by subrogation, expenses incurred in entrusting business affairs pursuant to Article 33 (2), and other expenses specified by Ordinance of the Ministry of Health and Welfare as expenses directly incurred in providing medical care. *<Amended by Act No. 8852, Feb. 29, 2008; Act No. 9332, Jan. 18, 2010>*

(3) Each Mayor/Do Governor may manage a surplus, if any, in the Fund in any of the following manners:

1. Depositing it in a financial institution or post office;
2. Purchasing State or public bonds.

(4) Except as otherwise prescribed by this Act, matters necessary for the management and operation of the Fund shall be prescribed by ordinance of each local government, as prescribed by Ordinance of the Ministry of Health and Welfare. *<Amended by Act No. 8852, Feb. 29, 2008; Act No. 9332, Jan. 18, 2010>*

Article 27 (Deposit of Care Costs)

(1) If the payment affairs of care costs are entrusted pursuant to Article 33 (2), the competent Mayor/Do Governor shall deposit estimated care costs from the Fund in the

care cost payment institution, as prescribed by Ordinance of the Ministry of Health and Welfare. *<Amended by Act No. 8852, Feb. 29, 2008; Act No. 9332, Jan. 18, 2010>*

(2) If each Mayor/Do Governor fails to secure a budget for contributions from the local government pursuant to Article 25 (2) 2, he/she shall immediately deposit subsidies from the National Treasury in the care cost payment institution, notwithstanding Article 36 of the Local Finance Act. *<Amended by Act No. 8114, Dec. 28, 2006>*

Article 28 (Business Suspension of Medical Care Institutions)

(1) If a medical care institution falls under any of the following subparagraphs, the Minister of Health and Welfare may order the medical care institution business to suspend its business for a period of not more than one year: *<Amended by Act No. 8114, Dec. 28, 2006; Act No. 8852, Feb. 29, 2008; Act No. 9332, Jan. 18, 2010>*

1. If a medical care institution charges a beneficiary, an obligatory provider, or the head of a Si/Gun/Gu with care costs by fraud or other wrongful means;
2. If a medical care institution demands a beneficiary to pay beneficiary charges in advance, or demands a deposit for hospitalization or other expenses on whatever title, in violation of Article 11-4;
3. If a medical care institution violates an order issued under Article 32 (3), files a false report, or refuses, interferes with, or evades an inquiry or inspection by a public official under his/her jurisdiction.

(2) If a tertiary medical care institution falls under any subparagraph of paragraph (1), the Minister of Health and Welfare may revoke the designation. *<Amended by Act No. 8852, Feb. 29, 2008; Act No. 9332, Jan. 18, 2010>*

(3) The Minister of Health and Welfare shall not re-designate a medical institution, the designation of which as a tertiary medical care institution has been revoked pursuant to paragraph (2) as a tertiary medical care institution within one year from the date of revocation of such designation. *<Amended by Act No. 8852, Feb. 29, 2008; Act No. 9332, Jan. 18, 2010>*

(4) No person subject to the disposition of business suspension under paragraph (1) shall provide medical care during the period of business suspension.

(5) When the Minister of Health and Welfare makes a disposition under paragraph (1) or (2), he/she shall notify the relevant care costs examination institution and the relevant care cost payment institution of such fact, as prescribed by Ordinance of the Ministry of Health and Welfare. *<Amended by Act No. 8114, Dec. 28, 2006; Act No. 8852, Feb. 29, 2008; Act No. 9332, Jan. 18, 2010>*

(6) Standards for administrative dispositions under paragraphs (1) and (2) shall be prescribed by Ordinance of the Ministry of Health and Welfare. *<Amended by Act No. 8852, Feb. 29, 2008; Act No. 9332, Jan. 18, 2010>*

Article 29 (Penalty Surcharges, etc.)

(1) If the Minister of Health and Welfare shall otherwise make a disposition of business suspension against a medical care institution that falls under Article 28 (1) 1 but he/she finds that the business suspension is likely to cause severe inconvenience to beneficiaries or extenuating circumstances exist, he/she may impose and collect, as a penalty surcharge, an amount not exceeding five times the care costs that it charged

by fraud or other wrongful means in lieu of the disposition of business suspension. *<Amended by Act No. 8852, Feb. 29, 2008; Act No. 9332, Jan. 18, 2010>*

(2) The amount of a penalty surcharge depending upon the type and degree of each violation subject to imposition of the penalty surcharge under paragraph (1) and other necessary matters shall be prescribed by Ordinance of the Ministry of Health and Welfare. *<Amended by Act No. 8852, Feb. 29, 2008; Act No. 9332, Jan. 18, 2010>*

(3) If a person obligated to pay a penalty surcharge under paragraph (1) fails to pay it by the deadline for payment, the Minister of Health and Welfare may collect it in the same manner as delinquent national taxes are collected: Provided, That if the authority is delegated to a Mayor/Do Governor, each Mayor/Do Governor may collect it in the same manner as delinquent local taxes are collected. *<Amended by Act No. 8852, Feb. 29, 2008; Act No. 9332, Jan. 18, 2010>*

Article 30 (Filing Objections, etc.)

(1) A person who is dissatisfied with a disposition by the head of a Si/Gun/Gu in relation to a beneficiary's eligibility, medical care, or care costs may file an objection with the head of the competent Si/Gun/Gu.

(2) A medical care institution that is dissatisfied with examinations or adjustments by a care costs examination institution in relation to care costs may file an objection with the care costs examination institution.

(3) An objection referred to in paragraph (1) or (2) shall be filed in writing within 90 days from the day on which the relevant disposition is made: Provided, That the foregoing shall not apply where it is successfully substantiated that a person was unable to file an objection within the period due to a justifiable ground.

(4) Matters necessary for a decision on an objection and the notification of such decision shall be prescribed by Presidential Decree.

Article 31 (Extinctive Prescription)

(1) Any of the following entitlements shall lapse by prescription if not exercised for three years:

1. An entitlement to medical care;
2. An entitlement to care costs;
3. An entitlement to have a payment by subrogation reimbursed.

(2) The prescription referred to in paragraph (1) shall be interrupted if any of the following events occurs:

1. If a claim for care costs is filed;
2. If a notice or demand of the return of a payment by subrogation is issued.

(3) Extinctive prescription and interruption of prescription shall be governed by provisions of the Civil Act, except otherwise provided by this Act. *<Amended by Act No. 8114, Dec. 28, 2006>*

Article 32 (Reporting and Inspections)

(1) The Minister of Health and Welfare may, if deemed necessary, guide or supervise any City/Do or Si/Gun/Gu or require any City/Do or Si/Gun/Gu to file a necessary report regarding matters related to the management and operation of the Fund or medical care. *<Amended by Act No. 8852, Feb. 29, 2008; Act No. 9332, Jan. 18, 2010>*

(2) The Minister of Health and Welfare may order any medical care institution (including an institution that provides medical care pursuant to Article 12) to submit a report or relevant documents regarding medical care, such as medical treatment or dispensing of medicine or may assign public officials to make inquiries or inspect relevant documents. *<Amended by Act No. 8852, Feb. 29, 2008; Act No. 9332, Jan. 18, 2010>*

(3) The Minister of Health and Welfare or the head of a Si/Gun/Gu may require a beneficiary of medical care to report on details of the medical care or assign a public official under his/her jurisdiction to make inquiries. *<Amended by Act No. 8852, Feb. 29, 2008; Act No. 9332, Jan. 18, 2010>*

(4) A care costs examination institution may request data necessary for the examination or adjustment of care costs from medical care institutions, and medical care institutions in receipt of a request to provide data shall comply with such request, unless it has exceptional grounds to the contrary.

(5) In cases falling under paragraph (2) or (3), public officials shall carry with them a certificate indicating their authorities and produce it to any relevant person.

Article 33 (Delegation and Entrustment of Authority)

(1) Part of the authority of the Minister of Health and Welfare under this Act may be delegated to each Mayor/Do Governor, as prescribed by Presidential Decree. *<Amended by Act No. 8852, Feb. 29, 2008; Act No. 9332, Jan. 18, 2010>*

(2) Some of business affairs related to medical care, such as the management of beneficiaries and the examination, adjustment, and payment of care costs, among business affairs under the jurisdiction of the head of each Si/Gun/Gu under this Act may be entrusted to an appropriate specialized institution, as prescribed by Presidential Decree. In such cases, expenses incurred in entrustment shall be borne by the Fund, as prescribed by the Minister of Health and Welfare. *<Amended by Act No. 8852, Feb. 29, 2008; Act No. 9332, Jan. 18, 2010>*

Article 34 (Write-off of Fractions)

In calculating costs related to medical care, fractions prescribed in Article 47 of the Management of the National Funds Act shall be disregarded. *<Amended by Act No. 7347, Jan. 27, 2005; Act No. 8114, Dec. 28, 2006>*

Article 35 (Penal Provisions)

(1) A person who falls under any of the following subparagraphs shall be punished by imprisonment with prison labor for not more than one year or by a fine not exceeding ten million won:

1. A person who violates Article 9 (3);
2. A person who receives medical care, or who aids and abets a third party to receive medical care, by fraud or other wrongful means.

(2) A person who fails to submit a document or report without justifiable grounds, a person who files a false report, or a person who refuses, interferes with, or evades an inspection, in violation of Article 32 (2) shall be punished by a fine not exceeding ten million won.

Article 36 (Joint Penal Provisions)

If the representative of a corporation or an agent, employee, or other servant of the corporation or an individual commits an offence under Article 35 in connection with the business of the corporation or the individual, not only shall such offender be punished, but also the corporation or the individual shall be punished by a fine under the relevant provisions.

Article 37 (Fines for Negligence)

(1) A person who breaches the duty to preserve documents under Article 11-2 shall be punished by a fine for negligence not exceeding one million won.

(2) Fines for negligence under paragraph (1) shall be imposed and collected by the Minister of Health and Welfare, as prescribed by Presidential Decree. *<Amended by Act No. 8852, Feb. 29, 2008; Act No. 9332, Jan. 18, 2010>*

(3) Any person who is dissatisfied with the disposition of a fine for negligence under paragraph (2) may file an objection to the Minister of Health and Welfare within 30 days from the day on which he/she is notified of the disposition. *<Amended by Act No. 8852, Feb. 29, 2008; Act No. 9332, Jan. 18, 2010>*

(4) The Minister of Health and Welfare shall, upon receiving an objection filed under paragraph (3) from a person subject to the disposition of a fine for negligence under paragraph (2), notify the competent court of the objection without delay, and the court shall, upon receiving such notice, submit the case to a trial for fine for negligence pursuant to the Non-Contentious Case Litigation Procedure Act. *<Amended by Act No. 8852, Feb. 29, 2008; Act No. 9332, Jan. 18, 2010>*

(5) If neither an objection is filed nor fine for negligence paid within the period prescribed in paragraph (3), such fine for negligence shall be collected in the same manner as delinquent national taxes are collected.

ADDENDA

Article 1 (Enforcement Date)

This Act shall enter into force on October 1, 2001.

Article 2 (Transitional Measure concerning Beneficiaries of Medical Care)

Beneficiaries of medical care under the former provisions as at the time this Act enters into force shall be deemed beneficiaries under amended provisions of Article 3.

Article 3 (Transitional Measure concerning Medical Care Deliberation Committee)

A medical care deliberation committee established under the former provisions at the time this Act enters into force shall be a medical care deliberation committee established under amended provisions of Article 6.

Article 4 (Transitional Measure concerning Medical Security Card)

Medical security cards issued under the former provisions as at the time this Act enters into force shall be deemed medical care cards issued under amended provisions of Article 8.

Article 5 (Transitional Measure concerning Medical Institutions for Medical)

Medical care institutions under the former provisions at the time this Act enters into force shall be deemed medical care institutions under amended provisions of Article 9.

Article 6 (Transitional Measure concerning Care Costs)

Care costs under the former provisions at the time this Act enters into force shall be deemed care costs under amended provisions of Article 10.

Article 7 (Transitional Measure concerning Medical Care Fund)

The Medical Care Fund under the former provisions at the time this Act enters into force shall be deemed the Medical Care Fund under amended provisions of Article 25.

Article 8 (Transitional Measure concerning Medical Care Institutions whose Designation was Cancelled)

A medical institution whose designation as a medical care institution was cancelled pursuant to the former provisions at the time the amended Medical Care Act (Act No. 5853) entered into force shall, if the period during which re-designation shall be restricted has not ended yet, be deemed to remain subject to the business suspension for medical care during the remaining period pursuant to Article 24 of the aforesaid Act.

Article 9 (Transitional Measure concerning Cancellation of Designation)

Any disposition made against a person regarding whom proceedings were pending in order to cancel designation, suspend a license, impose a fine for negligence, or make a disposition regarding unjust enrichment at the time the amended Medical Care Act (Act No. 5853) entered into force shall be governed by the former provisions in force before the aforesaid Act entered into force.

Article 10 (Transitional Measure concerning Fine for Negligence)

The collection of fines for negligence and unjust enrichment claims imposed pursuant to the former provisions at the time this Act enters into force shall be governed by the former provisions.

Article 11 (Transitional Measure concerning Penal Provisions)

For the purposes of applying penal provisions, acts committed before this Act enters into force shall be governed by the former provisions.

Article 12 Omitted.

Article 13 (Relationships with Other Acts and Subordinate Statutes)

A citation of the former Medical Care Act or any provision thereof by any other Act or subordinate statute in force at the time this Act enters into force shall be deemed a citation of this Act or the corresponding provision hereof in lieu of the former provision, if a corresponding provision exists herein.

D. Das Langzeitpflegeversicherungsgesetz für ältere Menschen

ACT ON LONG-TERM CARE INSURANCE FOR THE AGED

Amended by Act No. 12067, Aug. 13, 2013

Article 1 (Purpose)

The purpose of this Act is to pursue the improvement of health of elderly citizens and the stabilization of their livelihood during post-retirement life, relieve family members from the burden of supporting them, and enhance the quality of life of citizens by providing for matters concerning long-term care benefits, such as aid provided in physical activities and household chores to elderly citizens who have difficulties in carrying on with daily life on their own due to old age or senility.

Article 2 (Definitions)

The terms used in this Act shall be defined as follows:

1. The term "elderly citizen" means an elderly person of not less than 65 years of age or of less than 65 years of age but who suffers from a senile disease specified by Presidential Decree, such as Alzheimer's disease or a cerebrovascular disease;
2. The term "long-term care benefits" means services, such as aid in physical activities and household chores or nursing provided to a person who is determined to have difficulties in carrying on with daily life on his/her own for six months or longer, or money, etc. paid instead of such services pursuant to Article 15 (2);
3. The term "long-term care program" means a program of providing long-term care benefits to elderly citizens with financial resources, such as, long-term care insurance premiums, contributions, etc. from the State and local governments;
4. The term "long-term care institution" means an institution designated pursuant to Article 31 or a long-term domiciliary care institution that is entitled to deemed designation under Article 32 and that provides long-term care benefits;
5. The term "long-term care worker" means a person who works for a long-term care institution to provide aid, etc. in physical activities or household chores of elderly citizens.

Article 3 (Fundamental Principles for Providing Long-Term Care Benefits)

(1) Long-term care benefits shall be provided appropriately within the extent necessary for elderly citizens, comprehensively taking into consideration mental and physical conditions, the living environment of each elderly citizen and needs and choices of each elderly citizen and his/her family members.

(2) Domiciliary care benefits, which are long-term care benefits provided at home while an elderly citizen continues his/her living with his/her family members, shall be provided preferentially among other long-term care benefits.

(3) Long-term care benefits shall be provided along with medical service to prevent elderly citizens' mental and physical conditions and health from being worsened.

Article 4 (Responsibilities, etc. of State and Local Governments)

(1) The State and each local government shall provide services necessary for elderly citizens to maintain good mental and physical conditions (hereinafter referred as "services for prevention of senile disease") so that they can carry on with daily life on their own.

(2) The State may subsidize expenses incurred by each local government or the National Health Insurance Corporation under the National Health Insurance Act (hereinafter referred to as the "Corporation") in providing services for prevention of senile diseases.

(3) The State and each local government shall expand long-term care institutions and support the establishment of long-term care institutions to secure a sufficient number of long-term care institutions so as to smoothly provide long-term care benefits, taking into consideration the population of elderly citizens, local characteristics, etc.

(4) The State and each local government may provide the Corporation with assistance in administrative or financial affairs so that long-term care benefits can be smoothly provided.

Article 5 (Direction of State's Policy on Long-Term Care Benefits)

The State shall, when it establishes and implements a basic plan for long-term care pursuant to Article 6, endeavor to provide not only elderly citizens but also all citizens who suffer hardship in carrying on with daily life on their own, including the disabled, etc. with long-term care benefits and services of aiding physical activities and furthermore shall take measures to assist them in achieving the stabilization of living and self-support.

Article 6 (Basic Plan for Long-Term Care)

(1) The Minister of Health and Welfare shall establish and implement a basic plan for long-term care with the following matters included therein for each five-year period so as to smoothly provide elderly citizens with long-term care benefits:

1. The number of persons eligible for long-term care benefits each year and a plan for the procurement of financial resources;
2. A scheme for the expansion of long-term care institutions and professional human resources for long-term care each year;
3. Other matters specified by Presidential Decree concerning long-term care of elderly citizens.

(2) The head of each local government shall establish and implement a detailed implementation plan in accordance with the basic plan for long-term care under paragraph (1).

Article 7 (Long-Term Care Insurance)

(1) The Minister of Health and Welfare shall have control over the long-term care insurance program.

(2) The Corporation shall be the insurer of the long-term care insurance program.

(3) Persons eligible for the long-term care insurance (hereinafter referred to as "policyholders of long-term care insurance") shall be policyholders under Articles 5 and 109 of the National Health Insurance Act. *<Amended by Act No. 11141, Dec. 31, 2011>*

(4) Notwithstanding paragraph (3), the Corporation may exclude foreigners specified by Presidential Decree, such foreign workers, etc. as defined in the Act on the Employment, etc. of Foreign Workers, from persons eligible for the long-term care insurance, as prescribed by Ordinance of the Ministry of Health and Welfare, if such foreigners file an application for the long-term care insurance. *<Newly Inserted by Act No. 9510, Mar. 18, 2009; Act No. 9932, Jan. 18, 2010>*

Article 8 (Collection of Long-Term Care Insurance Premiums)

(1) The Corporation shall collect long-term care insurance premiums to appropriate it for expenses incurred in the long-term care program.

(2) Long-term care insurance premiums under paragraph (1) shall be collected together with the insurance premiums under Article 69 of the National Health Insurance Act (hereafter referred to as "health insurance premiums" in this Article). The Corporation shall separate long-term care insurance premiums from health insurance premiums in its notice for payment. *<Amended by Act No. 11141, Dec. 31, 2011>*

(3) The Corporation shall manage long-term care premiums and health insurance premiums, collected together pursuant to paragraph (2), in separate accounts, respectively.

Article 9 (Calculation of Long-Term Care Insurance Premiums)

(1) Long-term care insurance premiums shall be calculated by subtracting expenses abated or deductible pursuant to Article 74 or 75 of the National Health Insurance Act from the amount of insurance premiums calculated in accordance with Article 69 (4) and (5) of the aforesaid Act and then by multiplying the amount after subtraction by the relevant long-term care insurance premiums rate. *<Amended by Act No. 11141, Dec. 31, 2011>*

(2) The long-term care insurance premiums rate under paragraph (1) shall be prescribed by Presidential Decree, subject to deliberation by the Long-Term Care Committee established under Article 45.

Article 10 (Abatement and Exemption of Long-Term Care Insurance Premiums for Persons with Disabilities, etc.)

The Corporation may fully or partially abate or exempt long-term care insurance premiums, as prescribed by Presidential Decree, for a person with a disability as defined in the Act on Welfare of Persons with Disabilities or a similar person specified by Presidential Decree, if the person is a long-term care insurance policyholder or a dependent to a long-term care insurance policyholder but fails to be determined as a beneficiary under Article 15 (2).

Article 11 (Application Mutatis Mutandis to Qualifications, etc. for Long-Term Care Insurance)

Articles 5, 6, 8 through 11, 69 (1) through (3), 76 through 86 and 110 of the National Health Insurance Act shall apply mutatis mutandis to the acquisition and forfeiture of qualifications for a long-term care insurance policyholder or a dependent to a long-term care insurance policyholder, the payment, collection, and disposition of deficits, of long-term care insurance premiums. In such cases, the term "insurance premiums" shall be construed as "long-term care insurance premiums," the term "health insurance" as "long-term care insurance," and the term "policyholder" as "long-term care insurance policyholder." *<Amended by Act No. 11141, Dec. 31, 2011>*

Article 12 (Qualifications for Application for Approval for Long-Term Care)

People who are eligible for filing an application for approval for long-term care are elderly citizens and shall meet any of the following qualification requirements:

1. A long-term care insurance policyholder or a dependent to a long-term care insurance policyholder;
2. A beneficiary under Article 3 (1) of the Medical Care Assistance Act (hereinafter referred to as "medical care beneficiary").

Article 13 (Application for Approval for Long-Term Care)

(1) A person who files an application (hereinafter referred to as "applicant") for approval for long-term care (hereinafter referred to as "application") with the Corporation, shall submit the application along with a written opinion issued by a medical doctor or an oriental medicine doctor (hereinafter referred to as "medical doctor's opinion"), as prescribed by Ordinance of the Ministry of Health and Welfare: Provided, That a medical doctor's opinion may be submitted up until the Corporation submits data to the competent grading committee pursuant to Article 15 (1).

(2) Notwithstanding paragraph (1), persons specified by Presidential Decree, such as persons who are unable to move around freely or persons, etc. who have difficulty

in getting access to a medical institution because of residing in an island or a remote area, need not submit a medical doctor's opinion.

(3) Fees for issuing a medical doctor's opinion, the method of allocation of such fees, the scope of issuers, and other necessary matters shall be prescribed by Ordinance of the Ministry of Health and Welfare.

Article 14 (Investigation of Application for Approval for Long-Term Care)

(1) Upon receipt of an application pursuant to Article 13 (1), the Corporation shall instruct its employees to investigate the following matters, as prescribed by Ordinance of the Ministry of Health and Welfare: Provided, That where it is impracticable to engage in an investigation due to geographical circumstances, etc. or where it is deemed necessary for investigations, the Corporation may request the competent Special Self-Governing City, Special Self-Governing Province, or Si/Gun/Gu (referring to an autonomous Gu; hereinafter the same shall apply) to conduct an investigation or joint investigation: *<Amended by Act No. 12067, Aug. 13, 2013>*

1. Mental and physical conditions of the applicant;
2. Types and details of long-term care benefits that the applicant needs;
3. Matters specified by Ordinance of the Ministry of Health and Welfare as necessary for long-term care.

(2) A person engaged in an investigation pursuant to paragraph (1) shall give prior notice of the date, time, and place of investigation and personal information on the person in charge of such investigation to the applicant.

(3) Upon completion of the investigation, the Corporation or the competent Special Self-Governing City, Special Self-Governing Province, or Si/Gun/Gu, which was requested to engage in the investigation pursuant to the proviso to paragraph (1), shall prepare a report on the investigation outcomes. The competent Special Self-Governing City, Special Self-Governing Province, or Si/Gun/Gu, which was requested to engage in the investigation, shall without delay dispatch a report on the investigation outcomes to the Corporation. *<Amended by Act No. 12067, Aug. 13, 2013>*

Article 15 (Grading, etc.)

(1) The Corporation shall, upon completion of an investigation under Article 14, submit a report on results of the investigation, the relevant application, a medical doctor's opinion, and other data necessary for examination to the competent long-term care grading committee under Article 52 (hereinafter referred to as the "grading committee").

(2) Each grading committee shall, if an applicant meets qualification requirements for application under Article 12 and it concludes that the applicant has difficulties in carrying on with daily life on his/her own for six months or more, determine the applicant as eligible for long-term care benefits (hereinafter referred to as "beneficiary") according to grading standards prescribed by Presidential Decree concerning mental and physical conditions and the seriousness, etc. of conditions that require long-term care.

(3) Each grading committee may, when it conducts examination and grading pursuant to paragraph (2), hear opinions of people concerned, such as the applicant, his/her family members, and the medical doctor who issued a medical doctor's opinion.

Article 16 (Grading Period for Long-Term Care)

(1) Each grading committee shall complete grading for long-term care under Article 15 within 30 days from the day on which an applicant files an application: Provided, That the period may be extended within the maximum of 30 days, if a thorough investigation into an applicant is required or exceptional circumstances make it impossible to complete grading within the prescribed period.

(2) The Corporation shall, if it intends to extend the period of examination and grading for approval for long-term care pursuant to the proviso to paragraph (1), notify the relevant applicant or his/her agent of details and grounds for such extension and the extended period.

Article 17 (Letter of Approval for Long-Term Care)

(1) Upon completion of examination on approval and grading for long-term care by the grading committee, the Corporation shall without delay prepare a letter of approval for long-term care with the following matters described therein and dispatch it to the beneficiary:

1. Long-term care grade;
2. Types and details of long-term care benefits;
3. Matters specified by Ordinance of the Ministry of Health and Welfare concerning long-term care benefits.

(2) Upon completion of examination on approval and grading for long-term care by the grading committee, the Corporation shall give notice of details of, and grounds for, such determination to each applicant who is determined as an ineligible beneficiary. In such cases, the competent Special Self-Governing City Mayor or Special Self-Governing Province Governor or the head of a Si/Gun/Gu (referring to the head of an autonomous Gu; hereinafter the same shall apply) may request the Corporation to notify such details and grounds, and the Corporation so requested shall comply with the request. *<Amended by Act No. 12067, Aug. 13, 2013>*

(3) When the Corporation dispatches a letter of approval for long-term care pursuant to paragraph (1), it shall prepare a standard plan for the use of long-term care within the extent of the monthly maximum amount under Article 28 and dispatch the plan along with the letter of approval so that long-term care benefits can be used efficiently.

(4) Necessary matters concerning the methods of preparation of letters of approval for long-term care and a standard plan for the use of long-term care under paragraphs (1) and (3) shall be prescribed by Ordinance of the Ministry of Health and Welfare.

Article 18 (Factors Considered in Preparation of Letters of Approval for Long-Term Care)

The Corporation shall take the following factors into consideration, when it determines the type and details of long-term care benefits pursuant to Article 17 (1) 2 in preparing letters of approval for long-term care:

1. The beneficiary's grade of long-term care and his/her living environment;
2. Needs and choices of the beneficiary and his/her family members;
3. Current state of facilities operated by the relevant long-term care institution, if such facilities are provided as benefits.

Article 19 (Effective Period of Approval for Long-Term Care)

(1) The effective period of the approval for long-term care under Article 15 shall not be less than one year and shall be prescribed by Presidential Decree.

(2) The method of calculation of the effective period under paragraph (1) and other necessary matters shall be prescribed by Ordinance of the Ministry of Health and Welfare.

Article 20 (Renewal of Approval for Long-Term Care)

(1) A beneficiary who intends to receive long-term care benefits continuously after the effective period of the approval for long-term care under Article 19 ends, shall file an application for renewal of approval for long-term care.

(2) An application for renewal of approval for long-term care under paragraph (1) shall be filed at least 30 days before the end of the effective period.

(3) Articles 12 through 19 shall apply mutatis mutandis to the procedure for renewal of approval for long-term care.

Article 21 (Change of Grade, etc. for Long-Term Care)

(1) A beneficiary who receives long-term care benefits shall, if he/she intends to have the grade for long-term care or the type or details of long-term care benefits changed in receiving long-term care benefits, file an application for change with the Corporation.

(2) Articles 12 through 19 shall apply mutatis mutandis to procedures for change of a grade for long-term care.

Article 22 (Filing of Application, etc. for Approval for Long-Term Care through Agent)

(1) If a person who intends to receive long-term care benefits or a beneficiary is unable to file an application for approval for long-term care, for renewal of approval for long-term care, or for change of the grade for long-term care in accordance with this Act on his/her own due to a physical or mental problem, one of his/her family members or relatives or any other interested party may act as his/her agent in filing such an application.

(2) A public official in exclusive charge of social welfare under the Social Welfare Services Act may act as an agent for a person who resides within the jurisdiction of the public official in filing an application for approval for long-term care or any other application under paragraph (1), subject to consent of the applicant or the applicant's family.

(3) Notwithstanding paragraphs (1) and (2), where a person who intends to receive long-term care benefits or a beneficiary is unable to file an application for approval for long-term care or any other application under paragraph (1), a person designated by the competent Special Self-Governing City Mayor or Special Self-Governing Province Governor or the head of the competent Si/Gun/Gu may act as an agent for such a person or beneficiary in filing the application. *<Amended by Act No. 12067, Aug. 13, 2013>*

(4) Matters necessary for the method of, and procedures for, etc. filing an application for approval for long-term care or any other application under paragraphs (1) through (3) shall be prescribed by Ordinance of the Ministry of Health and Welfare.

Article 23 (Types of Long-Term Care Benefits)

(1) Types of long-term care benefits under this Act are as follows: *<Amended by Act No. 10785, Jun. 7, 2011>*

1. Domiciliary benefits:
   (a) Domiciliary visit care: Long-term care benefits provided in a manner that a long-term care worker visits a beneficiary's home, etc. to assist the beneficiary with physical activities, household chores, etc.;
   (b) Domiciliary bathing: Long-term care benefits provided in a manner that a long-term care worker visits a beneficiary's home, etc. to give the beneficiary baths;
   (c) Domiciliary nursing: Long-term care benefits provided in a manner that a nurse working as a long-term care worker visits a beneficiary's home, etc. to provide nursing service, assist in medical treatment, give counsel on care, or treat oral hygiene, etc. in accordance with a written instruction of a medical doctor, an oriental medicine doctor, or a dentist (hereinafter referred to as "written instruction for domiciliary nursing");
   (d) Day or night protection: Long-term care benefits provided in a manner of taking care of a beneficiary in a long-term care institution for certain hours a day to provide him/her with educational or training programs, etc. for assisting him/her with physical activities or maintaining and improving mental and physical functions;
   (e) Short-term protection: Long-term care benefits provided in a manner that a beneficiary is admitted to a long-term care institution for protection for a certain period within the maximum prescribed by Ordinance of the Ministry of Health and Welfare to provide educational or training programs, etc. for assisting him/her with physical activities or maintaining and improving mental and physical functions;
   (f) Other domiciliary benefits: Long-term care benefits prescribed by Presidential Decree and provided in a manner that a beneficiary is given assistive devices necessary to support the beneficiary's daily life and physical activities, or assistance for rehabilitation by means of a visit to the beneficiary's home;
2. Facility benefit: Long-term care benefits provided in a manner that a beneficiary is admitted to a medical welfare facility for the aged under Article 34 of the Welfare of the Aged Act, which is operated by a long-term care institution for a long term to provide educational or training programs, etc. for assisting him/her with physical activities or maintaining and improving mental and physical functions;
3. Special cash benefits:
   (a) Family care expenses: Long-term care benefits reimbursed for family pursuant to Article 24;
   (b) Special care expenses: Special long-term care benefits reimbursed pursuant to Article 25;
   (c) Nursing expenses in an intermediate care hospital: Long-term benefits reimbursed for admission to an intermediate care hospital pursuant to Article 26.

(2) Necessary matters concerning types of, and standards for, long-term care institutions eligible for providing long-term benefits pursuant to paragraph (1) 1 and 2 and the scope, duties, and continuing education of long-term care workers for each type of long-term care benefit shall be prescribed by Presidential Decree.

(3) Standards and procedure for, and the method and scope of, providing long-term care benefits shall be prescribed by Ordinance of the Ministry of Health and Welfare.

Article 24 (Family Care Expenses)

(1) If any of the following beneficiaries has received long-term care benefits equivalent to domiciliary visit care under Article 23 (1) 1 (a) from a family member or another person, the Corporation may reimburse the beneficiary for family care expenses in accordance with guidelines prescribed by Presidential Decree:

1. A person who resides in an area specified and publicly notified by the Minister of Health and Welfare as an area in which long-term care institutions are significantly insufficient, such as an island or a remote area;
2. A person recognized by the Minister of Health and Welfare as one who has difficulty in using long-term benefits provided by long-term care institutions due to a natural disaster or any other similar cause or event;
3. A person who needs to receive long term care from his/her family members, etc. due to his/her physical or mental conditions, character, etc.

(2) Procedures for reimbursement of family care expenses under paragraph (1) and other necessary matters shall be prescribed by Ordinance of the Ministry of Health and Welfare.

Article 25 (Special Care Expenses)

(1) If a beneficiary has received long-term care benefits equivalent to domiciliary benefits or facility benefits from a care facility for the aged or any similar institution or facility other than long-term care institutions, the Corporation may reimburse the beneficiary for special care expenses with some expenses for relevant long-term care benefits in accordance with guidelines prescribed by Presidential Decree.

(2) The scope of institutions or facilities eligible for recognition of long-term care benefits under paragraph (1), procedures for reimbursement of special care expenses, and other necessary matters shall be prescribed by Ordinance of the Ministry of Health and Welfare.

Article 26 (Nursing Expenses in Intermediate Care Hospitals)

(1) If a beneficiary admitted to an intermediate care hospital defined in Article 3 (2) 3 (d) of the Medical Service Act, the Corporation may reimburse the beneficiary for nursing expenses in the hospital with some expenses for long-term care benefits in accordance with guidelines prescribed by Presidential Decree. *<Amended by Act No. 9386, Jan. 30, 2009; Act No. 10785, Jun. 7, 2011>*

(2) Procedures for reimbursement of nursing expenses in intermediate care hospitals under paragraph (1) and other necessary matters shall be prescribed by Ordinance of the Ministry of Health and Welfare.

Article 27 (Timing for Providing Long-Term Care Benefits)

(1) Beneficiaries shall become eligible for long-term care benefits on the day on which a letter of approval for long-term care under Article 17 (1) is delivered.

(2) Notwithstanding paragraph (1), if a beneficiary has no family member who can take care of him/her or if any reason specified by Presidential Decree exists, the beneficiary shall become eligible for long-term care benefits even during the period between the

day on which an application is filed and the day on which a letter of approval for long-term care is delivered.

(3) The scope of, and the procedure for, long-term care benefits approved pursuant to paragraph (2) and other relevant matters shall be prescribed by Presidential Decree.

Article 28 (Monthly Maximum Amount of Long-Term Care Benefits)

(1) Long-term care benefits shall be provided within the extent of a monthly maximum amount. In such cases, the monthly maximum amount shall be calculated by taking into consideration the grade for long-term care, the type of long-term care benefits, etc.

(2) The guidelines for, and the method of, calculation of the monthly maximum amount under paragraph (1) and other necessary matters shall be prescribed by Ordinance of the Ministry of Health and Welfare.

Article 29 (Limitations on Long-Term Care Benefits)

(1) The Corporation may, if a person who receives, or is eligible to receive, long-term care benefits falls under any of the following subparagraphs, suspend or discontinue providing long-term care benefits:

1. If the person obtained the approval for long-term care by fraud or other unjust means;
2. If the person obtained the approval for long-term care by intentionally causing an accident or by his/her own wrongdoing.

(2) The Corporation may, if a person who receives long-term care benefits fails to comply with a demand or refuses to give an answer in accordance with Article 60 or 61 without a justifiable reason, discontinue providing long-term benefits.

Article 30 (Application Mutatis Mutandis to Limitations, etc. on Long-Term Care Benefits)

ABC Article 53 (1) 4 and (2) through (6) and Article 54 of the National Health Insurance Act shall apply mutatis mutandis to limitations on, and the suspension of, long-term care benefits to persons who default payment of insurance premiums under this Act. In such cases, the term "policyholder" shall be construed as "long-term care insurance policyholder," the term "insurance benefit" as "long-term care benefit". *<Amended by Act No. 11141, Dec. 31, 2011>*

Article 31 (Designation of Long-Term Care Institutions)

(1) Any person who intends to establish and operate a long-term care institution shall obtain designation from a Special Self-Governing City Mayor or Special Self-Governing Province Governor or the head of a Si/Gun/Gu who has jurisdiction over the location of the institution. *<Amended by Act No. 12067, Aug. 13, 2013>*

(2) Any person who intends to obtain designation as a long-term care institution pursuant to paragraph (1) shall be equipped with facilities and human resources specified by Ordinance of the Ministry of Health and Welfare as necessary for long-term care.

(3) When a Special Self-Governing City Mayor or Special Self-Governing Province Governor or the head of a Si/Gun/Gu designates a long-term care institution pursuant to paragraph (1), he/she shall give immediate notice of details of designation to the Corporation. *<Amended by Act No. 12067, Aug. 13, 2013>*

(4) The procedure for designation of long-term care institutions and other necessary matters shall be prescribed by Ordinance of the Ministry of Health and Welfare.

Article 32 (Establishment of Domiciliary Long-Term Care Institutions)

(1) Any person who intends to provide one or more of long term care benefits from among domiciliary benefits referred to in Article 23 (1) 1 shall establish a domiciliary long-term care institution with facilities and human resources equipped therefor and file a report thereon with the competent Special Self-Governing City Mayor or Special Self-Governing Province Governor or the head of the competent Si/Gun/Gu. Upon receipt of such report, the competent Special Self-Governing City Mayor or Special Self-Governing Province Governor or the head of the competent Si/Gun/Gu shall give notice of details of the report to the Corporation. *<Amended by Act No. 12067, Aug. 13, 2013>*

(2) Each domiciliary long-term care institution that has filed a report on its establishment pursuant to the former part of paragraph (1) shall be construed as a long-term care institution.

(3) Each domiciliary long-term care institution installed and operated by any person other than medical institutions shall, if it provides domiciliary nursing services, have a nurse as a manager in charge of domiciliary nursing.

(4) Standards for the facilities and human resources under paragraph (1) and other necessary matters shall be prescribed by Ordinance of the Ministry of Health and Welfare.

Article 33 (Changes in Facilities and Human Resources of Long-Term Care Institutions)

When a long-term care institution makes a change in any major matter specified by Ordinance of the Ministry of Health and Welfare with regard to facilities and human resources, it shall report such change to the competent Special Self-Governing City Mayor or Special Self-Governing Province Governor or the head of the competent Si/Gun/Gu, as prescribed by Ordinance of the Ministry of Health and Welfare. Upon receipt of such report, the competent Special Self-Governing City Mayor or Special Self-Governing Province Governor or the head of the competent Si/Gun/Gu shall give immediate notice of details of the change to the Corporation. *<Amended by Act No. 12067, Aug. 13, 2013>*

Article 34 (Providing Information on Long-Term Care Institutions, etc.)

(1) Each long-term care institution shall publish records of its current status, such as details of benefits provided by type of the long-term care institution and its facilities, human resources, etc. through the Internet web-site operated by the Corporation in order to help each beneficiary easily choose long-term care benefits and assure the quality of benefits provided by the long-term care institution.

(2) Details and methods, and procedures for, the publication under paragraph (1) and other necessary matters shall be prescribed by Ordinance of the Ministry of Health and Welfare.

Article 35 (Obligations, etc. of Long-Term Care Institutions)

(1) No long-term care institution shall, upon receiving an application for long-term care benefits from a beneficiary, refuse to provide long-term care benefits: Provided, That the foregoing shall not apply if its capacity for admission is exhausted or if it has any other justifiable ground.

(2) Each long-term care institution shall provide long-term care benefits in compliance with the standards and procedure for, and the method of, providing long-term benefits prescribed in Article 23 (3).

(3) The head of each long-term care institution shall issue a statement of expenses for long-term care benefits to each beneficiary to whom he/she has provided long-term care benefits.

(4) The head of each long-term care institution shall record and manage records on the provision of long-term care benefits. *<Newly Inserted by Act No. 10127, Mar. 17, 2010>*

(5) No long-term care institution shall exempt or abate the portion that a beneficiary shall bear, out of the expenses for domiciliary and facility benefits (hereinafter referred to as "beneficiary's pro rata share"), in pursuing profits, in addition to the amount exempted under the proviso to Article 40 (1) or abated under Article 40 (3). *<Newly Inserted by Act No. 12067, Aug. 13, 2013>*

(6) No person shall introduce, refer, or solicit a beneficiary to a long-term care institution or instigate another person to commit such an act by offering or promising to offer money, goods, labor, entertainment, or any other benefits, in pursuing profits. *<Newly Inserted by Act No. 12067, Aug. 13, 2013>*

(7) The statement of expenses for long-term care benefits under paragraph (3), details of records on the provision of long-term care benefits to be recorded and managed pursuant to paragraph (4) and the period of retaining such records, and other necessary matters shall be prescribed by Ordinance of the Ministry of Health and Welfare. *<Amended by Act No. 10127, Mar. 17, 2010; Act No. 12067, Aug. 13, 2013>*

Article 36 (Reporting on Closure, etc. of Long-Term Care Institutions)

(1) When the head of a long-term care institution intends to close or suspend its business, he/she shall report it to the competent Special Self-Governing City Mayor or Special Self-Governing Province Governor or the head of the competent Si/Gun/Gu at least 30 days before the scheduled date of business closure or suspension. Upon receipt of such report, the competent Special Self-Governing City Mayor or Special Self-Governing Province Governor or the head of the competent Si/Gun/Gu shall give immediate notice of details of the report to the Corporation. *<Amended by Act No. 12067, Aug. 13, 2013>*

(2) Upon receipt of a report on business closure or suspension from a long-term care institution pursuant to paragraph (1), the competent Special Self-Governing City Mayor or Special Self-Governing Province Governor or the head of the competent Si/Gun/Gu may recommend the long-term care institution concerned to withdraw the closure or suspension of its business or shall take other measures, when there is apprehension that a serious problem will occur in providing long-term care benefits, such as where no other substitutable long-term care institution exists in the vicinity. *<Amended by Act No. 12067, Aug. 13, 2013>*

(3) When a Special Self-Governing City Mayor or Special Self-Governing Province Governor or the head of a Si/Gun/Gu issues an order to a medical welfare facility for the aged or any similar facility (limited to cases where a facility involved is operated by a long-term care institution) to temporarily suspend or close business under Article

43 of the Welfare of the Aged Act, he/she shall give immediate notice of details of the order to the Corporation. *<Amended by Act No. 12067, Aug. 13, 2013>*

(4) Deleted. *<by Act No. 12067, Aug. 13, 2013>*

(5) When the head of a long-term care institution files a report on the closure or temporary suspension of business pursuant to paragraph (1), he/she shall transfer records relating to the provision of long-term care benefits to the Corporation, as prescribed by Ordinance of the Ministry of Health and Welfare: Provided, That the head of a long-term care institution who files a report on temporary suspension may retain records relating to the provision of long-term care benefits under his/her custody, if he/she obtains permission therefor from the Corporation by not later than the day before the scheduled date of suspension of business. *<Newly Inserted by Act No. 10127, Mar. 17, 2010; Act No. 12067, Aug. 13, 2013>*

Article 37 (Cancellation, etc. of Designation as Long-Term Care Institutions)

(1) Where a long-term care institution falls under any of the following circumstances, the competent Special Self-Governing City Mayor or Special Self-Governing Province Governor or the head of the competent Si/Gun/Gu may cancel the designation or issue an order to suspend business for a period of not exceeding six months: Provided, That he/she shall cancel the designation where a long-term care institution falls under subparagraph 1 or 7: *<Amended by Act No. 12067, Aug. 13, 2013>*

1. Where a long-term care institution obtains designation by fraud or other unjust means;
2. Where a long-term care institution does not meet the standards for the designation under Article 31 (2);
3. Where a long-term care institution refuses to provide long-term care benefits in violation of Article 35 (1);

3-2. Where a long-term care institution exempts or abates a beneficiary's pro rata share in violation of Article 35 (5);

3-3. Where a long-term care institution is involved in the introduction, referral, or solicitation of a beneficiary or instigates a person to commit such an act in violation of Article 35 (6);

4. Where a long-term care institution claims expenses for domiciliary or facility benefits by fraud or other unjust means;
5. Where a long-term care institution does not comply with an order to submit records under Article 61 (2), makes a misrepresentation in submitting such records, refuses, interferes with, or evades an inquiry or inspection, or makes a misrepresentation in responding to such inquiry or inspection;
6. Where a worker, etc. of a long-term care institution commits any of the following acts:
   (a) Committing assault and battery upon the body of a beneficiary or inflicting any injury upon a beneficiary;
   (b) Committing sexual violence or sexual harrassment that leads to a sense of sexual shame upon a beneficiary;

(c) Abandoning a beneficiary under his/her custody or supervision or inadvertently neglecting basic protective measures, including sheltering, food, and clothing, or medical treatment;

7. Where a long-term care institution provides long-term care benefits during a period of business suspension.

(2) When a Special Self-Governing City Mayor or Special Self-Governing Province Governor or the head of a Si/Gun/Gu cancels designation or issues an order to suspend business under paragraph (1), he/she shall give immediate notice of details thereof to the Corporation and the Minister of Health and Welfare as prescribed by Ordinance of the Ministry of Health and Welfare. In such cases, the head of a Si/Gun/Gu shall give such notice to the Minister of Health and Welfare via the competent Special Metropolitan City Mayor or Metropolitan City Mayor or Do Governor. *<Amended by Act No. 12067, Aug. 13, 2013>*

(3) Where a domiciliary long-term care institution falls under any of the following circumstances, the competent Special Self-Governing City Mayor or Special Self-Governing Province Governor or the head of the competent Si/Gun/Gu may issue an order to close down its facilities or suspend business for a period of not exceeding six months: Provided, That he/she shall issue an order to close down business where a domiciliary long-term care institution falls under subparagraph 1 or 5: *<Amended by Act No. 12067, Aug. 13, 2013>*

1. Where a domiciliary long-term care institution has made a report by fraud or other unjust means;
2. Where a domiciliary long-term care institution is not equipped with facilities or human resources required pursuant to Article 32 (1);
3. Where a domiciliary long-term care institution falls under paragraph (1) 3, 3-2. 3-3, 5, or 6;
4. Where a domiciliary long-term care institution claims expenses for domiciliary benefits by fraud or other unjust means;
5. Where a domiciliary long-term care institution provides long-term care benefits during a period of business suspension.

(4) When a Special Self-Governing City Mayor or Special Self-Governing Province Governor or the head of a Si/Gun/Gu orders a domiciliary long-term care institution to close down or suspend business under paragraph (3), he/she shall give immediate notice of details of the order to the Corporation and the Minister of Health and Welfare as prescribed by Ordinance of the Ministry of Health and Welfare, and the head of a Si/Gun/Gu in such cases shall give notice to the Minister of Health and Welfare via the Special Metropolitan City Mayor or the competent Metropolitan City Mayor or Do Governor. The designation of a domiciliary long-term care institution is deemed cancelled under paragraph (1), when an order to close down business is issued to the domiciliary long-term care institution. *<Amended by Act No. 12067, Aug. 13, 2013>*

(5) Either of the following persons shall not be qualified for the designation of a long-term care institution under Article 31 or for filing a report on the establishment of a domiciliary long-term care institution under Article 32: *<Amended by Act No. 12067, Aug. 13, 2013>*

1. A person (including the representative of a corporation, if the person is a corporation) in whose case one year has not passed yet since he/she had his/her designation cancelled or was ordered to close business under paragraph (1) or (3);
2. A person (including the representative of a corporation, if the person is a corporation) in whose case a period of business suspension has not elapsed yet since he/she was ordered to suspend business under paragraph (1) or (3).

(6) The guidelines for administrative dispositions under paragraphs (1) and (3) shall be prescribed by Ordinance of the Ministry of Health and Welfare. *<Amended by Act No. 12067, Aug. 13, 2013>*

Article 37-2 (Imposition, etc. of Penalty Surcharges)

(1) If a Special Self-Governing City Mayor or Special Self-Governing Province Governor or the head of a Si/Gun/Gu is required to issue an order to suspend business to a long-term care institution for an act specified in any subparagraph of Article 37 (1) or (3) (excluding Article 37 (1) 4 and (3) 4) but deems there is an extraordinary circumstance specified by the Minister of Health and Welfare in the case, such that business suspension is anticipated to cause severe inconvenience to beneficiaries who use the long-term care institution concerned, he/she may impose a penalty surcharge of not exceeding 50 million won on such long-term care institution in lieu of the order of business suspension: Provided, That the foregoing shall not apply to cases specified by Ordinance of the Ministry of Health and Welfare with respect to violations of Article 37 (1) 6.

(2) If a Special Self-Governing City Mayor or Special Self-Governing Province Governor or the head of a Si/Gun/Gu is required to issue an order to suspend business to a long-term care institution for an act specified in Article 37 (1) 4 or (3) 4 but deems there is an extraordinary circumstance specified by the Minister of Health and Welfare in the case, such that business suspension is anticipated to cause severe inconvenience to beneficiaries who use the long-term care institution concerned, he/she may impose an amount of not more than five times the amount claimed by fraud or other unjust means as a penalty surcharge on such long-term care institution in lieu of the order of business suspension.

(3) The amount of a penalty surcharge to be imposed by type and degree of violations subject to the imposition of penalty surcharges under paragraph (1) or (2), the procedure for the imposition of penalty surcharges, and other necessary matters shall be prescribed by Presidential Decree.

(4) If a person upon whom a penalty surcharge has been imposed under paragraph (1) or (2) fails to pay it by the deadline for payment, the competent Special Self-Governing City Mayor or Special Self-Governing Province Governor or the head of the competent Si/Gun/Gu shall collect it in the same manner as delinquent local taxes are collected.

(5) A Special Self-Governing City Mayor or Special Self-Governing Province Governor or the head of a Si/Gun/Gu shall keep and maintain records of the imposition and collection of penalty surcharges under paragraph (1) or (2), as prescribed by Ordinance of the Ministry of Health and Welfare.

Article 37-3 (Disclosure of Violations, etc.)

(1) If a disposition made under Article 37 or 37-2 against a long-term care institution on the ground that it filed a false claim for expenses for domiciliary or facility benefits becomes final in either of the following cases, the competent Special Self-Governing City Mayor or Special Self-Governing Province Governor or the head of the competent Si/Gun/Gu may disclose the information specified by Presidential Decree to the public, such as the relevant violation, the details of the disposition, the name and address of the long-term care institution concerned, the name of the head of the long-term care institution concerned, and other information necessary for discerning it from other long-term care institutions:
   1. Where the amount of the false claim is at least ten million won;
   2. Where the amount of the false claim is at least 10/100 of the total expenses for long-term care benefits.

(2) In order to deliberate on whether to disclose information under paragraph (1), a Special Self-Governing City Mayor or Special Self-Governing Province Governor or the head of a Si/Gun/Gu may establish and operate a committee for deliberation on disclosure.

(3) The method of determining whether to disclose information under paragraph (1), the method and procedure for disclosure, and matters necessary for the establishment and operation of the committee for deliberation on disclosure under paragraph (2) shall be prescribed by Presidential Decree.

Article 37-4 (Succession to Effects of Administrative Sanctions)

(1) The effects of an administrative sanction imposed for an act specified in any subparagraph of Article 37 (1) or (3) (hereinafter referred to as "administrative sanction") shall be succeeded to any of the following persons for one year from the date of imposing such sanction:
   1. The transferee, where the long-term care institution concerned is transferred;
   2. The corporation newly incorporated as a consequence of a merger of corporations or surviving the merger, where corporations are merged;
   3. The person (including the representative of a corporation, if the person is a corporation) who operates another long-term care institution at the same place after the former long-term care institution was closed and who has been punished by an administrative sanction or his/her spouse or lineal relatives by blood.

(2) If proceedings for an administrative sanction are pending, such proceedings may continue against any of the following persons:
   1. The transferee, where the long-term care institution concerned is transferred;
   2. The corporation newly incorporated as a consequence of a merger of corporations or surviving the merger, where corporations are merged;
   3. The person (including the representative of a corporation, if the person is a corporation) who operates another long-term care institution at the same place within one year after the former long-term care institution was closed and who has committed the relevant violation or his/her spouse or lineal relatives by blood.

(3) Notwithstanding paragraphs (1) and (2), the foregoing paragraphs shall not apply to a person specified in any subparagraph of paragraph (1) or (2) (hereinafter referred to as

"transferee or such"), if the person proves that he/she was ignorant of the administrative sanction or violation at the time of acquisition by transfer, merger, or operation.

(4) A person who was punished by an administrative sanction or against whom proceedings for such sanction are pending shall give immediate notice of the fact to the transferee or such, as prescribed by Ordinance of the Ministry of Health and Welfare.

Article 38 (Claim and Payment for Expenses for Domiciliary or Facility Benefits)

(1) Each long-term care institution shall, when it has provided domiciliary or facility benefits under Article 23 to a beneficiary, file a claim for reimbursement of expenses for the long-term care benefits with the Corporation.

(2) The Corporation shall, upon receiving a claim for reimbursement of expenses for domiciliary or facility benefits from a long-term care institution pursuant to paragraph (1), review the claim and pay the Corporation's share of expenses incurred in long-term care (referring to an amount calculated by deducting the beneficiary's pro rata share from expenses for domiciliary or facility benefits) to the long-term care institution.

(3) The Corporation may adjust expenses for long-term care benefits by adding or subtracting an amount according to results of the evaluation under Article 54 (2) of long-term care benefits provided by a long-term care institution.

(4) Matters concerning guidelines for the examination on the review of expenses for domiciliary or facility benefits, guidelines for the addition to or subtraction from expenses for long-term care benefits, the procedure for filing claims, the method of payment, and other relevant matters under paragraphs (1) through (3) shall be prescribed by Ordinance of the Ministry of Health and Welfare.

Article 39 (Calculation of Expenses for Domiciliary or Facility Benefits)

(1) Expenses for domiciliary or facility benefits shall be determined and publicly notified by the Minister of Health and Welfare according to each type of benefits, each grade of long-term care, etc. subject to deliberation by the Long-Term Care Committee under Article 45.

(2) The Minister of Health and Welfare may, when he/she determines expenses for domiciliary or facility benefits pursuant to paragraph (1), consider whether expenses for the establishment of a long-term care institution were subsidized by the State or a local government as prescribed by Presidential Decree.

(3) Necessary matters concerning detailed methods of the calculation of expenses for domiciliary or facility benefits under paragraph (1), items of such expenses, etc. shall be prescribed by Ordinance of the Ministry of Health and Welfare.

Article 40 (Beneficiary's Pro Rata Share of Expenses)

(1) Each beneficiary shall bear expenses for domiciliary or facility benefits at either of the following rates: Provided, That the foregoing shall not apply to eligible beneficiaries under the National Basic Living Security Act:

1. Domiciliary benefits: 15/100 of expenses for relevant long-term care benefits;
2. Facility benefits: 20/100 of expenses for relevant long-term care benefits.

(2) Expenses for the following long-term care benefits shall be fully borne by a beneficiary:

1. Long-term care benefits that shall be excluded from the scope and coverage of the benefits under the provisions of this Act;

2. A difference in cases where a beneficiary elected to take long-term care benefits different from the type and details of long-term care benefits described in the relevant letter of approval for long-term care under Article 17 (1) 2;
3. Long-term care benefits exceeding the monthly maximum amount of long-term care benefits under Article 28.

(3) Any of the following persons shall be eligible for abatement of his/her pro rata share of expenses by 50/100: *<Amended by Act No. 9693, May 21, 2009; Act No. 10127, Mar. 17, 2010>*
1. A medical care beneficiary referred to in Article 3 (1) 2 through 9 of the Medical Care Assistance Act;
2. A person whose income, property, etc. is not more than a specific amount prescribed and publicly notified by the Minister of Health and Welfare: Provided, That such amount applicable to persons who reside in an island, a remote area, a rural community, etc. may be prescribed separately;
3. A person who suffers hardships in making a living due to a natural disaster or any cause or event specified by Ordinance of the Ministry of Health and Welfare.

(4) Matters necessary for the method of calculating beneficiary's pro rata share of expenses and procedures for, and the method of, abatement thereof under paragraphs (1) through (3) shall be prescribed by Ordinance of the Ministry of Health and Welfare. *<Amended by Act No. 9693, May 21, 2009>*

Article 41 (Compensation Payable to Family Members, etc. for Long-Term Care)

(1) If a beneficiary has been provided with long-term care equivalent to domiciliary visit care under Article 23 (1) 1 (a) by a family member or another person and if the total amount of long-term care benefits so provided does not exceed an amount determined and publicly notified by the Minister of Health and Welfare, the Corporation may abate or exempt part of the beneficiary's pro rata share of expenses or may take any other measure as a substitute for such abatement or exemption, as prescribed by Ordinance of the Ministry of Health and Welfare.

(2) Necessary matters, such as the method, etc. of abatement and exemption of a beneficiary's pro rata share of expenses under paragraph (1), shall be prescribed by Ordinance of the Ministry of Health and Welfare.

Article 42 (Calculation, etc. of Expenses for Issuance of Written Instruction for Domiciliary Nursing)

Necessary matters concerning expenses for the issuance of written instructions for domiciliary nursing under Article 23 (1) 1 (c), the method of allocation of such expenses, and the procedures for filing claims for reimbursement of such expenses and paying such expenses shall be prescribed by Ordinance of the Ministry of Health and Welfare.

Article 43 (Recovery of Undue Benefits)

(1) The Corporation shall recover an amount equivalent to long-term care benefits or expenses for long-term care benefits, if a person to whom such long-term care benefits or expenses for long-term care benefits were paid falls under any of the following subparagraphs:

1. If a person has received long-term care benefits in excess of the monthly maximum amount under Article 28;
2. If a person whose long-term care benefits should have been subject to limitations under Article 29 or 30 has received long-term care benefits;
3. If a person has filed claims for reimbursement of expenses for domiciliary or facility benefits by fraud or other unjust means under Article 37 (1) 4 or (3) 3 and received the payment;
4. If a person has received long-term care benefits or the payment of expenses for long-term care benefits from the Corporation without any cause under this Act.

(2) If long-term care benefits were provided in accordance with a false report, certificate, or diagnosis in the case of paragraph (1), the Corporation may demand a person who was involved in the fraudulent act to pay the money recoverable pursuant to paragraph (1) jointly with the person who has received long-term care benefits.

(3) In the case of paragraph (1), the Corporation may demand a person who belongs to the same household as a person who has received long-term care benefits by fraud or other unjust means (referring to a person who supports a recipient of long-term care benefits or a person who owes a duty to support a person who received long-term care benefits pursuant to any other Act and subordinate statutes) to pay the money recoverable pursuant to paragraph (1) jointly with the recipient of long-term care benefits by fraud or other unjust means.

(4) In the case of paragraph (1), if a long-term care institution has received the payment of expenses for long-term care benefits from a beneficiary by fraud or other unjust means, the Corporation shall recover the payment from the long-term care institution and return it to the beneficiary.

Article 44 (Right to Demand Indemnification)

(1) The Corporation shall, when it provides long-term care benefits to a beneficiary because a third party's act gave rise to a cause of providing long-term care benefits, acquires a right to demand the third party to indemnify it from damages within the maximum expenses incurred in such benefits.

(2) In the case of paragraph (1), if a person who received long-term care benefits already collected damages from a third party, the Corporation shall not provide long-term care benefits within the maximum of damages collected.

Article 45 (Establishment and Functions of Long-Term Care Committee)

The Minister of Health and Welfare shall have the Long-Term Care Committee under his/her control in order to have the Committee deliberate on the following matters:

1. Long-term care insurance premiums rates under Article 9 (2);
2. Family care expenses, special care expenses, and nursing expenses in a convalescence hospital under Articles 24 through 26;
3. Expenses for domiciliary and facility benefits under Article 39;
4. Other essential matters specified by Presidential Decree.

Article 46 (Composition of Long-Term Care Committee)

(1) The Long-Term Care Committee shall comprised of not less than 16, but not more than 22 members, including one Chairperson and one Vice Chairperson.

(2) Committee members except the Chairperson shall be appointed or commissioned by the Minister of Health and Welfare, and the number of persons in a group under each of the following subparagraphs shall be equal:

1. Persons, each of whom represents an employees' organization, an employers' organization, a non-governmental organization (referring to a non-profit, non-governmental organization under Article 2 of the Assistance for Non-Profit, Non-Governmental Organizations Act), an elderly citizens' organization, an organization of farmers or fishers, or an organization of self-employed entrepreneurs;
2. Persons, each of whom represents a long-term care institution or medical circle;
3. Public officials, each of whom belongs to an appropriate central administrative agency specified by Presidential Decree and is a member of the Senior Executive Service, persons, each of whom represents an academic circle or a research society related to long-term care, or persons recommended by the President of the Corporation.

(3) The Vice Minister of Health and Welfare shall take the chair of the Committee, and the Vice Chairperson shall be appointed by the Chairperson from among committee members.

(4) The term of office for each member of the Long-Term Care Committee shall be three years: Provided, That the term of office for each public official serving as a committee member shall be the term of his/her service as a public official.

Article 47 (Operation of Long-Term Care Committee)

(1) Meetings of the Long-Term Care Committee shall be duly formed with the presence of a majority of members to be open and shall adopt a resolution by an affirmative vote of a majority of members present at each meeting.

(2) The Long-term Care Committee may have working committees for each area for efficient operation.

(3) Except as otherwise prescribed by this Act, the composition and operation of the Long-Term Care Committee and other necessary matters shall be prescribed by Presidential Decree.

Article 48 (Institution, etc. Responsible for Administration and Operation)

(1) The institution responsible for the administration and operation of the long-term care program shall be the Corporation.

(2) The Corporation shall undertake the following affairs: *<Amended by Act No. 10127, Mar. 17, 2010>*

1. Management of qualifications for policyholders of long-term care insurance and their dependents and medical care beneficiaries;
2. Imposition and collection of long-term care insurance premiums;
3. Investigation of applicants;
4. Operation of grading committees and determination of grades for long-term care;
5. Preparation of letters of approval for long-term care and delivery of standard plans for the use of long-term care;

6. Control and evaluation of long-term care benefits;
7. Matters concerning assistance in use of long-term care benefits, such as providing beneficiaries with information, guidance, and counselling service;
8. Review on expenses for domiciliary and facility benefits and payment of special cash benefits;
9. Verification of details of long-term care benefits provided;
10. Surveys, research, and public relations activities on the long-term care program;
11. Projects for preventing senile diseases;
12. Imposition and collection of undue benefits under this Act;
13. Establishment and operation of long-term care institutions to develop criteria for the provision of long-term care benefits and deliberate on the appropriateness of long-term care benefit expenses;
14. Other affairs entrusted by the Minister of Health and Welfare in conjunction with the long-term care program.

(3) The Corporation shall establish and operate the long-term care institution in paragraph (2) 13 within the minimum scope necessary for the objective of the establishment thereof. *<Newly Inserted by Act No. 10127, Mar. 17, 2010>*

(4) Articles of the Corporation under Article 17 of the National Health Insurance Act shall include and describe the following matters with regard to the long-term care program: *<Amended by Act No. 10127, Mar. 17, 2010; Act No. 11141, Dec. 31, 2011>*
1. Long-term care insurance premiums;
2. Long-term care benefits;
3. Budgeting and settlement of accounts for the long-term care program;
4. Other matters specified by Presidential Decree.

Article 49 (Corporation's Organization, etc. for Long-Term Care Program of Corporation)

When the Corporation establishes regulations on the organization of the Corporation pursuant to Article 29 of the National Health Insurance Act, it shall separate organizations that shall undertake the long-term care program, independent of organizations that shall undertake health insurance: Provided, That the foregoing shall not apply to business affaires related to the management of qualifications and the imposition of collection of insurance premiums under Article 48 (2) 1 and 2. *<Amended by Act No. 11141, Dec. 31, 2011>*

Article 50 (Accounting of Long-Term Care Program)

(1) The Corporation shall install and operate separate accounts for the long-term care program.

(2) The Corporation shall divide the long-term care program for the purpose of financial management into services provided with financial resources of long-term care insurance premiums and services provided with financial resources of contributions from the State and local governments: Provided, That it does not need to necessarily divide financial management necessary for the administration and operation.

Article 51 (Application Mutatis Mutandis to Delegation, etc. of Authority)

Articles 32 and 38 of the National Health Insurance Act shall apply mutatis mutandis to the delegation of President's authority under this Act and reserves. In such cases, the term "insurance benefits" shall be construed as "long-term care benefits." *<Amended by Act No. 11141, Dec. 31, 2011>*

Article 52 (Establishment of Grading Committees)

(1) The Corporation shall have long-term grading committees to deliberate on approval for long-term care and determination of grades for long-term care.

(2) A grading committee shall be established in each Special Self-Governing City, Special Self-Governing Province, or Si/Gun/Gu: Provided, That two or more grading committees may be established in one Special Self-Governing City, Special Self-Governing Province, or Si/Gun/Gu or one grading committee may be established by two or more integrated local governments, such as Special Self-Governing Cities, Special Self-Governing Provinces, and Sis/Guns/Gus, taking into consideration the size of population and other relevant facts. *<Amended by Act No. 12067, Aug. 13, 2013>*

(3) Each grading committee shall be comprised of 15 members, including one Chairperson.

(4) Members of each grading committee shall be commissioned by the President of the Corporation from among the following persons. In such cases, at least seven members shall be recommended by the competent Special Self-Governing City Mayor or Special Self-Governing Province Governor or the head of the competent Si/Gun/Gu, and at least one medical doctor or oriental medicine doctor shall be included in each committee: *<Amended by Act No. 12067, Aug. 13, 2013>*

1. Medical person under the Medical Service Act;
2. Social welfare worker under the Social Welfare Services Act;
3. Public official who belong to a Special Self-Governing City or Special Self-Governing Province or Si/Gun/Gu;
4. Other persons who have abundant knowledge and experience in law or long-term care.

(5) The term of office for each member of each grading committee shall be three years: Provided, That the term of office of a public official serving as a member shall be the term of his/her service as a public official.

Article 53 (Operation of Grading Committees)

(1) The chairperson of each grading committee shall be commissioned by the competent Special Self-Governing City Mayor or Special Self-Governing Province Governor or the head of the competent Si/Gun/Gu, from among committee members. In such cases, where one grading committee is established by two or more integrated Special Self-Governing Cities, Special Self-Governing Provinces, or Sis/Guns/Gus under the proviso to Article 52 (2), the chairperson of such grading committee shall be commissioned jointly by the competent Special Self-Governing City Mayors, Special Self-Governing Province Governors, and the heads of the competent Sis/Guns/Gus. *<Amended by Act No. 12067, Aug. 13, 2013>*

(2) Meetings of each grading committee shall be duly formed with the presence of a majority of members to be open and shall adopt a resolution by an affirmative vote of a majority of members present at the meeting.

(3) Except as otherwise expressly provided for in this Act, the composition and operation of grading committees and other necessary matters shall be prescribed by Presidential Decree.

Article 54 (Control and Evaluation of Long-Term Care Benefits)

(1) The Corporation shall continuously control and evaluate details of long-term care benefits provided by each long-term care institution and endeavor to improve the quality of long-term care benefits.

(2) The Corporation may evaluate on whether a long-term care institution has provided long-term care benefits appropriately in compliance with the standards, procedure, method, etc. of long-term care benefits under Article 23 (3) and then make results of the evaluation public or take other measures as may be necessary.

(3) The methods of the evaluation of details of long-term care benefits provided and the disclosure of results of the evaluation under paragraph (2) and other necessary matters shall be prescribed by Ordinance of the Ministry of Health and Welfare.

Article 55 (Filing Objections)

(1) Any person who has an objection to a disposition made by the Corporation with regard to approval or grading for long-term care, long-term care benefits, undue benefits, expenses for long-term care benefits, or long-term care insurance premiums may file the objection with the Corporation.

(2) Objections under paragraph (1) shall be filed in writing within 90 days from the date on which the relevant disposition is made: Provided, That the foregoing shall not apply to cases where a person successfully vindicates him/herself that he/she was unable to file an objection within the period prescribed above due to a justifiable reason.

(3) The Corporation shall organize a committee for the examination of long-term care to have the committee to deliberate on the cases of objections under paragraph (1).

(4) The composition and operation of the committee for the examination on long-term care, the term of office for members of the committee, and other necessary matters shall be prescribed by Presidential Decree.

Article 56 (Application for Examination)

(1) Any person who is dissatisfied with a decision on an objection under Article 55 may file an application for examination with the committee for the adjudication on long-term care (hereinafter referred to as the "adjudication committee") within 90 days from the date on which the decision is made.

(2) The adjudication committee shall be under the control of the Minister of Health and Welfare and shall be comprised of not more than 20 members, including one Chairperson.

(3) Members of the adjudication committee shall be appointed or commissioned by the Minister of Health and Welfare from among appropriate public officials and persons who have abundant knowledge and experience in law or long-term care services.

(4) The composition and operation of the adjudication committee and other necessary matters shall be prescribed by Presidential Decree.

Article 57 (Administrative Litigation)

Any person who has an objection to a disposition made by the Corporation or who is dissatisfied with a decision on an objection under Article 55 or a decision on an application for examination under Article 56 may file an administrative action, as provided by the Administrative Litigation Act.

Article 58 (State's Subsidization)

(1) The State shall grant the Corporation an amount equivalent to 20/100 of the estimated revenue of long-term care insurance premiums each year as subsidies within budgetary limits for the pertinent year.

(2) The State and each local government shall fully bear expenses that the Corporation shall otherwise bear for long-term care benefits to medical care beneficiaries, for the issuance of medical doctor's written opinions, and for the issuance of written instructions for domiciliary nursing (including the expenses that the Corporation shall otherwise bear as a consequence of exemption or abatement granted pursuant to the proviso to Article 40 (1) or Article 40 (3) 1) and expenses for administration and operation, as prescribed by Presidential Decree.

(3) An amount that each local government is required to bear under paragraph (2) shall be borne by the competent Special Metropolitan City, Metropolitan Cities, Special Self-Governing Cities, Dos, Special Self-Governing Provinces, and Sis/Guns/Gus, as prescribed by Ordinance of the Ministry of Health and Welfare. *<Amended by Act No. 12067, Aug. 13, 2013>*

(4) The imposition and collection of the share of expenses borne by local governments pursuant to paragraphs (2) and (3), the management of the financial resources, and other necessary matters shall be prescribed by Presidential Decree.

Article 59 (Use of Electronic Documents)

(1) All documents related to long-term care programs shall be recorded, managed, and preserved in electronic format, as prescribed by Ordinance of the Ministry of Health and Welfare. *<Amended by Act No. 12067, Aug. 13, 2013>*

(2) The Corporation and each long-term care institution shall use electronic media or a method of exchanging electronic documents for filing an application for designation of a long-term care institution, filing claims for expenses for domiciliary or facility benefits, and the payment for such claims.

(3) Notwithstanding paragraphs (1) and (2), it does not need to use electronic documents, electronic media, or a method of exchanging electronic documents in an area specified by the Minister of Health and Welfare as an area in which conditions of an information and communications network or facilities for information and communications service are bad.

Article 60 (Submission, etc. of Data)

(1) The Corporation may, if deemed necessary for carrying out the long-term care program, such as the verification of details of long-term care benefits provided, the management and evaluation of long-term care benefits, and the calculation of long-term care insurance premiums, demand any of the following persons to submit data:

1. A policyholder of long-term care insurance, a dependent of a policyholder, or a medical care beneficiary;
2. A beneficiary or a long-term care institution.

(2) Any person who is requested to submit data pursuant to paragraph (1) shall comply with such request in good faith.

Article 61 (Reporting and Inspection)

(1) The Minister of Health and Welfare or a Special Self-Governing City Mayor or Special Self-Governing Province Governor or the head of a Si/Gun/Gu may order any of the following persons to submit a report or data on remuneration, income, or any other matters specified by Ordinance of the Ministry of Health and Welfare or instruct subordinate public officials to inquire of interested parties or inspect relevant documents: *<Amended by Act No. 12067, Aug. 13, 2013>*

1. Policyholder of long-term care insurance;
2. Dependent;
3. Medical care beneficiary.

(2) The Minister of Health and Welfare or a Special Self-Governing City Mayor or Special Self-Governing Province Governor or the head of a Si/Gun/Gu may order either of the following persons to submit data relevant to long-term care benefits, such as details of long-term care benefits provided or instruct subordinate public officials to inquire of interested parties or inspect relevant documents: *<Amended by Act No. 12067, Aug. 13, 2013>*

1. Long-term care institution;
2. Recipient of long-term care benefits.

(3) In cases of paragraph (1) or (2), public officials shall carry with them an identification certifying their authority and present it to interested parties.

Article 62 (Prohibition of Divulgence of Confidential Information)

None of the following persons shall divulge confidential information known to him/her in the course of performance of his/her duties: *<Amended by Act No. 12067, Aug. 13, 2013>*

1. A person who is working or has worked for a Special Self-Governing City, Special Self-Governing Province, or Si/Gun/Gu, the Corporation, a grading committee, or a long-term care institution;
2. A person who has provided benefits related to family care expenses, special care expenses, or nursing expenses in a convalescence hospital under any provision of Articles 24 through 26.

Article 63 (Hearings)

When a Special Self-Governing City Mayor or Special Self-Governing Province Governor or the head of a Si/Gun/Gu intends to make any of the following dispositions or public disclosure, he/she shall hold hearings thereon:

1. The cancellation of the designation of a long-term care institution or the issuance of an order to suspend business under Article 37 (1);
2. The issuance of an order to close down a domiciliary long-term care institution or to suspend business of such an institution under Article 37 (3);
3. The disclosure of violations or such to the public under Article 37-3.

Article 64 (Application Mutatis Mutandis to Prescription, etc.)

Articles 91, 92, 96, 103, 104, 107, 111 through 112, and 91 of the National Health Insurance Act shall apply mutatis mutandis to the prescription, the calculation of a period, the supply of data, the supervision over the Corporation and others, the delegation or entrustment of authority, the entrustment of business affairs, the disposal of a fractional number. In such cases, the term "insurance premiums" shall be construed as "long-term care insurance premiums," the term "insurance benefits" as "long-term care benefits," the term "care institution" as "long-term care institution," and the term "health insurance program" as "long-term care program." *<Amended by Act No. 11141, Dec. 31, 2011>*

Article 65 (Prohibition of Statutory Treatment as Income or Similar under other Acts)

Money, etc. paid in cash as long-term care benefits under this Act shall not be treated as income or property under subparagraphs 8 or 9 of Article 2 of the National Basic Living Security Act.

Article 66 (Protection of Beneficial Rights)

A right to receive long-term care benefits shall not be transferred, seized, or offered as security to or by someone else.

Article 67 (Penal Provisions)

(1) Any of the following persons shall be punished by imprisonment for not more than two years or by a fine not exceeding 20 million won:

1. A person who establishes and operates a long-term care institution without being designated, in violation of Article 31, or obtains designation of a long-term care institution by fraud or other unjust means;
2. A person who establishes and operates a domiciliary long-term care institution without filing a report thereon, in violation of Article 32, or files such report by fraud or other unjust menas;
3. A person who exempts or abates a beneficiary's pro rata share in violation of Article 35 (5);
4. A person who is involved in the introduction, referral, or solicitation of a beneficiary or instigates another person to commit such an act, in violation of Article 35 (6);
5. A person who divulges confidential information known to him/her in the course of the performance of his/her duties in violation of Article 62.

(2) Either of the following persons shall be punished by imprisonment for not more than one year or by a fine not exceeding ten million won:

1. A person who refuses to provide a long-term care benefit without a justifiable ground in violation of Article 35 (1);
2. A person who receives, or aids and abets another person to receive, a long-term care benefit by fraud or other unjust means.

Article 68 (Joint Penal Provisions)

If the representative of a corporation or an agent, employee or other servant of the corporation or an individual commits an offence under Article 67 in connection with the business of the corporation or the individual, not only shall such offender be punished, but also the corporation or the individual shall be punished by a fine under the same Articles: Provided, That the same shall not apply where such corporation or individual has not been negligent in paying due attention and supervision in connection with the relevant duties to prevent such offence. *<Amended by Act No. 10127, Mar. 17, 2010>*

Article 69 (Fines for Negligence)

(1) Any of the following persons who do not have justifiable grounds shall be punished by a fine for negligence not exceeding five million won: *<Amended by Act No. 10127, Mar. 17, 2010; Act No. 12067, Aug. 13, 2013>*

1. Deleted; *<by Act No. 12067, Aug. 13, 2013>*
2. A person who omits to file a report in violation of Article 33 or files such report by fraud or other unjust means;

2-2. A person who omits to publish information about a long-term care institution, in violation of Article 34, or makes a misrepresentation in publishing such information;

2-3. A person who omits to issue a statement of expenses for long-term care benefits to a beneficiary, in violation of Article 35 (3), or makes a misrepresentation in issuing such statement;

3. A person who omits to record and manage data on the provision of long-term care benefits, in violation of Article 35 (4);
4. A person who omits to report closure or suspension of business or omits to transfer data, in violation of Article 36 (1) or (5), or files such report by fraud or other unjust means;

4-2. A person who omits to inform a transferee or such without delay that an administrative sanction was imposed upon him/her or proceedings for an administrative sanction are pending, in violation of Article 37-4 (4);

5. Deleted; *<by Act No. 12067, Aug. 13, 2013>*
6. A person who makes a beneficiary bear expenses for long-term care benefits by fraud or other unjust means;
7. A person who does not comply with a demand or order to submit a report or data under Article 60 or 61 or makes a misrepresentation in submitting such report or data or a person who refuses, interferes with, or evades an inquiry or inspection or makes a misrepresentation in responding to an inquiry or inspection.

(2) Fines for negligence under paragraph (1) shall be imposed and collected by the competent Special Self-Governing City Mayor or Special Self-Governing Province Governor or the head of the competent Si/Gun/Gu, as prescribed by Presidential Decree. *<Newly Inserted by Act No. 12067, Aug. 13, 2013>*

Article 70 Deleted. <by Act No. 12067, Aug. 13, 2013>

ADDENDA

Article 1 (Enforcement Date)

This Act shall enter into force on July 1, 2008: Provided, That Chapter I (Articles 1 through 6), Chapter III (Articles 12 through 22), provisions governing long-term care workers of Article 23 (2), Chapter VI (Articles 31 through 37), Chapter VIII (Articles 45 through 47), Chapter IX (excluding Article 54), Chapter X (Articles 55 through 57), Chapter XI (excluding Article 58), and Chapter XII (Articles 67 through 70) shall enter into force on October 1, 2007.

Article 2 (Preparatory Actions for Enforcement of this Act)

(1) The Minister for Health, Welfare and Family Affairs and the Corporation may take preparatory action as necessary for the enforcement of this Act from the date of its promulgation onwards.

(2) The Minister for Health, Welfare and Family Affairs or the Corporation may request the State, local governments, a legal entity that provides social security services pursuant to any other Act and subordinate statutes, or an organization that provides long-term care services to submit data necessary for the preparation for the enforcement of this Act.

(3) Any person in receipt of a request to submit data pursuant to paragraph (2) shall comply with such request in good faith.

Article 3 (Special Cases for Model Program)

(1) The Minister for Health, Welfare and Family Affairs may implement a model program before this Act enters into force to smoothly promote the long-term care program.

(2) The Minister for Health, Welfare and Family Affairs may impose and collect long-term care insurance premiums when he/she implements the model program under paragraph (1).

(3) The Minister for Health, Welfare and Family Affairs, each local government, and the Corporation may provide administrative and financial support to the model program under paragraphs (1) and (2).

(4) The selection of an area for the model program under paragraph (1), procedures for, and the method of, the imposition and collection of long-term care insurance premiums under paragraph (2), and other necessary matters concerning the implementation of the model program shall be prescribed by the Minister for Health, Welfare and Family Affairs.

ADDENDA <Act No. 9386, Jan. 30, 2009>

Article 1 (Enforcement Date)

This Act shall enter into force one year after the date of its promulgation. (Proviso Omitted.)

Articles 2 through 7 Omitted.

ADDENDUM <Act No. 9510, Mar. 18, 2009>

This Act shall enter into force six months after the date of its promulgation.

ADDENDUM <Act No. 9693, May 21, 2009>

This Act shall enter into force on the date of its promulgation.

ADDENDA <Act No. 9932, Jan. 18, 2010>

Article 1 (Enforcement Date)

This Act shall enter into force two months after the date of its promulgation. (Proviso Omitted.)

Articles 2 through 5 Omitted.

ADDENDA <Act No. 10127, Mar. 17, 2010>

(1) (Enforcement Date) This Act shall enter into force on the date of its promulgation: Provided, That the parts that cite the provisions of Articles 35 (4) and 36 (5) in the amended provisions of Articles 35, 36 and 69 shall enter into force six months after the date of its promulgation.

(2) (Transitional Measures concerning Fines for Negligence) The application of fines for negligence to acts done before this Act enters into force shall follow previous provisions.

ADDENDA <Act No. 10785, Jun. 7, 2011>

Article 1 (Enforcement Date)

This Act shall enter into force six months after the date of its promulgation.

Articles 2 through 4 Omitted.

ADDENDA <Act No. 11141, Dec. 31, 2011>

Article 1 (Enforcement Date)

This Act shall enter into force on Sep. 1, 2012. (Proviso Omitted.)

Articles 2 through 22 Omitted.

ADDENDA <Act No. 12067, Aug. 13, 2013>

Article 1 (Enforcement Date)

This Act shall enter into force six months after the date of its promulgation.

Article 2 (Applicability to Penalty Surcharges)

The amended provisions of Article 37-2 shall apply to a violation committed on or after the day this Act enters into force.

Article 3 (Applicability to Disclosure of Violations, etc.)

The amended provisions of Article 37-3 shall apply to a violation committed on or after the day this Act enters into force.

Article 4 (Applicability to Succession to Effects of Administrative Sanctions)

The amended provisions of Article 37-4 shall apply to a sanction imposed for a violation committed on or after the day this Act enters into force.

Article 5 (Transitional Measure concerning Administrative Sanctions, etc.)

Notwithstanding the amended provisions of Article 37, the imposition of administrative sanctions for a violation committed before this Act enters into force and the restriction on designation or reporting on the ground of such violation shall be governed by former provisions.

Article 6 (Transitional Measure concerning Penal Provisions and Fines for Negligence)

Violations committed before this Act enters into force shall be governed by former penal provisions and former provisions regarding fines for negligence.

www.ingramcontent.com/pod-product-compliance
Ingram Content Group UK Ltd.
Pitfield, Milton Keynes, MK11 3LW, UK
UKHW021916290926
8980IPUK00015B/1292

9 783631 668986